Friedrich Dieckmann

»Diesen Kuß der ganzen Welt!«

Der junge Mann Schiller

Insel Verlag

© Insel Verlag Frankfurt am Main und Leipzig 2005
Alle Rechte vorbehalten, insbesondere das der Übersetzung,
des öffentlichen Vortrags sowie der Übertragung
durch Rundfunk und Fernsehen, auch einzelner Teile.
Kein Teil des Werkes darf in irgendeiner Form
(durch Fotografie, Mikrofilm oder andere Verfahren)
ohne schriftliche Genehmigung des Verlages reproduziert
oder unter Verwendung elektronischer Systeme
verarbeitet, vervielfältigt oder verbreitet werden.
Satz: Hümmer GmbH, Waldbüttelbrunn
Druck: Pustet, Regensburg
Printed in Germany
Erste Auflage 2005
ISBN 3-458-17244-0

1 2 3 4 5 6 – 10 09 08 07 06 05

Inhalt

I Ein Autor geht über die Grenze 7
II Der Asylant auf dem Lande 60
III Der Dramatiker am Theater 94
IV Neue Bühne 164
V Aufgenommen 210
VI Angekommen... 259
    Zwischenspiel: Vor dem Kurländer Palais 305
VII Schwebende Verhältnisse 320
VIII Der Blitzschlag der Liebe 379
IX Loslösung 410

Anhang 435
Inhaltsverzeichnis 447

Erstes Kapitel

Ein Autor geht über die Grenze

Uraufführung

Das Theater glich einem Irrenhause, rollende Augen, geballte Fäuste, stampfende Füße, heisere Aufschreie im Zuschauerraum! Fremde Menschen fielen einander schluchzend in die Arme. Frauen wankten, einer Ohnmacht nahe, zur Tür. Es war eine allgemeine Auflösung wie im Chaos, aus dessen Nebeln eine neue Schöpfung hervorbricht!
So beschreibt ein Mannheimer Augenzeuge die Uraufführung eines Stückes, dessen gerade erst zweiundzwanzig Jahre alt gewordener Autor, Regimentsmedikus zu Stuttgart im Nachbarland Württemberg, nur illegal anwesend sein konnte; er hätte keinen Urlaub für die Reise bekommen und hatte gar nicht erst darum nachgesucht. Nicht nur in Mannheim hatte man der angekündigten Aufführung entgegengefiebert:
Aus der ganzen Umgebung, von Heidelberg, Darmstadt, Frankfurt, Mainz, Worms, Speyer usw. waren die Leute zu Roß und Wagen herbeigeströmt, um dieses berüchtigte Stück, das eine außerordentliche Publizität erlangt hatte, von Künstlern aufführen zu sehen, die auch unbedeutende Rollen mit täuschender Wahrheit gaben und nun hier um so stärker wirken konnten, je gedrängter die Sprache, je neuer die Ausdrücke, je ungeheurer und schrecklicher die Gegenstände waren, welche dem Zuschauer vorgeführt werden sollten. Der kleine Raum des Hauses nötigte diejenigen, welchen nicht das Glück zuteil wurde, eine Loge zu erhalten, ihre Sitze schon mittags ein Uhr zu suchen und geduldig zu warten, bis um fünf Uhr endlich der Vorhang aufrollte.
Ein Jahr vor dieser Aufführung hatte der Autor das Stück drukken lassen, und da sich kein Verleger gefunden hatte, hatte er sich das Geld für den Drucker geliehen. Nun wurde es »in zwoter verbesserter Auflage« ein zweites Mal in Druck gegeben, und auf dem Titelblatt sah man einen Löwen mit drohend erhobener Tatze zähnefletschend auf einem Felsen stehen, darunter die Worte »in Tirannos«, wider die Tyrannen.

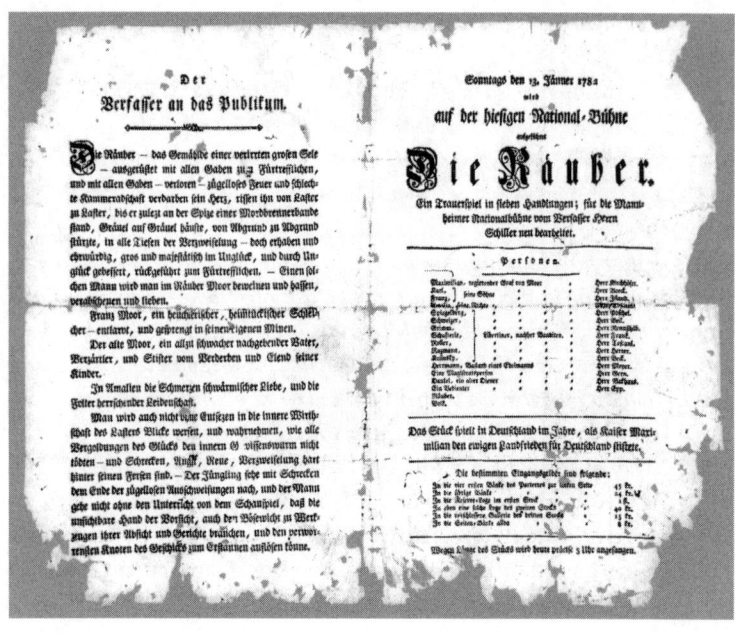

Der Theaterzettel zur Uraufführung der »Räuber«.

Aber was war das für ein Stück, das wie eine Bombe in der kurpfälzischen Residenz eingeschlagen hatte, trotz der dem Autor abgenötigten Versetzung ins späte fünfzehnte Jahrhundert, die das Publikum leicht durchschaut hatte? Es handelte von einem charismatischen jungen Mann aus altadligem, sehr begütertem Hause, der, attraktiv, trotzig, begabt, sich als Student einem wilden Burschenleben ergeben hatte und unterdes zu Hause durch seinen in jeder Hinsicht benachteiligten jüngeren Bruder beim Vater ausgetrickst worden war. Dieser hatte die Kunde vom Lotterleben des einzig erbberechtigten Älteren in einer Weise übertrieben, daß er den Vater in einer schwachen Stunde dazu überreden konnte, den Älteren zu verstoßen; die Nachricht davon hatte diesen zu einem Zeitpunkt erreicht, da er sich dem Vater gerade reumütig zu Füßen werfen wollte. Die Verstoßung wirft ihn aus der Bahn; ein intriganter Studiengenosse, Spiegelberg mit Namen, bringt ihn und eine Schar studentischer Kumpane auf den Gedanken, sich von dem tugendseligen Muff der bürgerlichen Welt loszusagen, um sie aus dem Hinterhalt zu bekämpfen: durch Gründung einer Räuberbande. Karl von Moor – so heißt der hoffnungsvolle Jüngling – wird zum Hauptmann gewählt und vereidigt und räubert von nun an als ein wahrer Robin Hood, die Reichen plündernd und die Armen beschenkend. Die Geschichte kommt auf den Gipfel, als einer der Bande – er heißt Roller und ist der Inbegriff eines wackeren Straßenräubers – gefangengenommen und zum Tode verurteilt wird; wie ihn vor der Hinrichtung erretten? Indem man die Stadt, deren Bürger fast alle auf den Marktplatz gelaufen sind, um sich an dem tödlichen Schauspiel zu ergötzen, »an dreiunddreißig Enden« in Brand steckt, den Pulverturm nicht zu vergessen, und den Augenblick des Schreckens dazu benutzt, den schon unter den Galgen Geführten aus den Klauen des Henkers zu reißen. Das kann das Theater nicht zeigen, aber was für eine Szene, wenn der so Gerettete dann im Waldlager eintrifft und die Einzelheiten seiner Befreiung ans Licht kommen, bis hin zu dem Bericht eines Bandenmitglieds, das sich damit brüstet, einen schreienden Säugling ins Feuer geworfen zu haben.

Karl ist entsetzt und verstößt den Sadisten; er erklärt, »fürchterlich Musterung halten« zu wollen. Aber da haben schon tausend Soldaten die Bande umzingelt; ihr Abgesandter, ein Pfarrer, kommt mit einem Generalpardon, der allen Leben und Freiheit schenkt, falls sie nur ihren Anführer ausliefern. Karl Moor rät ihnen zu, aber sie verweigern den Verrat und machen sich daran, den Ring der Übermacht zu sprengen, der sie umklammert. Es gelingt mit dem Furor der Verzweiflung; Tote und Verwundete in den eigenen Reihen erhärten: mit ihrem Blut hat die Bande das Leben ihres Anführers erkauft.

Ein wildes, wüstes Stück ist das, in einer Sprache der Leidenschaft, der Exaltation, wie sie auf dem deutschen Theater noch nicht gehört worden war. Aber hier schüttet nicht nur ungebärdige Jugend ihren Zorn über die in engen Grenzen der Stände und der Sitten gefangene Gesellschaft aus und gibt einem Kraftgefühl Raum, das überall gegen die Wände des Obrigkeitsstaates läuft. Sondern im Bild der beiden feindlichen Brüder scheinen die katastrophischen Möglichkeiten einer Welt auf, die sich in ihrer Mittelpunktslosigkeit als die moderne versteht. Karl und

Franz Moor haben beide den Glauben an das Walten einer göttlichen Instanz hinter sich geworfen, sie glauben an nichts als sich selbst. Der eine, Franz, zieht aus dieser Weltsicht die Folgerung, daß nichts ihn hindere, einem schrankenlosen Eigeninteresse zu folgen, der andere, Karl, setzt gegen die herrschende Gesellschaft zu einem Rachefeldzug an, der sich massenmörderisch verselbständigt. »Also frisch drüber hinweg!« ruft Franz von Moor sich zu:

Wer nichts fürchtet, ist nicht weniger mächtig als der, den alles fürchtet. Es ist itzo die Mode, Schnallen an den Beinkleidern zu tragen, womit man sie nach Belieben weiter und enger schnürt. Wir wollen uns ein Gewissen nach der neuesten Façon anmessen lassen, um es hübsch weiter aufzuschnallen, wie wir zulegen. ... Ich will alles um mich her ausrotten, was mich einschränkt, daß ich nicht Herr bin.

Trägt der Zivilist Schnallenschuhe, so der Soldat eine Schnürbrust; Karl von Moor nimmt sie symbolisch:

Ich soll meinen Leib pressen in eine Schnürbrust und meinen Willen schnüren in Gesetze. Das Gesetz hat zum Schneckengang verdorben, was Adlerflug geworden wäre. Das Gesetz hat noch keinen großen Mann gebildet, aber die Freiheit brütet Kolosse und Extremitäten aus. Sie verpalisadieren sich ins Bauchfell eines Tyrannen, hofieren der Laune seines Magens und lassen sich klemmen von seinen Winden. – Ah! daß der Geist Hermanns noch unter der Asche glimmte! – Stelle mich vor ein Heer Kerle wie ich, und aus Deutschland soll eine Republik werden, gegen die Rom und Sparta Nonnenklöster sein sollen.

Mit Franz von Moor stellt der Verfasser die erste seiner exzentrischen Schurkenfiguren vor das Publikum, Gestalten von einer Niedertracht, die, wie bei Jago oder Richard III., gleichsam prinzipiell wird. Karl hingegen ist der erste jener Helden, die in die Falle laufen, die ihnen die Welt, aber auch das eigene Ich durch Temperament, Stolz, Selbstüberschätzung, Verletzlichkeit stellen, auch dies: eine beträchtliche Reihe. Hat der Autor etwas von beiden? Seine Theaterhelden sind Projektionsfiguren seiner selbst insofern, als er sich in ihnen und durch sie die Gefahren vor Augen stellt, die in ihm selbst auf ihn lauern. Er ist ehrgeizig, er will sich einen Namen in der Welt machen, er reibt sich an den Fesseln, mit denen Staat und Gesellschaft, Stand und Rechtsverhältnisse ihn umklammert halten, und er malt sich und seinen Altersgenossen, die gleich ihm die Schule der religiösen Enttäuschung durchlaufen haben, wie in einem Lehrstück zwei Auswege, die verzweifelt kontrastieren: der eine, Karl, organisiert das destruktive Kollektiv, der andere, Franz, operiert als der destruktive Einzelgänger.

Am Ende siegt die Moralität: Franz erdrosselt sich, als die Räuber das Schloß stürmen – er hat zuvor eine Vision des Jüngsten Gerichts –, Karl von Moor aber liefert sich, seine Taten zu büßen, den Gerichten aus. »Kennst du diese Narben? du bist unser! Mit unserem Herzblut haben wir dich zum Leibeigenen angekauft«, rufen die Räuber, als er Miene macht, sich in Amalias, der wiedergefundenen Geliebten, Arme zu werfen: »Unser bist du, und wenn der Erzengel Michael mit dem Moloch ins Handgemeng kommen sollte!« So spricht man unter Räubern, die einmal Vorlesungen gehört haben. Die Liebenden begreifen, daß nur der Tod ihnen helfen kann, Amalia erfleht ihn von der Bande; als einer der Räuber ihr den Gnadenschuß geben will, greift Karl zum Degen und ersticht sie. Dann legt er die Führung nieder:

Merket auf, ihr schadenfrohe Schergen meines barbarischen Winks. – Ich höre von diesem Nun *an auf, euer Hauptmann zu sein. Mit Scham und Grauen leg ich hier diesen blutigen Stab nieder, worunter zu freveln ihr euch berechtiget wähntet ... O über mich Narren, der ich wähnete, die Welt durch Greuel zu verschönern und die Gesetze durch Gesetzlosigkeit aufrecht zu halten.*

Er ist der bekehrte Terrorist, der »mit Zähnklappern und Heulen« erfahren hat, »daß zwei Menschen wie ich den ganzen Bau der sittlichen Welt zugrund richten würden«. *Zwei* Menschen – der andere ist Bruder Franz. Der radikale Profitmacher und der charismatische Terrorist – wenn sich beide vereinigten, wäre die Welt verloren. Für einen Einundzwanzigjährigen ist das eine weitreichende Einsicht. Indem sein Stück wider die Schranken der bestehenden Gesellschaft anrennt, beschwört es zugleich die Gefahren der künftigen.

Mit diesem Text, der wenig später in Mannheims führender Verlagsbuchhandlung – Christian Schwan ist ihr Inhaber – auch als Bühnenfassung erscheint, hatte sich der junge Mann nachdrücklich in die geistige Landschaft einer Nation eingeschrieben, die, trotz des Reichstags ins Regensburg und des Kaisers in Wien, wesentlich als Sprachgemeinschaft und Leserschaft existierte. Ihre Bevölkerung, in zahlreiche Herzog- und Fürstentümer, Reichsstädte und Grafschaften zersplittert, wurde, mehr als durch Kaiser und Reich, durch den Buchhandel zusammengehalten; dieser befriedigte die wachsenden Bedürfnisse eines Lesepublikums, das, vier Generationen nach einem verwüstenden Krieg, im Aufbruch zu einem erneuerten Selbstbewußtsein war, zu neuen Horizonten der Bildung und des Fortschritts.

Auch die Theater nahmen daran teil, Nationaltheater nannten sich zwei von ihnen, die es besonders auf die Förderung deutscher Stücke abgesehen hatten. Hamburg hatte, mit Lessing als einer Art Chefdramaturg, die erste dieser Bühnen gegründet und war nach zwei Jahren gescheitert; auf festeren Füßen standen zwei spätere Gründungen, die eine in Wien unter der Ägide Josephs II., des kaiserlichen Radikalreformers, die andere in Mannheim, der dem Reißbrett barocker Geometrielust entsprungenen Stadt, in der die Straßen, ein präzises Rechteck-Raster bildend, keine Namen, sondern Nummern trugen. Karl Theodor, der pfälzische Kurfürst, hatte den Schloßbau vollendet, der die Basis dieser Stadtkonstruktion bildete; danach hatte er Bayern geerbt und nach München ziehen müssen; zur Entschädigung für seinen Weggang hatte der nun doppelte Kurfürst den Mannheimern diese Nationalbühne geschenkt, deren Orchester in ganz Europa berühmt war und deren Schauspieltruppe durch den Zuzug einiger exzellenter junger Kräfte aus Gotha höchsten Rang gewonnen hatte. Im vierten Jahr ihres Bestehens hatte der besonders bevollmächtigte Intendant – er war Hofbeamter und künstlerischer Direktor in einer Person – das Stück des unbekannten Stuttgarters riskiert.

In dem Verfasser sahen die einen ein dramatisches Ungeheuer, die andern den künftigen deutschen Shakespeare und manche beides zugleich. »Schwerlich«, schrieb die Berliner *Litteratur- und Theaterzeitung* im April 1782, »hat je ein Stück in Deutschland mehr Wirkung auf dem Theater gemacht als die Räuber; aber es ist auch noch kein Schauspiel in Mannheim so gut gegeben worden als dieses, und Sie mögen denken, was Sie wollen, ich zweifle, ob es an einem Orte in Deutschland so gegeben werden kann und wird als hier.« Auch Leipzig wagt sich an den Brocken, und der Berichterstatter derselben Zeitung ist hin und her gerissen:

Lessing läßt eine Mutter im Sturme der Leidenschaft sagen: »Könnte ich dir alle meine Galle ins Gesicht speien«; der Verf. der Räuber hat das speien in geifern verwandelt ... »Aber das Stück hat doch so sehr gefallen; hat es denn gar kein Verdienst?« Das Gefallen bewies nichts; es haben gar manche elende Büchlein in Teutschland auf einige Zeit Glück gemacht: aber auch nach meinem Gefühl hat der Verf. der Räuber sehr viel Genie; er faßt sehr glücklich einen Charakter und weiß ihn mit Kraft darzustellen ..., er hat eine hohe auffliegende Imagination, er hat Witz; er studiere einige Jahre die Menschen, mit denen er lebt, nicht die Menschen im Shakespear, er studiere die Teutsche Sprache und das Theater, und dann schreibe er Schauspiele!

Ungefähr so urteilt der Autor selbst über sich.

DER PÄDAGOGARCH

Noch im gleichen Jahr spielen auch Hamburg und Mainz, Erfurt und Frankfurt am Main das Stück, zumeist in eigenen Bearbeitungen und ohne dem Autor einen Kreuzer Honorar zu bezahlen; dessen Mannheimer Entgelt reicht nicht einmal zur Begleichung seiner Druckerschulden. Auch sonst gibt es zu Hause nichts als Ärger. Denn dieser Autor, Friedrich Schiller aus Marbach am Neckar, ist kein freier Mann, sondern Militärarzt in untergeordneter Stellung mit einem Monatsgehalt von achtzehn Gulden; jeden Tag muß er in einer grotesken Uniform vor seinem Obersten Rapport erstatten. Und da ist keine Aussicht auf Entrinnen. Der Offizierssohn, dessen Vater sich zum Intendanten der Herzoglichen Hofgärtnerei auf der Solitüde, dem nahe Stuttgart gelegenen Lustschloß, hinaufgearbeitet hat, ist festgenagelt, denn ein gnädiger Landesherr hat ihm vom vierzehnten Lebensjahr an Schulunterricht und Akademiestudium bezahlt.

Dieser Landesherr ist der Herzog von Württemberg, ein Barockdespot von besonderem Kaliber. In jungen Jahren hatte er, um Feste und Schlösser, Mätressen und Günstlinge zu finanzieren, das Land an den Rand des Ruins getrieben; in späteren Jahren und unter dem heilsamen Einfluß einer kultivierten Geliebten war er zum Pädagogarchen avanciert, dessen Steckenpferd eine von ihm

*N. Heideloff und J. C. Stadler nach V. Heideloff: Karl Eugen,
Herzog von Württemberg, in Hohenheim (kolorierter Kupferstich).*

gegründete Militärakademie war; an dieser aus einer Pflanzschule
für die Söhne unbemittelter Offiziere hervorgegangenen Einrichtung hatte der Stipendiat Schiller Medizin studiert. Das war ein
Internat, in dem das Essen wie das Beten nach militärischem Kommando ablief und bei dem einen wie dem andern zwischen adligen und bürgerlichen Schülern strikte Klassentrennung herrschte,
so auch bei dem besonderen Gnadenerweis, den der herzogliche
Protektor gelegentlich gewährte: die adligen Schüler durften seine
Hand, die bürgerlichen nur seinen Rocksaum küssen. Zugleich
war dies ein Institut mit vielseitigem Unterricht und Lehrkräften,
aufgeschlossen genug, um zu Freunden ihrer Schüler zu werden.
»Schiller«, erinnerte sich der seinen Schülern auch später noch verbundene Philosophieprofessor Abel:

*Schiller hörte bei Professor Schwab, dem berühmten Gegner Kants
und Reinholds und Verfasser mehrerer Preisschriften, Logik, Metaphysik und Geschichte der Philosophie, bei mir Psychologie, Ästhetik, Geschichte der Menschheit und Moral. Alle diese Wissenschaften interessierten ihn, denn er hörte nicht nur mit Aufmerksamkeit
zu und las nicht nur die besten Schriften in allen diesen Fächern,*

die er erhalten konnte, sondern er unterredete sich auch über dieselben, sooft er nur konnte. Es geschah häufig, daß einzelne Zöglinge der Akademie ihren Lehrer an dem Akademietor, bis wohin ihnen zu gehen verstattet war, erwarteten, ihn dann in den Saal, wo er die Vorlesung hielt, begleiteten und ebenso nach vollendeter Vorlesung wieder bis an jene Stelle begleiteten, während welcher Zeit dann bald über die wissenschaftlichen Gegenstände, welche in der Vorlesung vorgetragen wurden, bald über andere, besonders politische Gegenstände oder auch über Privatangelegenheiten einzelner, über welche sie ihren Lehrer als Freund zu Rate zogen, gesprochen wurde.

Das war die eine Seite der Anstalt, die andere hatte einen kenntlichen Ausdruck an den Uniformen, in die die Zöglinge gesteckt waren. »Der Anzug«, beschrieb ihn einer von ihnen, der aus dem französischen Mömpelgard stammende Georg Friedrich Scharffenstein,

war für gewöhnlich so: die Offizierssöhne hatten hellblaue kommistuchene Westen mit Ärmeln; der Kragen- und Ärmelaufschlag waren von schwarzem Plüsch; die Hosen waren von weißem Tuch, der Kopfputz war ein kleiner Hut, zwei Papilloten [Lockenwickel] an jeder Seite und Puder. Alles trug sehr lange falsche Zöpfe nach einem bestimmten Maße. Der Paradeanzug hatte mehrere Gradationen [Abstufungen] ... Es gab z. B. eine Parade von geringerem Grade, wo zwar der gewöhnliche Anzug stattfand, aber mit vier Papilloten an jeder Seite in zwei Etagen und Puder. Da sah mein Schiller komisch aus; er war für sein Alter lang, hatte Beine durchaus mit den Schenkeln von einem Kaliber, sehr langhalsig, blaß mit kleinen rotumgrenzten Augen. Er war einer der unreinlichen Burschen, und wie der Oberaufseher Nies brummte: ein Schweinpelz. Und nun dieser ungelockte Kopf voll Papilloten mit einem enormen Zopf!

Dieser Zopf muß ein ständiger Stachel für Geist und Gemüt des aufsässigen Studiosus gewesen sein. Sein Abscheu vor diesem Abzeichen der Unnatur kehrt in den Erinnerungen seiner Kameraden immer wieder:

Besonders verhaßt war es ihm und ungelegen, sich zu frisieren, wie damals noch Sitte war; und wie ernsthaft namentlich darauf gesehen wurde, daß niemand beim gemeinschaftlichen Essen mit ungeordnetem Haupte erscheine, so hatte sein Stubenkamerad doch fast täglich, wann die Eßglocke läutete, die Bemerkung zu machen: »Aber, Fritz, wie siehst du wieder aus?« »Ich wollte«, rief dann Schiller unmutig, »daß der verdammte Zopf zum Henker wäre!«, und weil er auch durchaus kein Geschick zum Drehen desselben hatte, so erbarmte sich gewöhnlich seiner der Kamerad, der überhaupt sonst noch manche Not seinetwegen zu bestehen hatte. Fast keine Nacht konnte derselbe ruhig schlafen, weil Schiller ... von irgendeinem Gedanken, einer Idee, einem Interesse ergriffen, aufsprang und die Nacht durch dichtete oder studierte. Der Weg aus seinem Bette ging über das seines Stubengenossen, und da Schiller selten Zeit hatte, sich vorzusehen, empfing derselbe manchen nicht eben bösgemeinten Fußtritt von ihm. An diese Gewohnheit, die Nacht zum Tage zu machen, welche Schiller bis an sein Lebensende beibehielt, schloß sich wohl die zweite üblere, die über- und abgespannten Lebensgeister durch Weingenuß zu erfrischen. Dies geschah denn häufig über Maß, und es wurde ihm nicht selten schwer, Schritt und Haltung zu behaupten, wenn in Reih und Glied zur Tafel oder sonstwohin marschiert wurde.

Bernhard Mönnich bringt das in späterer Zeit zu Papier; er beschreibt auch die Gruppendisziplin, mit der die Eleven das ihnen von außen auferlegte Reglement imitieren:

Überhaupt bestand auf der Karlsschule wie in allen ähnlichen Anstalten ein gewisser esprit de corps unter den jungen Leuten, und jede besondere Abteilung derselben suchte ihre Ehre auf jede nur mögliche Weise zu bewahren. Sie konstituierte sich daher zu einer Genossenschaft, welche sich verbindlich machte, alle für einen und einer für alle zu stehen, aber auch darauf wachte, daß keines ihrer Glieder eine in der Tat ehrlose Handlung beginge. Solche wurde insgemein, wenn sie begegnete, zwar womöglich ... verheimlicht, aber zu gleicher Zeit von der Genossenschaft selbst hart bestraft. Schiller verzichtete bei den Rechtsentscheidungen dieser Art gern auf die Ehre, das Präsidium zu führen, aber der Exekutor der verdienten Strafe zu werden, die gewöhnlich in einer beträchtlichen Anzahl Schläge bestand, ließ er sich durchaus nicht nehmen, und die Welt hat wohl nie einen Büttel sein Amt mit so rein moralischem Grimm verrichten sehen. Denn nur dieser war es, der Schiller dabei erfüllte und seinem von Natur schwachen Arm entsetzliche Kraft verlieh, da er sonst unzähligemal Beweise gegeben, daß er seine Genossen aufs herzlichste liebte. Wie oft litt er nicht mit Freudigkeit die Strafe, die andern gebührte, wenn er meinte, daß der Schuldige sie schwerer empfinden werde als er, oder wenn es ihm verächtlich vorkam, sich selbst durch Verrat des Freundes, wenngleich nicht auf Kosten der Wahrheit, einem vorübergehenden Übel zu entziehen!

Eleve Schiller als Prügelknabe in doppeltem Sinn, als einer, der als Urteilsvollstrecker Prügel austeilt und selber für andere gerichtliche Prügel einsteckt – es klingt wie nach einer sadomasochistischen Komponente im Seelenleben dieses Heranwachsenden. Die Erzählung zeugt von den enormen Spannungen, die sich in diesem mitten in der Pubertät stehenden Jüngling aufbauen. Zwei Jahre nachdem Schiller in die Anstalt eingetreten war, hatte der Herzog, der die persönliche Oberaufsicht über die Schule führte, allen Zöglingen seines Jahrgangs aufgetragen, über sich selbst und ihre Mitschüler kritische Gutachten zu Papier zu bringen; von dem Verhältnis zur Religion, zu dem Herzog und den Lehrern bis hin zu Fleiß und Reinlichkeit sollte Bericht erstattet werden. Der Fünfzehnjährige folgt dem Befehl und setzt ihm zugleich Grenzen:

Durchlauchtigster Herzog, Gnädigster Herzog und Herr! Wenn uns der ausdrückliche Befehl zu einer Unternehmung, deren Folgen wichtig genug sind, das Glück oder Unglück meiner Freunde zu veranlassen, nicht verbände, so würden wir, weit entfernt, den weisesten Endzweck unsers Durchlauchtigsten zu erreichen, weit entfernt, ein vollkommenes Urteil zu fällen, vielmehr verstummen müssen. Schon der größeste Weise, der größeste Naturkundige würden sich nicht erkühnen, mit ihrem Urteil vor Euer Herzoglichen Durchlaucht zu erscheinen und Beifall zu erwarten. Wieviel weniger sollte ich, viel zu unwissend, viel zu unerfahren, mich selbst zu kennen, auch den Letzten meiner Freunde beurteilen.

Allein ich ... würde wider die Pflichten der Dankbarkeit sündigen, wenn ich nicht tun sollte, was ich tun könnte, und welchen Leichtsinn würde ich verraten, wenn ich nicht diesen gnädigsten Befehl nach meinem Vermögen auf das pünktlichste erfüllen sollte. Allein, Durchlauchtigster Herzog, ich verwerfe doch einige Punkte Ihres Befehls, ich verwerfe sie und seufze zugleich über meine Schwachheit. Ich fühle mich zu klein, zu urteilen, ob jener das Chri-

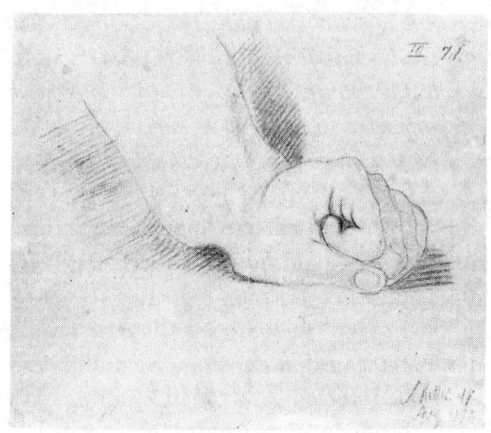

Schillers Faust (Rötelzeichnung von ihm selbst, um 1778).

stentum hochschätze und ausübe, ob es dieser verachte, ob er es fliehe: ich sehe es als ein Werk an, welches nur göttliche Allmacht, nur göttliche Allwissenheit ausführen können.

Über fünfundvierzig Mitschüler legt er dann kürzere oder längere Charakteristiken vor, und ganz schlecht kommt, bei ihm und anderen, nur Karl Kempff weg, der durch Verleumdung »wider die Pflichten der Freundschaft« gesündigt habe. Auch mit Baßmann und Brandt steht es nicht gut: »... das Pöbelhafte in ihrer Seele ist ungeachtet der natürlichen Vorsicht aus ihrem Herzen noch nicht verdrungen worden, welches sie durch Grobheiten gegen ihre Mitbrüder an den Tag legen.« Parrot und Eisenberg lassen auf andere Weise zu wünschen übrig, mit »kriechender Demut« suchen sie sich »in die Gnade des Fürsten einzuschmeicheln«. Verräterei, Grobianismus, Schmeichelei sind Sünden, die man nicht mit Schweigen übergehen kann, und natürlich: der Beurteiler würde unglaubwürdig, wenn er für alle fünfundvierzig gutsagte.

Wie glaubwürdig macht er sich mit der Ergebenheitsadresse, die allem dem folgt? Sie macht den Gewissenszwang, mit dem der zum Schulleiter transformierte Alleinherrscher seine kindlichen Untertanen schlägt, überdeutlich:

Mit diesem Augenblick stelle ich mir den ganzen Umfang meines Glücks vor Augen, welches mir schon seit einigen Jahren ent-

gegeneilt. Ich erblicke den Vater meiner Eltern vor mir, dem ich seine Gnade niemals vergelten kann. Ich erblicke ihn und seufze. Dieser Fürst, welcher meine Eltern in den Stand gesetzt hat, mir Gutes zu tun, dieser Fürst, durch welchen Gott seine Absicht mit mir erreichen wird, dieser Vater, welcher mich glücklich machen will, ist und muß mir viel schätzbarer als Eltern sein, welche unmittelbar von seiner Gnade abhangen. – Dürfte ich mich Ihm mit meiner Entzückung nahen, die mir die Dankbarkeit auspreßt; dürfte ich die Worte erzählen, welche mir mein Vater anvertraute: »Sohn, bemühe dich, Ihm zu gefallen, bemühe Dich, daß Er dich und deine Eltern nicht vergesse. Denke, daß von Ihm dein Leben, deine Zufriedenheit, dein Glück abhängt, denke, daß ohne Denselben deine Eltern unglücklich werden. Bete für Sein Leben, daß Er dir nicht mitten in dem Glanze deines Glücks entrissen werde.«

Der Landesherr als gottgleich gebietender Herrscher, schätzbarer noch als die eigenen Eltern – man könnte meinen, daß Eleve Fritz sich mit seinen Freunden zu solch hemmungsloser Hymnik verabredet habe, um sich über das Ergebnis heimlich auszuschütten vor Lachen. Aber das wäre ein Irrtum; der Geist eines Instituts spricht aus dieser Doppelloge (Schiller sagt auch für seine Eltern gut), das die Zöglinge, die niemals Urlaub erhalten (manchmal dürfen ihre Angehörigen, nicht aber die Schwestern, sie sonntagnachmittags in der Anstalt besuchen), gewaltsam von ihren Familien abtrennt und den fürstlichen Direktor an die Stelle des Vaters setzt. Karl Eugen hat es nicht weit zu seinen Kindern, die er persönlich straft oder belobigt; die Akademie befindet sich unmittelbar hinter der Solitüde. Ein Jahr später wird ihr ein Nebengebäude des Stuttgarter Schlosses eingeräumt; nun braucht der Herzog nicht einmal mehr über den Hof zu gehen.

Wie aber sieht der in den Mechanismus von Kritik und Selbstkritik gespannte Schüler sich selbst? »Sie werden mich eigensinnig, hitzig, ungeduldig hören müssen«, erklärt er seinem Oberherrn,

doch werden dieselben Ihnen auch meine Aufrichtigkeit, meine Treue, mein gutes Herz rühmen. Aber, Durchlauchtigster Herzog, die schönen Gaben, die ich habe, habe ich bisher nicht so angewendet, als es mir meine Pflichten aufgelegt haben.... Ebenso habe ich Reinlichkeit am Körper bisher nicht so beobachtet, als es meine Schul-

*Victor Wilhelm Heideloff: Schiller trägt im
Bopserwald bei Stuttgart seinen Freunden aus den »Räubern« vor
(Federzeichnung nach der Natur, Mai 1778).*

digkeit gewesen. ... Es ist Ihnen schon bekannt, gnädigster Herzog, mit wieviel Munterkeit ich die Wissenschaft der Rechte angenommen habe, es ist Ihnen bekannt, wie glücklich ich mich schätzen würde, wann ich durch dieselbe meinem Fürsten, meinem Vaterlande dereinst dienen könnte, aber weit glücklicher würde ich mich halten, wann ich solches als Gottesgelehrter ausführen könnte. Jedoch hierin unterwerfe ich mich dem Willen meines weisesten Fürsten, bei dem mein ganzes Glück, alle meine Zufriedenheit steht.

Am Ende muß er Medizin studieren und findet ein Heilmittel gegen die Zwangsverhältnisse, in die die Anstalt ihre Zöglinge einspannt, das ist das Drama, die Literatur.

»Die Räuber« sind ein Internatsstück, sie gehen aus der verschworenen Gemeinschaft einiger junger Männer hervor, die nur in engem Zusammenhalt eine Chance haben, sich gegen den auf ihnen lastenden Druck zu behaupten. Von ihren Professoren auf die Höhe zeitgenössischen Wissens geführt (die Zuchtanstalt ist

Eliteschule und Kaderschmiede zugleich), träumen sie sich in dem Text ihres Mit-Eleven ins Wild-Rebellische, Wüst-Außenseiterische. »Wir wollen ein Buch machen, das durch den Schinder absolut verbrannt werden muß!« überliefert Scharffenstein einen Ausruf Schillers bei der Arbeit.

RÄUBERHÖHLE

Das Quartier, das der Autor nach der Entlassung aus der Militärakademie in Stuttgart bezieht, nimmt sich aus wie die Schenke, in der Karl von Moors Kommilitonen ihre Verwandlung in eine Räuberbande beschließen. Scharffenstein, der Leutnant geworden ist (er bringt es später bis zum General) und zu dem engsten Kreis jener Freigelassenen gehört, die im »Goldenen Ochsen« ihre kargen Gelage feiern, beschreibt das Erstaunen literarischer Reisender, die in Stuttgart nach dem Verfasser der »Räuber« suchen:

Schiller wohnte in einem kleinen Zimmer parterre mit dem mit ihm aus der Akademie gekommenen Leutnant Kapff... Wir waren arm und hatten meistens gemeinschaftliche frugale, aber durch jugendlich ausschlagende gute Laune sehr gewürzte Abendmahlzeiten, die wir selbst bereiten konnten; denn eine Knackwurst und Kartoffel mit Salat war alles. Der Wein freilich war ein schwieriger Artikel, und noch sehe ich des guten Schillers Triumph, wenn er uns mit einigen Dreibätznern aus dem Erlös seines »Magazins« überraschen und erfreuen konnte. Da war die Welt unser.

So blieb es eine gute Weile, doch fing nach und nach der Meteor am literarischen Himmel zu zündeln an. Ich erinnere mich, daß einige reisende... bel esprits [Schöngeister] in schöner Equipage vor das Quartier angefahren kamen... So schmeichelhaft ein solcher Zuspruch nachher dünkte, so war er doch im ersten Augenblick nicht sehr erbaulich, denn man befand sich in dem größten, nichts weniger als eleganten Negligé, in einem nach Tabak und sonsten stinkenden Loche, wo außer einem großen Tisch, zwei Bänken und einer an der Wand hängenden schmalen Garderobe, angestrichenen Hosen usw. nichts anzutreffen war als in einem Eck ganze Ballen der »Räuber«, in dem anderen ein Haufen Erdbirnen mit leeren Tellern, Bouteillen und dergleichen untereinander.

»Sein Magazin«, das mag das *Wirtembergische Repertorium der Litteratur* sein, eine philosophisch-literarische Vierteljahr-Schrift, die Schiller mit seinem Mentor Abel und seinem Freund Petersen gegründet hatte. Hier fand der Leser auch eine ausgedehnte Kritik der »Räuber«, an deren Ende es über den unbekannten Verfasser hieß:

Er soll ein Arzt bei einem Wirtembergischen Grenadier-Bataillon *sein, und wenn es das ist, so macht es dem Scharfsinn seines Landesherrn Ehre: So gewiß ich sein Werk verstehe, so muß er starke Dosen* in Emeticis *ebenso lieben als in* Aestheticis *und ich möchte ihm lieber zehen Pferde als meine Frau zur Kur übergeben.*

Schiller selbst hatte die Rezension verfaßt. Scharffenstein, der damals auf Elfenbein ein Miniaturporträt von ihm zeichnete, hat den Einundzwanzigjährigen später beschrieben:

Schiller war von gerader, langer Statur, lang gespalten, langarmig; seine Brust war heraus und gewölbt, sein Hals sehr lang. Er hatte aber etwas Steifes und nicht die mindeste Eleganz in seiner Turnüre. Seine Stirne war breit, die Nase dünn, knorplig, weiß von Farbe, in einem merklich scharfen Winkel hervorspringend, sehr gebogen auf Papageienart und sehr spitzig. Die Augenbrauen waren rot, umgebogen, nahe über den tiefliegenden dunkelgrauen Augen und inklinierten sich bei der Nasenwurzel nahe zusammen. Diese Partie hatte sehr viel Ausdruck und etwas Pathetisches. Der Mund war ebenfalls voll Ausdruck, die Lippen waren dünn, die untere ragte von Natur hervor, schien aber, wenn Schiller mit Gefühl sprach, als wenn die Begeisterung ihr diese Richtung gegeben hätte, und drückte sehr viel Energie aus. Das Kinn war stark, die Wangen blaß, eher eingefallen als voll und ziemlich mit Sommerflecken besät. Die Augenlider waren meistens inflammiert, das buschige Haupthaar war rot von der dunkeln Art. Der ganze Kopf, der eher geistermäßig als männlich war, hatte viel Bedeutendes, Energisches, auch in der Ruhe.

Der Aufzug, der sich mit dem militärischen Rang des in eine halbe Freiheit entlassenen Jung-Mediziners verband, war grotesker noch als die Doppel-Papilloten der Akademieuniform. Vergeblich hatte Schillers Vater ein Gesuch an den Herzog gerichtet, dem Sohn in seiner Freizeit die Ausübung der Privatpraxis in Zivilkleidern zu gestatten. »Die Stunde«, schreibt Scharffenstein,

*Philipp Friedrich Hetsch: Schiller als Regimentsmedikus
(Ölgemälde, 1781).*

*an welcher er auf der Parade sich präsentierte, war auch die erste
des Wiedersehens ... Aber wie komisch sah mein Schiller aus! Ein-
gepreßt in der Uniform, damals noch nach dem alten preußischen
Schnitt, und vorzüglich bei den Regimentsfeldscherern steif und
abgeschmackt! An jeder Seite hatte er drei steife vergipste Rollen,
der kleine militärische Hut bedeckte kaum den Kopfwirbel, in dessen
Gegend ein dicker falscher Zopf gepflanzt war, der lange Hals war
von einer sehr schmalen, roßhärenen Binde eingewürgt. Das Fuß-
werk vorzüglich war merkwürdig: durch den den weißen Gamaschen unterlegten Filz waren seine Beine wie zwei Zylinder von
einem größeren Diameter [Durchmesser] als die in knappe Hosen eingepreßten Schenkel. In diesen Gamaschen, die ohnehin mit
Schuhwichse sehr befleckt waren, bewegte er sich, ohne die Kniee
recht biegen zu können, wie ein Storch. Dieser ganze, mit der Idee
von Schiller so kontrastierende Apparat war oft nachher der Stoff
zu tollem Gelächter in unsern kleinen Kreisen.*

Es war die Feldschereruniform, in die man den Medikus eines
Regiments gesteckt hatte, das nicht zu den schlagkräftigen des

Titelblatt des Erstdrucks der »Räuber«.

Herzogtums gehörte; es bestand aus 240 halben Invaliden. Schiller hatte die Amtstracht einem Freund gegenüber mit dem Wort kommentiert: »Meine Knochen haben mir im Vertrauen gesagt, daß sie in Schwaben nicht verfaulen wollen.« Der Ballen der »Räuber« in der Zimmerecke bestand vermutlich aus den unabgesetzten Exemplaren des anonymen Erstdrucks mit den fiktiven Verlagsorten Frankfurt und Leipzig. Schon das dem Stück vorangesetzte, sich auf Hippokrates, die Medizin-Autorität der Antike, berufende Motto gab zu erkennen, daß hier ein Mediziner eigener Art das Wort ergriff: »Quae medicamenta non sanant, *ferrum* sanat, quae ferrum non sanat, *ignis* sanat«, das hieß: Was Medikamente nicht heilen, heilt das Eisen, was das Eisen nicht heilt, heilt das Feuer.

Auf dem Titelblatt war eine ungelenke kleine Radierung zu sehen: ein antikisch leichtgeschürzter, im Wald mit dem Schwert in der Hand deklamierender Jüngling mit zwei auf dem Waldboden liegenden Gesellen, von denen der eine schläft, der andere zuhört. Erst in der »zwoten verbesserten Auflage« hatte sich der Autor als *Friderich Schiller* zu seinem Werk bekannt, und auch

Titelblätter der zweiten Auflage der »Räuber«. Das Löwenkupfer, das sich beim Druck abgenutzt hatte oder zerbrochen war (rechte Seite der Abbildung), wurde durch eine spiegelbildliche Kopie mit einigen Abwandlungen ersetzt (links), die die Inschrift unter der Darstellung plazierte.

der Verleger war nun namentlich bezeichnet, als »Tobias Löffler, Frankfurt und Leipzig«; er ist dort aber niemals aufgefunden worden.

Der Löwe, der nun das Titelblatt zierte, war viel besser als die Jünglinge im Walde, aber der Autor distanzierte sich in einer Zeitschriften-Notiz nicht nur von den vielen Druckfehlern der Ausgabe, sondern auch von ihrem »höchst elenden Kupfer«; er tat es nicht nur aus politischer Vorsicht. Denn sind die »Räuber« impetuös und rebellisch – antityrannisch ist das Stück schon deshalb nicht, weil kein Tyrann in ihm vorkommt. Es ist der feindliche Bruder, mit dem Karl von Moor es zu tun hat; wie schwach die Vaterfigur ist, der beide gegenüberstehen, zeigt sich daran, wie leicht Franz es hat, den Vater erst hinters Licht zu führen und dann völlig auszuschalten. Er hat den alten Moor, der in eine Schreckensohnmacht gefallen war, scheinbar in aller Form begraben, in Wahrheit aber von einem Gehilfen in einen entlegenen Turm sperren lassen, um ihn dort dem Hungertod preiszugeben. Statt dessen hat dieser Mitverschworene ihn mit kargen Rationen am Leben erhalten, so daß der an der Spitze der Bande zurückkehrende Karl seinen Vater entdecken und befreien kann. Versetzt man das Stück auf die seelische Bühne, der es entspringt, so wird es als eines kenntlich, das sich im Bann zweier starker Vatergestalten, Johann Kaspars, Schillers eigenen Vaters, und Karl Eugens, des Staats- und Anstaltsübervaters, einen schwachen Vater phantasiert, um die katastrophalen Folgen auszumalen, die sich ergeben, wenn rebellisches Betragen als unverzeihlicher Sündenfall mißdeutet wird. Dann wird der eine, gute Sohn in eine verzweifelte Asozialität getrieben, der andere, böse aber entmachtet den Vater in einer Weise, daß der gute, zurückkehrend, ihn befreien und dergestalt zeigen kann, wie unrecht jener tat.

Eine doppelte Drohung, die eine doppelte Warnung ist, nimmt hier Gestalt an, damit aber zugleich ein Hinweis auf die Vermeidbarkeit des Verhängnisses – dieses aufrührerische Stück ist, auf seinen inneren Gestus hin angesehen, der zwiefachen Vaterwelt gegenüber weit eher die ausgestreckte Hand als die unbedingte Absage. Von daher konnte Schiller das »in Tirannos« des ausdrucksvollen und bald berühmten Löwen-Kupfers mit Recht von sich weisen. Seinem Herzog, Karl Eugen, waren »Die Räuber« so wenig anstößig, daß er sie zwei Jahre nach der Mannheimer Uraufführung in Stuttgart von ehemaligen Karlsschülern aufführen ließ, mit dem berühmten Iffland als Gast aus Mannheim in der Rolle des Franz. Karl Eugen brauchte Karlsschüler für eine solche Aufführung, da er sich um deutsches Theater niemals gekümmert hatte. In jungen Jahren hatte er »mit einer ans Fabelhafte grenzenden Verschwendung« (Eduard Devrient) italienische Oper, Ballett und französisches Schauspiel unterhalten, später war die Karlsschule sein Steckenpferd geworden; seine Regierung, konstatiert der kundige Chronist, habe »dem Schwabenlande nicht den geringsten Anteil an der Entwicklung der deutschen Schauspielkunst verstattet«.

Sieben Jahre hatte Friedrich Schiller auf der Militärakademie verbracht, auf die der Herzog den begabten Sohn seines Hauptmanns und Hofgärtners befohlen hatte. Er war dort der Aufmerk-

*Johann Friedrich Knisel: Karl und Franziska
(Radierung nach eigener Zeichnung, 1787).
Knisel war ebenso wie V. W. Heideloff Karlsschüler.*

samkeit des fürstlichen Pädagogen nicht entgangen, der sich häufig mit seiner Gefährtin, der dreißigjährigen Franziska v. Hohenheim, unter den Eleven sehen ließ. Der katholische Landesherr eines protestantischen Landes (Karl Eugens Vater, ein kaiserlicher Generalfeldmarschall, war einst in Wien konvertiert) mußte nach dem Tod seiner ersten Frau, die es nicht lange bei ihm ausgehalten hatte, jahrelang auf den päpstlichen Dispens für die Ehe mit einer geschiedenen Protestantin warten; so war sie in Schillers Akademiejahren nur die inoffizielle Landesmutter gewesen. Der achtzehnjährige Medizinstudent hatte ihr in zwei Festgedichten huldigen dürfen; er hatte sie dort einfach Franziska genannt. »O Freunde«, schloß eins dieser Gedichte, das in Gestalt der Abwehr deutlich machte, wie umfassend die hohe Frau in der etwas zweifelhaften Position die Phantasie der Schüler beschäftigte:

Innocentius Wilhelm Clemens Heideloff nach Viktor Wilhelm Heideloff: Festakt in der Militärakademie am 11. Februar 1782 (Radierung, 1782). Unter dem Thronhimmel Karl Eugen als Rektor der zur Universität erhobenen Akademie, links am Fenster die Reichsgräfin Franziska v. Hohenheim.

> O Freunde, laßt uns nie von unsrer Ehrfurcht wanken,
> Laßt unser Herz Franziskens Denkmal sein!
> So werden wir mit niedrigen Gedanken
> Niemalen unser Herz entweihn!

Bei einer andern Gelegenheit hatte sich der angehende Mediziner über die vom Herzog aufgegebene Frage zu verbreiten gehabt, ob »allzuviel Güte, Leutseligkeit und große Freigebigkeit im engsten Verstand zur Tugend« gehörten. Ein phantastisches Stück Internatsprosa war dabei herausgekommen; es gipfelte in der leidenschaftlichen Anrufung der einzigen, überdies sehr schönen Frau, die die vom andern Geschlecht rigoros ferngehaltenen Akademieschüler regelmäßig zu Gesicht bekamen:

Durchlauchtigster Herzog! Nicht mit der schamrotmachenden Heuchelrede kriechender Schmeichelei (Ihre Söhne haben nicht schmeicheln gelernt) – Nein – mit der offenen Stirne der Wahrheit kann ich auftreten und sagen: Sie ist's, die liebenswürdige Freundin Karls *– Sie die Menschenfreundin! – Sie, unser aller besondere Freundin! Mutter! Franziska! Nicht den prangenden Hof – die Gro-*

ßen Karls nicht, nicht meine hier versammelten Freunde, die alle glühend vor Dankbarkeit den Wink erwarten, in ein strömendes Lob auszubrechen – Nein! die Armen in den Hütten rufe ich jetzt auf – Tränen in ihren Augen – Franziska! – Tränen der Dankbarkeit und Freude – Im Herzen dieser Unschuldigen wird Franziskens Andenken herrlicher gefeiert als durch die Pracht dieser Versammlung. Wenn dann der größeste Kenner und Freund der Tugend Tugend belohnet? – Karl – wo hat ihn je der Schein geschminkter Tugend geblendet? – Karl – feiert das Fest von Franziska! – Wer ist größer, der so Tugend ausübt – oder der sie belohnet? – Beides Nachahmung der Gottheit!

Zu dieser Zeit sind die »Räuber« in tiefster Verborgenheit – alle Mitwisser halten dicht – bereits in Arbeit.

VORLADUNGEN

Schon 1776, im Jahr der Jeffersonschen Unabhängigkeitserklärung, hatte der sechzehnjährige Medizinstudent in zwei subtil verschlüsselten Versen das sich vom kolonialen Joch befreiende Nordamerika ins Auge gefaßt. »Der Abend« hieß dieses Poem, das einer seiner Professoren, Balthasar Haug, in einer Zeitschrift veröffentlicht hatte:

> Die Sonne zeigt, vollendend gleich dem Helden,
> Dem tiefen Tal ihr Abendangesicht,
> (Für andre, ach! glückseligere Welten
> Ist das ein Morgenangesicht).

Nämlich für wen? Für die Leute auf der andern Seite des großen Teiches, denen die Sonne dort aufgeht, wo sie den Europäern untergeht. Dorthin hatte Karl Eugen Tausende junger Württemberger geschickt, sie als Soldaten an die englische Krone vermietend, damit sie für deren Interessen gegen die aufständischen Kolonisten kämpften; er war nicht der einzige deutsche Fürst, der sein Hofleben auf diese Weise finanzierte.

An diesen Landesherrn war der Jungmediziner gefesselt, dessen Hoffnung auf eine seiner Ausbildung entsprechende Stelle grob enttäuscht worden war. Was diese Abhängigkeit für einen, der sich vor allem als Schriftsteller fühlte, bedeutete, hatte er vier Monate nach dem Mannheimer Theatertriumph erfahren. Als er die illegale Theaterreise mit zwei älteren Freundinnen und Schutzpatroninnen wiederholt (die eine ist Frau v. Wolzogen, die Mutter eines aus Thüringen stammenden Mitstudenten, die andere seine Zimmerwirtin, die Hauptmannswitwe Dorothea Vischer), wird der heimliche Ausflug ruchbar; wahrscheinlich ist Frau Vischerin die Plaudertasche. Unterderhand hatte Schiller die Genehmigung eines wohlwollenden Vorgesetzten, des Obersten v. Rau, eingeholt, unter der Voraussetzung, es niemanden wissen zu lassen. Zurück in Stuttgart, wird er zum Herzog gerufen; dieser schickt ihm

ein Pferd aus dem Marstall und den Befehl, sogleich nach Hohenheim zu ihm zu kommen und keinem Menschen etwas davon zu sagen. Als Schiller in Hohenheim ankam, empfing ihn der Herzog sehr freundlich und liebreich, erzählte ihm von seinen Anlagen und zeigte ihm einige, erkundigte sich nach seinen Umständen, und endlich sagte er rasch zu ihm: »Er ist auch in Mannheim gewesen, ich weiß alles; ich sage, sein Obrister weiß darum.« Schiller bekannte, daß er in Mannheim gewesen sei, leugnete aber schlechterdings, daß Rau etwas davon wisse, und so beharrlich, daß der Herzog vergeblich Bitten und Drohungen anwandte, vergebens drohte, ihn auf die Festung bringen zu lassen und seinen Vater außer Brot zu setzen. Schiller beharrte auf seinem Leugnen; er wurde sehr ungnädig vom Herzog entlassen (»es werde nachkommen«) und mußte zu Fuß wieder nach Stuttgart zurückkehren.

Als er nach dreistündigem Marsch wieder dort ist, wird er auf herzoglichen Befehl für zwei Wochen in Arrest gesteckt. In der Gefangenschaft keimt ein Stück in ihm auf, das die entschiedenste Attacke auf die feudalabsolutistische Despotie sein wird, die auf dem deutschen Theater jemals laut wurde, ein Arrestantenstück, in dem auch der barbarische Soldatenhandel vorkommen wird. Ein alter Diener, dem man den Sohn weggenommen hat, um ihn nach Amerika zu schicken, klagt im zweiten Akt sein Leid einer hochgestellten Dame, in der man unschwer das Ebenbild der menschenfreundlichen Franziska v. Hohenheim erkennt. Diese Lady Milford ist die Mätresse des regierenden Fürsten, und sie erschauert, als die Erzählung des Kammerdieners ihr klarmacht, wovon die Diamanten bezahlt sind, die der Fürst ihr gerade übersandt hat.

Die deutschen Fürsten haben nicht nur pekuniäre Gründe, den Briten Soldaten für ihren Krieg gegen die aufrührerischen Kolonisten zu liefern. Diese geben ein gefährliches Beispiel; die Unfreiheit daheim, können die deutschen Soldatenlieferanten sich sagen, muß auch jenseits des Atlantiks verteidigt werden. In dem Stück, das erst »Louise Millerin« und schließlich »Kabale und Liebe« heißt, wird diese Motivlage ausgeblendet, es wird überhaupt nicht über das Wesen jenes fernen Krieges reflektiert; der Autor konzentriert sich auf den Soldatenverkauf und treibt diesen Punkt szenisch ins Äußerste. Als die aus England stammende Lady, »sich bebend wegwendend, seine Hände fassend«, zu dem Diener sagt: »Doch keine gezwungene?«, bricht es aus diesem heraus; er »lacht fürchterlich«, dann sagt er:

O Gott! – Nein – lauter Freiwillige. Es traten wohl so etliche vorlaute Bursch vor die Front heraus und fragten den Obersten, wie teuer der Fürst das Joch Menschen verkaufe? – aber unser gnädigster Landesherr ließ alle Regimenter auf dem Paradeplatz aufmarschieren und die Maulaffen niederschießen. Wir hörten die Büchsen knallen, sahen ihr Gehirn auf das Pflaster spritzen, und die ganze Armee schrie: Juchhe nach Amerika!

Dieser Dramatiker ist ein Mann der kräftigen Worte, der starken Affekte, der spannenden Intrigen, und was er als Autor tut, das tut er auch als Arzt, es ist das Prinzip der doppelten Dosis: mit einem gewaltsamen Ruck soll die Macht der Krankheit gebrochen werden. Der ihm vorgesetzte Arzt kommt dahinter und mildert die Rezepte des Regimentsmedikus, bei dem Dramatiker ist das schwieriger; er wird einen langen Weg haben, um von der doppelten Dosis wegzukommen.

Statt seinen Jungarzt zu demütigen, hätte der Herzog ihn lieber zum Promovieren anhalten sollen, denn sein pädagogisches Lieblingsspielzeug, die Militärakademie, ist inzwischen durch ein Diplom Josephs II. – für solche Dinge braucht man den Kaiser immer noch – in den Rang einer Universität erhoben worden und damit befugt, den Doktortitel zu verleihen. Eine Dissertation hatte *Johann Christoph Friderich Schiller, Kandidat der Medizin in der*

*Titelblatt der »Anthologie auf das Jahr 1782«.
Den Druck des anonymen Bandes (zwei Drittel der darin
enthaltenen Gedichte stammten von Schiller)
besorgte der Stuttgarter Verleger Johann Benedikt Metzler.*

Herzoglichen Militair-Akademie, bereits vorgelegt, sie handelte von dem »Zusammenhang der tierischen Natur des Menschen mit seiner geistigen« und war von seinen Professoren zum Druck befördert worden. Mit der Heilung von Krankheiten hatte sie kaum etwas zu tun gehabt (eine zweite Abhandlung sollte dafür aufkommen), um so mehr mit der Entwicklung des Menschengeschlechts:

Die Kollision der tierischen Triebe stößt Horden wider Horden, schmiedet das rohe Erz zum Schwert, zeugt Abenteurer, Helden und Despoten. Städte werden befestigt, Staaten errichtet, mit den Staaten entstehen bürgerliche Pflichten und Rechte, Künste, Ziffern, Gesetzbücher, schlaue Priester – und Götter. Und nun die Bedürfnisse ausgeartet in Luxus – welch unermeßliches Feld eröffnet sich unserm Auge! Jetzt werden die Adern der Erde durchwühlt, jetzt wird der Grund des Meeres betreten, Handel und Wandel blühen – ... »Der Mensch«, sagt Schlözer, »dieser mächtige Untergott *räumt Felsen aus der Bahn, gräbt Seen ab und pflüget, wo man sonst schiffte. Durch Kanäle trennt er Weltteile und Provinzen voneinander, leitet Ströme zusammen und führt sie in Sandwüsten hin, die er dadurch in lachende Fluren verwandelt; er plündert dreien Weltteilen ihre Produkte ab und versetzt sie in den vierten. ...«*

Der Staat beschäftigt den Bürger für die Bedürfnisse und Bequemlichkeiten des Lebens. Arbeitsamkeit gibt dem Staat Sicherheit und Ruhe von außen und innen, die dem Denker und Künstler jene fruchtbare Muße gewährt, wodurch das Zeitalter des Augusts [des römischen Kaisers Octavianus] zum goldenen Alter geworden. Jetzt nehmen die Künste einen kühneren ungehinderten Schwung, jetzt gewinnen die Wissenschaften ein reines geläutertes Licht, Naturgeschichte und Physik stürzen den Aberglauben, die Geschichte reicht den Spiegel der Vorwelt, und die Philosophie lacht über die Torheit der Menschen.

Der Enthusiasmus des Fortschritts beflügelt diesen vierundvierzig Quartseiten starken Text, der des Autors erste gedruckte Prosaarbeit ist.

Durch eine löchrige Anonymität getarnt, ist er bald nach der »Räuber«-Premiere auch als Lyriker hervorgetreten, in Gestalt einer Sammlung, deren Druckort kein nahe liegender ist: Tobolsko – das sibirische Tobolsk – steht auf dem Titelblatt. Schon bald weiß die Berliner *Litteratur- und Theater-Zeitung* zu vermelden, daß

der Regimentsdoktor Schiller zu Stuttgart ... eine neue Anthologie *herausgeben wird, worin die meisten Gedichte von ihm selbst und von einem Feuer sein werden, wie man es vom Dichter der Räuber erwarten darf.*

Gibt niemand dem Herzog das Buch an die Hand? Ein Gedicht über »Die schlimmen Monarchen« steht darin, bei dem ihm heiß und kalt werden müßte:

> Und ihr rasselt, Gottes Riesenpuppen,
> Hoch daher in kindischstolzen Gruppen,
>   Gleich dem Gaukler in dem Opernhaus?
> Pöbelteufel klatschen dem Geklimper,
> Aber weinend zischen den erhabnen Stümper
>   Seine Engel aus.

...
    Decken euch Seraile dann und Schlösser,
    Wann des Himmels fürchterlicher Presser
      An des großen Pfundes Zinsen mahnt?
    Ihr bezahlt den Bankerott der Jugend
    Mit Gelübden, und mit *lächerlicher Tugend,*
      Die – Hanswurst erfand.

    Berget immer die erhabne Schande
    Mit des *Majestätsrechts* Nachtgewande!
      Bübelt aus des Thrones Hinterhalt.
    Aber zittert für des Liedes Sprache,
    Kühnlich durch den Purpur bohrt der Pfeil der Rache
      Fürstenherzen kalt.

Das ist eine Kampfansage, und vielleicht bleibt das Buch – außer Schiller und dessen Freunden haben die Professoren Abel und Haug daran mitgewirkt – dem herzoglichen Zuchtmeister wirklich verborgen. Der Schlag kommt von anderer, völlig beiläufiger Seite. Das Theaterstück seines Vorzugsschülers bereitet Karl Eugen außenpolitische Schwierigkeiten: durch einen Seitenhieb auf den Schweizer Kanton Graubünden, den sich der Autor im Blick auf einen von dort stammenden und besonders unbeliebten Akademieaufseher geleistet hatte. In der dritten Szene des zweiten Akts berichtet Spiegelberg seinem Miträuber Razmann von der Plünderung eines Nonnenklosters und quittiert dessen Bewunderung mit einer Erörterung der Talentfrage:

SPIEGELBERG *Denn siehst du, ich pfleg immer zu sagen: einen honetten Mann kann man aus jedem Weidenstotzen formen, aber zu einem Spitzbuben wills Grütz – auch gehört dazu ein eigenes Nationalgenie, ein gewisses, daß ich so sage,* Spitzbubenklima, *und da rat ich dir, reis du ins Graubünderland, das ist das Athen der heutigen Gauner.*

    RAZMANN *Bruder! man hat mir überhaupt das ganze Italien gerühmt.*

    SPIEGELBERG *Ja ja! man muß niemand sein Recht vorenthalten, Italien weist auch seine Männer auf, und wenn Deutschland so fort-*

macht, wie es bereits auf dem Weg ist, und die Bibel vollends hinausvotiert, wie es die glänzendsten Aspekten hat, so kann mit der Zeit auch noch aus Deutschland was Gutes kommen.

Auf einem mehrfachen Umweg war Karl Eugen auf diese Stelle aufmerksam geworden: Ein Hamburger Kaufmann namens Wredow hatte sich über die Verunglimpfung des ihm bekannten Landes geärgert und den Autor im Dezember 1781, noch vor der Mannheimer Aufführung, in den *Addreß-Comtoir-Nachrichten* der Hansestadt zur Ordnung gerufen, was bis nach Graubünden gedrungen war. Dort hatte sich ein Arzt namens Amstein Wredows Attacke zu eigen gemacht, seinerseits einen Artikel geschrieben und ihn Schiller nach Stuttgart mit der Aufforderung zum Widerruf gesandt, als ob der Autor und nicht eine windige Dramenfigur das Bannwort über Graubünden gesprochen habe. Schiller, der die Stelle in der zweiten Buchausgabe beibehalten, in der inzwischen erschienenen Bühnenfassung aber mit fast der ganzen Szene weggelassen hatte, läßt die Sache auf sich beruhen, nicht aber Dr. Amstein in Chur, der sich hinter den Ludwigsburger Gartenbauinspektor Walter steckt, und dieser, ein im Schatten von Schillers Vater stehender Hofgärtner (in Ludwigsburg hatte Johann Kaspar einst seine Karriere als Baumzüchter begonnen), spielt dem Herzog den Graubündner Protest zu: er denunziert den Sohn seines Kollegen.

Nun ist für Karl Eugen das Maß voll, und es fragt sich nur, ob der herzogliche Regent wirklich so töricht ist, die Anklage wider einen Theaterdialog zweier ausgemachter Schurken als ernsthaften Konfliktgegenstand anzusehen. Stärker mag den eitlen Mann die Tatsache irritieren, daß sein Akademiezögling quer durch Europa, von Hamburg bis Chur, als Autor so ernst genommen wird, daß man den Landesherrn wegen einer solchen Lappalie in Anspruch nimmt. Er bemerkt, daß hier jemand anfängt, ihm über den Kopf zu wachsen; auch mag er in seinem kulturellen Ehrgeiz gekränkt sein: es ist der Nachbarstaat, der durch ein Theater und einen Verlag von der Begabung profitiert, die er selbst herangezogen hat. Aber vielleicht hat er doch auch einen Blick in die sibirische Anthologie getan.

Ist es als Zeichen besonderer Wertschätzung anzusehen, daß

der Herzog sich abermals dazu herabläßt, den selbstherrlichen jungen Mann auf seinem Landsitz Hohenheim – es ist das Schlößchen Franziskas – persönlich zur Schnecke zu machen? Schiller ist ihm früh aufgefallen, die Übertragung einer Festrede war nicht die einzige Auszeichnung gewesen; als 1779 der Herzog von Sachsen-Weimar-Eisenach und sein ebenfalls jugendlicher Minister, der Geheimrat Goethe, die Akademie besuchen (sie sind auf der Durchreise in die Schweiz), hatte der Medizinstudent drei silberne Medaillen aus der Hand seines Fürsten erhalten. Aber nun ist der Vorzugsschüler nicht im Gnaden-, sondern im Bedrohungsstande.»Karl«, notiert sein Freund Petersen über diese zweite Vorladung,»fuhr ihn auf das heftigste an, schalt ihn auf das derbste aus und schloß mit den Worten: Ich sage, bei Strafe der Kassation schreibt Er keine Komödien mehr.« Nach Schillers Zeugnis geht der Herzog noch einen Schritt weiter: er verbietet ihm jede über das medizinische Fach hinausgehende schriftstellerische Betätigung.

Der Regimentsmedikus kommt zu keiner Erwiderung; er nimmt es hin und schreibt danach einen langen, um Milderung des Verdikts bittenden Brief an seinen zürnenden Gönner:

Der allgemeine Beifall, womit einige meiner Versuche vom ganzen Deutschland aufgenommen wurden, welches ich Höchstdenenselben untertänigst zu beweisen bereit bin, hat mich einigermaßen veranlaßt, stolz sein zu können, daß ich von allen bisherigen Zöglingen der großen Karlsakademie der erste und einzige gewesen, der die Aufmerksamkeit der großen Welt angezogen und ihr wenigstens einige Achtung abgedrungen hat – eine Ehre, welche ganz auf den Urheber meiner Bildung zurückfällt! Hätte ich die literarische Freiheit zu weit getrieben, so bitte ich Ewr. Herzogliche Durchlaucht alleruntertänigst, mich öffentliche Rechenschaft davon geben zu lassen, und gelobe hier feierlich, alle künftigen Produkte einer scharfen Zensur zu unterwerfen.

Noch einmal wage ich es, Höchstdieselbe *auf das submisseste anzuflehen, einen gnädigen Blick auf meine untertänigste Vorstellungen zu werfen und mich des einzigen Wegs nicht zu berauben, auf welchem ich mir einen Namen machen kann.*

Er setzt den Landesherrn gleichsam hinter sich aufs hohe Roß; da hilft es auch nicht, zum Schluß »in allerdevotester Submission« als »Ewr. Herzogl. Durchlaucht untertänigst treugehorsamster Frid. Schiller Regimentsmedicus« zu ersterben, um so weniger, als Karl Eugen diesen Brief gar nicht liest. Er verweigert die Annahme und verbittet sich bei Strafe des Arrests weitere Äußerungen; der absolute Fürst versucht, den allzu originellen Untertan zur Raison zu bringen. Vielleicht hat dieser es nur seiner Jugend und den schönen einstigen Lobreden zu verdanken, daß er nicht härter angefaßt wird. Ihm und allen andern unbotmäßigen deutschen Dichtern ist ein warnendes Exempel aufgestellt: Christian Friedrich Daniel Schubart, der schwäbische Schriftsteller und Musiker, der den Herzog von Ulm, der Freien Reichsstadt, aus publizistisch empfindlich angegriffen hatte, war 1777 auf württembergisches Gebiet gelockt und ohne Gerichtsverhandlung in Haft genommen worden, in einem Berggefängnis, das auf der Kuppe des Hohenaspergs bis nach Stuttgart hin sichtbar war. Schiller hatte den Einzelhäftling besuchen können, und der Inhaftierte, dem man jahrelang jede Schreibmöglichkeit vorenthalten hatte, war dem Verfasser der »Räuber« gerührt an die Brust gesunken. »Schiller ist ein großer Kerl – ich lieb ihn heiß! – grüß ihn!« hatte der Eingekerkerte einige Monate später an seine Frau geschrieben, der seit vier Jahren jeder Besuch verweigert worden war.

Der Gefängnisdirektor selbst, ein General namens Rieger, der den Autor der »Räuber« – er war merkwürdigerweise dessen Taufpate – mit ausgesuchter Höflichkeit behandelt hatte, war eine drastische Veranschaulichung der unberechenbaren Gefahren, die man im Fall der Ungnade bei Karl Eugen lief. Lange Zeit ein einflußreicher, die herzogliche Verschwendungswirtschaft vorantreibender Günstling, hatte er sich eines Tages in einem Kerkerloch wiedergefunden, ohne Prozeß und ohne die Möglichkeit des Protestes. Nach vier Jahren war Rieger ebenso plötzlich wieder freigelassen und später rehabilitiert worden; seit 1776 waltete er als Kommandant des Berggefängnisses. Er muß sich Mühe gegeben haben, einen guten Eindruck auf den Besucher zu machen, denn der lyrische Nekrolog, den die württembergische Generalität im folgenden Jahr bei diesem in Auftrag gab, griff in einer Weise in die Saiten, die nicht nur durch das Honorar zu erklären war. »Noch zermalmt der Schrecken unsre Glieder – Rieger tot! / Noch in unsern Ohren heult der Donner wieder – Rieger, Rieger tot!« hatte diese »Totenfeier am Grabe des Hochwohlgebornen Herrn, Herrn Philipp Friderich von Rieger« angehoben: »Wie ein Blitz, im Niedergang entzündet, / Schon im Aufgang schwindet, / Flog der Held zu Gott!« – »Ich habe bei dem vorigen Kommandanten viel schwere Leiden ausgestanden«, gedachte Schubart brieflich des Dahingegangenen. »Er behandelte die Menschen nicht selten wie Bestien. Doch lenkte Gott zuzeiten sein Herz, daß er mir Gutes tat.« Offenbar war dieser Gefängniskommandant ein getreues Abbild seines Herrn gewesen.

Die schlimmen Monarchen waren nicht immer schlimm, sondern teils aus Prinzip und andernteils anfallweise; ihre Launen waren so unergründlich wie ihre Willkür unumschränkt. Es hatte Schubart auch nichts genützt, daß der Herzog sich ein Jahr nach dessen Festsetzung vor dem Ständeparlament seines Landes selbst zahlreicher Vergehen geziehen und in einem von den Kanzeln verlesenen Manifest Besserung gelobt hatte: zwischen Kritik und Selbstkritik des Fürsten war ein scharfer Trennstrich gezogen.

Die Flucht

Als der General v. Augé seinem Regimentsmedikus im Namen des Herzogs unter Arrestandrohung weitere Briefe untersagt, weiß dieser, was die Glocke geschlagen hat; er rüstet zur Flucht. Der ihm hilft, ist ein junger Musiker, der im Frühjahr 1781 die »Räuber« gelesen und sich dem bewunderten Autor danach angeschlossen hat; er heißt Andreas Streicher und ist die Hingabe, ja Aufopferung in Person. Um Schillers willen verschiebt er seine Studienreise zu Carl Philipp Emanuel Bach nach Hamburg und hilft dem Mittellosen mit seiner schmalen Reisekasse aus; er verbindet sein Schicksal mit dem des Freundes.

Am Abend des 22. September 1782 besteigen die beiden in Stuttgart eine gemietete Kutsche, der Streicher auch sein Klavichord auflädt; problemlos passiert man das östliche Stadttor, an dem Scharffenstein Dienst tut. Die Residenzstadt wird von einem Staatsbesuch höchsten Ranges in Anspruch genommen, Großfürst Paul, der russische Thronfolger, ist mit seiner Frau, einer Nichte

Elisabeth Dorothea Schiller geb. Kodweiß
(Ölbild eines unbekannten Malers, um 1770).

Karl Eugens, nach Stuttgart gekommen; im Opernhaus gibt es gerade »Calliroë«, ein Dramma per musica mit zwei großen Balletteinlagen. Als die beiden die Stadt umfahren und die nördliche Straße nach Ludwigsburg eingeschlagen haben, sehen sie das Lustschloß Solitüde im Schein eines festlichen Feuerwerks liegen. Schiller weiß seine Eltern dort und seufzt: »Meine Mutter!« Sie und die Schwester Christophine sind in den Fluchtplan eingeweiht, nicht Johann Kaspar, der Vater; er hätte sich dagegengestemmt und wäre als württembergischer Hauptmann in einen Gewissenskonflikt geraten.

Nach Mitternacht rastet man in einem Ort, dessen Name – Entzweihingen – die Situation nur zu genau bezeichnet. Auch am Hohenasperg führt die nächtliche Reise vorbei, und während die Pferde sich ausruhen, liest Schiller dem Freund aus unveröffentlichten Gedichten des Häftlings Schubart vor; vermutlich hat er das Heft von Schubarts Sohn Ludwig, einem einstigen Mitschüler. Noch ist man auf württembergischem Territorium, und für alle Fälle hat der Flüchtling, der als Doktor Ritter reist, ein Paar Pistolen zu sich gesteckt; sie sind aber schießuntauglich. Dem Kut-

*Johann Kaspar Schiller als Leutnant
(Ölbild eines unbekannten Malers, um 1760).*

scher muß die nächtliche Reise der beiden jungen Leute aufgefallen sein – was mögen sie ihm bezahlt haben für die Fahrt im Finstern auf keineswegs gepflasterten Straßen? Nur die Pferde konnten wissen, wo es langgeht. Streicher hat seine Erinnerungen an Schiller später aufgeschrieben; über dieses Detail hat er sich ausgeschwiegen.

Ohne Zwischenfälle erreicht man morgens die offenbar unbewachte Staatsgrenze; für eine dem künftigen Zaren zugerichtete Treibjagd hatte der Herzog sein ganzes Beamtenpersonal aufgeboten; sechstausend Hirsche waren dazu in der Nähe der Solitüde aus den Jagdrevieren des Landes zusammengetrieben worden. Über Schwetzingen geht es nach Mannheim, wo Schillers Ankunft bei seinen Theaterfreunden – das sind vor allem der Regisseur Meyer und seine Frau – Bestürzung hervorruft; sie fürchten die Rachsucht des Herzogs gegenüber dem Deserteur. Noch am gleichen Tag schreibt Schiller zwei Briefe; der eine bittet den ihm wohlgesinnten Vorsteher der Karlsschule, Oberst v. Seeger, um Vermittlung bei Karl Eugen, der andere geht an diesen selbst:

Ich habe einen schröcklichen Weg gefunden, das Herz meines

Ludovike Simanowiz:
Elisabeth Christophine Friederike Reinwald
geb. Schiller (Ölbild, 1789).

gnädigsten Herrn zu rühren, da mir die natürlichen bei schwerer Ahndung untersagt worden sind. Höchstdieselbe haben mir auf das strengste verboten, literarische Schriften herauszugeben, noch weniger mich mit Ausländern einzulassen. Ich habe gehofft, Eurer Herzoglichen Durchlaucht Gründe von Gewicht untertänigst dagegen vorstellen zu können, und mir daher die gnädigste Erlaubnis ausgebeten, Höchstdenenselben meine untertänigste Bitte in einem Schreiben vortragen zu dörfen; da mir diese Bitte mit Androhung des Arrests verweigert ward, meine Lage aber eine gnädigste Milderung dieses Verbots höchst notwendig machte, so habe ich, von Verzweiflung gedrungen, den izigen Weg ergriffen, Eure Herzogliche Durchlaucht mit der Stimme eines Unglücklichen um gnädigstes Gehör für meine Vorstellungen anzuflehen, die meinem Fürsten und Vater gewiß nicht gleichgültig sind.

Ausland, das ist, von Württemberg aus gesehen, auch die benachbarte Kurpfalz; das Kaiserreich besteht aus lauter Ländern, die sich gegenseitig Ausland sind. Der Brief des Flüchtlings ist lang, er endet in dringlichstem Ton:

Ich weiß, daß ich in der großen Welt nichts gewinnen kann, daß ich in mein größestes Unglück stürze; ich habe keine Aussichten mehr, wenn Eure Herzogl. Durchlaucht mir die Gnade verweigern sollten, mit der Erlaubnis, Schriftsteller sein zu dörfen, einigemal mit dem Zuschuß, den mir das Schreiben verschafft, Reisen zu tun, die mich große Gelehrte und Welt kennen lernen, und mich zivil zu tragen, welches mir die Ausübung meiner Medizin mehr erleichtert, zurückzukommen. Diese einzige Hoffnung hält mich noch in meiner schröcklichen Lage. Sollte sie mir fehlschlagen, so wäre ich der ärmste Mensch, der verwiesen vom Herzen seines Fürsten, verbannt von den Seinigen wie ein Flüchtling umherirren muß.

Die Antwort besteht in der brieflich übermittelten Zusicherung des Generals v. Augé, Schiller werde, zurückkehrend, »von der Gnade Sr. Herzoglichen Durchlaucht profitieren«. Das ist wahrscheinlich ehrlich gemeint, und mehr kann der Herzog einem entwichenen Militärarzt, der ihm von fremdem Boden aus Bedingungen stellt, auch nicht zusichern. Schiller müßte das wissen; vielleicht schreibt er die Briefe auch nur zur Rechtfertigung seiner Flucht, nicht in der Hoffnung, den Herzog vom Ausland aus zu erweichen. Und was, wenn Augés Zusicherung *nicht* ehrlich gemeint wäre? Schubarts Schicksal ist eine dauernde Warnung, und die Mannheimer Freunde raten zu schleuniger Entfernung; sie fürchten ein Auslieferungsbegehren des Herzogs an die kurpfälzische Regierung, weil Schiller, so Streicher, »auf Kosten des Herzogs in der Akademie erzogen worden und auch, da er Uniform getragen, einigermaßen zum Militärstande gerechnet werden könne«.

Die beiden – Streicher bleibt an Schillers Seite – setzen sich fürs erste nach Frankfurt ab, zu Fuß, da die Reisekasse so gut wie leer ist. In Sachsenhausen, am südlichen Main-Ufer, findet sich eine billige Herberge. Was aber tut ein jugendlicher Autor, wenn er in eine fremde Stadt kommt? Er fragt nach seinen Werken, und siehe da – in sechs Buchläden sind die »Räuber« ausverkauft. Schiller, der sich zu erkennen gibt, könnte mit einem jüngst verfertigten Gedicht namens »Teufel Amor« achtzehn Gulden verdienen (das sind heute etwa 360 Euro). Aber er findet, das Gedicht sei fünfundzwanzig wert, und behält es bei sich; es geht wenig später verloren. Dieser Dreiundzwanzigjährige kennt seinen Wert und läßt nicht mit sich handeln; eher spielt er mit dem Gedanken, sich von der Sachsenhäuser Brücke in den Main zu stürzen. Denn von Dalberg, dem er aus Frankfurt einen hilfesuchenden Brief geschrieben hatte, kommt, durch Meyer übermittelt, eine Absage; Schiller steht unversehens vor dem Nichts. Aber Streicher läßt ihn nicht im Stich; mit dreißig Gulden, die er sich von seiner Mutter schicken läßt, begeben sich die beiden zu Schiff nach Mainz und dann zu Fuß über Nierstein – dort stärken sie sich mit einem Schoppen vom Allerbesten – nach Worms, wo eine Botschaft des getreuen Fluchthelfers Meyer sie nach dem linksrheinischen Oggersheim weist, das noch kein Vorort von Ludwigshafen ist (eine Stadt dieses Namens gibt es noch gar nicht), sondern, »eine starke Stunde von Mannheim« entfernt, die kleine Residenzstadt der pfälzischen Kurfürstin. Unter falschem Namen – es bleibt bei Doktor Ritter – hält sich der Flüchtling hier in einem Gasthof verborgen, der den sinnigen Namen »Zum Viehhof« trägt.

MITBRINGSEL

Unterwegs ist ihm das Stück durch den Kopf gegangen, das er im Arrest entworfen hat und nun zu Papier bringt, das »bürgerliche Trauerspiel«, das von dem Zerrieben-Werden zweier Liebender handelt, die zueinander nicht kommen dürfen. Der junge Mann ist der Sohn eines hochadligen Präsidenten und intriganten Politikers, und das Mädchen kommt aus kleinbürgerlicher Familie, ihr Vater ist Musiker; wie sehr Schiller dabei an seine eigene Familie denkt, macht der Gleichklang des Namens deutlich: Miller. Ein anderes Stück hat er fertig mitgebracht und gründet darauf seine Mannheimer Hoffnungen; es ist ein historisches Drama und handelt von einem genuesischen Grafen des sechzehnten Jahrhunderts, der einen Aufstand gegen das diktatorisch herrschende Geschlecht der Doria anzettelt. Unmittelbar nach dem Sieg verunglückt er, und mit ihm fällt die Erhebung ins Wasser.

»Die Räuber« hießen im Untertitel der beiden Buchfassungen »Ein Schauspiel«; das war stimmig, insofern Karl von Moor auf der Bühne nicht zu Tode kommt, sondern mit dem Entschluß zur Selbstauslieferung abgeht. »Die Verschwörung des Fiesko zu Genua« wird von ihrem Autor als »republikanisches Trauerspiel«

betitelt; es ist, im Gewand der Historie, ein durch und durch politisches Stück, das von Despoten, dem Widerstand gegen sie und den Tendenzen innerhalb dieses Widerstands handelt, der Gefahr, daß aus einer siegreichen Empörung nicht der neue Freistaat, sondern nur eine andersartige Diktatur hervorgeht. Dem Grafen Fiesko, der die Opposition zum Schlag gegen die Doria sammelt, indem er sich nach außen hin den Anschein eines vergnügungssüchtigen Playboys gibt, erwächst ein innerer Gegner in seinem Freund Verrina, der Republikaner aus Prinzip ist. Als der Aufstand gelingt, erkennt er, daß Fiesko sich an die Spitze der Bewegung nur gesetzt hat, um selbst Herzog zu werden:

Du hast eine Schande begangen an der Majestät des wahrhaftigen Gottes, daß du dir die Tugend die Hände zu deinem Bubenstück führen und Genuas Patrioten mit Genua Unzucht treiben ließest – Fiesko, wär auch ich der Redlichdumme gewesen, den Schalk nicht zu merken, Fiesko! bei allen Schauern der Ewigkeit, einen Strick wollt ich drehen aus meinen eignen Gedärmen und mich erdrosseln, daß meine fliehende Seele in gichtrischen Schaumblasen dir zuspritzen sollte. Das fürstliche Schelmenstück drückt wohl die Goldwaage menschlicher Sünden entzwei, aber du hast den Himmel geneckt, und den Prozeß wird das Weltgericht führen.

Unter einem Vorwand lockt Verrina den Verräter der Republik zum Hafen und beschwört ihn ein weiteres Mal, dem Herzogsmantel zu entsagen:

Der erste Fürst war ein Mörder und führte den Purpur ein, die Flecken seiner Tat in dieser Blutfarbe zu verstecken – Höre, Fiesko – ich bin ein Kriegsmann, verstehe mich wenig auf nasse Wangen – Fiesko – das sind meine ersten Tränen – – Wirf diesen Purpur weg.

Der eisenharte Mann kniet vor seinem Freund nieder – vergebens; da stürzt er den neuen Herzog von einer Planke ins Meer. Fiesko ertrinkt, das ist kein heroisches Ende, und auch der Schlußsatz, in dem Verrina verkündet: »Ich geh zum Andreas«, dem alten Doria nämlich, der im Schutz seiner deutschen Leibgarde mit dem Leben davongekommen ist, ist nicht eben zündend.

Dieser Abgang verweist auf die andere Seite einer Geschichte, die reich an hochfahrenden Sätzen und bizarren Wendungen ist und sich bei genauem Hinsehen als eine Variante der Konstellation entpuppt, die der Autor in den »Räubern« durchgespielt hat: der Konstellation der feindlichen Brüder. Die »Fiesko«-Variante handelt davon, wie zwei konkurrierende junge Männer, der eine, Fiesko, als edel, der andere, Gianettino Doria, als ruchlos vorgestellt, versuchen, eine übermächtige Kronfigur, den Dogen Andreas Doria, einen berühmten alten Seehelden, zu stürzen, wozu es vor allem nötig ist, sich des jeweils anderen zu entledigen. Gianettino schickt Fiesko einen mörderischen Mohren auf den Hals, den dieser entwaffnet und in seinen Dienst stellt; später unterläuft ihm der triviale Fehler, den zu höchster Effizienz aufgelaufenen Agenten zu verabschieden, ehe der Aufstand gesiegt hat. »Der Mohr hat seine Schuldigkeit getan, der Mohr kann gehen!« bemerkt der auf kränkende Weise Entlassene – mit diesem Satz ist das Stück unsterblich geworden, wie andererseits mit dem Schlachtruf des Dogen-Neffen: »Donner und Doria!« In der Gestalt von Redensarten beleben die Werke des Theaters unsern Alltag: »Mein lieber Schwan!« stammt aus »Lohengrin«, und mit der Wendung »Es ist das höchste der Gefühle« zitiert ein jeder die »Zauberflöte«.

Der Mohr, der, als ein ausgesprochen witziger Schurke, die fesselndste Figur des Stückes ist, läuft zu Andreas Doria über, um ihn vor Fieskos Aufstand zu warnen, worauf der greise Doge den Überläufer »gebunden zurückschickt«, den Aufrührer dergestalt moralisch entwaffnend. Und wirklich: überwältigt von soviel Edelmut, will Fiesko die Erhebung abblasen, aber Verrina (er ist für Fiesko eine mit dem alten Dogen konkurrierende Vaterfigur) erlaubt es ihm nicht; es kommt zum Aufstand. Immerhin kann sich der Alte in Sicherheit bringen, während Gianettino, sein Neffe, der im Begriff war, durch einen Mordanschlag auf den Senat die Macht an sich zu reißen, im Zweikampf getötet wird. Fieskos Erhebung ist dem Staatsstreich des Neffen um ein weniges zuvorgekommen.

Damit ist die Handlung auf einem Punkt wie am Ende der »Räuber«, als Franz Moor sich erdrosselt hat und Karl die Macht an sich nehmen könnte. Dort vereiteln das die Räuber, gegenüber Fiesko tut es Verrinas Anschlag. Dessen Schlußsatz »Ich gehe zum Andreas!« macht deutlich, daß er eigentlich – nämlich in seiner dramatischen Funktion – nur das Werkzeug zur Wiederherstellung der Dogenmacht war, die von zwei eitlen und ehrgeizigen Jungmännern gefährdet wurde; sie sind nun beide ausgeschaltet.

Während die »Räuber« auf einer schwachen Vaterfigur beruhten, so daß es keine Person, sondern das Sittengesetz selbst war, dem sich der Sieger am Ende unterwarf, zeigt das »Fiesko«-Stück zwei Vatergestalten, eine mächtiger als die andere, und bildet dergestalt auf verschlungenen Wegen die Staffel der Vormächte – hier Johann Kaspar, da Karl Eugen – ab, an denen der Heranwachsende sich gerieben hatte; vor beiden ist er über die Grenze geflohen. Andreas Doria ist eine hintergründig-übermächtige Kronfigur, gegen die die Jungen um so weniger ankommen, als der alte Doge den Staatsstreich des Neffen keineswegs deckt: er droht Gianettino die Todesstrafe an, als er ihn das Staatsgesetz verletzen sieht. In Verrinas Schlußsatz triumphiert die wiederhergestellte Republik ebenso wie die alte, angestammte Macht, vor der zwei ehrgeizige Jünglinge in den Staub sanken – ein Trauerspiel nicht *für* die Republik, sondern innerhalb ihrer, mit einem Cäsar, der mitten in seiner Machtergreifung getötet wird. Für das Deutschland vom Januar 1933, das mit Hindenburg eine Andreas-Doria-Figur an der Spitze der Republik hatte, die *ihrem* Gianettino den Weg freigab, wäre dies Stück von beträchtlicher Aktualität gewesen. Schillers Stoffwahl hat prophetische Züge; sie nimmt den Sturz der alten Monarchien vorweg und versetzt sich in eine Zeit, da es um die Gefahr geht, daß bürgerliche Republiken in eine neue Tyrannis umschlagen.

FRAUENGESTALTEN

In seinem Republikanismus ist »Fiesko« ein Stück jugendlichen Gesellschaftsprotests; indem es die Eitelkeit und Machtversessenheit zweier hahnenhafter Jungaristokraten ad absurdum führt, ist es zugleich ein Stück jugendlicher Selbstkritik. In die politische Intrige verwoben sind zwei Frauengestalten, deren eine, Leonore, dasselbe Schicksal erleidet wie die Amalia der »Räuber«: sie wird von ihrem Geliebten erstochen. Das ist hier nicht ein verzweifelter Räuberhauptmann, sondern Fiesko, ihr Ehemann, und um es dahin kommen zu lassen, muß der Autor zu einer phantastischen Konstruktion greifen. Leonore, die Fiesko zuvor mit dringlichen Worten bestürmt hat, von der Erhebung zum Herzog abzustehen:

Herrschsucht *hat eherne Augen, worin ewig nie die Empfindung perlt* — Liebe *hat nur ein Gut, tut Verzicht auf die ganze übrige Schöpfung,* Herrschsucht *hungert beim Raube der ganzen Natur* — Herrschsucht *zertrümmert die Welt in ein rasselndes Kettenhaus,* Liebe *träumt sich in jede Wüste Elysium*

— diese zur Herzogin-Würde tief unwillige Frau nimmt auf der Straße in halbem Wahnsinn Schwert und Überrock des von einem Dritten getöteten Gianettino Doria an sich, wird von Fiesko für diesen gehalten und auf der Stelle niedergestochen — entsetzt erkennt dieser seinen Irrtum.

Drei Akte lang hat er die ätherisch schöne Leonore erniedrigt, indem er Julia Imperiali, der vampartigen Schwester des Dogen-Neffen, hemmungslos den Hof machte, dann gibt er diese, die Leonore gerade durch den Mohren vergiften lassen wollte, der allgemeinen Verachtung preis und versöhnt sich mit seiner Frau, der er erklärt, daß alles nur ein Spiel war, um die Dorias zu täuschen, und einen Akt später ersticht er sie *als Gianettino Doria* — das Seelenleben des Autors, der sich in den Helden seiner Stücke selbst theatralisiert, scheint, was das Verhältnis zur Frau betrifft, einigermaßen kompliziert zu sein.

Ist dieser junge Mann dem andern Geschlecht schon wirklich nahegekommen? Die Gedichte der »Anthologie« sprechen in dieser Hinsicht eine deutliche Sprache. »Kastraten und Männer« heißt eines von ihnen, das in neunundzwanzig Strophen die erwachte Manneskraft feiert, mit Versen, die die »vollen Brüste« als »Halbkugeln einer bessern Welt« preisen; der utopische Impetus alles Erotischen ist — von männlicher Seite — niemals prägnanter gefaßt worden. »Ich bin ein Mann«, bekundet dieser ins brausende Sexualleben geworfene Medizinabsolvent:

> Ich bin ein Mann, das könnt ihr schon
> An meiner Leier riechen,
> Sie donnert wie im Sturm davon,
> Sonst würde sie ja kriechen.

> Zum Feuergeist im Rückenmark
> Sagt meine Mannheit: Bruder;
> Und herrschen beide löwenstark
> Umarmend an dem Ruder.
>
> Aus eben diesem Schöpferfluß,
> Woraus wir Menschen sprudeln,
> Quillt Götterkraft und Genius,
> Nur leere Pfeifen dudeln.

Der junge Mann, der das in seiner Räuberhöhle oder im »Goldenen Ochsen« aufs Papier wirft, ist um Bilder und Reime nicht verlegen; er fühlt sich als Freigelassener und hält es wie Kaspar im »Freischütz«: »Kartenspiel und Würfellust / Und ein Kind mit runder Brust / Hilft zum ew'gen Leben!« In diesen und andern Versen bricht sich das Triumphgefühl dessen Bahn, der endlich zu den Frauen kann. Daß es in der Militärstadt Stuttgart dazu vielerlei Möglichkeiten gab, Soldatenkneipen und andere Etablissements, kann nicht zweifelhaft sein, und an Freunden, die darüber Bescheid wissen, fehlt es auch nicht.

Besonders wählerisch scheint es dabei nicht zugegangen zu sein; Schillers Freund Petersen, der zu dieser Zeit eine »Geschichte der teutschen National-Neigung zum Trunke« veröffentlicht, hat später notiert:

Ein Schnupfer wie Schiller war nicht leicht zu finden. Hatte er bisweilen gerade keinen Tabak, so kitzelte er seine Geruchsnerven mit Staub. ... Kratzende Weine, schlechter Schnupftabak, garstige Weiber waren Beweise für mangelndes Feingefühl im Sinnlichen.

So gab Julius Hartmann die Aufzeichnung 1904 in Druck, die Pünktchen bezeichneten eine begreifliche Auslassung: »Mehrere waren Zeugen, daß er während eines einzigen Beischlafs, wobei er brauste und strampfte, 25 Prise Tabak schnupfte – in die Nase nahm.«

Die extensive Hingabe an das, was in der Sprache der Zeit als Sinneslust fungiert, ist nur die Kehrseite des Umstands, daß die wirklich Geliebten, die Frauen, denen alles Gefühl gilt, unerreichbar sind: Mutter und Schwester. So ist die Aufspaltung des Weib-

*Der Gasthof zum Goldenen Ochsen in Stuttgart
(Photographie von August Kirchhoff, Stuttgart, um 1920).*

lichen, wie »Fiesko« sie dramatisch vollzieht, gleichsam vorgegeben: hier der seelenlose Vamp, der sich anbietet, dort die ätherische Schöne, die man umbringen muß, da ein Tabu sie vor Berührung schützt. Vorgegeben ist diese Aufspaltung aber auch durch gesellschaftliche Verhältnisse, die die Stellung der Frau, ihren guten Ruf daran binden, daß sie sich nur im Eheverhältnis einem Mann hingibt. Da der Mann erst heiraten kann, wenn er eine Existenz begründet hat und Frau und Kinder ernähren kann, diktiert die Gesellschaft ihren jugendlichen Mitgliedern selbst die hoffnungslose Spaltung zwischen himmlischer und irdischer Liebe, zwischen der Frau als Heiliger und als Hure.

Glücklicherweise gibt es Vermittlungen; Schiller macht auch diese Erfahrung. Das in die sexuelle Freiheit entlassene Kraftgenie geht über alle Hürden, bis seine dreißigjährige Quartierswirtin, die Vischerin, ihn an ihre Brust nimmt; als Laura geht sie in der überbordenden Rhetorik seiner Liebeslyrik um:

*Luise Dorothea Vischer
(gemalter Schattenriß, 1781).*

    Laura – Sonnenaufgangsglut
Brennt in deinen goldnen Blicken,
    In den Wangen springt purpurisch Blut,
    Deiner Tränen Perlenflut
Nennt noch Mutter das Entzücken –
    Dem der schöne Tropfe taut,
    Der darin Vergöttrung schaut,
Ach dem Jüngling, der belohnet wimmert,
Sonnen sind ihm aufgedämmert!

Petersens späte Notizen wollen uns Luise Dorothea Vischer als ein »wie an Geist so an Gestalt gänzlich verwahrlostes Weib« glaubhaft machen, was offenbarer Unsinn ist, wenn man bedenkt, daß Frau v. Wolzogen die Vischerin mit auf die Theaterreise nach Mannheim nimmt; Christophine, die Schwester, spricht geradezu warmherzig von ihr.

    Drei Laura-Gedichte der Anthologie nimmt der Autor wie als Zeichen fortwährender Anhänglichkeit in die späte Sammlung seiner Gedichte auf; in einem von ihnen scheint ein Gedanke auf, den er auch philosophisch-prosaisch ausführt, eine Liebes-Kosmologie, der das Erotische als die wahre Gravitation erscheint:

> Meine Laura! Nenne mir den Wirbel
>   Der an Körper Körper mächtig reißt,
> Nenne, meine Laura, mir den Zauber,
>   Der zum Geist monarchisch zwingt den Geist.
>
> Sieh! er lehrt die schwebenden Planeten
>   Ewgen Ringgangs um die Sonne fliehn,
> Und, gleich Kindern um die Mutter hüpfend,
>   Bunte Zirkel um die Fürstin ziehn.
>   ...
> Sonnenstäubchen paart mit Sonnenstäubchen
>   Sich in trauter Harmonie,
> Sphären ineinander lenkt die Liebe,
>   Weltsysteme dauren nur durch sie.
>
> Tilge sie vom Uhrwerk der Naturen –
>   Trümmernd auseinander springt das All,
> In das Chaos donnern eure Welten,
>   Weint, Newtone, ihren Riesenfall!

Aber es bleibt nicht beim Weltall, auch sich selbst faßt der Liebeshymniker ins Auge:

> Siehe Laura, Fröhlichkeit umarmet
>   Wilder Schmerzen Überschwung,
> An der Hoffnung Liebesbrust erwarmet
>   Starrende Verzweifelung.
>
> Schwesterliche Wollust mildert
>   Düstrer Schwermut Schauernacht,
> Und entbunden von den goldnen Kindern,
>   Strahlt das Auge Sonnenpracht.

Das ist ganz ernst zu nehmen: die Vischerin rettet ihren poetischen Mieter, als die Woge promiskuitiver Entselbstung über ihm zusammenzuschlagen droht.

Wird aber die Lyrik zum Ort dieser Rettung, so zeigt das Drama den Konflikt als verzweifelt-unlösbaren an. Die Frauen, die

Schiller kennt und liebt, sind seine Mutter Elisabeth, die Tochter des Marbacher Löwenwirts, die ihn in Kinderjahren vor dem hart strafenden, übermäßig korrekten Vater immer wieder hat in Schutz nehmen müssen, und die um zwei Jahre ältere Schwester Christophine, auch Phinele – mit dem Ton auf i – genannt, die – zwei Porträts machen es deutlich – mit ihrem in Mund, Nase, Wangen ins Breite gehenden Gesicht ihrer Mutter ungemein ähnlich sieht, nicht aber ihrem Bruder, von dem Streicher, der die Eltern bei einem Besuch kennenlernte, behauptet, er sei seiner Mutter wie aus dem Gesicht geschnitten, offenbar eine Übertragung Schillerscher Selbstempfindung. Sie sind die beiden weiblichen Instanzen, in deren Hut er sich als Kind fühlte, um deren Zuneigung und Liebe er mit der autoritären Vatergestalt konkurrierte. Die seelische Spannung, die ihm von daher eingeprägt ist, zeigt sich in den Theaterstücken dieser Jahre nicht nur, sie detoniert in ihnen. Denn jener Mord an der Geliebten, den die jugendlichen Helden in beiden Stücken wie unter einem inneren Zwang vollziehen, ist das Indiz der Tabuschranke, die sie von diesen Mädchen trennt: sie töten ihre Geliebte, weil sie sie nicht umarmen dürfen.

Diese Schranke ist das Inzest-Tabu; es ist Christophine, die erotisch unerreichbare Schwester, die hinter den Mädchengestalten dieser Stücke steht. Wie bei Goethe, wie bei Richard Wagner: die ältere Schwester, geliebt, begehrt und durchaus unerreichbar, ist, im Widerspiel mit der Mutter, deren verjüngtes Ebenbild sie ist, auch auf Schillers Trieb- und Seelenbühne die Hauptgestalt. Zugleich vollzieht das »Fiesko«-Stück eine Aufspaltung des Weiblichen, die schon im Personenverzeichnis – Schiller gibt ihm romanhafte Ausführlichkeit – durchschlägt. Die als achtzehnjährig angegebene Leonore erscheint mit völlig ätherischem Umriß: »Blaß und schmächtig. Fein und empfindsam. Sehr anziehend, aber weniger blendend. Im Gesicht schwärmerische Melancholie. Schwarze Kleidung.«

Fieskos Hinwendung zu Julia Imperiali, der um sieben Jahre älteren Doria-Schwester (»groß und voll, stolze Kokette, Schönheit, verdorben durch Bizarrerie«) ist von daher folgerichtig: wo die Gattin ganz Seele ist, ist der Drang zu der andern, die ganz Körper ist (als »ein Stück Weiberfleisch, in einen Adelsbrief gewikkelt«, charakterisiert sie ihr Bruder), fast zwangsläufig. Daß das Stück ihn als bloße Vorspiegelung Fieskos zur Täuschung der Dorias deklariert, ist eine Verhüllungsstrategie des Autors sich selbst gegenüber. Als er sie am Ende der Handlung aufgeben und Fiesko, seine Projektionsfigur, in die Arme Leonores zurückführen muß, steht deren Versinnlichung in einer Weise an, gegen die sich das Tabu gebieterisch aufrichtet. Da er Julia zurückgestoßen hat, muß er Leonore umbringen; sonst müßte sie sich ihm verleiblichen. Das aber darf sie nicht, da sie die Chiffre der unberührbaren Schwester ist.

Die Amalia der »Räuber« hat noch kein solches sinnliches Gegenstück; daß sie auf der Seelenbühne des Autors ganz ähnlich besetzt ist wie Fieskos Leonore, wird dadurch bekräftigt, daß sie, als die mit ihren Cousins Karl und Franz zusammen aufgewachsene Waise, tatsächlich wie deren Schwester erscheint. Auch hier läßt das Tabu, das seinem Wesen nach hintergründig ist, keine andere Wahl, als daß »der Engel geschlachtet« wird, wie Karl von Moor nach seiner Liebesuntat erklärt. Durch den Anspruch, den die Bande an ihren Hauptmann macht, ist sie dramatisch plausibler begründet als die Leonoren-Tötung in »Fiesko«, aber gerade der Aberwitz der Tat verweist auf ihr Wesen, ihren Zwangscharakter.

WIDERHALL

Die Rätsel, die das Genueser-Stück aufgibt, seine Ungereimtheiten und Bizarrerien, erhellen als Notwendigkeiten, wenn man sie auf die untergründige Bühne zurückführt, die die seelische des Autors ist. Er hat sie so wenig für sich wie die der politisch-gesellschaftlichen Konflikte, sondern teilt sie mit seinem Publikum, vor allem dem der eigenen Generation; mit den Mitteln der Kunst macht er sie ihnen zu Trost und Erschütterung als eine gemeinsame bewußt. Und es ist manchmal gerade das Bizarre und Sonderbare, worauf sich die Wirkung gründet; auch und gerade auf der irrationalen Ebene verständigt sich der Autor mit seinen Lesern, seinen Zuschauern. Vorausgesetzt, er trägt seine Texte nicht selber vor; geschieht das, so ist die Katastrophe nahe: Schiller ist ein miserabler Rezitator. Auch als Vorleser folgt er dem Prinzip der doppelten Dosis, was um so fataler ist, wenn der Text selbst schon alles in die höchste Expression treibt. Hinzu kommt, daß er hoffnungslos schwäbelt.

Aber nicht erst beim Lesen gerät das junge Genie außer sich. Wilhelm Petersen hat den angehenden Mediziner bei der Arbeit an den »Räubern« beobachtet:

Wenn er dichtete, brachte er seine Gedanken unter Strampfen, Schnauben und Brausen zu Papier, eine Gefühlsaufwallung, die man oft auch an Michel Angelo während seiner Bildhauerarbeiten bemerkt hat. Mehr als hundertmal haben Schillers Bekannte diese Erscheinung bei ihm beobachtet, und völlig wahr ist die folgende kleine Geschichte. Die ärztlichen Zöglinge der Akademie mußten am Ende ihrer Lehrjahre die Krankenzimmer besuchen und über die gehörige Pflege der Leidenden die Aufsicht führen. Als Schillern einmal die Reihe traf, setzte er sich an das Bett eines Kranken. Statt diesen aber zu befragen und zu beobachten, geriet der Dichtende in solche brausende Bewegungen und heftige Zuckungen, daß dem Kranken angst und bange ward, sein zugegebener Arzt möchte in Wahnwitz und Tobsucht verfallen sein.

Leib und Seele geraten in Wallung, wenn der Geist des Dramas über ihn kommt und seine Phantasie sich in Gestalten entäußert. Dieser sprachmächtige Jüngling steht unter einem Überdruck, der ihn zerreißen müßte, wenn es diese Entäußerung *nicht* gäbe. Die Zeit ist dafür günstig; dies ist die Periode der Kraftgenies, die mit Stücken von Goethe, Klinger, Lenz und manch anderem zehn Jahre vorher begonnen hat; im Protest gegen Schnürbrust und Reifrock, Papillote und Perücke, im Aufbegehren gegen die Anmaßungen und Pedanterien der Ausbeutungswirtschaft eines schrankenlosen Absolutismus gibt sich eine ganze Poetengeneration titanisch-rebellisch. Schillers Überschwang ist keine Attitüde, sie kommt aus einer seelischen Innenwelt, die sich nur durch die Leidenschaft des Ausdrucks in der Balance hält. Der Herzog, der ihm das Dichten verboten hatte, hatte den jungen Arzt nicht nur an einer zusätzlichen Einnahmequelle – er hatte ihn an seinem Lebensnerv getroffen.

Schurken sind die, welche keine Hemmungen haben, zu tun, wovon man selbst nur träumen kann. So hatten einige der Räuber hinter dem Rücken ihres Hauptmanns ein ganzes Nonnenkloster vergewaltigt; in »Fiesko« setzt der Autor die Ruchlosigkeit des machthungrigen Doria-Neffen durch die Vergewaltigung eines jungen Mädchens ins Licht, das sich als Verrinas Tochter herausstellt. Mit höchstem Pathos hatte der Flüchtling seinen Mannheimer Theaterfreunden Szenen wie diese vorgestellt, in der der Vater die mißhandelte Tochter vor seinen Freunden feierlich verflucht:

VERRINA *Bei Gott! das war nicht das Gewäsch eines Narren – ich hab einen Eid getan und werde mich meines Kindes nicht erbarmen, bis ein Doria am Boden zuckt, und sollt ich auf Martern raffinieren wie ein Henkersknecht, und sollt ich dieses unschuldige Lamm auf kannibalischer Folterbank zerknirschen – ... Noch einmal, Scipio. Ich verwahre sie zum Geisel deines Tyrannenmords. An diesem teuren Faden halt ich deine, meine, eure Pflichten fest. Genuas Despot muß fallen, oder das Mädchen verzweifelt. Ich widerrufe nicht.*
BOURGOGNINO *(wirft sich der Berta zu Füßen) Und fallen soll er – fallen für Genua, wie ein Opferstier. So gewiß ich dies Schwert im Herzen Dorias umkehre, so gewiß will ich den Bräutigamskuß auf deine Lippen drücken. (Steht auf.)*
VERRINA *Das erste Paar, das die Furien einsegnen. Gebt euch die Hände. In Dorias Herzen wirst du dein Schwert umkehren? – Nimm sie, sie ist dein!*

Die Starschauspieler der Nationalbühne mit dem auch als Dramatiker erfolgreichen Iffland an der Spitze waren bestürzt gewesen; dies krude Zeug sollte von dem Dichter der »Räuber« sein? Erst als der Regisseur Meyer nachts Einblick in das Manuskript nahm, war ihm klargeworden, daß das Stück keineswegs leichtzunehmen ist. »Aber wissen Sie auch«, sagt Meyer zu Streicher,
was schuld daran ist, daß ich und alle Zuhörer es für das elendeste Machwerk hielten? Schillers schwäbische Aussprache und die verwünschte Art, wie er alles deklamiert! Er sagt alles in dem nämlichen hochtrabenden Ton her, ob es heißt: ›Er macht die Türe zu‹, oder ob es eine Hauptstelle seines Helden ist. Aber jetzt muß das Stück in den Ausschuß kommen, da wollen wir es uns vorlesen und alles in Bewegung setzen, um es bald auf das Theater zu bringen!

Doch Heribert v. Dalberg, der Intendant, war, als er von den Stuttgarter Festivitäten nach Hause kam (der württembergische Hof hatte ihn zu dem russischen Staatsbesuch eingeladen), anderer Meinung gewesen, und auch die Umarbeitung des Stücks, die der Autor in Oggersheim vornimmt, kann ihn nicht für »Fiesko« erwärmen. Iffland, der als Franz von Moor in den »Räubern« glänzt, kann den Reichsfreiherrn im November nicht einmal dazu bewegen, dem mittel- und heimatlos umherirrenden Autor ein bescheidendes Arbeitshonorar anzuweisen.

Das ist schofel, aber Dalberg, der kurfürstlich-pfälzische Hofkammer-Vizepräsident, ist in der Klemme. Denn der Bruch des vor den Toren der National-Bühne stehenden Autors mit dem württembergischen Nachbarstaat hat sich inzwischen als unheilbar herausgestellt. In den vier Wochen nach Schillers Flucht hat ihm sein General, Johann Abraham David v. Augé, vier Briefe geschrieben. Die beiden ersten hatten ihm die Gnade des Herzogs in Aussicht gestellt, natürlich ohne auf Schillers Forderungen einzugehen; der Staat, der der Herzog ist, kann sich mit einem entwichenen Untertan nicht in Unterhandlungen einlassen. Der dritte Brief hatte abschriftlich eine Ordre des Herzogs beigefügt, Schiller habe nichts zu befürchten, möge seine Gnade aber nicht länger mißbrauchen; der vierte, vom 17. Oktober, hatte die darin ausgesprochene Zurückrufung mit dem Original der Ordre und einem beigelegten Brief von Schillers Vater bekräftigt. Als der Flüchtling auch darauf nicht reagiert (zuvor hat er immer wieder die förmliche Zurücknahme des Schreibverbots gefordert), läßt Karl Eugen den General die Korrespondenz abbrechen und Schiller als »ausgewichen« aus der Regimentsliste streichen; damit ist er faktisch zum Deserteur erklärt. Wie soll nun Dalberg, der Intendant eines mit dem württembergischen nachbarschaftlich befreundeten Hofes, für den Lebensunterhalt des entsprungenen Regimentsmedikus aufkommen? Er müßte fürchten, als Komplize des Flüchtlings zu erscheinen.

Schiller nimmt es klaglos zur Kenntnis; schon bei seinem ersten Brief an den Herzog mag er gewußt haben, daß es kein Zurück gibt. Er verkauft den »Fiesko«-Text an den Mannheimer Hofbuchhändler Schwan, der im April die Bühnenfassung der »Räuber« gedruckt hatte. Schwan, der Dalberg im Jahr zuvor auf die »Räu-

Das Gasthaus zum Viehhof in Oggersheim vor dem Umbau von 1906 (Photographie von Eugen Keller).

ber« aufmerksam gemacht hatte, ohne sie damals selbst verlegen zu wollen, zahlt ihm elfeinhalb Louisdor für den »Fiesko«, das sind fast sechzig Reichstaler, nach heutigem Maßstab ungefähr 1800 Euro. Wenn man bedenkt, daß tausend Exemplare damals eine hohe Auflage und die 32 Kreuzer, die Schwans »Räuber«-Ausgabe kostete (etwa 10 Euro), viel Geld für einen Dramendruck waren, so muß man das für ein gutes Honorar ansehen. Daß Schwan seine Verlagsrechte damit ein für allemal abgegolten glaubte und in späteren Jahren hinter dem Rücken des Autors immer wieder honorarfreie Neuauflagen herausbrachte, war eine Kehrseite, die der Autor erst später wahrnahm.

Mit Schwans Louisdors kann Schiller die Oggersheimer Wirtshausschulden bezahlen; etwas Reisegeld bleibt übrig. Schriftsteller, begreift er, mag eine Berufung sein – ein Beruf, der seinen Mann ernährt und ihm eine gesellschaftliche Stellung gibt, ist es nicht; auch wenn man ein Autor ist, dessen Stücke in ganz Deutschland Furore machen, kann man glatt dabei verhungern. Denn der Autor ist, wenn die Texte erst einmal publiziert sind, durchaus rechtlos an seinen Hervorbringungen, so wie es der Verleger ist, falls ihm die Obrigkeit nicht ein gnädiges Privilegium gewährt, das aber schon hinter der Landesgrenze nicht mehr gilt. Die Texte sind nicht geschützt, weder vor Nachdruckern, die sich ihrer bemächtigen, noch vor Bearbeitern, die sie »bühnengerecht« machen. Auch wenn diese Bühnen sich an den Originaltext halten, zahlen sie keinen Pfennig Honorar; der Autor büßt die Publikation seiner Stücke mit der Enteignung durch die Theater.

In einem Land, wo außerhalb schiffbarer Flüsse auf schlechten, unbefestigten Straßen einzig Pferdefuhrwerke den Waren- und Personenverkehr besorgen, verbreitet sich, wie zuvor »Die Räuber«, auch »Fiesko« nach seinem Erscheinen im folgenden Jahr überallhin; am Kurfürstlichen Theater in Bonn bringt der Prinzipal Großmann die Uraufführung zustande. Auch Rezensionen stellen sich ein; die *Allgemeine deutsche Bibliothek* des Berliner Verlegers Friedrich Nicolai macht den Anfang. »Die Sprache«, erklärt der nach der Sitte der Zeit anonym bleibende Verfasser,

ist zu bilderreich, zu voll von Wortspielen und Gleichnissen – Der Fehler aller neuern seinwollenden Shakespearschen Nachahmer ... Die jungen Schriftsteller nach neuer Mode glauben immer, was plump ist, wäre stark. Warum muß die arme Leonore (11ter Auftritt) so jämmerlich umkommen? Wir reden hier nicht der sogenannten poetischen Gerechtigkeit das Wort; aber so etwas ist gar zu unnatürlich. ... Der Verfasser hat gute Talente, aber sie bedürfen Ausbildung. Abenteuerliche Dinge sind nicht Zeichen von Genie.

Punktum und Streusand drüber! Für Schiller ins Horn stößt ein Jahr später ein anderer Berliner Rezensent; in der *Vossischen Zeitung* lobt er die Textfassung, die ein Bearbeiter, C. M. Plümicke mit Namen, für Karl Theophil Doebbelins Theater in der Berliner Behrenstraße hergestellt hat; sie ist bei dem berüchtigten Nachdrucker Himburg als Buch erschienen:

Daß Schiller, der Verfasser der Räuber *und des* Fiesko, *einer der wenigen theatralischen Genien ist, die wir Teutschen aufzuweisen haben, diese evidente Wahrheit können nur Personen, die von seichten, französischen Vorurteilen angesteckt sind, und der schwarzgalligte Handwerksneid ableugnen. Doch sind selbst die Freunde der Schillerschen Muse genötigt einzugestehen, daß es in den Pro-*

dukten dieses vortrefflichen jungen Mannes an wilden, üppigen Auswüchsen nicht fehlet, und daß ein strenger kritischer Freund ihm nötig wäre, der mit sorgfältiger Feile diese Mängel hinwegtilgte. Einen solchen hat Hr. Sch. in dem Bearbeiter des Fiesko gefunden.

Schon die »Räuber«, die der Autor selbst in einer Theaterfassung vorgelegt hatte, waren von Plümicke für die Bühne zugerichtet und als »Trauerspiel von Schiller, bearbeitet von Plümicke« in Druck gegeben worden. Auf einem Umweg bittet er den Autor um Absolution und erklärt, er habe das »auf Befehl des Kronprinzen von Preußen« getan. Anders als Friedrich II., sein hochbetagter Onkel, interessiert sich der vorbestimmte Nachfolger für die erwachte deutsche Kunst. Auch die Berliner *Litteratur- und Theaterzeitung* lobt Aufführung und Bühnenfassung des »Fiesko«:

Kenner und Nichtkenner fanden hier einmal wieder volle Nahrung für den Geist. ... Wir enthalten uns hier aller Zergliederung der unzählbaren Schönheiten dieses Stücks, das durch die Bearbeitung des Hrn. P[lümicke] zur Vorstellung brauchbar geworden ist. Auch dürfte wohl keiner unserer Leser dieses vortreffliche, so oft gepriesene Originalprodukt bloß von weitem oder nur dem Namen nach kennen.

Im Berliner Theater regiert der Dramaturg, und er hat dem Stück einen eigenen Schluß verpaßt: Fiesko erdolcht sich, nachdem der siegreich zurückgekehrte Andreas Doria ihm verziehen hat.

Zweites Kapitel

Der Asylant auf dem Lande

Winterreise

Als »Die Verschwörung des Fiesko zu Genua« in der Schwanischen Hofbuchhandlung im Druck erscheint, ist Schiller in Mannheim längst über alle Berge. Der kurpfälzische Boden war ihm nicht nur zu trocken, sondern auch zu heiß geworden; wie sehr er und seine Mannheimer Freunde ein Auslieferungsbegehren der württembergischen Regierung fürchten, hatte Ende November ihre Reaktion auf die Kunde gezeigt, ein württembergischer Offizier habe in Mannheim nach Schiller gefragt, der von Oggersheim zu einer Theatersitzung herübergekommen war; er hatte zusammen mit Streicher noch in derselben Nacht das Quartier gewechselt. Der Frager, stellte sich heraus, war ein Freund Schillers gewesen, der nach dem Entschwundenen sehen wollte.

Oggersheim war ein auch vor der eigenen Familie sorgfältig zu verbergender Fluchtort; mit dem Absendeort Leipzig schreibt er von hier aus »an Jungfer Christophine Schillerin«:

Mir ist sehr wohl, bis auf die Ungeduld, mich ganz meiner Larve und meiner Komödienrolle entledigt zu sehen. Ich habe schon einen artigen Strich durch die Welt gemacht, Du solltest mich kaum noch kennen, Schwesterchen. Meine Umstände sind gut. Frei bin ich und gesund wie der Fisch im Wasser, und welchem freien Menschen ist nicht wohl. Auch geht mir nichts ab; meine Schulden bezahl ich, sobald sie verfallen sind und sobald meine Affäre mit d[em] H[erzog] entschieden ist. Laß also die guten Eltern höchst ruhig sein. Sage dem liebsten Papa, daß ich den Brief an ihn mit eben dem Herzen, als er den seinigen an mich, geschrieben habe, daß ich aus guten Gründen so mit ihm gesprochen habe, um sein Schicksal von dem meinigen zu trennen. Auch, meine Liebe, hoffe ich, daß wir beide uns bald wiedersehen sollen. Nach Bauerbach gehe ich nicht, um die W[olzogen] zu schonen, wenigstens nicht, bis der Sturm versaust ist. Sag ihr das, und küsse Sie in meinem Namen millionenmal. Küsse die liebe Louise, die gute Nanette; wenn du den lieben

Eltern den Brief zeigen darfst, so sag ihnen, daß ich mit ganzer Seele und mit ganzem Herzen ihr gehorsamer, ihr freier, ihr froher Sohn sei.

Louise, sechzehnjährig, ist Schillers jüngere Schwester, die vier Jahre alte Nanette ist die jüngste. Nicht nur die Angabe »Leipzig« ist eine Fiktion zu Händen der Postzensur; der Irreführung der Behörden, die die bei der Familie des Deserteurs eingehenden Briefe wahrscheinlich kontrollieren, dient auch die Versicherung: »Nach Bauerbach gehe ich nicht«. Genau dorthin soll die Reise gehen; Schiller strebt einem Asyl zu, das die verwitwete Mutter eines seiner Studienkameraden, die siebenunddreißigjährige Henriette v. Wolzogen, ihm in dem unweit von Meiningen gelegenen Dorf schon vor seiner Flucht vorsorglich zugesagt hat. Hätte er die Heimat ohne diesen Rückhalt, diese Auffangstation hinter sich gelassen? Frau v. Wolzogen, die, als eine geborene Marschalk von Ostheim, aus einem Geschlecht freier Reichsritter stammt, hat noch drei weitere Söhne auf Karl Eugens Hoher Schule; sie geht mit der Beherbergung des Flüchtlings kein geringes Risiko ein. Es ist, außer Streichers Opferbereitschaft, der Mut dieser Frau, der Schillers Emanzipation ermöglicht.

Sie besitzt in Bauerbach ein Landgut, und in dieser Eremitage will Schiller sich verbergen, bis der Zorn des Herzogs sich gelegt hat. Auf dem reichsfreien Gebiet – das Dorf hat dreihundert Seelen, von denen hundert eine jüdische Gemeinde bilden – ist er in Sicherheit vor allen Nachstellungen; natürlich darf niemand etwas davon erfahren. Der Hinweis auf die »guten Gründe« des Briefwechsels mit Johann Kaspar – beide Briefe sind verloren – deutet darauf, daß Schiller dem als Offizier und Hofgärtnerei-Intendanten doppelt dienstverpflichteten Vater in einer Weise geschrieben hat, daß diesem aus seiner Flucht keine berufliche Belastung entsteht.

Auch der zweite Brief, den Schiller aus Oggersheim an Christophine schreibt, ist auf Mitleser berechnet. »Ich schreibe Dir gegenwärtig auf meiner Reise nach *Berlin*«, heißt es darin: »Sobald ich in Berlin bin, kann ich in der ersten Woche auf festes Einkommen rechnen, weil ich vollgültige Empfehlungen an Nicolai habe, der dort gleichsam der Souverain der Literatur ist«. Auch habe er »keinen andern Gedanken, als mein Glück nur allein durch die

Medizin zu machen, und werde suchen innerhalb eines halben Jahrs Doktor zu sein«. Erst zwanzig Jahre später, auf der Höhe seines Theaterruhms, wird Schiller in Berlin eintreffen; wie, wenn er als junger Mann dorthin gegangen wäre? Weder unter dem Onkel noch unter dem Neffen ist Preußen dazu bestimmt, sein Schicksalsland zu werden.

Zwei Wochen später erhalten die Eltern auf der Solitüde einen Brief, den der Sohn schwerlich der Post übergeben hat. Er will Mutter und Schwester noch einmal sehen und schlägt ihnen ein Treffen dicht hinter der Grenze, in dem Städtchen Bretten, vor:

Heute ist der 19., am 21. bekommen Sie diesen Brief, wenn Sie also unverzüglich (das müßte sein) von Stuttgart weggehen, könnten Sie am 22. zu Bretten im Posthaus sein, welches ohngefähr halb wegs von Mannheim ist, und wo Sie mich antreffen. Ich denke, Mama und die Christophine könnten am füglichsten, und zwar unter dem Vorwand, nach Ludwigsburg zur Wohlzogen zu gehen, abreisen. Nehmen Sie die Vischerin und Wohlzogen auch mit, weil ich beide auch noch, vielleicht zum letztenmal, die Wolzogen ausgenommen, spreche. Ich gebe Ihnen eine Carolin Reisgeld, aber nicht bälder als zu Bretten. An der schnellen Befolgung meiner Bitte will ich erkennen, ob Ihnen noch teuer ist

Ihr ewig dankbarer Sohn Schiller.

Auch die Vischerin will er noch einmal sehen, aber Mutter und Schwester lassen sie doch lieber zu Hause.

Am 22. November kommen die drei dort zusammen und nehmen Abschied. Zuvor ist Streicher von Oggersheim nach Mannheim gezogen; er hat seine Reise zum Hamburger Bach endgültig aufgegeben. Schiller tilgt seine Wirtshausschulden, dann kommen die Mannheimer Freunde nach Oggersheim und geben ihm das Geleit nach Worms. Es ist bitterkalt, und keiner ist auf den Gedanken gekommen, dem Reisenden ein wärmendes Kleidungsstück mitzubringen; Schiller hat nur den Überrock, mit dem er aus Stuttgart geflohen ist. In Worms bleibt man über Nacht, im Wirtshaussaal gastiert eine Wandertruppe mit »Ariadne auf Naxos«, dem ersten deutschen Melodram; der berühmte Benda hat es komponiert, der Text stammt von dem mit Lessing befreundeten Johann Christian Brandes. Es ist eine miserable Aufführung, aber Schiller ist tief in sie versunken; ehe er in die Einsamkeit geht, saugt er noch einmal in vollen Zügen das Theater in sich auf. Melodramen kommen gerade in Mode auf Deutschlands Bühnen, Schiller hat nie eins geschrieben.

Dann geht es – die Kälte hält an – gen Nordosten, nach Sachsen? So schreibt Streicher später in seinen Erinnerungen, und auch Schiller nennt das Land so, dem er entgegenfährt. Meiningen, damals Meinungen genannt, ist die Hauptstadt des Herzogtums Sachsen-Meinungen, das sich in einem weiten Halbkreis von Salzungen im Nordwesten bis nach Saalfeld und Pößneck im Osten erstreckt. Es ist eins der fünf sächsischen Herzogtümer, die andern sind Sachsen-Weimar-Eisenach, Sachsen-Coburg, Sachsen-Gotha und Sachsen-Altenburg. Sie alle gehen auf die Teilung der wettinischen Lande am Ende des fünfzehnten Jahrhunderts zurück und bilden mit dem Fürstentum Schwarzburg-Rudolstadt, dem kurmainzischen Erfurt und einigen preußisch regierten Territorien ein Gebiet, das sich Thüringen nennt, obwohl es 1250 Jahre her ist, daß die Niederlage König Hermanfrieds gegen Theoderich, den König von Austrasien, der Existenz eines unabhängigen Landes Thüringen ein Ende setzte (und erst 1920, nach dem Ende der Monarchien, wird sich ein Land dieses Namens wieder konstituieren). Dennoch bleibt der Name bestehen, und ein zeitgenössisches Nachschlagwerk, »Johann Hübners reales Staats-, Zeitungs- und Conversations-Lexicon«, rühmt Thüringen in höchsten Tönen: »Es ist ein wohlangebautes volkreiches Land, daher es einige die Schmalzgrube Deutschlands nennen, und sonderlich wegen acht W, als Wälder, Wasser, Wein, Weizen, Weyd, Weiden, Wiesen, Wolle berühmt ist.«

Was thüringisches Selbstbewußtsein ist, konnte man auch der zeitgenössischen Lyrik entnehmen: »An Thüringen« hieß ein Gedicht, mit dem Sophie Albrecht, die gefeierte Schauspielerin (Schiller wird ihr in Frankfurt, Leipzig und Dresden begegnen), zu dieser Zeit ihrer Heimat huldigte:

>   Nicht unter Rebenhügeln dort am Rheine
>   Nicht in Italiens Pomeranzenhaine
>   Nicht wo der Kolibri die Flügel schwingt –
>   Durchirre, Lied! die immer fremden Felder –

> Nein! nimm mich auf in deine alten Wälder,
> Du Vaterland! dem deine Tochter singt.
>
> Vor allen, die einst meine Harfe nannte –
> Tön höher, Lied! – du tönst dem Vaterlande –
>   Sei stark, daß jeder Feige vor dir bebt
> Und jedem Teutschen rausche tiefe Schande
> Dem das Gefühl: Auch meinem Vaterlande! –
>   Nicht seinen Busen heiß und höher hebt.
>
> Es wehn um mich, in deiner Eichen Kühle
> Noch Heldenmut, noch heilige Gefühle
>   Von meiner Väter echtem Freiheitssinn,
> Als froh der Fürst in deinem Dunkel wohnte
> Dem Freiheit nur, nicht goldne Fessel lohnte,
>   Und Geistes Adel mehr als Kronen schien.

Die Gefühlsbeladenheit einer solchen Stimme hat damit zu tun, daß es Thüringen als politisches Gebilde, als staatliche Einheit zu dieser Zeit ebensowenig gibt wie Deutschland; beide Worte bezeichnen vor allem Empfindungsinhalte.

Mit Sachsen steht es auf andere Weise kompliziert; in welchem Maß, ist gleichfalls dem Leipziger Lexikon zu entnehmen:

Sachsen, Saxonia, ist ein großer Teil von Deutschland, der sich von Polen und Böhmen bis an das deutsche Meer und Dänemark erstreckt und welcher in zwei Kreise abgesondert wird, nämlich in den obersächsischen und niedersächsischen Kreis, deren jeder unter die Zahl der zehn Kreise des heiligen römischen Reichs gehört. Der obersächsische Kreis, Circulus Saxonicus superior, grenzet gegen Westen an den niedersächsischen Kreis, gegen Süden an Franken, gegen Osten an Böhmen und Polen, gegen Norden aber an die Ostsee.

Auch die Mark Brandenburg und das Herzogtum Pommern werden diesem obersächsischen Kreis zugerechnet, zu dem Herzog-, Fürsten- und Bistümer sowie mehrere Reichsstädte gehören, von Bremen und Lübeck im Norden bis zu Nordhausen und Goslar im Süden. Als Kreisdirektor – ein hoher Reichstitel – fungiert der Kurfürst von Sachsen, aber nur auf begrenzte Zeit; in einem Dreijahresrhythmus alterniert er mit dem König von Preußen als Herzog von Magdeburg und dem König von England als Herzog von Bremen. So kompliziert ist dieses achthundert Jahre alte Reich gebaut, dessen Kreisdirektoren eine rein formelle Oberhoheit ausüben. Was wir, trotz der Ländernamen Sachsen-Anhalt und Niedersachsen, heute unter Sachsen verstehen, ist das damalige Kurfürstentum Sachsen, das zu dieser Zeit im Norden noch bis nahe Potsdam reicht; nach dem Sieg über Napoleon annektiert Preußen mehr als die Hälfte des sächsischen Staatsgebiets.

Sachsen: der Name ist schillernd; indem Schiller sich auf die Reise nach Sachsen begibt, fährt er eigentlich nach Thüringen, und indem er nach Thüringen fährt, gelangt er in eine Kleinmonarchie namens Sachsen-Meiningen. Der Weg dorthin in der Winterkälte dauert sieben Tage, an denen fünfundvierzig Wegstunden zurückgelegt werden; Schiller, dem der Kutscher vielleicht doch eine Decke leiht, sitzt täglich sechs bis sieben Stunden in dem schwankenden Gefährt. Man bewegt sich nicht anders vorwärts als vor anderthalb Jahrtausenden die Römer, die so weit allerdings nicht gekommen waren; aus dem einst römisch besetzten Teil Germaniens, der hier sonderbarerweise »das Reich« heißt (Stuttgart, Mannheim, Worms gehören zu ihm), gelangt der flüchtige Autor in das Land der Hermunduren.

Er trifft es dort gut, und das erste Lebenszeichen geht an den getreuen Streicher:

Liebster Freund – Endlich bin ich hier, glücklich und vergnügt, daß ich einmal am Ufer bin. Ich traf alles noch über meine Wünsche. Keine Bedürfnisse ängstigen mich mehr, kein Querstrich von außen soll meine dichterischen Träume, meine idealische Täuschungen stören. Das Haus meiner Wolzogen ist ein recht hübsches und artiges Gebäude, wo ich die Stadt gar nicht vermisse. Ich habe alle Bequemlichkeit, Kost, Bedienung, Wäsche, Feurung, und alle diese Sachen werden von den Leuten des Dorfs auf das vollkommenste und willigste besorgt. Ich kam abends hieher – Sie müssen wissen, daß es von Frankfurt aus 45 Stund hierher war – zeigte meine Briefe auf und wurde feierlich in die Wohnung der Herrschaft abgeholt, wo man alles aufgeputzt, eingeheizt und schon Betten hergeschafft hatte. Gegenwärtig kann und will ich keine Bekanntschaften machen, weil ich entsetzlich viel zu arbeiten habe. Die Ostermesse mag sich angst darauf sein lassen.

Das Wolzogensche Gutshaus in Bauerbach (Photographie, um 1950).

Die Ostermesse, das meint die eine der beiden Leipziger Buchmessen; sie findet *nach* Ostern statt und setzt mit der Michaelismesse im Herbst das Schlüsseldatum der deutschen Literatur. Auch an Schwan, seinen Mannheimer Verleger, ergeht eine Ankunftsmeldung:

Teuerster Freund, Itzt kann ich Ihnen mit aufgeheiterterm Gemüt schreiben, denn ich bin an Ort und Stelle, wie ein Schiffbrüchiger, der sich mühsam aus den Wellen gekämpft hat. Nunmehr bin ich in der Verfassung, ganz meiner Seele zu leben, und ich werde sie sehr benutzen. Da ich alle Notwendigkeiten und auch die Bequemlichkeiten habe, so habe ich eine Zeitlang für nichts zu sorgen, als mich zu einem großen Plan vollends auszubilden. Diesen Winter sehe ich mich genötigt, nur Dichter zu sein, weil ich auf diesem Weg meine Umstände schneller zu rangieren hoffe. Sobald ich aber von dieser Seite fertig bin, will ich ganz in mein Handwerk versinken.

In mein Handwerk? Gemeint ist die Medizin, der sich Schiller beharrlich verschworen fühlt. Noch in Jena, wo er Jahre später, allerdings ohne feste Bezüge, als Universitätsprofessor Geschichte lehrt, gelingt es seinen studentischen Tischgenossen, ihm mit der

Aussicht, von der Universität Erfurt mit einem medizinischen Ehrendoktor bedacht zu werden, einen argen Streich zu spielen. Sie fingieren einen Brief des Erfurter Prorektors und bemerken dann mit Betroffenheit, daß Schiller die Nachricht mit großem Ernst aufnimmt. Er träumt sich als Leibarzt des von ihm sehr geschätzten anderen Freiherrn von Dalberg, Karl Theodor mit Vornamen, des kurfürstlichen Statthalters im damals zu Mainz gehörenden Erfurt; auch »das Vergnügen seines Vaters« über eine solche Berufung malt er sich »mit den lebendigsten Farben« aus.

Wenn er Schwan aus Bauerbach von der Rückkehr ins medizinische Handwerk schreibt, so ist der Satz wohl vor allem darauf gemünzt, daß er sich in dessen Tochter, die sechzehnjährige Margaretha, ein charmantes, intelligentes Mädchen, verliebt hat; er zeigt sich dem präsumtiven Schwiegervater, der auf berufliche Solidität gedrungen hat, als jemand, der auf einen bürgerlichen Beruf bedacht ist. Dringlicher noch ist der anstehende »Fiesko«-Druck; Schiller trägt einen bestechenden Grund vor, um dessen Beschleunigung zu erwirken:

Sie wissen, daß nur das Verbot, Schriftsteller zu sein, mich aus wirtembergischen Diensten getrieben hat. Wenn ich nun von dieser Seite nicht bald in meinem Vaterland von mir hören lasse, so wird man meinen Schritt grundlos und unnütz finden. Befördern Sie es, sobald Sie können.

Schwan soll schnell drucken, damit man seine spektakuläre Flucht nicht für überflüssig hält.

Gegenwartsstück

Der zum zweiten Mal geflohene Autor lebt inkognito in Bauerbach; er findet sich häuslich umsorgt – Judith heißt der gute Geist des Gutshauses, eine der hundert jüdischen Bewohner des Dreihundert-Seelen-Dorfes – und muß nicht an die Unkosten denken. Zugleich findet er sich in einer Lage, die ihm zu schaffen macht: zum ersten Mal in seinem Leben ist er mit sich allein; da ist niemand, mit dem er sich unterhalten, beraten, austauschen könnte. Für einen, der seit seinem vierzehnten Jahr im Getriebe einer Internatsschule gelebt und auch danach stets eine Schar von Freunden und Altersgenossen – und auf der Flucht den hingebungsvollen Streicher – um sich gehabt hat, ist es das völlig Ungewohnte, und es kommt ihm keineswegs entgegen. Schiller ist eine durch und durch gesellige Natur, des Austauschs bedürftig und ihn gerade auch bei der Entstehung neuer Werke suchend; er gibt sich mit allem, was er schreibt oder auch nur erwägt, der Erörterung preis und sucht geradezu die Kritik. Auch die unfreundschaftliche nimmt er mit aller Aufmerksamkeit auf und ist, in seinen Texten wie schon bei deren Hervorbringung, das Gegenteil eines hermetischen Dichters. Wohin immer er kommt, macht er eine Werkstatt auf; im Umgang mit Goethe, dessen langanhaltenden Widerstand er eines Tages mit Charme und Beredsamkeit überwindet, wird sein Talent zur Kooperation sich einst erfüllen.

Vorerst befindet er sich als Doktor Ritter in Bauerbach und hält sich an einen Meininger Literaten, in dessen Obhut ihn Henriette v. Wolzogen gegeben hat: den Bibliothekssekretär Wilhelm Friedrich Hermann Reinwald, einen grämlichen, durch Krankheit und Geldnöte verbitterten, aber geistig wachen und sehr gebildeten Mann von sechsundvierzig Jahren, der ihn vor allem mit Lektüre versorgt. Die Bücherliste, die Schiller ihm gleich nach der Ankunft schickt (Reinwald hat ihn von Meiningen nach Bauerbach gebracht), nimmt kein Ende, sie reicht von Shakespeare und Adam Smith bis zu den aktuellen Popularphilosophen Sulzer, Mendelssohn und Garve; Wieland ist nicht vergessen, und von Lessing will Schiller fast alles lesen. Auch Robertson steht auf der Bestelliste, das ist der in Edinburgh lebende Historiker William Robertson, dessen Werk über den Habsburger-Kaiser Karl V. Schiller schon für »Fiesko« zu Rate gezogen hatte; nun besorgt ihm der Meininger Bibliothekar dessen schottische Geschichte, aus der ihm die Gestalt der Maria Stuart ins Auge springt. Bringt er dem in Bauerbach eingeschneiten Asylanten auch Robertsons »Geschichte Amerikas«? Sie war 1777 in zwei schöngedruckten Bänden auf deutsch erschienen, und die Übersetzung stammte von seinem Patenonkel, Johann Friedrich Schiller, einem Vetter Johann Kaspars, der als der einzige Studierte der Familie bei den Eltern in hohem Ansehen war und dem Patensohn, der seine Vornamen trug, in Kindertagen wie ein Vorbild, ein Lebensmuster vor Augen stand. Johann Friedrich war ein Literat und Projektemacher, der lange in

London gelebt hatte, dann in Holland Fuß zu fassen suchte und später in Mainz eine Buchhandlung unterhielt, ein Mann des Fortschritts, der auch ökonomische und moralphilosophische Schriften übersetzte; Schiller ist ihm als Erwachsener nicht wiederbegegnet.

Aber nicht nur geistige Anregung erbittet der Dorfbewohner von Reinwald, über die Weihnachtstage braucht er noch etwas anderes:

Wenn ich Ihre Freundschaft nicht mißbrauche, so haben Sie doch die Güte, ein Pfund guten Schnupftobak für einen armen schmachtenden Freund zu besorgen. Die Überbringerin dieses Briefs hat mir das vorigemal Rauchtobak dafür gebracht und versteht sich überhaupt auf die Ware nicht. Weil ich noch nicht weiß, wie teuer – werden Sie so gütig sein, das Geld bis zur ordinaren Rechnung zu avancieren.

Zuvor hat er, immer mit der Unterschrift Ritter, den neuen Freund zum Mitarbeiter eines neuen Stückes berufen: »Nach Verfluß von zwölf oder vierzehn Tagen bringe ich ein neues Trauerspiel zustande, davon ich Sie zum geheimen Richter ernennen will.«

Schiller ist ein hinreißender Briefschreiber; was in seine Theaterstücke zumeist nur am Rande eingeht, dringt in seinen Briefen bezwingend durch: ein Witz, ein Humor, der bis zum Grotesk-Überschäumenden geht und die anschaulichsten Wendungen findet. In seinen Stücken entlastet er sich von Spannungen, die er im Drama gleichsam vergesellschaftet, in seinen Briefen zeigt er sich als einer, der seiner Lage auch dann Herr ist, wenn sie die bedrängteste ist; andernfalls schreibt er erst gar nicht.

Das neue Trauerspiel, das er Reinwald wie eine Lockspeise vor die Nase hält, arbeitet seit jenem Arrest in ihm, mit dessen Verhängung der württembergische Potentat bei ihm verspielt hat: »Louise Millerin«. Der Entwurf hat sich mit der Fertigstellung des »Fiesko« überlagert, aber schon in Oggersheim ist »Louise« die Hauptarbeit; während Streicher auf seinem Klavichord spielte (Schiller liebt Musik als anregenden Background), nahm das neue Werk Gestalt an; in Bauerbach soll das bürgerliche Trauerspiel fertig werden. Schon der Untertitel deutet darauf, daß dies ein Gegenwartsstück ist, noch weit mehr als die in der Zeit nach dem Siebenjährigen Krieg angesiedelten »Räuber«. »Die Zeit ungefähr zwei Jahre«, hatte der vorsichtige Autor dem Personenzettel der »Räuber« hinzugesetzt; nur aus dem Text war die zeitliche Ebene zu erschließen gewesen, die der besorgte Dalberg dann um dreihundert Jahre vorverlegt hatte. »Louise Millerin« verzichtet auf jede Zeitangabe, doch die erste Personenbezeichnung: »Präsident von Walter, am Hof eines deutschen Fürsten« ist deutlich genug: das Stück kann im Umkreis *jedes* deutschen Fürstenhofs spielen.

Die neue Schöpfung hat ein Vorbild, dessen Schiller in Stuttgart ansichtig geworden war: die Komödie »Der deutsche Hausvater« von Otto Freiherrn v. Gemmingen, einem erfolgreichen dramatischen Zeitgenossen, der gerade von Mannheim in das Wien Josephs II. übergewechselt war. Es ist Schillers einziges Stück, in dem das bürgerliche Leben seiner Zeit zutage tritt, die Sphäre, die er von Haus aus kannte: die Szenen spielen großenteils in der Familie des Musikus Miller. Die Handlung spielt in der Klassengesellschaft, deren Schranken der Autor in der Militärakademie täglich vor Augen gehabt hatte, einer Ordnung, die den Nichtadligen zum Menschen zweiter Klasse stempelte. Wenn die Fürsten, was immer häufiger vorkommt, Bürgerliche als Beamte in ihren Dienst stellen, müssen diese, wenn sie sich bewähren, nach einiger Zeit geadelt werden, um Zugang zu den Veranstaltungen des Hofes zu gewinnen. Auch Schiller fügt sich später in eine solche Standeserhebung, um seiner Frau, der geborenen v. Lengefeld, einen Zugang wieder zu verschaffen, den sie durch die bürgerliche Heirat verloren hatte. Aber er hat das »von« niemals auf einen Buchtitel gesetzt.

Daß die Scheidewand zwischen Adel und Bürgertum an der Spitze des Staates auf Hindernisse stößt, die weder durch eine Eheschließung noch durch eine Adelserhebung zu überwinden sind, kann der Bibliothekar Reinwald seinem Schützling an Sachsen-Meiningen demonstrieren: Anton Ulrich, der frühere Herzog, hatte in erster Ehe eine Bürgerliche geheiratet, deren Kinder von der fürstlichen Verwandtschaft für nicht erbberechtigt erklärt worden waren; der Kaiser, der die Hauptmannstochter zur Reichsgräfin erhoben hatte, hatte sich dem Einspruch des Hochadels beugen müssen. Karl Eugen war es mit seiner Franziska, die der Kaiser auf seinen Wunsch hin zur Reichsgräfin von Hohenheim erhoben hatte, ähnlich ergangen; obschon adliger Herkunft, galt sie als nicht ebenbürtig, so daß sie der Herzog 1785 nur morganatisch, »zur linken Hand« und ohne Anspruch auf erbberechtigte Nachkommenschaft, ehelichen konnte.

In Schillers neuem Stück schneidet die Klassentrennung der Gesellschaft in die Liebesbeziehung eines adligen Offiziers (er ist Major und der Sohn eines Höflings, der als Präsident an der Spitze der Administration steht) zu der Tochter des Stadtpfeifers Miller, um die sich ein bürgerlicher Bräutigam bewirbt, Herr Wurm, der Privatsekretär des Präsidenten. Die Kollision wird dadurch verschärft, daß der Präsident mit seinem Sohn ganz besondere Pläne hat: er will ihn mit Lady Milford, der Geliebten des Fürsten, verheiraten. Die Dame hat ein Auge auf den faszinierenden jungen Mann geworfen, und der Vater begünstigt den Plan, um sich dem Herrscher näher zu verbinden. Zwei Frauen, jugendlich-zart die eine, voll erblüht die andere, zwei junge Männer, der eine feurig, hochherzig, anziehend, der andere ein bösartiger Intrigant – von weitem erkennt man die Personnage des »Fiesko«. Über allen diesen steht ein Politiker, der so töricht ist, seinem Sohn zu verraten, daß er bei seinem Aufstieg zur Macht über Leichen gegangen ist; an seiner Seite eine Hofschranze als die fleischgewordene Nichtigkeit einer rein protokollarischen Existenz, auch sie mit sprechendem Namen: Hofmarschall v. Kalb. Auf der Gegenseite die armen Leute, die nichts besitzen als ihre Ehre: der Stadtpfeifer und seine Frau. Diese begünstigt die Liebschaft der Tochter mit dem Major, die ein bißchen große Welt in die kümmerliche Stube bringt, jener begegnet dem Unheil, das er aufziehen sieht, mit hilflosem Poltern.

Das ist die streng symmetrisch gebaute Personnage, zwischen der der Autor das Weberschiffchen der tragischen Verwicklung hin und wider wirft, bis am Ende die Liebenden nacheinander an demselben Gifttrank zugrunde gehen: der Major v. Walter hat ihn gemischt. Drohungen, Intrigen, Gewaltmaßnahmen bahnen den Weg dorthin; um ihre Eltern, die der Präsident hat einkerkern lassen, aus der Gefangenschaft auszulösen, läßt sich Louise durch Wurm dazu bringen, einen Liebesbrief an den Hofmarschall zu schreiben, den dieser dem Major in die Hände spielt; der Fund bringt ihn so um den Verstand, daß er die Angebetete vergiftet. Als sie ihm sterbend die Wahrheit bekennt, die zu verschweigen sie dem Sekretär einen feierlichen Eid hatte leisten

*Nicolas Guibal: Franziska Theresia
Reichsgräfin von Hohenheim (Ölbild, 1773).*

müssen, schluckt er selber das Gift; Wurm und sein Präsident sehen, herbeigerufen, was sie angerichtet haben, und geraten aneinander. Als der Präsident – inzwischen ist die Polizei zur Stelle – seinem Sekretär die Schuld zuschiebt, sagt dieser:

Über mich die Verantwortung? Ha! bei diesem Anblick, der alles Mark in meinen Gebeinen erkältet! Über mich soll sie kommen! – Jetzt will *ich verloren sein, aber* du *sollst es mit mir sein. – Auf! Auf! Ruft Mord durch die Gassen! Weckt die Justiz auf! Gerichtsdiener, bindet mich! Führt mich von hinnen! Ich will Geheimnisse aufdecken, daß denen, die sie hören, die Haut schauern soll.*

Mit »Louise Millerin« nimmt Schiller endgültig von Württemberg Abschied. Wenn das Familiengemälde in die eigene kleinbürgerliche Sphäre weist, so sind die Hoffiguren aus dem Dunstkreis Karl Eugens genommen; in dessen Jugendjahren hatten solche Gestalten das Land ausgesaugt. Die britische Lady aber ist eine theatralisch verwandelte Franziska v. Hohenheim.

In der Begegnung mit der fürstlichen Favoritin berichtigt Ferdinand v. Walter die üble Meinung, die er von ihr hatte, und begreift, wie ernst es der Lady ist, sich durch die Heirat mit ihm aus der höfischen Verderbnis zu retten. Nicht nur an dieser Stelle erkennt man den Autor in der Gestalt seines Helden: Schiller träumt sich in Ferdinand an die Seite der hohen Frau, deren Erscheinung die Karlsschüler hingerissen hatte – ihn selbst so sehr, daß er einmal Miene machte, mit der Reichsgräfin am Arm den Saal zu verlassen, als ihn der Herzog in launiger Stimmung aufgefordert hatte, eine Probe seiner Imitationskunst zu geben und sich an seine Stelle zu versetzen.

Der Held zwischen zwei Frauen: der jungfräulich-zarten, in Empfindung zerfließenden, zugleich deutlich selbstbewußten und der reifen, selbstsicheren Schönheit, die nicht, wie in »Fiesko«, ein eitel-prahlerischer, sondern gleichsam ein geläuterter Vamp ist. Es ist das Doppelbild des Begehrens, das »Louise Millerin« erneuert; auch in »Don Karlos«, dem neuen Stück, dessen Umrisse in Bauerbach vor Schiller aufsteigen, wird es wieder erscheinen. Schiller beschreibt die Frau in all diesen Stücken aus dem Blickwinkel des Mannes, der er selbst ist, doch von Mal zu Mal werden die Gestalten plastischer und reicher.

Wie aber kommt es, daß eine durchsichtige Brief-Intrige dem jungen Major genügt, ihm Louise im Licht schnöden Abfalls, betrügerisch vorgespiegelter Gefühle erscheinen zu lassen? Das ist der wunde Punkt, der bizarre Moment des auf die Katastrophe fixierten Stückes, nur Psychologie kann ihn erhellen, aus der Ambivalenz der Mutterfigur im kindlichen Bewußtsein, als der erotisch ebenso Begehrten wie Verwehrten, der Frau, die als Liebesobjekt im Besitz des Vaters, einer geliebten wie gefürchteten Konkurrenzinstanz, ist. Wie der Autor dieses kindhaft fixierte, in das erwachsene Leben halb- oder unbewußt hinübergenommene Doppelbild des Weiblichen in zwei Figuren, Louise und der Lady, kontrastierend entfaltet, spaltet sich dem liebenden Ferdinand vermittels der Intrige auch Louise noch einmal in zwei nicht nur kontrastierende, sondern unvereinbare Teile, in die aufrichtig Liebende und die entdeckte Betrügerin. Verzweifelt, aber mühelos tauscht er ihr wahres Bild gegen das falsche aus, auf das sie sich unter Zwang hat festlegen lassen, und geht daran zugrunde.

Mit dem ineinander verschränkten Untergang von Vater und Sohn gleicht die Katastrophe des Stücks dem Ende der »Räuber«; der von Wurm decouvrierte Präsident, dem der sterbende Ferdinand verziehen hat, übergibt sich am Ende selbst den Gerichtsdienern. Die Seelenbühne auch dieses Stücks ist gestaffelt; hinter dem Liebesverbot, das die Klassengesellschaft verhängt, geht im Psychisch-Individuellen dasselbe zwischen Mutter und Schwester changierende Inzest-Verbot um, das Karl von Moor seine Amalia, Fiesko seine Leonore schlachten ließ; auch hier begibt sich der Mord an der Geliebten. Der politisch-gesellschaftliche Konflikt speist seine Energien aus den Konfliktzonen des kindlichen Bewußtseins, aber auch das Umgekehrte tritt ein; dann verifizieren sich dessen Bedrängnisse durch die Erfahrungen, die der erwachsen Gewordene mit der Klassenschranke gemacht hat – die Gesellschaft und der einzelne im dramatisch entfachten Wechselspiel.

Die freundlichen Brüder

Dies alles schreibt Schiller in seinem Winterquartier ins reine, in einer Situation, die die gesellschaftliche Konfliktlage, deren das Stück sich entäußert, gleichsam dementiert: es ist der gebildete thüringische Landadel, der dem Autor in der Person Frau v. Wolzogens diese Zuflucht gewährt. Schiller stellt sich dem Widerspruch zwischen Adelsherberge und antifeudalem Affront, indem er ihn in einem Hochzeitsgedicht für die Pflegetochter der Gutsherrin zur Sprache bringt. »Wie mühsam sucht durch Rang und Ahnen / Die leidende Natur sich Bahnen«, heißt es in der fünften der fünfundzwanzig Strophen, die ihm bei dieser Gelegenheit einfallen, und in der siebten:

> *Wer* war der Engel Deiner Jugend?
> *Wer* rettete die junge Tugend? –
>   Hast Du auch schon an *sie* gedacht?
> Die *Freundin*, die Dir Gott gegeben?
> Ihr Adelbrief – ein schönes Leben!
>   (Den haß ich, den sie mitgebracht.)

Die seit acht Jahren verwitwete Henriette v. Wolzogen ist siebenunddreißig Jahre alt und kann, mit den großen Augen und der leicht vorgeschobenen Unterlippe in einem sinnlich-offenen Gesicht, für eine reife Schönheit gelten, deren Züge sich in einer ihr außerordentlich ähnlichen siebzehnjährigen Tochter spiegeln. Das Doppelbild des Weiblichen – Schiller hat es vor Augen, als die beiden über Neujahr für ein paar Tage zu ihm kommen, und daß die Mama in der Vorhand ist, zeigt ein Brief, den er ihr schreibt, als sie für kurze Zeit in die Nachbarschaft reist; man kann ihn nicht anders als einen Liebesbrief nennen:

Beste, teuerste Freundin,

Ich bin ungewiß, ob ich diesen Brief bälder werde fortbringen können, als ich selbst zu Ihnen gekommen. Doch warum soll ich es nicht darauf wagen? Ich habe doch wenigstens den Gewinst, desto lebhafter an Sie zu denken, wenn ich Ihnen schreibe.

Ich kam ganz wohlbehalten von Maßfeld hier an. Aber meine Prophezeiung wurde wahr. Seit Ihrer Abwesenheit bin ich mir selbst gestohlen. Es geht uns mit großen, lebhaften Entzückungen wie demjenigen, der lange in die Sonne gesehen. Sie steht noch vor ihm, wenn er das Auge längst davon weggewandt. Es ist für jede geringere Strahlen verblindet. Aber ich werde mich wohl hüten, diese angenehme Täuschung auszulöschen. …

Leben Sie solang glücklich und vergnügt, meine Teuerste, und vergessen Sie nicht, daß drei Stunden von Ihnen jeden Augenblick an Sie gedacht wird von Ihrem zärtlichsten Freunde

FSchiller

Am Tag vor diesem Brief hatte er Henriette auf das Gut ihres Bruders begleitet, am Tage drauf sieht er die Angebetete dort wieder. Sie hat ihn untergebracht, aber sie muß sich vorsehen, denn sie hat ja außer Wilhelm v. Wolzogen, Schillers drei Jahre jüngerem Karlsschulfreund, noch drei weitere Söhne auf der Hohen Karlsschule; für alle hofft sie auf eine württembergische Versorgung. So verabredet man einen Täuschungsbrief, den Henriette, nach Stuttgart zurückgekehrt, dort in Empfang nehmen und herumzeigen kann. Der Flüchtling schreibt ihr darin aus Hannover und erklärt, nach Amerika auswandern zu wollen:

Ich habe eine Hauptveränderung in meinem Plane gemacht, und

Henriette von Wolzogen (Lithographie nach einer anonymen Pastellzeichnung).

da ich anfangs nach Berlin wollte, wend ich mich jetzt vielleicht gar nach England. Doch gewiß ist es noch nicht, so große Lust ich habe, die Neue Welt zu sehen. Wenn Nordamerika frei wird, so ist es ausgemacht, daß ich hingehe. In meinen Adern siedet etwas – ich möchte gern in dieser holperichten Welt einige Sprünge machen, von denen man erzählen soll.

Dann bekennt er der Adressatin reumütig, »vor einigen Wochen ein Gerücht ausgestreut« zu haben, »daß ich nach Bauerbach sei«. Offenbar hat sich die thüringische Asylgewährung in Stuttgart herumgesprochen, der Brief ist das Dementi, und nicht nur in dieser Hinsicht wird Frau v. Wolzogen salviert; der auf zweite und dritte Leser berechnete Brief enthält auch ein Friedensangebot an den Herzog:

Sie haben mich in Ihrem letzten Briefe (vom 13. November) gebeten, den Herzog in Schriften zu schonen, weil ich doch (meinen Sie) der Akademie viel zu verdanken hätte. Ich will nicht unter-

suchen, wie weit dem so ist, aber mein Wort haben Sie, daß ich den Herzog von Wirtemberg niemals verkleinern will. Im Gegenteil habe ich seine Partie gegen Ausländer (Franken und Hannoveraner besonders) schon hitzig genommen.

Die Angst vor Karl Eugen sitzt tief, und auch der in Mannheim verbliebene Streicher wird irregeführt; setzt Schiller auch dessen Postüberwachung voraus? »So bin ich doch der Narr des Schicksals!« ruft er ihm brieflich zu:

Alle meine Entwürfe sollen scheitern! Irgendein kindsköpfischer Teufel wirft mich wie seinen Ball in dieser sublunarischen Welt herum. Hören Sie nur! Ich bin, wenn Sie den Brief haben, nicht mehr in Bauerbach.

Er gibt vor, bei einem »jungen Herrn von Wurmb« untergeschlüpft zu sein, den er in diesen Januartagen – das Jahr 1783 ist angebrochen – tatsächlich kennengelernt hat. Es ist ein keineswegs sehr junger Verwandter der Frau v. Wolzogen, und schon im Vorjahr hatte er sich dessen Lebensschicksal erzählerisch zugeeignet. Die Geschichte von den beiden Brüdern, die ein Mädchen lieben, das sich nicht zwischen ihnen entscheiden kann, ist das humane Gegenstück zu den feindlichen Brüdern der »Räuber«; die Brüder dieser »Großmütigen Handlung, aus der neusten Geschichte« lassen sich durch die Frau, die jeder von ihnen begehrt, nicht entzweien. Der eine entschließt sich zu einer Übersee-Reise, um die Geliebte zu vergessen, verläßt »gählings Deutschland«, wird in Amsterdam vor Sehnsucht fieberkrank und begibt sich, kaum genesen, statt nach Ostindien auf den Rückweg:

Halbverwest, ein wandelndes Gerippe, das erschrecklichste Bild des zehrenden Kummers kam er in seiner Vaterstadt an – schwindelte er über die Treppe seiner Geliebten, seines Bruders. »Bruder, hier bin ich wieder. Was ich meinem Herzen zumutete, weiß Der im Himmel. – Mehr kann ich nicht.« Ohnmächtig sank er in die Arme des Fräuleins.

Nun ist es an dem andern, auf Reisen zu gehen, und er macht ernst damit; von Batavia aus gibt er die Geliebte frei:

Bruder, Bruder! Schwer wälze ich sie auf deine Seele. Vergiß nicht, wie schwer sie dir erworben werden mußte. – Behandle den Engel immer, wie es itzt deine junge Liebe dich lehrt. – Behandle sie als ein teures Vermächtnis eines Bruders, den deine Arme nim-

Wilhelm Friedrich Hermann Reinwald (Miniatur).

mer umstricken werden. Lebe wohl. Schreibe mir nicht, wenn du deine Brautnacht feierst. Meine Wunde blutet noch immer.
  Ein gutes Ende? Doch nicht. »Die Vermählung wurde vollzogen. *Ein Jahr* dauerte die seligste der Ehen. – Dann starb die Frau. Sterbend erst bekannte sie ihrer Vertrautesten das unglückseligste Geheimnis ihres Busens: sie hatte den Entflohenen stärker geliebt.« Das hatte Schiller im Oktober zuvor in das zweite Heft seines von Abel und Petersen weitergeführten »Wirtembergischen Repertoriums« eingerückt; nun steht er dem weniger geliebten Bruder gegenüber.

Sanherib, Marocco und ein Hymnus aus Schwaben

»Louise Millerin« kommt in den Bauerbacher Winterwochen so gut voran, daß der Autor den Meininger Bibliothekar wieder einmal in Bewegung setzt, auf die dringlich-unwiderstehlichste Weise:

Heute, mein Lieber, werden Sie mit allerlei Aufträgen heimgesucht.

Zum ersten *haben Sie die Güte, den beifolgenden Brief zu besorgen.*

Zum zweiten *sehen Sie doch nach, wie Sie mir ein Paket Gothaer Zeitungen mitschicken können. Ich lese erstlich außerordentlich gern Anzeigen von Büchern, sodann finde ich vielleicht Anzeigen von mir – und wenn ich meinen Namen in der Zeitung lese, so erfahre ich doch, daß ich noch lebe. ...*

Zum dritten *schicken Sie mir doch das Original meiner Romanze zu.*

Zum vierten *(lachen Sie mich nicht aus) schenken Sie mir doch etwas Dinte, oder weisen Sie die Judith an, wo man gute bekommt. Doch will ich sie lieber von einem Gelehrten als von einem Schulmeister.*

Zum fünften *schicken Sie mir wiederum ½ Pfund von dem guten Schnupftobak, den* Sie *mir schon etlichemal ausgemacht haben. Marocco.*

Zum sechsten *ein Buch recht gutes Schreibpapier, meine* Louise Millerin *darauf abzuschreiben. Das holländische stumpft mir die Federn so ab.*

Zum siebenten *empfehlen Sie mich dem Herrn Hofprediger, dem lieben braven Mann, und zum*

achten *bleiben Sie mein Freund, wie ich ohne Veränderung der Ihrige*

Ritter.

»Meine Romanze«, das ist ein politisches Scherzgedicht, das Schiller zu Reinwalds Händen für ein Meininger Wochenblatt geschrieben hat; in alttestamentarischer Verkleidung erzählt es von einer Episode, die das Herzogtum unlängst erschüttert hatte. Der junge, gerade erst verheiratete Herzog von Sachsen-Meiningen war erkrankt, worauf sein Nachbar, der Herzog von Sachsen-Coburg-Saalfeld, seine Armee an der Grenze hatte aufmarschieren lassen, um im Todesfall durch eine Besetzung des Landes allen andern Erbansprüchen zuvorzukommen. Aber der Herzog war wieder genesen, und der erbgierige Coburger stand am Pranger meiningischer Entrüstung. In einundzwanzig munteren Strophen hatte

Schiller diese Geschichte als eine zwischen Josaphat, dem Fürsten von Juda, und dem Assyrerkönig Sanherib dargestellt und das Ganze hochbarock überschrieben: »Wunderseltsame Historia des berühmten Feldzuges, als welchen Hugo Sanherib, König von Assyrien, ins Land Juda unternehmen wollte, aber unverrichteter Ding wieder einstellen mußte, aus einer alten Chronika gezogen und in schnakische Reimlein bracht von Simeon Krebsauge, Bakkalaur«. Der Expressionist Schiller verwandelt sich als Lyriker gern in den Humoristen, und der Gegenstand ist danach:

>Eine großer Herre, wie man weißt,
>   Ist nicht wie unsereiner –
>Wenn *unsre* Seele weiterreist,
>   Drob kümmert sich wohl keiner –
>Ein Schnuppen, den ein Großer klagt,
>Wird in der Welt herumgesagt.
>
>Drum nimmt Frau Fama, nimmerfaul,
>   Das Hifthorn von dem Nacken,
>(Man kennt ja schon ihr großes Maul
>   Und ihre dicken Backen)
>»Fürst Josaphat liegt todkrank da«,
>Posaunt sie durch ganz Asia.
>
>Sogleich vernahm den Trauerton
>   Fürst Sanherib, sein Vetter, –
>Zu Assur hat er seinen Thron
>   Und ehret fremde Götter.
>Die Balle Lüge kommt so recht
>Zustatten meinem Götzenknecht.
>
>»Da fischt sich was – Hol mich der Dachs!« –
>   Und hui! spitzt er die Ohren.
>»Stirbt Josaphat, so zieh ich stracks
>   Hinein zu Hebrons Toren.
>Er braucht Arznei – er treibts nicht lang!
>Und Juda ist ein fetter Fang.«

In dieser Art geht es durch einundzwanzig Strophen. Hat Reinwald dem Dichter auch den Wochenblattabdruck zugestellt? Er hatte Schillers Text, der zu des Herzogs Geburtstag anonym erschienen war, um sechs Strophen verkürzt und in die verbliebenen bearbeitend eingegriffen.

Kein größerer Gegensatz der dichterischen Haltung ist denkbar als zwischen diesem Scherzgedicht und einer Ode, um deren Besorgung aus dem *Deutschen Museum*, der bei Weygand in Leipzig erscheinenden Literaturzeitschrift, der Asylant seinen Helfer ebenfalls gebeten hat. »An Schiller« ist sie überschrieben und folgt einem hymnisch-antikischen Duktus, der von Klopstock auf Hölderlin führt; es ist geradezu folgerichtig, daß der Autor, Franz Wilhelm Jung, dem letzteren später zur Seite stehen wird. Welche Rolle Schiller auf dem Weg spielt, der von der Nachahmung der Franzosen über die Orientierung an Shakespeare zu einer eigenständigen deutschen Dichtung führt, ist hier ebenso hohen wie genauen Tons ins Licht gesetzt:

> Des Trauerspiels hoher Genius
> hielt noch den tränenträufelnden Flügel,
> Shakespears heiliger Asche
> mutterhaft klagend, gesenkt.
>
> Und Gallien winkte dir, Genius!
> Siehe, rief es, wir Klügeren haben
> unsre Kräfte gefesselt; beherrsch uns! –
> Aber du merktest nicht drauf.
>
> Und Gallien grämte sich wenig des,
> machte sich einen lastenden Götzen.
> Vor dem Trügenden knien sie knechtisch;
> aber du merktest nicht drauf.
>
> ...
>
> Natur, dich liebet der Deutsche noch!
> Denn es fanden der Edlen sich manche,
> fühlten die Weihe des Genius, sangen,
> was der Vergessenheit trotzt.

Und – schwiegen! Des zürnte der Genius.
Zürnend schlug er die Schwingen, und dräute
rückzueilen, und hob schon die Schwingen,
nimmer zu schweben um uns.

Doch plötzlich hörte sein lauschend Ohr,
Schiller, in deinem strebenden Busen
brausen der hohen Begeisterung Gluten,
brausen der Räuber Entwurf.

Er staunt' entzückt, schwebt' über dich hin,
sieh! da entrauschet ein Kiel der Schwinge.
Den erhaschtest du, schriebst mit dem Kiele
Worte der Ewigkeit auf.

Jetzt klaget nimmer der Genius:
Shakespearn fand er in Schillern wieder,
Schiller! dich liebet der Genius; dichte
daß er nicht zürne mit dir!

»So erfahre ich doch, daß ich noch lebe«, hatte Schiller von dem Blick in die von Reinwald erbetenen Zeitungen erhofft. Die Ode versichert es ihm mit Nachdruck und einem Imperativ: dichte!

Maienlust

Aufträge und Gedichte bekommt der um zweiundzwanzig Jahre ältere Reinwald von dem Asylanten, dazu einen schönen Brief nach dem andern. Schiller macht den hypochondrischen Mann, der sich selbst als Poet versucht (er ist ein guter Übersetzer und ausgewiesener Philologe), zum Eingeweihten seiner Pläne und zum Adressaten seiner Bekenntnisse; der unter einem Tarnnamen vor der Welt Verborgene steigert sich in der winterlichen Einöde in eine Freundschaftsbeziehung hinein, deren briefliche Bekundungen immer höher greifen. Verdreht er dem Bibliothekar damit den Kopf? Brüderlich umfängt er den von Welt und Menschen enttäuschten Mann. »Ihr letzter Brief, mein Bester«, schreibt Schiller ihm im April, *hat Ihnen in meinem Herzen ein unvergeßliches Denkmal gesetzt. Sie sind der edle Mann, der mir so lange gefehlt hat, der es wert ist, daß er mich mitsamt allen meinen Schwächen und zertrümmerten Tugenden besitze, denn er wird* jene *dulden und* diese *mit einer Träne ehren. Teurer Freund! Ich bin nicht, was ich gewiß hätte werden können. Ich hätte vielleicht groß werden können, aber das Schicksal stritte zu früh wider mich. Lieben und schätzen Sie mich wegen dem, was ich unter bessern Sternen geworden wäre, und ehren Sie die Absicht in mir, die die Vorsicht in mir verfehlt hat. Aber bleiben Sie* mein*!*

Und Anfang Mai, als Schiller mit höchster Anspannung an der Endfassung von »Louise Millerin« arbeitet (dabei weiten sich die Milford-Szenen beträchtlich aus), heißt es am Ende gar:

Meine Lady *interessiert mich fast so sehr als meine Dulzinea in Stuttgart, – aber davon weg. Wir beide leben jetzt in einem Verhältnis zueinander, als wenn wir uns kasteiten, oder wie zwei Eheleute, die ein Gelübde getan, nicht beieinander zu schlafen. Ist meine L M erst fertig, mein Karlos soll mich niemals abhalten, zu Ihnen zu fliegen. Schreiben Sie mir nur etliche Seiten, daß ich sehe, daß Sie noch leben und noch lieben Ihren*

aufrichtigsten Ritter.

Wer mag die Dulzinea in Stuttgart sein? Die Reichsgräfin Franziska, mit der die Lady des Stückes Verwandtschaft zeigt? Die einst als Laura verherrlichte Vischerin? Oder meint er Henriette v. Wolzogen damit, auf deren Ankunft aus Stuttgart er sich vorbereitet? Vielleicht hat er dem neuen Freund von ihr vorgeschwärmt und will diese Offenheit durch ein Scherzwort neutralisieren, das präzis genug ist: es ist zweifellos eine Donquichotterie, sich in die Herrin von Bauerbach zu verlieben. Die Gefühlsbeziehung zu ihr ist intensiv und bedarf der Tarnung; dient dazu auch die Vorspiegelung, er habe ein Auge auf Charlotte, die siebzehnjährige Tochter, geworfen? Diese hat gerade Krach mit der Vorsteherin des Mädchenpensionats, das sie in Hildburghausen besucht; sie tut es als Stipendiatin der Herzogin von Sachsen-Gotha, und das macht die Loslösung einigermaßen kompliziert.

Charlotte ist reizvoll, kein Zweifel – es ist das Doppelbild von Mutter und Tochter, das Schiller fesselt. Ob das erotische Interesse an der Tochter sich hinter der Zuneigung für die Mutter verbirgt oder ob es sich umgekehrt verhält, ist nicht leicht zu entscheiden und ist es wahrscheinlich für Schiller selbst nicht immer.

Unterdes nähert sich »Louise Millerin« der Vollendung, und es gilt ein neues Stück ins Auge zu fassen. Eine »Maria Stuart« geht Schiller durch den Kopf, dann beschäftigt ihn ein Stoff aus der Zeit der Inquisition in Deutschland (Friderich Imhof lautet das rätselhafte Stichwort dazu), aber Don Karlos läßt beides zurücktreten, der spanische Infant des sechzehnten Jahrhunderts, auf dessen Schicksal ihn in Mannheim Heribert v. Dalberg aufmerksam gemacht hat. In der Bauerbacher Stille gewinnt die Geschichte von der tragischen Liebe des jungen Prinzen zu seiner jugendlich schönen, ihm selbst zuvor versprochenen Stiefmutter Oberhand, und Reinwald erfährt als erster davon; er muß sogleich eine Menge Bücher heranschaffen.

Als es Frühling in Bauerbach geworden ist, hat der Plan ganz und gar Besitz von dem Dorfbewohner ergriffen. Indem er sich die Figuren vor Augen stellt, überwältigt ihn die Erkenntnis, wie sehr alle diese und besonders der Held Transfigurationen seines eigenen Ichs sind, Verkörperungen dessen, was er an Träumen, Wünschen, Hindernissen in sich trägt. »Alle Geburten unsrer Phantasie wären also zuletzt nur *wir selbst*«, lautet das überraschte Fazit: »Wir leiden für *uns* unter andern Leibern.«

Reinwald ist der Adressat dieser in einem langen Brief entfalteten Einsicht in die Einheit von Ich- und Weltbezug in dem echten dichterischen Werk; Schiller erblickt in dem Künstler ein Abbild göttlicher Schöpferkraft und -lust. Er ist Pantheist im Spinozaschen Sinn: Deus sive natura, Gott als die sich in den Gestalten der Natur verwirklichende Allmacht. »Gott, wie ich mir denke«, vernimmt Reinwald, »liebt den Seraph so wenig als den Wurm, der ihn unwissend lobet. Er erblickt *sich*, sein großes unendliches *Selbst*, in der unendlichen Natur umhergestreut.« Aus der pantheistischen wird ihm die panerotische Vision − Freundschaft und Liebe als das vereinigende Band von Geschöpfen, die ihr Wesen, wie die Spektralfarben im weißen Sonnenlicht, nur in sympathetischer Verknüpfung erfüllen:

Gleichwie keine Vollkommenheit einzeln existieren kann, sondern nur diesen Namen in einer gewissen Relation auf einen all-

gemeinen Zweck verdient, so kann keine denkende Seele sich in sich selbst zurückziehen und mit sich begnügen. Ein ewiges notwendiges Bestreben, zu diesem Winkel den Bogen zu finden, den Bogen in einen Zirkel auszuführen, hieße nichts anders, als die zerstreute Züge der Schönheit, die Glieder der Vollkommenheit in einen ganzen Leib aufzusammeln – das heißt mit andern Worten: Der ewige innere Hang, in das Nebengeschöpf überzugehen oder dasselbe in sich hineinzuschlingen, es anzureißen, ist Liebe. Und sind nicht alle Erscheinungen der Freundschaft und Liebe – vom sanften Händedruck und Kuß bis zur innigsten Umarmung – so viele Äußerungen eines zur Vermischung *strebenden Wesens?*

Die Erkenntnis, daß der Dichter er selbst in allen seinen Gestalten ist, verknüpft sich mit enthusiastischem Weltumfangen; der Einsicht in die Ich-Besessenheit der poetischen Produktion tritt die Selbstverpflichtung zur Freundschaft an die Seite. Vom Allgemeinen kommt der Briefschreiber auf das Besondere:

Nur eine kleine Anwendung auf meinen Karlos. *Ich muß Ihnen gestehen, daß ich ihn gewissermaßen statt meines Mädchens habe. ... Karlos hat, wenn ich mich des Maßes bedienen darf, von* Shakespeares Hamlet *die Seele –* Blut *und* Nerven *von* Leisewitz' Julius *und den* Puls *von mir. – Außerdem will ich es mir in diesem Schauspiel zur Pflicht machen, in Darstellung der Inquisition die prostituierte Menschheit zu rächen und ihre Schandflecken fürchterlich an den Pranger zu stellen. Ich will – und sollte mein Karlos dadurch auch für das Theater verloren gehen – einer Menschenart, welche der Dolch der Tragödie bis jetzt nur gestreift hat, auf die Seele stoßen. Ich will – Gott bewahre, daß Sie mich nicht auslachen.*

Ein zwiefaches »Ich will« entfährt in »Wilhelm Tell« dem Landvogt Geßler, abgebrochen nicht durch den eigenen Ordnungsruf, sondern durch den Pfeil des Tyrannenmörders. Auch die Gegenfiguren seiner Theaterhelden haben etwas vom eigenen Blut des Autors, sie könnten sonst nicht leben – und Schiller weiß das inzwischen.

In »Don Karlos« werden keine feindlichen Brüder vorkommen, sondern ein brüderlich verbundenes Freundespaar, das aber doch nicht so untrennbar eins ist, daß nicht schließlich alle beide zugrunde gehen: der Prinz und Marquis von Posa. In dem Entwurf, den Schiller in Bauerbach zu Papier bringt, ist Posa noch nicht vorgesehen; statt dessen kommt Don Juan darin vor, als Nebenbuhler des Prinzen um die Gunst der Königin, der dann zu der Prinzessin Eboli übergeht. Ein Nebenbuhler, der kein Don Juan, sondern ein Bewerber um die Hand der jungen Charlotte ist, umwölkt Ende März den Asylanten: Frau v. Wolzogen, die ihren Besuch für den Mai ankündigt, macht Miene, den aus Meiningen stammenden Leutnant v. Winkelmann mitzubringen, einen Karlsschüler aus der Adelsklasse, der gerade Hofjunker in Stuttgart geworden ist. Schiller ist tief verstört von dieser Aussicht. »Der Fall ist dieser«, erklärt er seiner Gastgeberin:

Wenn sich Herr v. Winkelmann wirklich mit Ihnen in M. einfinden sollte, so ist es durchaus unmöglich, daß ich Ihre Ankunft erwarten kann. ... Ich will nicht bergen, daß ich dadurch manche schöne herrliche Hoffnung aufgeben muß, daß es vielleicht einen Riß in meinem ganzen künftigen Schicksal zurückläßt, aber die Beruhigung meiner Ehre gehet vor, und mein Stolz hat meiner Tugend schon so viel Dienste getan, daß ich ihm auch eine Tugend preisgeben muß.

Dies und manches andere schreibt er Henriette nach Stuttgart, und obschon er gute Gründe für seine Unduldsamkeit angibt (er findet es untunlich, einem Mann, den er von Schulzeiten her nicht leiden kann, sein Bauerbacher Inkognito preiszugeben), ist die Alternative: er oder ich, vor die er seine Asylgeberin stellt, drastisch genug.

Henriette findet einen Mittelweg; nur für kurze Zeit spricht Winkelmann in Bauerbach ein. Am 20. Mai kommt die Gutsherrin dort an – bringt sie das schöne Briefpapier und den begehrten Marocco mit? Beides hat Reinwald in Meinungen, der »mittelmäßigen Stadt«, nicht auftreiben können; der Asylant hat Frau Henriette ausgesandt, um in Stuttgart »zwei oder vier Pfund Maroccoschnupftobak, der mir schon sechs Monate nicht zu Nase gekommen, vom Kaufmann Merklin oder Bailing ausnehmen zu lassen«.

Friedrich Chevalier – so hatte er, den Namen Ritter ins Französische wendend, einen seiner Briefe an sie unterzeichnet – bereitet ihr einen Empfang, der sich sehen lassen kann. Der Sohn des Hofgärtners hat einen Triumphzug arrangiert; en detail erfährt es sein Meininger Freund:

Den Einzug der F[rau] v. Wolzogen habe ich von den Untertanen feierlich begehen lassen, welches Gelegenheit zu einem sehr angenehmen Abend gab. Von dem äußersten Ende des Orts ließe ich eine Allee von Maien bis zu ihrem Hause anlegen. Am Hof des Hauses war eine Ehrenpforte von Tannenzweigen errichtet, die auch Sie noch mit ansehen werden, denn bald, sehr bald müssen Sie kommen, mein Bester. Vom Hause ging es unter Schießen in die Kirche, die überall mit Maien voll gesteckt war. Wir hatten artige Musik mit Blasinstrumenten, und der Pfarrer von Bibra hielt eine Einzugsrede, u. s. f. Ich würde Ihnen dergleichen Kleinigkeiten gar nicht schreiben, wenn ich es nicht etwas interessant fände, daß in dem barbarischen Bauerbach dergleichen geschehen ist.

Die liegengebliebene Brieftasche

Das »barbarische Bauerbach« wird drei Wochen später dementiert: »Die Bauern des Dorfs haben in unserm Hofe getanzt, und ich sahe fröhliche Menschen. Bauerbach ist gewiß keine Barbarei.« So heißt es im Juni an Reinwald, der in Schillers Gefühlsleben inzwischen zurückgetreten ist; er versüßt es ihm mit schönen Worten: »Ich sehne mich nach Ihnen, guter lieber Mann, und habe es nötig, neue Glut und neuen Geist in Ihren Armen zu sammeln.« So schreibt er am Ende jenes Empfangsberichts und dann noch: »Sie wissen ja, daß Sie im Buch meiner Glückseligkeit ein starkes Alphabet einnehmen.«

Aber es hilft nichts, Reinwald ist eifersüchtig auf Frau v. Wolzogen – die Folgen zeigen sich bald. Ein Zufall bahnt den Weg dazu, es geht zu wie in einem Theaterstück. Christophine hat die Geschichte später aufgeschrieben: Schiller will seinen Freund in Meiningen besuchen, findet ihn aber in dessen Wohnung nicht vor und wartet bis zum Abend, sich die Zeit schließlich mit der Lektüre von Briefen vertreibend, die er in einer Tasche mit sich führt, darunter auch einen seiner Schwester. Als Reinwald immer noch nicht kommt, geht er ärgerlich weg und läßt versehentlich seine Brieftasche liegen – Reinwald findet sie und liest sich an dem Inhalt fest. Von dem Schwester-Brief ist er so angetan, daß er sich entschließt, hinter Schillers Rücken einen langen Brief an Christophine zu schreiben, in dem er sich gleichsam als Aufpasser des Bruders empfiehlt. Er nimmt einen langen Anlauf dazu:

Mademoisell: Ein besondrer Zufall macht mich so frei, an die Schwester meines Freundes diese Zeilen zu schreiben. Unter etlichen Papieren, die H[err] D[oktor] S[chiller] nach einem Besuch bei mir liegen lassen, fand ich einen Brief von Ihnen. Es war wohl nicht Sorglosigkeit allein dran schuld, sondern auch Vertrauen, denn ich glaube gänzlich, daß er mich liebt.

Ich fand in diesem Briefe, den ich gelesen und nochmal gelesen und abgeschrieben habe, soviel reifes Denken und soviel herzliche, besorgte Wohlmeinung gegen Ihren Herrn Bruder, daß ich mich gefreut habe, und scheue mich nicht, jeden Gedanken, der mir zu seiner Ausbildung oder Glückseligkeit einfällt, mit Ihnen zu teilen.

Vielleicht kann ich Ihnen oder Ihren lieben Eltern auch manche Unruhe benehmen, die ihnen über die Situation Ihres Herrn Bruders aufsteigt, und ich werde gerade sein und nie schmeicheln, weil mich auch die glänzendste Frucht der Schmeichelei nicht verführen würde, und weil ich überhaupt nicht sonderlich viel von der Zukunft hoffe. Warum sollt ich nicht, um recht zu tun, meinen Gang gehn?

Intrigantenbriefe beginnen gemeinhin mit der Versicherung, daß der Schreiber eine ehrliche Haut ist und die besten Absichten hat; Fritz Reinwald macht in dieser Hinsicht keine Ausnahme. Dann kommt er zur Sache:

Sie finden unter andern Rätsel in dem Bezeigen der Frau v. Wolzogen. – Ich kenne diese Dame einigermaßen von verschiedenen Jahren her: aber ganz wird man sie nicht leicht fassen, denn sie ist unbeständig in vielen Dingen und schwach; doch auch gut, und hat schon vielen Menschen gedient, viele froh und manche glücklich gemacht. Niemand ist mehr geneigt, allen Zwang, um des Vergnügens willen, zu verschmähen: aber nach meiner Einsicht hat sie oft für das Hergebrachte nicht Achtung genug, läßt oft den Wohlstand [Anstand] seitwärts liegen und schilt die, so sich dran ärgern, als bösartig oder schadenfroh, trennt sich von ihnen und flieht aufs Land, wo sie dann von der Neugierde noch ungestümer verfolgt wird. Lebten wir noch das alte Schäferspiel, uns würde das ihrige minder anstößig sein und wir wollten bald hier, bald da, wo gute Weide wäre, unser Zelt aufschlagen. Aber nach unsrer jetzigen Einrichtung gestimmt, kommen uns diese Arkadier wie halbe Wilde vor.

Der, den ich liebe, kann zwar Freundschaft, Menschenliebe und Guttätigkeit bei der Fr. v. W. lernen, aber Ordnung und Beständigkeit lern er woanders!

Die Herrin von Bauerbach ist kaum vier Tage am Ort, so ärgert sich der Bibliothekar so heftig über den ihm angetanen Schiller-Entzug, daß er dessen Familie – der Brief an Christophine ist zugleich einer an deren Eltern – die Schutzpatronin als eine zweifelhafte Person annonciert. Oder besorgt er, daß Schiller sich auf Dauer in Bauerbach einnistet, was ihn selbst in den Hintergrund rücken würde? Reinwalds Diatriben geben Henriettes Bild frischere Farben als andere Zeugnisse; die Herrin von Bauerbach erscheint als eine temperamentvolle, völlig unorthodoxe Frau, bei aller Fürsorge für ihre fünf Kinder darauf bedacht, ihr eigenes Leben zu führen. Ihr Mut, den flüchtigen Dichter zu verbergen und zu beherbergen, wird auf eine ganz persönliche Weise plausibel.

Schiller muß weg, ist der Tenor von Reinwalds Brief. Der mißgünstige Beobachter sieht den Jüngeren so gefährdet, daß er zu schleuniger Entfernung rät, auch wenn er, Reinwald, »unendlich dadurch verliere, wenn Ihr Herr Bruder einst diese Gegend verlassen sollte«. Besonders übel nimmt er Schiller, daß dieser keine Lust hatte, an seiner, Reinwalds, Hand in das literarische Weimar eingeführt zu werden:

Noch scheint es aber nicht, daß Ihr Herr Bruder zum Weggehn inkliniert, er scheint ganz an seine Wohltäterin gefesselt, die ihn von der Seite seines guten und dankbaren Herzens eingenommen hat. Vielleicht sind ihre Furchtsamkeits-Äußerungen und besonders ihre Wünsche, daß er woanders hingehen möchte, Verstellungen –

Nun ist alles gesagt, und der Angeber hat nur eine Sorge: daß Schiller Wind von seinem Brief bekommt:

Da dessen Inhalt vielleicht nicht ganz nach unsers Freundes Sinne sein möchte, so lassen Sie oder die Ihrigen sich auch von meinen Gedanken nichts gegen ihn merken. Es könnte sein Vertrauen zu mir schwächen und unsre Freundschaft untergraben.

Damit hat der Henriette-Denunziant den Nagel auf den Kopf getroffen. Kaspar Schiller auf der Solitüde ist natürlich begeistert, einen so redlich besorgten Mann über den Lebenswandel seines Sohnes wachen zu sehen, und läßt Christophine entgegenkommend antworten. In seinem nächsten Brief möchte Reinwald bereits als Freund von ihr angeredet werden und erbittet sich von der zeichnerisch Begabten ein Bild als »unbeschreiblich-angenehmes Freundschafts-Pfand«. Worauf er Schritt für Schritt zusteuert, ist eine eheliche Verbindung; er will sich zu Schillers Bruder machen, indem er Anstalten trifft, dessen Schwester zu heiraten. Im folgenden Sommer fährt er nach Stuttgart, um sich der brieflich Erkorenen vorzustellen, und Vater Schiller begünstigt die Verbindung – ist es *seine* Rache an Fritz? Der ist auf und davon und hat überall Schulden, die Eltern aber müssen an die Versorgung ihrer Töchter denken; Louise ist inzwischen siebzehn und Christophine mit sechsundzwanzig fast schon aus dem Heiratsalter heraus. Es ist die Aussicht, an den fünfköpfigen elterlichen Haushalt, der angesichts der chronisch kranken Mutter vor allem auf ihren Schultern liegt, ein Leben lang gefesselt zu bleiben, was sie Reinwalds Annäherung dulden läßt.

Plötzlicher Abschied

Alles dies begibt sich hinter Schillers Rücken – ein Intrigenstück, das auf der Bühne des Lebens stattfindet. Nähme er seine eigene Verwicklung dazu, so käme er auf eine Kabale-und-Liebe-Variante eigener Art. Luise und Ferdinand agieren darin mit vertauschten sozialen Rollen: der jugendliche Liebhaber – er selbst – ist der sozial Unterlegene, die siebzehnjährige Charlotte eine Luise von Adel. Henriette, die Mutter, verkörpert die Milford-Rolle mit starker erotischer Dominanz gegenüber Luise-Charlotte, und Philipp v. Winkelmann ist ein Wurm, der kein Wurm ist; er muß kein Schurke sein, um sich Charlotte zu nähern. Reinwald aber in der Intrigantenrolle hat es nicht auf diese abgesehen, sondern auf eine Frauensperson, die nur brieflich-imaginär in Erscheinung tritt und in untergründigen Beziehungen zu Henriette wie zu Charlotte steht.

Unbesetzt bleiben die Vaterrollen des Musikus und des Präsidenten, darum geht die Geschichte untragisch aus: mit der Abreise des Helden. Aber noch ist es nicht soweit, bis der Vorhang fällt, sind noch einige Szenen zu absolvieren. Bauerbachs hochverschuldeter Girlanden-Arrangeur ist so gut im Zuge, daß er sich, eine Woche nach der Ankunft von Mutter und Tochter, anheischig macht, der Tochter seiner Asylgeberin das Stipendium zu erstatten, das dieser beim Verlassen des ungeliebten Pensionats verlorenginge. Als Frau v. Wolzogen in dieser Angelegenheit zu der Gothaer Herzogin reist, schreibt er ihr:

Da sitz ich, reibe mir die Augen, will zu Ihnen und besinne mich, daß ich den Kaffee allein trinken muß – aber mein Herz ist zwischen Ihnen und unsrer Lotte und begleitet Sie bis ins Zimmer der Herzogin. Heute, Freundin, wünsche ich Ihnen die Stimme eines Donners – die Festigkeit eines Felsen und die Verschlagenheit der Schlange im Paradies. Denken Sie daran, daß Sie nichts als elende hundert Taler dran setzen, aber für sich und die Lotte und auch für mich alles zu gewinnen haben. Sagen Sie die ganze Pension ab, so will ich alle Jahr eine Tragödie mehr schreiben und auf den Titel setzen: Trauerspiel für die Lotte.

Er macht sich und Henriette vor, zwischen ihr und Charlotte zu schwanken, aber ein zwei Tage später folgender Brief an die schöne Mama läßt keinen Zweifel, wer seine wirkliche Herzdame ist. »*Zwei Tage muß ich also noch durchwaten, ehe ich Sie sehe? Das ist schröcklich*«, hebt diese Epistel an, und sie endet mit dem Entschluß, der Welt und dem Dichterruhm Valet zu sagen und in Bauerbach einzig der Liebe zu leben – zu wem?

Es war eine Zeit, wo mich die Hoffnung eines unsterblichen Ruhms so gut als eine Galanterie ein Frauenzimmer gekitzelt hat. Jetzt gilt mir alles gleich, und ich schenke Ihnen meinen Dichterischen Lorbeer in die nächste Boeuf a la Mode [Rinderschmorbraten] und trete Ihnen meine tragische Muse zu einer Stallmagd ab, wenn Sie sich Vieh halten. Wie klein ist doch die höchste Größe eines Dichters gegen den Gedanken glücklich *zu leben. Ich möchte mit meiner Leonore sprechen:* »*Laß uns fliehen [hier macht der Briefschreiber einen wilden Kringel] Laß in Staub uns werfen all diese prahlende Nichts. Laß in romantischen Fluren ganz der Freundschaft uns leben. Unsere Seelen, klar, wie über uns das heitere Himmelblau, nehmen dann den schwarzen Hauch des Grams nicht mehr an. Unser Leben rinnt dann melodisch wie die flötende Quelle zum Schöpfer.*«

Schiller als ein der Literatur entsagender thüringischer Gutsherr? An der originalen »Fiesko«-Stelle steht Liebe statt Freundschaft. Er steht durchaus in Flammen – niemals, soweit sich Briefe erhalten haben, hat er sich einer Frau rückhaltloser anheimgegeben:

Daß ich bei Ihnen bleibe und womöglich begraben werde, versteht sich. Ich werde es wohl auch bleiben lassen, mich von Ihnen zu trennen, da mir drei Tage schon unerträglich sind. Nur das ist die Frage, wie ich bei Ihnen auf die Dauer meine Glückseligkeit gründen kann. Aber gründen will ich sie oder nicht leben, und jetzt vergleiche ich mein Herz und meine Kraft mit der ungeheuersten Hindernis, und ich weiß es, ich überwinde sie.

Ich überlese, was ich geschrieben habe. Es ist ein toller Brief. Aber Sie verzeihen mir ihn. Wenn ich mündlich ein Narr bin, so werde ich schriftlich wohl nicht viel weiseres sein.

Schreibt man so an eine Schwiegermutter?

Reinwalds Gefühl hat nicht getrogen: Schiller erwägt, in Bauerbach Wurzel zu schlagen. Das Verhältnis zu Henriette spitzt sich in einer Weise zu, daß nur die sofortige Abreise beiden Luft verschafft. Was davor geschehen ist, kann man nur ahnen; das große Haus, das einsame Dorf setzen der frühlingsbeflügelten Annäherung keine Grenzen.

Auf einem Waldspaziergang Anfang Juli fällt die Entscheidung; noch im Juni hatte Schiller sein Bleiben in Bauerbach abgesichert, indem er einem Stuttgarter Freund vorspiegelte, nach Amerika zu gehen. Dalberg, der Intendant, hat sich im März wieder bei ihm gemeldet; er hat sich seines Erfolgsautors erinnert, den er im Herbst als Flüchtling und Bettler vor der Tür hatte stehenlassen, und Interesse an dessen neuem Stück bekundet – was hat den Sinneswandel bewirkt? Offenbar hat sich der Herzog von Württemberg inzwischen beruhigt; der Brief des Flüchtlings, den Frau v. Wolzogen in Stuttgart kursieren ließ, mag dazu beigetragen haben. Vielleicht auch eine Reise nach Leipzig, die Karl Eugen inzwischen angetreten hat; er hat dort in der Weygandschen Verlagsbuchhandlung eingesprochen, deren Inhaber ihm Schiller »als den Verfasser der Räuber und einen berühmten Untertanen von ihm« gepriesen hat. Dem Herzog mag klargeworden sein, daß er gut daran tut, den falsch behandelten Regimentsmedikus seines Weges ziehen zu lassen.

So hat Dalberg, der Schiller einen seiner größten Erfolge verdankt (und ein bißchen schlechtes Gewissen hat er auch), den Rücken frei zur Wiederanknüpfung der Beziehung. Aber Schiller läßt sich bitten, er warnt den Theaterleiter geradezu vor dem neuen Stück und läßt, mit beiläufiger Anspielung auf die »Fiesko«-Zurückweisung, keinen Zweifel daran, daß er sich diesmal nicht von ihm hineinreden lassen werde:

Außer der Vielfältigkeit der Charaktere und der Verwicklung der Handlung, der vielleicht allzu freien Satire und Verspottung einer vornehmen Narren- *und* Schurkenart *hat dieses Trauerspiel auch diesen Mangel, daß Komisches mit Tragischem, Laune mit Schrekken wechselt und, ob schon die Entwicklung tragisch genug ist, doch einige lustige Charaktere und Situationen hervorragen. Wenn diese Fehler, die ich E[urer] E[xzellenz] mit Absicht vorhersage, für die Bühne nichts Anstößiges haben, so glaube ich, daß Sie mit dem übrigen zufrieden sein werden. Fallen sie aber bei der Vorstellung zu sehr auf, so wird alles übrige, wenn es auch noch so vortrefflich wäre, für Ihren Endzweck unbrauchbar sein, und ich werde es besser zurückbehalten.*

Schiller fühlt sich in Bauerbach geborgen, er hat – unter der Voraussetzung, dort nicht allein zu bleiben – an dem stillen Ort Gefallen gefunden und tritt die Reise nach Mannheim als ein Gast, ein Gerufener an, dem der Rückweg offensteht; so jedenfalls ist die Abrede mit Henriette. Sie hat ihm das Reisegeld verschafft, indem sie bei einem Bauerbacher Geldhändler Bürgschaft für ihn leistete; der Kreditor heißt Israel, ist Israelit und hat dem Reisenden zu 5 % Zinsen eine erhebliche Summe vorgestreckt. Das zeigt, wie dringlich ihr diese Abreise ist, die Schiller zu keinem günstigen Zeitpunkt antritt; es ist Hochsommer, und das Mannheimer Theater spielt auf Sparflamme. Sei es, daß Henriette sich einer allzu dringlich werdenden Werbung um die Hand Charlottens erwehrt, sei es, daß sie selbst sich auf dem Punkt einer Nachgiebigkeit fühlt, die, schon um ihrer vier Söhne willen, nicht sein kann und sein darf: am 24. Juli verläßt Schiller den Ort, der ihm acht Monate lang Schutz und Muße gegeben hat. »Liebste, zärtlichste Freundin«, schreibt er am andern Morgen von unterwegs, »der Verdacht, daß ich Sie verlassen könnte, wäre bei meiner jetzigen Gemütslage Gotteslästerung.«

Drittes Kapitel

Der Dramatiker am Theater

Kaltes Fieber

Binnen drei Tagen geht es diesmal nach Mannheim, mit kurzer Rast in Frankfurt, und wirklich, der Zeitpunkt ist schlecht gewählt: es ist schrecklich heiß, und Dalberg läßt auf sich warten. Als er dann kommt, geht alles zum Besten: »Fiesko« im Hinblick auf eine noch herzustellende Bühnenfassung angenommen, »Louise Millerin« zur Vorlesung »in großer Gesellschaft« – und offenbar *nicht* durch den Autor – bestimmt, dazu eine Neuansetzung der »Räuber«, die aller Welt die Rückkehr des Dichters verkünden wird. Der im Winter als Weggeschobener, Nicht-Zugelassener in die Ferne ging, kehrt im Triumph zurück.

Er mietet eine möblierte Zweizimmerwohnung »neben dem Schloßplatz«, also in zentraler Lage, wo auch das Theater nicht fern ist; Kost und Logis kommen ihn wöchentlich auf zwei Konventionstaler (man könnte daraus eine Euro-Relation von 1:100 folgern); wird er nach Bauerbach zurückkehren? Denn nur vorübergehend hat man sich bei jenem Bauerbacher Waldspaziergang getrennt. »Aber wie bringen *Sie* jetzt Ihre Tage zu, teure Freundin?« fragt er sich am Tag nach der Ankunft und gibt selbst die Antwort:

Traurig, fürcht ich, und wünsche es gewissermaßen doch, denn es ist etwas Tröstendes und Süßes in der Vorstellung, daß zwei getrennte Freunde ohne einander nicht lustig sind. O, es soll mich spornen, bald, bald wieder bei Ihnen zu sein, und unterdessen will ich bei meinen größten Zerstreuungen an Sie, meine Werteste, denken, ich will mich oft aus dem Zirkel der Gesellschaften losreißen und auf meinem Zimmer schwermütig nach Ihnen mich hinträumen und weinen.

So heißt es, mit der erst- und einmaligen Unterschrift »Frid.« am 28. Juli, und noch am 11. August will er bald das Datum seiner Rückreise vermelden, »denn nichts in der Welt wird mich fesseln«. Am Ende steht eine hundertmillionenfache Empfehlung

Gebrüder Klauber nach J. F. v. Schlichten: Das Teutsche Comödienhaus in Mannheim, erbaut 1775-1778 von Lorenzo Quaglio; seit 1779 Spielstätte der National-Bühne des Intendanten Heribert v. Dalberg (Kupferstich, Augsburg 1782).

»der lieben Lotte«. Aber Dalberg ist entschlossen, ihn festzuhalten, und bietet für ein Jahr einen Dreihundert-Gulden-Kontrakt, der ihn dazu verpflichtet, drei neue Stücke zu liefern. Zwei davon hat der neue Theaterdichter mehr oder minder fertig mitgebracht, das dritte, »Don Karlos«, steht ihm vor Augen; hinzu kommen die Einnahmen je einer Benefizvorstellung dieser drei Stücke.

Schiller erhält diesen Vertrag in einer Zeit weltpolitischer Einschnitte, und seine Arbeit ist ihnen untergründig verbunden. Fünf Wochen nach seiner Ankunft ist der Definitiv-Frieden zwischen England und den dreizehn nordamerikanischen Staaten in Kraft getreten, die die britische Krone bis dahin als Kolonien angesehen hatte; was 1774 mit einer Teerevolte begonnen und sich zwei Jahre später zur Erklärung der Menschenrechte und der staatlichen Unabhängigkeit aufgeschwungen hatte, ist nach zehn Kriegsjahren, in denen die Rebellen sich auf die Unterstützung Frankreichs und die englische Krone sich auf die Regimenter deutscher Fürsten stützen konnten, in die vertragliche Anerkennung eines souveränen amerikanischen Staates gemündet. Das ist eine geschichtliche Zäsur, deren Wirkung auf Deutschland darum nicht geringer anzusetzen ist, weil sie in Schillers Texten und Briefen nicht vorkommt. Die nordamerikanische Revolution mit ihren Schlachten und Gefechten, ihren Siegen und Niederlagen war schon der Untertext zu den »Räubern« gewesen, sie ist es erst recht zu »Fiesko« und »Louise Millerin«.

Eine andere Begebenheit korrespondiert mit der Besiegelung der amerikanischen Freiheit: in dem gleichen Jahr, da sich zum ersten Mal Kolonien vom sogenannten Mutterland republikanisch emanzipieren (den Kolonisten gelingt dies, nicht der von ihnen dezimierten Urbevölkerung oder den aus Afrika importierten schwarzen Sklaven) – in ebendiesem Jahr hat sich der Mensch erstmals seiner Erdenschwere entledigt und in die Lüfte erhoben: vermittels des Heißluftballons der Brüder Montgolfier. Die Schwere angestammter Macht- und Herrschaftsverhältnisse und die Schwerkraft der Materie – ist die eine erschüttert, so die andere überlistet; ein Prozeß ist eingeleitet, von dem Schillers reizbar-entschlossenes Subjektempfinden, dieses auf sich selbst, dem eigenen Talent, dem übergreifenden Wirkungsraum Bestehen, ein Teil ist. Indem er für sich kämpft, kämpft er stellvertretend für alle, die sich von der Enge der Verhältnisse, vom Schwergewicht des Herkommens erdrückt fühlen, und er weiß das; er begreift sich als paradigmatisch. Ob er siegt, ob er unterliegt – es wird ein Indiz dafür sein, ob Deutschland eine Chance hat, sich aus der vernichtenden Katastrophe, die ihm das siebzehnte Jahrhundert zugefügt hat, herauszuarbeiten in die neue Welt der allseits verminderten Schwerkräfte.

Doch was sich so hoffnungsvoll für ihn anläßt, wird bald von giftigen Dünsten untergraben: als der Vertrag mit Dalberg unterschriftsreif ist, grassiert eine Malaria-Epidemie in Mannheim; bei sengender Hitze sind aus dem »mit Morast und stehendem Wasser gefüllten Festungsgraben« (Streicher) die Krankheitskeime aufgestiegen. Ein Drittel der Einwohner wird von der Seuche ergriffen; der Regisseur Meyer, der unter Dalberg als Ensemblechef fungiert, erliegt der Krankheit; sein Tod beraubt den Ankömmling seiner wichtigsten Stütze. Das kalte Fieber, auch Wechselfieber genannt, da es in periodischen Schüben kommt, greift auch nach Schiller, der sich mit großen Dosen Chinin dagegen wehrt und völlig von Kräften kommt,

denn der brennendste Durst, der heißeste Hunger durfte nicht genugsam gestillt werden, um die Krankheit nicht zu unterhalten.

Die Hilfe dagegen, nur in Brechmitteln und Chinarinde bestehend, schwächte den Magen ebensosehr, als sie ihn belästigte; und wenn nichts mehr helfen wollte, mußte man wohl den Rat des Arztes befolgen und so viele Chinapulver, als man sonst in vierundzwanzig Stunden hätte gebrauchen sollen, zwei Stunden vor dem Eintritt des Fiebers auf einmal nehmen, was freilich oft half, aber ein solches Toben des Magens veranlaßte, daß man glaubte vergehen zu müssen.

Der getreue Streicher berichtet es, der – man ist umgezogen – seit dem Oktober im selben Haus mit Schiller wohnt und ihn dort zweifellos pflegt. Er fügt, sich selbst in die dritte Person versetzend, hinzu, daß er es später »nie mehr über sich gewinnen konnte«, die Stücke, an denen Schiller unter diesen Umständen arbeitete, im Theater »vorstellen zu sehen«: »So oft er den Versuch dazu machte, so mußte er dennoch sich bei dem ersten Auftritte schon entfernen, weil ihn ein Schmerz, eine Wehmut befiel, die sich nur im Freien stillen konnten.«

Schiller kommt in diesen Fieberwochen nicht zum Briefschreiben, nur Henriette erhält einen langen Bericht von Leben und Ergehen. Sie schreibt ihm fast gleichzeitig, glaubt sich vergessen und schwankt zwischen Trauer und Verständnis, dies alles in einer völlig eigenständigen Orthographie:

alles danzt und Springt um mich her, nur ich kan nicht lustig sein, weillen ich glaube von Ihnen ganz vergeßen zu sein, es sint nun Schon volle 6 wochen, und ich habe keine zeille von Ihnen gesehen, und dennoch Entschultigt Sie mein Herze, und hoffe daß ich Sie nicht under die zal meiner falschen freunde darf Sezen von denen ich so oft mit Ihren Sprach.... Sein Sie meintwegen one sorgen, Ihre versprechen bei mir zu leben konten in Ihren Jahren onmöglich erfült werden. Der Mensch kan Ja onehin nicht viel weiters als für die Nestfolgente Minute sorgen und die noch verhülte zukunft, zernichtete gemeiniglich wen sie sich öffnet und gechenwertig wirt, die Plaane welge wir auf dieselbe gemacht haben und nötiget uns ganz antere, für die nunmerige umstente zu machen. Sie mein bester, bleiben den ongeacht doch noch Erliger Mann und die Wünsche die Sie damals daten gingen Ihnen auch von Herzen, aber durch wichtigere werden sie allerdings vertrengt. Ich sahe solge wie sie geschahen schon vor Treume an, es sint mir aber oft auch Treume angenem, und da lis ich Sie so vort Schwazen. benuzen Sie Ihre gechenwart in Mannheim recht gut, nur bitte ich Sie daß Sie mir oft schreiben, daß ist die einzige freundschaft wo ich mit recht eine ansprache darauf machen kan.

Dann erzählt sie vom munteren Treiben in Bauerbach, wo sie ihren Leuten erlaubt hat, sich im Herrenhaus zum Tanz aufspielen zu lassen. Auch hat sie sich zwei Heiducken angeschafft, das sind ungarisch kostümierte Lakaien, und lehrt die Dorfmädchen strikken.

Als Schiller diesen Brief Ende September bekommt, hat sie den seinen bereits in Händen; er meldet der Freundin den Kontraktabschluß mit Dalberg und gibt einen Hauptgrund dafür an, ihn vollzogen zu haben: er hofft, seine Schulden bezahlen zu können, auch die, welche er bei ihr gemacht hat:

Danken Sie mit mir Gott, meine Beste, daß er mir hier einen Ausweg eröffnet hat, durch Verbesserung meiner Umstände mich aus dem Wirrwarr meiner Schulden zu reißen und der ehrliche Mann zu bleiben. Dieser Gesichtspunkt allein, ich gestehe es, kann mich über die lange Trennung von Ihnen und über den Aufschub meiner Entwürfe trösten und gibt mir jetzt auch den Mut und die ruhige Festigkeit, Ihnen zu sagen, daß wir uns vor acht oder neun Monaten nicht sehen werden. Bis dahin, meine geliebteste Freundin, übergebe ich Sie dem Arm des unendlichen Gottes, der uns einander in der bestimmten Stunde glücklicher wiedergeben wird. ... Meine Freundschaft – wenn der Gedanke Ihnen Freude gewähren kann – bleibt Ihnen unwandelbar und gewiß und soll mein allmächtiges Gegengift gegen alle Verführung sein.

Freimaurerei

Die »Räuber«, die in Schillers Abwesenheit nur wenig gespielt worden waren, machen Ende August volles Haus in Mannheim (und das Haus faßt tausend Zuschauer); zugleich streckt der organisierte Fortschritt seine Fühler nach ihm aus. Er will ihn für einen Bund gewinnen, der ein Geheimbund ist, insofern er seine Statuten und Rituale, vor allem die Aufnahmeriten, verborgen hält, sich dergestalt mit dem Nimbus des Mystisch-Exklusiven umgebend: die Freimaurer. Seit 1717 hatte sich die symbolische Freimaurerei erst in England, dann auf dem Kontinent unter Adel und Bürgertum ausgebreitet; ein neuer Begriff von Natur und Gesellschaft, wie er sich in England unter dem Einfluß Newtons und Lockes gebildet hatte, fand sich eine mysteriös-zeremonielle Organisationsform, um eine vielfach noch mittelalterlich geprägte Gesellschaft untergründig auf den Weg der Humanität zu führen.

»Wir haben«, erinnert Schiller Henriette,
einmal von der Freimäurerei miteinander gesprochen. Vor einigen Tagen hat mich ein reisender Maurer besucht, ein Mann von der ausgebreitetsten Kenntnis und einem großen verborgenen Einfluß, der mir gesagt, daß ich schon auf verschiedenen Freimäurerlisten stünde, *und mich inständigst gebeten hat, ihm jeden Schritt, den ich hierin tun würde, vorher mitzuteilen, er versichert mich auch, daß es für mich eine außerordentliche Aussicht sei.*

Ein reisender Maurer von großem verborgenen Einfluß? In Heidelberg, ganz in der Nähe, lebt zu dieser Zeit der einunddreißigjährige Adolph Freiherr Knigge, »einer der engagiertesten und kenntnisreichsten Maurer mit ausgezeichneten Beziehungen« (Manfred Agethen). Vier Jahre zuvor hat sich Knigge, als Publizist, Romancier, Übersetzer einer der markantesten deutschen Autoren der Zeit, in den Dienst einer deutlich antifeudalen, radikal aufklärerischen Abspaltung des Ordens gestellt, die der Ingolstädter Philosophieprofessor Adam Weishaupt, ein ehemaliger Jesuit, unter dem Namen erst der Perfektibilisten, dann der Illuminaten – das hieß Erleuchtete – ins Leben gerufen hatte. Jesuit konnte man seit 1773 nicht mehr sein; auf Drängen großer katholischer Herrscherhäuser hatte der Papst den einst als Stoßtrupp der Gegenreformation gegründeten Orden aufgelöst und verboten; nur in zwei nichtkatholischen Ländern, Preußen und Rußland, konnte er seine Wirksamkeit fortsetzen.

In Knigge hatte Weishaupts Gründung ihren aktivsten Protagonisten gefunden; innerhalb weniger Jahre war es ihm gelungen, den Illuminaten im nördlichen Deutschland etwa achthundert Mitglieder zu gewinnen. Wie die Freimaurer insgemein, die an mittelalterliche Bauhütten anknüpften und sich zugleich auf altägyptische Mysterienbruderschaften beriefen, aber noch sehr viel entschiedener unterwarfen sich die Illuminaten einer strikt hierarchischen Struktur, innerhalb deren man im Bewährungsfall mit der Zeit von einem Grad zum andern aufsteigen konnte. So war Goethe, der 1780 in die Weimarer Freimaurerloge »Anna Amalia« aufgenommen worden war, ein Jahr später zum Gesellen und nach einem weiteren Jahr zum Meister befördert worden; schließlich stiegen er und sein Herzog, Karl August, noch zum vierten Grad, einem Hochgrad, auf, mit dem er zu einem Mitglied des Führungskreises geworden war. Von Christoph Bode, dem exzellenten Übersetzer, der in Hamburg mit Lessing zusammengearbeitet hatte und seit einigen Jahren in Weimar lebte, wurden beide, Goethe und Karl August, dann auch für den Illuminatenorden gewonnen, was wundert, wenn man den Radikalismus dieser Neugründung bedenkt, deren Gründer sich den Ordensnamen Spartakus gegeben hatte. Das Aufnahmeritual für den Regentengrad dieses Geheimbunds schrieb folgendes Frage- und Antwortspiel vor:

»*Wer hat den Sklaven zu uns hereingeführt?*«
»*Er sucht Freiheit.*«
»*Wer hat ihn in die Knechtschaft gebracht?*«
»*Die Gesellschaft, der Staat, die Gelehrsamkeit, die falsche Religion.*«

Oder waren die beiden nur Mitglied geworden, um dem neuen Bund etwas auf die Finger zu sehen?

Knigge und Weishaupt, der sich von dem Jüngeren bald überstrahlt sah, hatten für die Erleuchteten eine dreistufige Klassenordnung ausgearbeitet, die in sich selbst weiter unterteilt war. Vom Novizen stieg man zum Minerval und von diesem zum Illuminatus minor, dem Kleinen Erleuchteten, auf; nach dem Durchmessen dieser Pflanzschule war man illuminatischer Maurer und konnte die Stufen Lehrling – Geselle – Meister erklimmen. Dem völlig Bewährten winkten die Ränge eines Großen (Illuminatus maior) und eines Dirigierenden Erleuchteten (Illuminatus dirigens). Darüber stand eine Mysterienklasse, in der man Priester und Regent werden konnte – ging es immer noch weiter? Als »große Mysterien« hatte Knigge an die Spitze der Pyramide die maximalen Ränge eines Magus und Rex gesetzt, zwei durchaus imaginäre Instanzen.

Alles dies war nur die Weiterentwicklung einer Stufenpyramide, wie sie das maurerische Wesen schlechthin bestimmte; war es ein höheres Kinderspiel für wichtigtuerische Herren? (Frauen waren vom Masonismus grundsätzlich ausgeschlossen.) Es war eine Einübung in gesellschaftliche Gleichheit unter den Verhältnissen einer nach Ständen, Klassen, Konfessionen streng geschiedenen Gesellschaft, deren Stufenbau das Maurertum imitierte und konterkarierte, indem es nicht Geburt, sondern einzig Verdienst – Gemeinsinn, Wohltätigkeit, geistige Wirksamkeit – mit den höheren Graden belohnte. Daß Herzog und Kaufmann, General und Literat auf gleichem Fuß miteinander verkehrten, ein jeder feierlich eingeschworen auf religiöse Duldung und praktizierte Humanität – das war nur im Rahmen und auf der Grundlage dieser mystisch angehauchten Geheimbündelei möglich, die sich in dem Maß, wie sie sich in Deutschland ausgebreitet hatte, auch verzweigt und verwässert hatte. Ein halbes Jahrhundert nach den ersten Logengründungen bestimmten Reformkonvente und Sezessionen die maurerische Szene; man ging illuminatisch in Richtung »eines mehr aggressiven Vorschritts« (Johannes Scherr) oder rosenkreuzerisch in die entgegengesetzte Richtung. »Eine schwärmerische Humanitätssucht, ein ungestümer, wenn auch unklarer Drang nach Freiheit und Weltbürgertum erfüllten Zeit und Menschen«, beschreibt der Chronist allen Geheimbundwesens, Georg Schuster, den Zeitgeist, der den Illuminatenbund an zweitausend Mitglieder in Deutschland, Rußland und Skandinavien finden ließ.

Daß es Knigge ist, der von Heidelberg herüberkommt, um Schiller als illuminatischen Maurer zu werben, ist um so wahrscheinlicher, als die Bekanntschaft beider durch eine briefliche Einladung bezeugt ist: am 14. April 1784 lädt Schiller den geheimbündlerischen Spitzenmann nach Mannheim zu der Premiere von »Kabale und Liebe« ein. Aber bei aller Sympathie für die Ziele und einzelne Protagonisten der Illuminaten – in den Orden selbst tritt Schiller nicht ein, und auch der Werbebrief, den ihm zehn Tage später ein naher Freund aus Akademiezeiten, der zwanzigjährige Albrecht Friedrich Lempp, schreibt, verfehlt seine Wirkung. Lempp, Jurist von Ausbildung und gerade von der Akademie abgegangen, war in Mannheim gewesen, hatte die Freundschaft erneuert und ließ sich danach vernehmen:

Ich glaube schwerlich, daß Du auf einen andern Weg zur Maurerei kommen wirst, als den ich gegangen bin – wann Du Lust hast, in Verbindungen von der Art einzutreten, so wende Dich an Boek – näher kann ich Dir den Weg nicht bezeichnen. Zwei Sachen kann ich Dir von einem solchen Schritt gewiß versprechen. Erstens *wirst Du die Welt von einer Seite kennenlernen, von der Du sie bisher nicht gekannt hast.* Zweitens *bin ich Dir Bürge dafür, daß Du Dich zu nichts als Verschwiegenheit verpflichtest, das übrige hängt von Dir ab. Vor Dalbergen hast Du Dich sehr in dergleichen Dingen in acht zu nehmen, er würde ganz irreführen – Es ist ein Erfodernis eines angehenden Mitglieds, glauben zu müssen, ohne die Ursache zu wissen, aber glaube dies Deinem Freund – wegen äußerlicher Vorteile kannst Du viel erwarten – was in der Macht der Verbündeten steht, steht Dir zu Gebot.*

Bei der Stuttgarter Loge, deren Mitglied der während seines Studiums mehrfach preisgekrönte Lempp geworden war, hatte Karl Eugen, der Landesherr, sich vergeblich um Aufnahme bemüht.

Auch der Mannheimer Intendant (er ist ein jüngerer Bruder jenes Karl Theodor v. Dalberg, der als kurmainzischer Statthalter in Erfurt lebt) ist Freimaurer; hätte Schiller gut daran getan, in seine oder die Lemppsche Loge einzutreten? Die Vorteile waren mit Händen zu greifen; in diesen von Standesrücksichten freien Zentren der einheimischen Intelligentsia bekam man Verbindungen und Informationen, die auf keine andere Art zu erhalten waren. Aber seine Abneigung gegen die Geheimbündelei zu Fortschrittszwecken ist ausgeprägt; der ehemalige Militärarzt ist nicht gesonnen, sich Bräuchen und Zeremonien zu unterwerfen, deren theatralischer Charakter dem Theatraliker nur zu deutlich ist. Die Warnung vor Dalberg und der Hinweis auf »Boek« (Johann Michael Boeck ist ein berühmter Mannheimer Schauspieler, der erste Karl von Moor und der erste Fiesko) sind deutliche Indizien dafür, daß Lempp Illuminat war und Schiller für *diesen* Orden gewinnen wollte. Die Illuminaten befanden sich zu dieser Zeit in einer Krise, die sich an der Konkurrenz zwischen Weishaupt, dem Gründer, und Knigge, dem Propagandisten, entzündet hatte; sie führte zwei Monate nach Knigges Mannheim-Reise zu dessen Trennung von dem Illuminatenorden, den im August 1784 die volle Wucht eines staatlichen Verbotes trifft, das von Bayern ausgeht; »Illuminateninquisition« nennen zeitgenössische Chroniken die Verfolgungswelle. Weishaupt, dieser »Loyola der deutschen Aufklärung« (Georg Schuster), muß aus Ingolstadt fliehen und findet in Gotha bei einem regierenden Illuminaten Zuflucht, dem Herzog von Sachsen-Gotha, zu dem auch Goethe ein herzliches Verhältnis unterhält.

Auch die gewöhnliche Maurerei hat Schiller nicht in ihren Bann ziehen können; er folgte einem Fazit, das Knigge selbst erst Jahre später zog, im dritten Teil seines berühmten Buches »Über den Umgang mit Menschen«, zu dessen Niederschrift er erst nach dem Ende seiner Ordenstätigkeit gekommen war:

Ich habe mich lange genug mit diesen Dingen beschäftigt, um aus Erfahrung zu reden und jedem jungen Mann, dem seine Zeit lieb ist, abraten zu können, sich in irgendeine geheime Gesellschaft, sie möge Namen haben, wie sie wolle, aufnehmen zu lassen. Sie sind alle freilich nicht in gleichem Grade, aber doch alle ohne Unterschied zugleich unnütz und gefährlich.

So plausibel es war, daß in einer Gesellschaft scharfer ständischer Trennung, allzeit wachsamer religiöser Orthodoxie und des Politikmonopols der absolutistischen Verwaltungen sich die Freunde der Gleichheit, der Toleranz und einer praktisch eingreifenden Humanität im geheimen organisierten und dem Vernunftglauben, dem sie verpflichtet waren, durch den Mystizismus der Rituale höhere Weihen gaben, so mag Schiller doch der Widerspruch aufgegangen sein, daß eine auf Gleichheit beruhende Vereinigung sich in einer so deutlich sondernden Stufenordnung der Ränge und Grade erging; der Offizierssohn und Zögling einer Militärakademie trug einen reflexhaften Widerwillen gegen alles Rang- und Unterordnungswesen in sich. Das Theater, dieses Zentralorgan öffentlicher Konfliktaustragung, war seine Sphäre; es war das genaue Gegenteil eines Mysterienbundes und disponierte einen, der entschlossen war, es bei seiner Wurzel zu packen, zu nichts weniger als der Mitgliedschaft in einem noch so fortschrittlichen Geheimbund.

Die Freimaurerei stand in einer mehrfachen Ambivalenz zu der herrschenden Gesellschaft; sie war eine obrigkeitlich lizenzierte Opposition gegen überständige gesellschaftliche Verhältnisse, die, wenn sie, wie bei den Illuminaten, radikal wurde, alsbald der Bannstrahl der Staatsinstanzen traf. Schiller zog die offene Auseinandersetzung vor; er war einer der ganz wenigen Schriftsteller seiner Zeit, die nicht in die Partei eintraten, die Kaderorganisation des allgemeinen Fortschritts. Aber daß reisende Maurer ihn besuchen und um ihn werben, gefällt ihm schon.

Frauenzimmer

Seine Vorsätze in Mannheim sind die besten, aber »sich aus dem Wirrwarr [seiner] Schulden zu reißen«, will ihm nicht gelingen; auch die sich über Monate hinschleppende Erkrankung ist ein ernsthaftes Hindernis. »Mein böses kaltes Fieber«, schreibt er Henriette im November,
scheint nunmehr nachlassen zu wollen, denn ich habe bereits drei Tage keinen Anfall gehabt. Ich lebe aber auch erbärmlich genug, um es vom Hals zu schütteln. Schon 14 Tage habe ich weder Fleisch noch Fleischbrüh gesehen. Wassersuppen heute, Wassersuppen morgen, und dieses geht so mittags und abends. Allenfalls gelbe Rüben oder saure Kartoffeln oder so etwas dazu. Fieberrinde eß ich wie Brot, und ich habe mir sie expreß von Frankfurt verschrieben.
Um nicht in den Verdacht zu kommen, das geliehene Geld zu verplempern, schildert er seine Lebenshaltungskosten:
Sobald ich gesund bin, wird überhaupt meine Kost sehr einfach eingerichtet. In einem Weck wird mein Frühstück bestehen, um 12 kr. [Kreuzer] habe ich aus einem hiesigen Wirtshaus ein Mittagsessen zu vier Schüsseln, wovon ich noch auf den Abend aufheben kann. Notabene, ich habe mir einen zinnernen Einsatz gekauft. Abends esse ich allenfalls Kartoffel in Salz oder ein Ei oder so etwas zu einer Bouteille Bier. Dem ohnerachtet sind meine Ausgaben sehr groß. Wenn ich auch Monats nicht über 11 Gulden fürs Maul aufgehen lasse, so kostet mich mein neues Logis 5 Gulden, das Holz 2 fl. [Gulden] 30 kr. und darüber, Lichter 1 Gulden, Friseur einen Taler, Bedienung von einem Tambour einen Taler, Wäsche einen Taler, Bäder 30 kr., Postgeld 1-2 Gulden, Tabak, Papier und tausend Kleinigkeiten ungerechnet. Dann haben Kaufmann, Schneider, Schuster einen großen Riß in mein Beutelchen gemacht. Die vier Monate,

die ich jetzt von Ihnen entfernt bin, haben mich mit der Reise hieher bei 250 fl. gekostet

Die Freundin soll nur nicht glauben, daß er über seine Verhältnisse lebt. »Mit mehr Vergnügen trinke ich Bier«, heißt es in dem siebenseitigen Lebensbericht – der Hinweis darauf soll sie seiner Mäßigkeit im Weintrinken versichern; in Stuttgart, nach der Freilassung aus dem Zucht-Haus der Akademie, war er für seine Zechabende im »Goldenen Löwen« bekannt gewesen. Hat Henriette ihm briefliche Vorhaltungen gemacht? Er habe »Heimweh nach Sachsen«, versichert er ihr und setzt zu ihrer Beruhigung hinzu:

Sie kennen meinen Charakter – wissen ganz meinen Hang zum einfachen stillen Vergnügen und geräuschlosen Freuden. Sie werden mir auch hoffentlich einräumen, daß ich in den Vergnügungen und Verführungen dieser großen Welt kein Neuling mehr bin, daß ich ein wohlvorbereitetes Herz hineingebracht habe. Ich will Ihnen aufrichtig zugestehen, daß bisweilen auch mich eine Trunkenheit umnebeln kann, aber sie wird gewiß bald verfliegen. Überdies halten Sie meine hiesigen Verbindungen für zu weitläuftig, zu wichtig. Meine Bekanntschaften sind bis jetzt noch ziemlich eingeschränkt. Das Dalbergische Haus und das Schwanische Haus sind die vorzüglichsten. Außer diesen vermenge ich mich mit niemand genau, und mit den Schauspielern lebe ich höflich und aufgemuntert, sonst äußerst zurückgezogen. Beck, der beste an Kopf und Herz und ein wirklich solider Mann, ist derjenige, mit dem ich am vertrautesten umgehe. Sonsten besuchen mich viele Gelehrte und Künstler von hier, aber sie kommen und gehen; ich attachiere mich sehr delikat. Von Frauenzimmern kann ich das nämliche sagen – sie bedeuten hier sehr wenig, und die Schwanische ist beinahe die einzige, eine *Schauspielerin ausgenommen, die eine vortreffliche Person ist. Diese und einige andre machen mir zuweilen eine angenehme Stunde, denn ich bekenne gern, daß mir das schöne Geschlecht von seiten des Umgangs gar nicht zuwider ist.*

Das heißt im Klartext: er schwimmt voll im Mannheimer Kultur- und Gesellschaftsleben; der Satz von der Trunkenheit, die bald verfliegen werde, ist verräterisch und gilt offenbar seinem Gesamtzustand. Der als Flüchtling ging, ist als ein Jungstar wiedergekommen (inzwischen haben die »Räuber« ihre Runde über fast alle deutschen Theater gemacht); um den gesellschaftlichen Anforderungen gerecht zu werden, hat er zwei Drittel seines Jahresgehalts an seine »Equipierung«, also Kleidung und Schuhe, wenden müssen. Aber wer ist die eine Schauspielerin, mit der er außer der Schwanin – das ist die siebzehnjährige Margaretha – verkehrt? Es ist naheliegend, Karoline Ziegler in ihr zu vermuten, die achtzehnjährige Braut des Schauspielers Heinrich Beck, der 1779 mit Iffland und Beil aus Gotha gekommen war, wo er der Truppe des berühmten Konrad Ekhof angehört hatte. Diese drei jungen Schauspieler (Iffland und Beck waren in Schillers Alter, Beil fünf Jahre älter) waren mit Boeck, ihrem älteren Gothaer Kollegen, die Säulen der Dalbergschen Ensemblebildung gewesen. Karoline, die Tochter eines Mannheimer Hofkammerrats, hatte heftige Auseinandersetzungen mit ihren Eltern zu bestehen gehabt, um zum Theater gehen zu dürfen; bei ihrer Verbindung mit dem Protestanten Beck sah sie sich abermals in einen schweren Familienkonflikt gestürzt. Die streng katholischen Eltern wollten ihr die Heirat nicht erlauben, aber das Paar erzwang sie: sie heirateten im Januar 1784.

Schön, liebenswürdig, strahlkräftig, war Karoline bald ein Star der Nationalbühne geworden, »die feinste Zartheit mit der innigsten Kraft« verbindend, wie Iffland der graziösen Kollegin nachrühmte: »Nie habe ich diese Akzente wieder gehört noch die Melodie der Liebe, wie sie Fieskos Gattin von diesen Lippen tönte.« Im Februar 1784 findet die Mannheimer »Fiesko«-Premiere statt, zwei Monate später folgt »Kabale und Liebe«. Schiller hatte Karoline die Rolle der Louise auf den Leib und auf die Seele geschrieben, auch durch ihre Liebes- und Emanzipationsgeschichte war sie prädestiniert für diese Gestalt; Heinrich Beck steht als Ferdinand neben ihr auf der Uraufführungsbühne. Drei Monate später ist sie tot, ein Bühnenunfall hatte zu einer Fehlgeburt der Schwangeren geführt; wahrscheinlich hatte sie, mit Rücksicht auf das Gerede, ihre Schwangerschaft zu lange verborgen gehalten. Schillers Trost- und Trauergedicht auf diese Katastrophe ist verlorengegangen, sein Abschied von einer Frau, die das Schicksal derer, die sie auf der Bühne darstellte, überwunden zu haben schien, einer Siegerin über Konfessionsschranken und Standesvorurteile, deren Weg dann doch in die Tragödie geführt hatte.

In der Zeit, da die Endfassung der »Louise Millerin« anstand

Carl Kuntz: Katharina Baumann (Miniatur).

und es vorkam, daß der Autor nach einem mit den Schauspielern verbrachten Abend die Nacht hindurch bei Wein und Kaffee an dem Text arbeitete, hatte Karoline ihn einmal gefragt, ob ihm nicht die Gedanken ausgingen, wenn er sich so die Nacht um die Ohren schlüge. »Das ischt nit anders«, hatte der biedermännische Ekstatiker zugegeben, »aber schauns, wenn die Gedanken ausgehen, da mal ich Rössel.« Wirklich seien – Louise Pistorius, die jüngere der beiden Schwan-Töchter, hat es berichtet – in Schillers Skript ganze Seiten mit Pferdchen und Männeken bekritzelt gewesen, die Pausen der dionysischen Verzückung füllend, in die sich der Autor nächtens getrieben hatte. Kein Zweifel, daß Schiller Karoline sehr zugetan war, aber deren Verbindung mit seinem Freund Beck setzte der Zuwendung Grenzen. Auch hätte er der Bauerbacher Henriette schwerlich weder von der Schwanin noch von dieser mit ihr befreundeten Schauspielerin erzählt, wenn er ernsthaft an eine von beiden attachiert gewesen wäre.

Bei Katharina Baumann, der Bertha der »Fiesko«-Premiere, war das anders. Auch sie stammte aus Mannheim; als Fünfzehnjährige von Dalberg an die National-Bühne verpflichtet, war sie bald zu einer Protagonistin dieses Theaters avanciert und blieb es viele Jahre lang. Ein Miniaturbildnis dieser Zeit zeigt unter den sich auf Schulter und Brust herabringelnden Locken ein waches, anziehendes Gesicht mit ausdrucksvollen Augen und einer energisch gespitzten Nase.

Die weibliche Kleidung dieser Zeit mit dem von locker gefältelten Tüchern umrahmten Busen und den knöchellangen, glockenförmigen Röcken ist von einer Anmut, die die Künsteleien des Rokoko hinter sich gelassen hat; die Herren halten ihr mit farbigen Westen, langen Überröcken und der obligatorischen Kniehose stand. Es hat, bei beiden Geschlechtern, kaum je eine schönere Mode gegeben als in dieser Zeit, da am Ende einer Ära sich Formbewußtsein ins Natürliche wendet, ehe es einer neuen – der bürgerlichen – Steifheit verfällt.

So glänzend sich Katharina Baumann aber in den Mädchenrollen der Schillerschen Stücke bewährt – als Mann, gab sie im Alter zu verstehen, habe er sie kaltgelassen. Einem einheimischen Regisseur erzählte sie sechzig Jahre später von der achtlosen Entgegennahme des kleinen Porträts, das Schiller ihr nach der »Kabale-und-Liebe«-Aufführung, in der sie im Januar 1785 erstmals die Louise spielte, an ihrer Wohnungstür in die Hand gedrückt habe, der von Scharffenstein mit Pastellfarben auf Elfenbein gezeichneten Profilansicht, deren kostbar ausgezierten Rahmen er vermutlich für diesen Zweck hatte anfertigen lassen. »Was soll ich damit?« glaubte die Hochbetagte sich zu erinnern, Schiller bei der Übergabe gesagt zu haben, worauf dieser geantwortet habe: »Hm! Ja sehen Sie, i bin a kurioser Kauz, das kann i Ihne nit sage.«

Katharina hatte Briefe von Schiller, die sie, wie auch das Bildnis, als einen verborgenen Schatz hütete, der Veröffentlichung wehrend und die Papiere vor ihrem Tod – sie wurde sechsundachtzig Jahre alt – verbrennend, aus Sorge um den guten Ruf ihrer Jugend; es müssen stürmische Liebesbriefe gewesen sein. Auch ihre Erzählung von der Bildnis-Überreichung ist von dieser Sorge bestimmt, mitsamt der angefügten Erklärung für ihr erotisches Desinteresse an Schiller. Dieser sei »malproper« gewesen, von vernachlässigtem Äußeren; »durch seine saloppe Erscheinung abgeschreckt«, habe sie »sein Gefühl nicht erwidert«.

Es stimmte: trotz der teuren Ausstattung hielt Schiller wenig auf sein Äußeres; seine ganze Erscheinung demonstrierte, wie sehr er einer Frau bedurfte, die ihm Rock und Hemden in Ordnung hielt. Noch heute deutet die Bezeichnung Schillerkragen darauf, daß dieser Autor sich gegen die Sitte der Zeit im offenen Hemd zu zeigen pflegte; lange genug hatte er unter dem Wasch- und Uniformzwang der Karlsschule gelitten. Streicher hat das Chaos in Kleidung und Wohnung des Mannheimer Theaterdichters mit solidarischem Verständnis beschrieben:

Ist es für einen jungen Mann, der nicht Vermögen genug besitzt, um sich eigene Bedienung halten zu können, eine beinahe unmögliche Sache, seine Kleidung, Wäsche, Bücher, Schriften usw. dergestalt in Ordnung zu halten, daß keine Verwirrung entstehe, so ist dieses bei Dichtern, Künstlern, Gelehrten oder überhaupt denjenigen, die bloß allein mit ihrer Einbildungskraft arbeiten und den Eingebungen ihres Geistes folgen müssen, noch weit weniger der Fall. ...

Man denke sich nun unsern Schiller im Brüten über den Plan eines Trauerspieles, in dem Entwurfe einer Szene, in der Ausarbeitung eines Monologs und stelle sich vor, wie ihm sein mußte, wenn ihm reine Wäsche übergeben und die gebrauchte gefordert wurde, wenn er letztere erst suchen und deren durchsichtigen Zustand erklären mußte, wenn er nach spätem Erwachen die wenigen Stücke seiner Kleidung beschädigt fand ...

Aus diesem Zustand hätte ihn nur weibliche Fürsorge erlösen können, die aber in Mannheim fehlte, weil er abgesondert wohnte ... Es würde übrigens eine sehr belustigende und des Pinsels eines Hogarth würdige Aufgabe sein, das Innere des Zimmers eines von immerwährender Begeisterung trunkenen Musensohnes recht getreu darzustellen, denn es würde sich hier durchaus nichts Bewegliches und selbst das nicht, was immer dem Auge entzogen wird, an seinem Platz finden. Unordnung bei jungen Männern ist etwas Gewöhnliches, aber bei den sogenannten Genies übertrifft sie jede Vorstellung.

Dieser Autor versteht sich auf Genies, er hat ein Faible dafür, ihnen unter die Arme zu greifen. Als er, inzwischen Inhaber einer berühmten Pianofortefabrik und Hauptorganisator des Wiener Konzertlebens, dies zu Papier bringt, hat er einen andern Genius jahrelang aus der Nähe erlebt und war ihm, von seiner Frau Nanette unterstützt, so hilfreich zugetan gewesen wie einstmals Schiller: Ludwig van Beethoven.

Jede Frau, die der Schillerschen Junggesellenwirtschaft ansichtig wurde, mußte begreifen, daß es eine Lebensaufgabe war, Ordnung und Ruhe in diese Existenz zu bringen; sie vertrug sich nicht mit dem Dasein einer vielbeschäftigten Schauspielerin. Dennoch: Katharina Baumann hat ihre Beziehung zu Schiller im Alter heruntergespielt; im immer prüder werdenden neunzehnten Jahrhundert sollten sich an die kostbare Miniatur keine ehrenrührigen Vermutungen über die Gattin des Hofkapellmeisters Ritter knüpfen. 1787 hatte sie ein Mitglied der Mannheimer Hofkapelle geheiratet, den Violoncellisten Ritter; er wurde später deren Kapellmeister.

Daß Schiller an eine Familiengründung nicht dachte und in seiner schuldenbeladenen, von einer festen Anstellung entfernten Situation nicht denken konnte, schrieb er im Januar 1784 einem seiner engsten Karlsschulfreunde, Rudolph Zumsteeg, der 1781 Cellist in der Stuttgarter Hofkapelle geworden war. Drei Künstlergestalten ersten Ranges sind aus Karl Eugens Militärakademie hervorgegangen, fast demselben Jahrgang angehörend und eng miteinander befreundet: Schiller, der Schriftsteller, Dannekker, der Bildhauer, und Zumsteeg, der Musiker; er wird später Chef der Hofoper und steht als Opern- und Liederkomponist auf der Höhe seiner Zeit. Von seinem an dreihundert Werke umfassenden Lied-Œuvre führt ein direkter Weg zu dem jungen Schubert, der, wie Zumsteeg selbst – schon Anfang 1782 hatte er Gesänge aus den »Räubern« veröffentlicht – ein Schiller-Komponist par excellence ist.

Dieser alte Kamerad hatte dem nach Mannheim zurückgekehrten Freund bald geschrieben und ihn, als die Antwort ausblieb, die Gerüchte wissen lassen, die in Stuttgart über ihn umliefen:

Wie besorgt ich indessen für Dich war, kann ich Dir nicht sagen! so gierig verschlung ich jeden nur im Dunkeln schimmernden Schein, eine Nachricht von Dir zu hören – wartete so sehnsuchtsvoll auf einen Brief von Dir wie ein Liebender auf ein billet doux von seiner Dulcinea ... Will Dirs nur sagen, man schwatzte närrisches Zeug von Dir! einmal hieß es: Du seist Professor in Marpurg; *ein andermal:* Du habest Dich mit einer Comédiantin verheurasselt; *ein drittes Mal:* Du seist rasend worden *u. s. w., kurz, das hiesige Publikum wird immer von Dir in Atem gehalten.*

Auch darauf hatte Schiller nicht geantwortet, worauf Zumsteeg zum dritten und dann zum vierten Mal schreibt:
Lieber, lieber Schiller! Sag an! bist du mein Freund nicht mehr? wie immer, bin ich auch jetzt Dir mit dem wärmsten Herzen zugetan! Dies kann ich Dir mit echtem deutschem Biederblut sagen – die kleinste unbedeutendste Sache oder Nachricht, die ich von Dir höre, schlürf ich mit gierigen Zügen hinunter wie Tantalus, wenn er seinen Durst hätte löschen können. Alles, was ich so von ungefähr habe von Dir erfahren können, hab ich immer gleich Deinen alten Freunden mitgeteilt. Du glaubst nicht, wie gern Dich alles hat! – Zu mir kömmt jeder und fragt: hat Dir Schiller geschrieben? Dann antwort' ich mit einem traurigen: Nein. O Freund! es ist doch wahrlich nicht recht! siehe, wenn Du kein Klotz bist, so muß Dich die Klage eines Freundes rühren – das Herz blutet mir, daß Du mich nie eines Schreibens würdigtest –
Will Dir auch etwas von meinem Schicksal schreiben.
Ich bin verheuratet! – verheuratet sag ich Dir! – denk nur! verheuratet! – an eine Andraein, die älteste Tochter des verstorbenen Doctor Andrae. Du kennst sie schon. Bruder! 's ist ein herrliches Weib!
»Du wirst, wie ich höre, auch bald in den Stand der Heiligen Ehe treten – bon appétit!« hatte der Briefschreiber auf den Busch geklopft; Schiller, durch den leidenschaftlich-burschikosen Ton des Freundes – es ist der alte Akademiekameradenton – deutlich irritiert, antwortet mit einer Art Hochzeitspredigt:
Sei mit ihr glücklich, teurer Freund, und handle auch so, daß sie niemalen aufhöre, es mit Dir zu sein. An eine Person, die mit uns Freuden und Leiden teilt, die unsren Gefühlen entgegenkommt und sich so innig, so biegsam an unsere Launen schmiegt, gekettet zu sein – an ihrer Brust unsre Seele von tausend Zerstreuungen, tausend wilden Wünschen und unbändigen Leidenschaften abzuspannen – und alle Bitterkeiten des Glücks im Genuß der Familie zu verträumen, ist wahre Wonne des Lebens, um die ich Dich von ganzem Herzen beneide.
Das ist seine Vorstellung von der Ehe, die mit derjenigen Katharina Baumanns vermutlich differiert. In Bauerbach schon, in dem Hochzeitsgedicht für Henriettes Schützling, hatte er sie in Verse gegossen:

Du wirst mit liebevollem Eilen
Das Schicksal *Deines* Mannes teilen,
   Und schnell in seine Seele sehn.
Wie zärtlich wirst *Du* jeden Träumen,
Die kaum in seinem Busen keimen,
   Wie zärtlich rasch entgegengehn!

Wenn unter drückenden Gewichten
Des Kummers und der Bürgerpflichten
   Der müde Gatte niederfiel,
Wirst Du mit *einem* holden Lächeln
Erfrischung ihm entgegenfächeln, –
   Und spielend trägt er sie zum Ziel.

Wenn Schmerz in seinem Busen wütet
Und über ihm die Schwermut brütet,
   In seinem Herzen Stürme wehn,
Wirst Du mit heiterem Gesichte
Erquickend, gleich dem Sonnenlichte,
   Durch seines Grames Nebel sehn.

Der Mannheimer Theaterdichter sieht sich weit entfernt von solchen Beglückungen. »Aber wie in aller Welt«, schreibt er an Zumsteeg,

kömmst Du dazu, mich auf dem Weg zur Ehe zu glauben? Mich? – So vorteilhaft ich auch von Verbindungen dieser Art denke, so wenig kann ich doch in meiner gegenwärtigen Lage davon Gebrauch machen, denn mein Schicksal, so sehr ich auch wirklich damit zufrieden bin, ist doch nur ein angenehmer Traum meiner Jugend, den ich nie entschlossen war, ewig zu machen. Mein gegenwärtiges Leben taugt unvergleichlich für meine 24 Jahre, aber wird es mich auch im dreißigsten noch reizen? Vielleicht darf ich mir einen kleinen Anspruch auf das, was man Glück *heißt, erlauben – bedenke selbst, wie mich eine Heurat von der Bahn zu demselbigen ablenken würde. Zwar habe ich über ein großes Glück meine gewisse Kapricen – doch auch bei der größten Gleichgültigkeit gegen Ruhm und glänzende Schicksale wäre eine Verheuratung mein Fall nicht, denn mein ungestümer Kopf und warmes Blut würde noch jetzt keine Frau glücklich machen.*

Daß sich unter solchen Voraussetzungen das Verhältnis zu Katharina Baumann auch von seiner Seite begrenzt, liegt zutage. Schiller, der dem Freund einst einen Operntext versprochen hatte (er hätte in beider Œuvre Epoche machen können), besorgt, daß Zumsteegs Ehe dessen Inspiration aufzehren möchte: »Hast Du alle Deine Leidenschaften auf Deine Frau verpflanzt oder allenfalls noch einige glimmende Funken für den Künstler zurückbehalten?« Dann gibt er weitere Einblicke in seine Lage:

Billig erwartest Du, daß ich Dir meine Schicksale unter fremdem Himmel mitteile, denn mein Leben hat ohnehin die Farbe eines Romans, und mein sonderbarer Kopf läßt freilich auf sonderbare Situationen schließen – aber für Briefe ist dieses Thema zu weitläuftig und vielleicht auch zu gefährlich. Jetzt lebe ich zu Mannheim in einem angenehmen dichtrischen Taumel – Kurpfalz ist mein Vaterland, denn durch meine Aufnahme in die gelehrte Gesellschaft, deren Protektor der Kurfürst ist, bin ich nationalisiert und kurfürstlich pfalzbayrischer Untertan. Mein Klima ist das Theater, in dem ich lebe und webe, und meine Leidenschaft ist glücklicherweise auch mein Amt.

STAATENLOS

Als ein Monarchieflüchtiger, auf dessen Verfolgung der Landesherr verzichtet hatte, war Schiller gleichsam zum Staatenlosen geworden; seine Wahl in die vom pfälzischen Kurfürsten 1775 gestiftete Deutsche Gesellschaft – der in München residierende Karl Theodor bestätigt sie einen Monat später – erscheint ihm wie eine Neulegitimierung seiner staatsbürgerlichen Existenz. Die Gründung dieser Akademie war wie die gleichzeitige der National-Bühne Bestandteil einer Politik gewesen, die es gegenüber dem dominanten französischen Einfluß – Schubart meinte damals, man könne die Pfälzer »ebenso leicht für eine Kolonie von Franzosen als von deutschen Provinzialen halten« – auf die Förderung der deutschen Kultur absah; die Deutsche Gesellschaft sollte sich um die Reinigung der deutschen Sprache, eine vereinheitlichte Rechtschreibung und »die Verbreitung des guten Geschmacks« bekümmern. Die Mitgliedschaft hatte auch Arbeitsvorteile; die Mitglieder konnten sich aus der von Karl Theodor gestifteten Bibliothek (Ernst Bloch, der ihr als Ludwigshafener Gymnasiast verfiel, hat ihren Rang beschrieben) mit Büchern versorgen und fehlende anschaffen lassen.

Schillers Vater hatte der Flüchtlingsstatus des Sohns anhaltend Sorge bereitet; in fürsorglich-dringlichen Briefen hatte er bald nach Fritzens Ankunft in Mannheim zum Einlenken gegenüber dem Herzog geraten. »Als gleichsam Verbannten außer dem Vaterland zu leben und die Seinigen nicht frei besuchen zu dörfen«, sei »eben eine harte Sache«, so Johann Kaspar im September 1783 von der Solitüde, nachdem er dem Sohn erklärt hat, warum ein Besuch von Mutter und Schwester in Mannheim nicht möglich sei: die Mutter sei krank, und Christophine allein reisen zu lassen wäre, von den Kosten abgesehen, nicht schicklich. »Nach all meiner und unserer reifen Überlegung«, fährt er fort,

wär nichts Bessers, als wenn Er hieher kommen könnte. Er müßte zu diesem Ende an Serenissimum schreiben, Ihm zuvordrist vor alle in der Academie genossene Gnade und dann auch, daß Er nach seinem Wegbleiben nicht weiter verfolgt worden, untertänigst danken, hernach erzählen, daß er seitdem sich in Sachsen aufgehalten, mit den dortigen Gelehrten Bekanntschaft gemacht, einige Schriften ediert und dabei seinen guten Unterhalt gefunden ...

Wenn er aber, bester Sohn! an einem guten Erfolg zweifelt oder all dieses nicht gern an Serenissimum schreiben möchte: so schreib Er mir, und ich will dann mit Beilegung seines Briefs an Seine Durchlaucht schreiben. Man kann auch mit einfließen lassen, daß, da er sich nicht bewußt sei, aus einer sträflichen Absicht von Stuttgart weggegangen zu sein: so scheue er sich auch nicht, den Ort seines jetzigen Aufenthalts anzugeben, und verlasse sich dabei auf Gott und die Gnade seines gnädigsten Herrn, den Er als seinen angebornen höchsten Landesherrn, Wohltäter, Ernährer und Vater bis in seinen letzten Hauch verehre.

»Liebster Sohn!« oder auch »Bester liebster Sohn!« beginnt dieser Brief wie alle ihm folgenden, die der Sohn treulich aufbewahrt hat (dagegen hat sich kein einziger von ihm an den Vater aus allen diesen Jahren erhalten). Sie enden meistens mit: »Wir umarmen und küssen ihn herzlich sein treuer Vater Sch.« Die Anredeform ist die dritte Person Singular, die der Vater oft vergißt, groß zu schreiben; der Sohn spricht die Eltern in der Sie-Form an. Was der Vater dem Filius nahelegt, ist fein eingefädelt; hat Kaspar Schiller bei befreundeten Hofbeamten vorgefühlt? Mit Sirenenklängen wird das abtrünnige Landeskind in den Schoß der Heimat und einer Familie zurückgelockt, die schwer unter der Trennung leidet. In Erwartung des Wiedersehens hat Christophine ihrem Bruder zuvor einen langen Brief voller Sorge und Liebe geschrieben:

Ich freue mich königlich, wann wir Dich besuchen, Dich wieder zu sprechen. O! lieber vieles, sehr vieles habe ich mit Dir zu plaudern, ich habe in diesem vergangenen Jahre, denn diesen Monat [im Vorjahr] verließest Du uns, viel Unangenehmes erfahren, manchen traurigen Tag und kummervolle Nacht – aber Gottlob jetzt ists vorbei, der Gedanke, daß Du jetzt und wenigstens dem Anscheine nach glücklich bist, macht alles vergessen.

Wann wir Dich besuchen, kann ich Dir noch nicht bestimmen. Du kennst ja unsere Umstände, weißt wohl, daß eine solche Reise nicht ohne Kosten unternommen werden kann, ohne in einem Aufzug zu erscheinen, der Dir nicht Ehre macht, und wir haben wirklich soviel Ausgaben wegen unseren ländlichen Ökonomie, als Hähne, Enten und dgl. Du glaubst nicht, was das das ganze Jahr kost und wie wenig Nutzen herauskommt und viel, viel Mühe auch von unserer Seite: ich muß oft den ganzen Tag der Magd ihr Geschäft versehen, daß diese draußen sein kann, und muß andere Geschäfte, die weit nützlicher vor mich wären, hintansetzen.

Auch die Vischerin kommt, mit F geschrieben, in Sicht:

Morgen, glaub ich, kommt die Fischerin wieder zu uns. Schreib ihr doch auch wieder, es ist nicht recht, daß Du so ganz mit ihr abbrichst; sie ist noch immer so freundschaftlich gegen uns wie ehmals und fragt allemal mit soviel Teilnehmung nach Dir. Es ist doch ein gutes Weib, sie mag auch sonst ihre Fehler haben, so hat sie Dir doch viel Freundschaftliches erwiesen.

Zu den Sorgen des Vaters gibt Christophine eine wichtige Erläuterung:

Der liebe Vater wird Dir nächstens Deinen Brief beantworten. Er hat wirklich so viel den Tag über zu laufen und zu schaffen, daß ichs Dir nicht sagen kann. Das kann ich Dir sagen, daß es ihm recht lieb ist, daß Du Dich in Mannheim engagiert hast, aber er denkt, wann es ohne Wissen oder Genehmigung des Churfürsten geschehen, der

Herzog bloß vielleicht nur, um Dich zu schikanieren, nach Dir verlangen könnte. Du weißt, wie der liebe Vater in diesem Stück denkt. Es ist nichts als Besorgnis um Dein wahres Wohl.

Kaspar Schiller fürchtet, daß der Stuttgarter Hof bei dem Münchner gegen die Anstellung des Flüchtlings intervenieren könnte. »Wir alle küssen und grüßen Dich tausendmal und ich bin wie immer Deine Dich Ewig liebende Christophine«, endet dieser Brief inständiger Schwesterliebe, der von der Mutter vermeldet, daß sie, »seit Du weg bist, nie ganz gesund« sei und »oft sehr beschwerliche Anfälle von Magenweh« habe. Mutter Elisabeth ist chronisch krank, in einer Nachschrift fügt sie an:

Lieber, ich will auch noch etliche Zeilen anhangen, da ich doch schon so lange nicht selbst an Dich geschrieben. Gott sei gepriesen, daß wir Dich wieder näher bei uns wissen. Ich bin schon etliche Tag wieder bettliegerig gewesen an denen Schmerzen, woran ich schon so viel gelitten; ich bin in diesem Jahr gewiß um 10 Jahr älter geworden in meinem Aussehen. Wirklich wär es mir unmöglich, eine Reise zu Dir liebster Sohn zu machen wegen meinen Gesundheitsumständen, so sehr ichs wünsche, Dich zu sehen; sollten aber meine kränklichen Umstände sich bessern, so werde gewiß keine Ruhe haben, bis ichs imstand bring, Ihn zu sehen.

Fünf Tage später sagt der Vater die Reise ab und schreibt seinen Versöhnungslockbrief, auf den der Sohn erst im Oktober antwortet; auch dieser Brief ist verloren. Zwei Monate später hat Kaspar Schiller bei einer Revue, die der Herzog »über das hiesige Husarenregiment« hält, ein unangenehmes Erlebnis; »der Herr Kriegs-Präsident, General von Holle«, spricht ihn auf Fritzens Mannheimer Aufenthalt an und verweist auf einen Wechsel von hundert Gulden, den dieser in Stuttgart bei seiner Frau aufgenommen habe und »der schon seit geraumer Zeit verfallen sei«. Vater Schiller fällt aus allen Wolken und ist erleichtert, als er vernimmt, daß es der Frau Generalin weniger um die Einlösung als um die Prolongation des Wechsels zu tun ist; für eine Fünfzig-Gulden-Schuld an den Hauptmann Schade hat der miserabel bezahlte Gartenvorsteher bereits seinen Geldbeutel hingehalten. So gern Vater Schiller den Sohn wieder daheim und durch einen Dr. med. sichergestellt sähe – er steht durchaus hinter dessen Dichterlaufbahn und stellt sich *die wichtige Frage: wie ists anzufangen, damit die Zudringlichkeit der äußern Verfassung den Schwung der Geistes-Kräfte nicht hindern möge? Wären wir in Engelland oder irgendeinem Orte, wo Überfluß und Reichtum in den Händen der Edeln im Lande sich befinden, die sich mehr eigene Freude als Ehre daraus machen, Talente aufzusuchen, zu unterstützen, zu befördern und in Umstände zu setzen, die ihnen alle Bedürfnisse reichlich darbieten: dann wäre auch die Frage bald entschieden. ... es fehlt an nichts als einem Manne, der Ihn unterstützet, denn es ist mir und uns allen unbegreiflich, daß er mit seinem gegenwärtigen Gehalt solle auslangen können.*

In diesem Punkt fühlt der Empfänger sich verstanden. Der Schwester, die noch einmal geschrieben hat, und damit auch dem Vater antwortet er in einem langen Neujahrsbrief; der inzwischen Vierundzwanzigjährige spricht als einer, der Heimat und Elternhaus weit hinter sich gelassen hat und sich von den Beschwörungen der Liebe und der Fürsorglichkeit – der, die ihm zuteil wird, und der, die man von ihm erwartet – nicht zurücklocken läßt. Er spricht mit dem sacro egoismo eines, der sich in die Welt geworfen hat, um ein Werk zu vollbringen:

Meine teuerste Schwester, ich bekomme gestern Deinen Brief, und da ich über meine Nachlässigkeit, Dir zu antworten, etwas ernsthaft nachdenke, so mache ich mir die bittersten Vorwürfe von der Welt. – Glaube mir, meine Beste, es ist keine Verschlimmerung meines Herzens – denn so sehr auch Schicksale den Charakter verändern können, so bin doch ich mir immerdar gleich geblieben – es ist ebensowenig Mangel an Aufmerksamkeit und Wärme für Dich – denn Dein künftiges Los hat schon oft meine einsamen Stunden beschäftigt und wie oft warst Du nicht die Heldin in meinen idealischen Träumen! – Es ist die entsetzliche Zerstreuung, in der ich von Stunde zu Stunde herumgeworfen werde, es ist zugleich auch eine gewisse Beschämung, daß ich meine Entwürfe über das Glück der Meinigen und über Deins insbesondere bis jetzt so wenig habe zur Ausführung bringen können. Wieviel bleiben doch unsere Taten unseren Hoffnungen schuldig! und wie oft spottet ein unerklärbares Verhängnis unseres besten Willens.

Aber zurück kann und will er nicht. Nur sein Wiedererscheinen könne die Mutter heilen? Das läßt er nicht auf sich sitzen.

Elisabeth Dorothea Schiller ist seit Monaten ernstlich krank, der Vater hat ihm alle Einzelheiten einer ebenso rätsel- wie schmerzhaften Verstopfung mitgeteilt, gegen die der herzogliche Leibmedikus Elwert mit Sennesblättern und Aderlässen ankämpft (Jahre später wird Johann Kaspar über diese »sehr merkwürdige Krankheits-Geschichte« eine längere Schrift verfassen), aber zurückbringen läßt sich der Sohn davon nicht. Dieser ist nicht der Statur nach, aber in Gesichtstypus und Temperament durchaus nach dem Vater geraten und hat von dem unerbittlichen Baumzüchter und Plantagenanleger, der sich aus dem kärglichsten Boden ganze Armeen von Obstbäumen zieht (mit des Sohnes Hilfe wird er später ein Buch über »Die Baumzucht im Großen aus zwanzigjährigen Erfahrungen im Kleinen« veröffentlichen), die Werkbesessenheit geerbt; von der chronisch kranken Mutter, deren Vater in Marbach bald nach ihrer Hochzeit von der Höhe einer ansehnlichen Stellung in den Bankrott gestürzt war, mag jenes Element von Labilität herkommen, das diese Werkbestimmtheit in die künstlerisch-imaginative Richtung drängt. Eine ganz ähnliche Mischung der Prägungen und Krisenerfahrungen zeigt sich wie bei Franz Schubert; auch hier ist der Vater der sich aus dem materiellen Nichts zu einer angesehenen Stellung hocharbeitende Kleinbürger, während die Mutter aus einer hochreputierlichen Bürgerfamilie stammt, deren Oberhaupt sich eines Tages vor dem Ruin sieht.

Nicht nur der Mutter, auch der Schwester gibt der selbst kaum Genesene aus der Fülle seines ärztlichen Wissens gute Ratschläge:

Also unsere gute Mutter kränkelt noch immer? Sehr gern glaube ich es, daß ein schleichender Gram ihrer Gesundheit entgegenarbeitet und daß Medikamente vielleicht gar nichts tun. Aber Du irrst Dich, meine gute Schwester, wenn Du ihre Besserung von meiner Gegenwart hoffst. Unsere liebe Mutter nährt sich gleichsam von beständiger Sorge. Wenn sie auf einer Seite keine mehr findet, so sucht sie sie mühsam auf einer anderen auf. Wie oft haben wir alle uns das ins Ohr gesagt! Ich bitte Dich auch, ihr es in meinem Namen zu wiederholen. Ich spreche ganz allein als Arzt – denn daß eine solche Gemütsart das Schicksal selbst nicht verbessern, daß sie mit einer Resignation auf die Vorsicht durchaus nicht bestehen könne, wird unser guter Vater ihr öfter und besser gesagt haben.

Dein *Zufall ficht mich wirklich nicht wenig an. Ich erinnere mich, daß Du ihn mehrmal gehabt hast, und bin der Meinung, daß eine Lebensart mit starker Leibesbewegung, neben einer verdünnenden Diät, ihn am besten hemmen werde. Nimm zuweilen eine Portion Salpeter mit Weinstein und trink auf das Frühjahr die Molken!*

»Resignation auf die Vorsicht«, das meint Vertrauen auf die Vorsehung. Der Flüchtling in Mannheim macht den Seinigen klar, daß ein Gutteil seiner Reputation als Autor auf dem publik gewordenen Losriß von dem württembergischen Despoten beruht. Er gehört dem Publikum, nicht seiner Familie:

Du äußerst in Deinem Briefe den Wunsch, mich auf der Solitude im Schoß der Meinigen zu sehen und wiederholst den ehemaligen Vorschlag des lieben Papas, beim Herzog um meine freie *Wiederkehr in meinem Vaterlande einzukommen. Ich kann Dir nichts darauf antworten, Liebste, als daß meine* Ehre *entsetzlich leidet, wenn ich ohne Konnexion mit einem andern Fürsten, ohne Charakter und dauernde Versorgung nach meiner einmal geschehenen gewaltsamen Entfernung aus Wirtemberg mich da wieder blicken lasse. Daß der Papa den* Namen *zu dieser Bitte hergibt, nützt mir wenig, denn jedermann würde doch mich als die* Triebfeder *anklagen und jedermann wird, solange ich nicht beweisen kann, daß ich den Herzog von Wirtemberg nicht mehr brauche, in dieser (mittelbar oder unmittelbar, das ist eins) erbettelten Wiederkehr ein Verlangen, in Wirtemberg unterzukommen, vermuten. Schwester, überdenke die Umstände aufmerksam, denn das Glück Deines Bruders kann durch eine Übereilung in dieser Sache einen ewigen Stoß erleiden. Ein großer Teil von Deutschland weiß von meinen Verhältnissen gegen euren Herzog und von der Art meiner Entfernung. Man hat sich für mich auf Unkosten des Herzogs interessiert – Wie entsetzlich würde die Achtung des Publikums (und diese entscheidet doch mein ganzes künftiges Glück), wie sehr würde meine Ehre durch den Verdacht sinken, daß ich diese Zurückkunft gesucht – daß meine Umstände mich, meinen ehemaligen Schritt zu* bereuen, gezwungen, *daß ich die Besorgung, die mir in der großen Welt* fehlgeschlagen, *aufs neue in meinem Vaterland suche. Die offene, edle Kühnheit, die ich bei meiner gewaltsamen Entfernung gezeigt habe, würde den Namen einer kindischen Übereilung, einer dummen Brutalität be-*

kommen, wenn ich sie nicht behaupte. Liebe zu den Meinigen, Sehnsucht nach dem Vaterland entschuldiget vielleicht im Herzen eines oder des andern redlichen Manns, aber die Welt nimmt auf das keine Rücksicht. Übrigens kann ich nicht verhindern, wenn der Papa es dennoch tut – nur dieses sage ich Dir, Schwester, daß ich, im Fall es der Herzog erlauben würde, dennoch mich nicht bälder im Wirtembergischen blicken lasse, als bis ich wenigstens einen Charakter *habe, woran ich eifrig arbeiten will; im Fall er es aber nicht zugibt, mich nicht werde enthalten können, den mir dadurch zugefügten Affront durch offenbare Sottisen gegen ihn zu rächen. Nunmehr weißt Du genug, um vernünftig in dieser Sache zu raten.*

Schließlich wünsch ich Dir und Euch allen von ganzem Herzen ein glückliches Schicksal im 1784zigsten Jahr und gebe der Himmel, daß wir alle Fehler des vorigen in diesem wieder gut machen, geb es Gott, daß das Glück sein Versäumnis in den vergangenen Jahren in dem jetzigen hereinbringe.

Die Warnung an den Vater ist unmißverständlich, Christophine ist nur die Übermittlerin. Schillers Flucht aus Stuttgart hat sich als ein symbolischer Schritt herausgestellt, als ein Merkzeichen des sich als frei setzenden Geistes gegenüber dem Staat, seinem Absolutheitsanspruch und seiner Willkür, als eine Grenzsetzung der Literatur gegenüber einer Macht, deren Mißbrauch auf dem Hohenasperg vor aller Augen lag. Daß dergleichen mit persönlichen Unkosten verbunden ist, weiß er und ist willens, sie zu tragen, mit so wenig Rücksicht auf andere wie auf sich selbst. Zum ersten Mal tritt an dieser Stelle das Wort Deutschland in einen seiner Briefe ein; das Zeichen, das er gesetzt hat, hat den Widerhall eines Ganzen gefunden, das nur aus abgesonderten Teilen zu bestehen scheint. Es konstituiert sich in Gestalt der Literatur, also der Emanzipation.

Aber so schnell gibt Vater Schiller nicht auf. Als der Brief mit sechswöchiger Verspätung eintrifft (braucht die Postkontrolle so lange zur Freigabe?), tut er, als sei es ihm gar nicht um ein Wiederaufnahme-Ersuchen gegangen:

Mein Antrag ist bloß dahin gegangen, den Herzog in einem gutgefaßten Schreiben für alle in der Akademie genossene Gnade und auch dafür zu danken, daß seine Entfernung keine Verfolgung nach sich gezogen habe. Denn ob er schon in den Augen des Publikums der Entfernung wegen entschuldigt ist, so hört doch die Kraft des Reverses nicht auf, und Er bleibt immer unsicher. Am Ende dieses Schreibens würde es sich geschickt haben, um gänzliche gnädigste Vergebung seines Schrittes und um gnädigsten Nachlaß des Reverses zu bitten, und daß er Freiheit hätte, sich irgend anderswo zu etablieren. Ob all dieses Ihm hätte nachteilig sein – oder an der öffentlichen Reputation etwas hätte derogieren können, das begreife ich nicht, und um so weniger, als der Herzog von Württemberg ein großer Reichsfürst, sein angeborener Landesherr, sein Ernährer und Erzieher ist, und da sein Vater in seinem Dienst ist und nächst Gott sein Brot Ihm zu verdanken hat.

Ich will nun aber gar nicht mehr auf diesem Antrag bestehen und ihm gänzlich überlassen, was Er zu tun für gut findet, nur das muß ich hinzusetzen, daß Er sich doch einmal einfallen lassen wird, sich auf irgendeine Art nähren zu wollen, es wäre denn, daß er mich gänzlich verderben wollte, das ich doch niemals vermuten kann.

Die Generalin v. Holle, hat sich inzwischen herausgestellt, will den Hundert-Gulden-Wechsel nur prolongieren, wenn Johann Kaspar die Schuldverschreibung mit unterzeichnet, was dessen Finanzkräfte übersteigt. Er kann diesem Filius, der schon berühmt, aber ohne Subsistenzmittel ist, nur gute Ratschläge geben; er tut es in aller Herzlichkeit, zugleich auf dem Hintergrund dessen, was der Meininger Informant hat verlauten lassen:

Um etwas zu ersparen, muß man beim Kreuzer anfangen. Ich würde aber mich selbst einer Ungerechtigkeit beschuldigen müssen, wenn ich alle erlaubte Ergötzlichkeiten einem jungen Menschen, meinem Sohn, verdenken oder abraten sollte. Nein! das wäre mir leid, wenn Er Sich nach einer schweren Kopf-Arbeit in Gesellschaft andrer guter Menschen *nicht sollte erholen, erfreuen können. Aber! dergleichen Erholungs-Tage mehrere als Beschäftigungs-Tage zu machen, das wird wohl nicht angehen. Bester Sohn! Sein Aufenthalt in* Bauerbach *ist von dieser Art gewesen. Hinc illae lacrimae. Dafür muß er anjetzt büßen, und das nicht von ungefähr. Ich habe schon lang nicht mehr die Sprache der Religion mit Ihm geredet, aber die Zeit, da es sich wird tun lassen, hab ich vorausgesehen.*

Hinc illae lacrimae, daher diese Tränen! Vater Schiller zitiert aus einer Komödie des Terenz – Reinwalds Arkadien-Denunziation ist nicht ohne Wirkung geblieben.

THEATERARBEIT

»Aber Lieber! ist es nicht zuviel Anstrengung des Verstandes, drei Stücke des Jahrs zu arbeiten, ich dächte, zu einem Stück wie Fiesko oder Die Räuber würde allein ein Jahr Zeit erfordert.« So hatte Christophine in ihrem Septemberbrief gefragt. »Fiesko« war eins der drei neuen Stücke, auf die Bruder Fritz sich verpflichtet hatte; allerdings: nur die Buchfassung lag vor, es galt, sie in eine Bühnenfassung zu verdichten, schon um dem schrecklichen Herrn Plümicke den Wind aus den Segeln zu nehmen, der *seine* »Fiesko«-Fassung bereits öffentlich angekündigt hatte. Bei Vertragsabschluß war Schiller Dalbergs kritischen Hinweisen bereitwillig entgegengekommen; er war beim Wiederlesen des Textes offenbar selbst über die Diktion einiger Szenen erschrocken gewesen:

Die blühende Sprache ist auf der Bühne mehr als auffallend – *sie ist lächerlich, und solche lange Monologen ermüden. Der fünfte Akt wird eine Hauptveränderung erleiden, und überhaupt hoffe ich, das Stück in einer solchen Gestalt aufzustellen, daß Euer Exzellenz und Mannheim damit zufrieden sind.*

Wie das Dichten ist auch das Umdichten bei Schiller ein existentieller Akt, der ihn mit Haut und Haaren ergreift. Louise, die jüngere der beiden Schwan-Töchter, hat es berichtet:

Schiller bekam eines Abends, wo er, wie oft geschah, in unserm Familienkreise war, einen Anfall von kaltem Fieber. Er war sehr unwohl, wurde auf ein Bett gelegt, warm zugedeckt, mußte Chinatee trinken, und als der Frost nachließ, wurde er in einer Portechaise nach Hause gebracht. Den andern Tag ging mein Vater wie gewöhnlich mit mir spazieren und auf dem Heimweg sagte er, er wolle nur noch nach Schiller sehen, wie es ihm gehe; ich solle im Saal auf ihn warten, er werde wohl zu Bett liegen. An der Saaltüre angekommen, hörten wir ein arges Geschrei, und was sahen wir! Schiller war allein und rannte in Hemdärmeln auf und ab, gestikulierte und krakeelte ganz barbarisch. Zwei brennende Lichter standen auf einem Tisch mit Papieren mitten im Saal, und alle Läden waren geschlossen. Mein Vater rief ihm zu: Aber, lieber Schiller, was treiben Sie denn, daß Sie hausen wie ein Türke und gestern erst das Fieber hatten? Sind denn Sie ein Mediziner und wollen Sie sich mit Gewalt ruinieren? – Schiller atmete tief und sagte: Drum hatte ich gerade den Mohren am Kragen. ... Den folgenden Abend kam er wieder und brachte diese Szene aus »Fiesko« mit.

Der Mohr, das ist jener bizarre Schurke, an dem Fiesko scheitert, da er ihn unter Niveau behandelt. Heraus kommt bei der Umarbeitung ein Stück, das im Untertitel nur noch »Ein Trauerspiel« heißt, aber auch das nicht mehr ist. Der Autor läßt in der Theaterfassung sowohl Leonore wie auch Fiesko überleben; Andreas Doria, der alte Doge, ist entflohen und kehrt nicht zurück. Die finale Konfrontation zwischen Verrina und Fiesko findet nicht mehr an einer entlegenen Hafenmole, sondern auf dem Marktplatz von Genua vor allem Volke statt; der Alt-Republikaner beschwört seinen Freund: »Nimm diesen Purpur – nicht!« – und der im Buch folgende und alles Gottesgnadentum decouvrierende Satz: »Der erste Fürst war ein Mörder und führte den Purpur ein, die Flecken seiner Tat in dieser Blutfarbe zu verstecken«, ist natürlich gestrichen. Fiesko weigert sich, auf den Herzogsmantel zu verzichten: »Du wirst erstaunen, wie groß er mich kleiden wird.« Darauf versucht Verrina ihn zu erstechen, doch Fiesko ist auf der Hut und wehrt den Streich ab. »Fürstenmord! Fürstenmord!« schreit das Volk, das Fiesko zum Herzog ausrufen will, worauf Verrina in eine Selbstanklage ausbricht:

Rasender Tor, der du warst, Verrina! Ein Mörder wolltest du werden in deinem sechzigsten Jahr, die Freiheit dieses Volks zu verteidigen, und vergaßest zu fragen, ob dieses Volk auch befreit sein will? – – Es will nicht mehr frei sein. – Es wehrt sich um seine Ketten – Ich bin dein Gefangener. (Er wirft ihm das Schwert vor die Füße.)

Das Volk will den gescheiterten Attentäter lynchen, da geht Fiesko in sich; er läßt die Krone fahren, auf die all sein Sinnen und Trachten ging:

Ein Diadem erkämpfen ist groß – es wegwerfen, göttlich. Seid frei, Genueser! (Er zerbricht das Zepter und wirft die Stücke unter das Volk.) Und die monarchische Gewalt vergehe mit ihren Zeichen!

Worauf das Volk mit dem Ruf »Fiesko und Freiheit!« jauchzend auf die Knie stürzt, und Verrina, begnadigt, sich in die Arme des beinahe Ermordeten wirft, um ihm ewige Freundschaft zu schwören. Zu den vor ihm Knienden aber sagt der Zerbrecher

Gottlieb Friedrich Riedel nach Friedrich R. Kirschner: Friedrich Schiller (Kupferstich, Mannheim 1784). Dieses erste für den Verkauf hergestellte Bildnis, das im Sockel eine Szene aus dem zweiten Akt der »Räuber« zeigt, gefiel dem Dargestellten nicht. Der Stich sei »finster wie die Ewigkeit«, schrieb er im Februar 1785 an Körner, dem er das Blatt immerhin schickte, »und der Kupferstecher hat mir 15 Jahre mehr auf die Rechnung gesetzt, als ich mich erinnre, gelebt zu haben«.

des Zepters: »Steht auf, Genueser! den Monarchen hab ich euch geschenkt – umarmt euren glücklichsten Bürger.«

Als Feier der umstürzlerisch erneuerten Republik ist dieser Schluß die politisch kühnere Lösung; zugleich ist sie ein Indiz für das der Vaterwelt gegenüber gestärkte Selbstbewußtsein des Autors, wie es auch aus dem Neujahrsbrief spricht. Fiesko gelingt der Sturz der Doria; dieser Erfolg – und Verrinas, seines andern Übervaters, sich selbst opfernder Einspruch – heilt ihn von dem die gemeinsame Sache intrigant verratenden Ehrgeiz, der den Buch-Fiesko zerstörte. Dieser Buch-Fiesko erlag seinen beiden Übervätern, Verrina, der ihn umbringt, und dem alten Doria, der zurückkehrt; der neue Fiesko gibt nur einem nach und tut es, um diesen zu retten. Wie der Held die Projektionsfigur des Autors ist, gibt diese Neufassung auch einer Selbstkritik Raum, und sie ist konstruktiv: Sieg und Verzicht sind ineinander verschlungen. So ist der neue Schluß durchaus ernst zu nehmen.

Schiller selbst inszeniert das zum guten Ende gebrachte Trauerspiel, das heißt, er disponiert Auftritte und Abgänge und einiges dazwischen. Regie im heutigen, das Ganze der Aufführung formenden Sinn gibt es noch nicht; der Schauspieler ist weitgehend sein eigener Herr. Doch auch als Szenenarrangeur ist Schiller keinesfalls professionell, und das Fehlen Christian Dietrich Meyers, des von der Malaria dahingerafften Chefregisseurs, macht sich schmerzlich bemerkbar. Trotz exzellenter Besetzung – Böck spielt den Fiesko, Iffland den Verrina, Beil den Mohren und Karoline Beck die Leonore – bleibt der Erfolg der Premiere am 11. Januar 1784 weit hinter dem der »Räuber« zurück, so daß es nur zu zwei Wiederholungen kommt. Doch hat daran auch die verheerende Überschwemmung Anteil, die Mannheim, die Stadt zweier Flüsse – der Neckar mündet hier in den Rhein –, im Februar heimsucht und zu längerer Schließung des Theaters führt; danach wird »Die Verschwörung« nicht wiederaufgenommen.

Der Autor gibt vor allem den Mannheimern an dem geringen Widerhall schuld und lobt die Berliner, bei denen das Stück sich als höchst erfolgreich erweist:

Den Fiesko verstand das Publikum nicht. Republikanische Freiheit ist hier zu Land ein Schall ohne Bedeutung, ein leerer Name – in den Adern der Pfälzer fließt kein römisches Blut. Aber zu Berlin wurde es vierzehnmal innerhalb drei Wochen gefodert und gespielt. Auch zu Frankfurt fand man Geschmack daran. Die Mannheimer sagen, das Stück wäre viel zu gelehrt für sie.

Was er übersieht, ist, daß in der für die preußische Hauptstadt hergestellten Fassung die republikanische Freiheit keineswegs siegt; der selbstsüchtige Rebell entleibt sich hier, und der alte Doge tritt wieder in seine Rechte ein. Das ist opportunistisch, aber auch Schillers eigene Bühnenfassung hat etwas Gezwungenes; da sich Fiesko schon vor Verrinas Attentatsversuch entschlossen hat, die Herzogswürde zurückzuweisen, ist nicht recht einzusehen, warum er es soweit kommen läßt. Schiller selbst steht seiner Umformung skeptisch gegenüber und erbittet im Februar das Urteil jenes Theaterleiters, der die Buchfassung des Stücks trotz großer bühnentechnischer Probleme inzwischen bereits in zwei Städten, Bonn und Frankfurt am Main, aufgeführt hat: Friedrich Großmanns. Die Umbauschwierigkeiten, so Schiller, seien in dem »umgeformten Fiesko« behoben,

ob aber ein Produkt der Begeisterung durch Theaterkonvenienz und kritisches Flicken und Beschneiden auf der einen Seite nicht wieder verliere, was es allenfalls auf der andern mochte gewonnen haben, kann niemand besser entscheiden als der Mann, der als Dichter und Schauspieler und Schauspieldirektor alle Grenzen der theatralischen Welt umgangen haben muß. Darüber, vortrefflicher Mann, werde ich mir Ihre ausdrückliche Meinung erbitten, und Sie erwerben sich kein geringes Verdienst um mich, wenn Sie mir mit der Offenherzigkeit des Künstlers gegen den Künstler gestehen, wo der neue Fiesko gegen den alten in einem Rückstand geblieben ist?

Kritik herauszufordern ist ihm Bedürfnis, Schiller ist Teamworker durch und durch; er braucht Gegengewichte zu dem an Trance grenzenden Zustand des Außer-sich-Seins, in den er gerät, wenn seine Figuren Besitz von ihm ergreifen. Mit Drogen aller Art versetzt er sich oft künstlich in diesen Zustand; Louise Pistorius schildert ähnlich wie Karoline Beck, wie er, wenn er den Abend bei einem der Schauspieler in Gesellschaft verbracht hat, nach »Wein, Kaffee, Tinte und Papier« verlangt und dann »die Nacht hindurch mehrere Szenen« schreibt. Der Gastgeber »fand ihn dann gewöhnlich des Morgens in seinem Zimmer auf einem Lehnsessel in einer Art von Starrkrampf, so daß er ihn einmal wirklich für tot hielt«.

Die Nacht begünstigt den Schaffensrausch, und notfalls muß es künstliche Nacht sein; er könne, sagt er zu Schwan, der ihn einmal bei geschlossenen Läden heftig dichtend vorfindet, »nicht begeistert werden, wenn das Tageslicht zu ihm hereinscheine«. Es ist das Bewußtsein dieser fast rauschhaften Weise, Eingebungen zu empfangen oder sich zu verschaffen, die ihn dem Rat anderer öffnet; Schiller hält seine Eingebungen prinzipiell für verbesserungsfähig. Gerade weil er sein dramatisches Dichten aus den Tiefen seiner Individualität aufbrechen sieht, verlangt es ihn nach kritischen Korrektiven. In einem Gedicht hat er ein Jahrzehnt später die Übermacht der Inspiration zu objektivieren versucht, in der Gestalt eines Wanderers, der »mit wollustvollem

Grausen« einen Regenstrom aus Felsenrissen brechen sieht: »Er hört die Flut vom Felsen brausen, / Doch weiß er nicht, woher sie rauscht, / So strömen des Gesanges Wellen / Hervor aus nie entdeckten Quellen.«

Großmann, der inzwischen in der Reichsstadt Frankfurt Theater macht, hat auch bei »Louise Millerin« die Nase vorn: am 13. April bringt er dort die erste Aufführung zustande; Mannheim folgt zwei Tage später. Die Buchveröffentlichung, von der sich Großmann ein Vorausexemplar verschafft hat, ist den Aufführungen um vier Wochen vorausgegangen; Schiller braucht Geld, um wenigstens einen Teil seiner Schulden bezahlen zu können. Zudem gilt es, sich gegenüber den Bühnenbearbeitungen anderer sicherzustellen, auch gegenüber der ungedruckten eigenen, die er für Dalbergs Theater hergestellt hat; in Gestalt eines Soufflierbuchs hat sie sich erhalten.

Zuvor hat Iffland das Stück in »Kabale und Liebe« umgetauft; Schiller revanchiert sich, indem er das neue Stück Ifflands »Verbrechen und Ehrsucht« nennt; es hat vor dem seinen Premiere und erweist sich als sehr erfolgreich. Beide Titel haben etwas Kolportagehaftes an sich, sie klingen wie Filmtitel. Und etwas Reißerisches hat dieses Trauerspiel wirklich, das der herrschenden Ordnung den Fehdehandschuh hinwirft, ein Stück, von dem Thomas Mann 1955 schrieb:

Ich habe »Kabale und Liebe« nach dem ersten Weltkrieg in München – die Räterepublik war gerade gefallen – vor einem äußerst bürgerlichen, äußerst rückschlägig-konservativ gestimmten Publikum in mittelmäßiger Aufführung gesehen und es erlebt, daß dieses Publikum durch den Atem des Werkes in eine Art von revolutionärer Rage versetzt wurde. Es wurde zum Schiller-Publikum, wie noch ein jedes es geworden ist vor seinen Stücken.

Schärfer, aber auch rhetorisch entfesselter konnte man den politisch-moralischen Bankrott des Absolutismus nicht verkünden, als der entsprungene Regimentsmedikus es hier in den Milford-Szenen getan hatte. »Die Wollust der Großen dieser Welt«, erklärt die Mätresse des Fürsten ihrem Besucher, der sie verkannt hat,

ist die nimmersatte Hyäne, die sich mit Heißhunger Opfer sucht. – Fürchterlich hatte sie schon in diesem Lande gewütet – hatte Braut und Bräutigam getrennt – hatte selbst der Ehen gött-

liches Band zerrissen – – hier das stille Glück einer Familie geschleift – dort ein junges unerfahrenes Herz der verheerenden Pest aufgeschlossen, und sterbende Schülerinnen schäumten den Namen ihres Lehrers unter Flüchen und Zuckungen aus – Ich stellte mich zwischen Lamm und Tiger, nahm einen fürstlichen Eid von ihm in einer Stunde der Leidenschaft, und diese abscheuliche Opferung mußte aufhören.

Die Rechtlosigkeit des Untertans, das Verprassen der Staatseinnahmen – alles dies war mit lodernden Farben gemalt, und obschon die Bühnenfassung, die der Autor für Mannheim anfertigt, zahlreiche Milderungen vornimmt (so war das Wort Herzog vermieden worden), bleibt bei der Aufführung die Wirkung nicht aus. Heinrich und Karoline Beck spielen das Liebespaar, Iffland glänzt als Wurm, Boeck als Präsident, und Beil chargiert als der polternde Musiker Miller; die ersten Kräfte des Hauses sind aufgeboten, die – außer Karoline – aus Ekhofs berühmter Gothaer Schule kommen. Streicher beobachtet den Autor in seiner Theaterloge:

Ruhig, heiter, aber in sich gekehrt und nur wenige Worte wechselnd, erwartete er das Aufrauschen des Vorhanges. Aber als nun die Handlung begann – wer vermöchte den tiefen, erwartenden Blick – das Spiel der unteren gegen die Oberlippe – das Zusammenziehen der Augenbrauen, wenn etwas nicht nach Wunsch gesprochen wurde – den Blitz der Augen, wenn auf Wirkung berechnete Stellen diese auch hervorbrachten – wer könnte dies beschreiben! – Während des ganzen ersten Aufzuges entschlüpfte ihm kein Wort, und nur bei dem Schlusse desselben wurde ein »es geht gut« gehört. Der zweite Akt wurde sehr lebhaft und vorzüglich der Schluß desselben mit so vielem Feuer und ergreifender Wahrheit dargestellt, daß, nachdem der Vorhang schon niedergelassen war, alle Zuschauer auf eine damals ganz ungewöhnliche Weise sich erhoben und in stürmisches, einmütiges Beifallrufen und Klatschen ausbrachen. Der Dichter wurde so sehr davon überrascht, daß er aufstand und sich gegen das Publikum verbeugte.

Das neue Stück steckt voller Anspielungen auf die Verhältnisse im Nachbarland; sowohl Lady Milford wie der Präsident v. Walter konnten auf Realfiguren der jüngeren württembergischen Geschichte bezogen werden. Die krassen Jugendjahre Karl Eugens lagen zurück; 1778 hatte der Fünfzigjährige von den Kanzeln des

Landes ein Abbitte leistendes Manifest verlesen lassen, das mit den Worten: »Da Wir aber Mensch sind«, begonnen hatte. Allerdings: der Soldatenhandel dauerte ebenso fort wie Fronbauten und Bauernschinderei, und Schubart saß immer noch im Kerker. Doch war »Kabale und Liebe« kein Schlüsselstück, dies war eine Generalanklage gegen das absolutistische System im Namen der bürgerlichen Moral, der bürgerlichen Klasse, und so muß Schiller sich nicht allzusehr wundern, wenn der triumphalen Uraufführung nur eine einzige Wiederholung folgt. Während das durch den Buchhandel verbreitete Stück über Deutschlands Bühnen wandert und in Berlin diesmal sogar im Originaltext gespielt wird (Chodowiecki radiert sofort eine Bilderfolge dazu), verschließt Schillers eigenes Theater ihm seine Tore.

Auch Johann Kaspar hat die Buchausgabe erhalten; seine Reaktion zeigt, wie nahe sich Vater und Sohn im Blick auf die herrschenden Verhältnisse sind. Der fromme, obrigkeitsbewußte Hauptmann und Hofgärtner findet »Kabale und Liebe« einfach fabelhaft und hat die fünfzig Gulden für den Hauptmann Schade inzwischen auf sich genommen:

Meine Bemühungen, meine Wünsche und mein Gebet für Ihn gehen einzig dahin, Ihn zu einem Betragen anzuweisen und aufzumuntern, das mit seinem herrlichen Talent und Genie parallel laufen möchte. Daß Er ebenso andre um ihn in der Herrschaft über sich selbst übertreffen möchte, als er sie an Seelen-Kräften übertrifft. Alle meine Briefe werden dieses beweisen, und ich muß Ihn ersuchen, keinen davon verlorengehen zu lassen, so wie auch ich die Seinigen aufbewahre; denn es kann eine Zeit kommen, da solche uns beide entweder rechtfertigen oder belustigen. ... Liebster bester Sohn! hier in Deutschland ist ein Theater-Dichter eben immerhin noch ein kleines Licht, wäre Er in Engelland und das letzte mir überschickte Trauerspiel würde dort aufgeführt: wahrlich, Er würde ein dauerhaftes Glück damit machen, da im Gegenteil hier er alles anzuwenden hat, um nicht in die Nachstellung eines oder des andern Fürsten, die sich mit Händen greifen können, zu fallen.

Vater Schiller muß sich vorsehen mit seinem Exemplar, einem von zwölf, die in Stuttgart angekommen sind: »Daß ich eins habe, das hab ich noch niemand gesagt, denn ich darf mir, gewisser Stellen wegen, nicht merken lassen, daß es mir gefalle.«

Nicht der einundsechzigjährige Hauptmann auf der Solitüde – die Mannheimer Schauspieler sind es, die sich schwertun mit »Kabale und Liebe«. Es gibt Widerstand in einem Ensemble, das in Gestalt eines Theaterausschusses, an dessen Sitzungen Schiller regelmäßig teilnimmt (hier werden Stücke zur Aufführung vorgeschlagen und eingehend erörtert), so etwas wie Mitbestimmung ausübt. Wiederum hatte Schiller – und nicht der Schauspieler Rennschüb, der zu Meyers Nachfolger als Chefregisseur gewählt worden war – die Proben geleitet, und es war nicht immer harmonisch dabei zugegangen; der Miller-Darsteller Beil hatte die drastische Sprache des Textes glossiert, indem er die bereits abgegangene Darstellerin der Frau Miller einmal mit den Worten zurückrief: »Ich habe Ihnen nach des Verfassers Vorschrift noch einen Tritt vor den Hintern zu geben!« Das betraf eine Szenenanweisung in der zweiten Szene des ersten Aktes. Statt »Kabale und Liebe« macht das andere bürgerliche Trauerspiel, Ifflands »Verbrechen aus Ehrsucht«, das Rennen beim Mannheimer Publikum, und wenn der Intendant »Kabale und Liebe« zurückhält, kann er sich auf das Votum eines der bedeutendsten deutschen Schauspieler und Theaterleiter dieser Zeit stützen. Friedrich Ludwig Schröder hatte ihm im Mai aus Wien, wo er ans Burgtheater berufen war, über das Stück des von ihm als »größtes jetzt lebendes dramatisches Genie« bezeichneten Schiller geschrieben:

Der Kaiser will keine Sturm- und Drangstücke und mit Recht. ... Es ist schade um Schillers Talent, daß er eine Laufbahn ergreift, die der Ruin des deutschen Theaters ist. Die Folge ist deutlich. Wird der Geschmack an diesen Sturm- und Drangstücken allgemein, so kann kein Publikum ein Stück goutieren, das nicht wie ein Raritätenkasten alle fünf Minuten etwas anderes zeigt, in welchem nicht alle Leidenschaften immer aufs höchste gespannt sind. ... Ich hasse das französische Trauerspiel – als Trauerspiel betrachtet – aber ich hasse auch diese regellosen Schauspiele, die Kunst und Geschmack zugrunde richten. Ich hasse Schillern, daß er wieder eine Bahn eröffnet, die der Wind schon verweht hatte.

Derselbe Kaiser, Joseph II., hatte Mozart an sein Theater gerufen, um bei der Musik künstlerischen Beistand für seine Reformpolitik zu finden, und der Zufall will es, daß fünf Tage nach der »Kabale-und-Liebe«-Premiere die erste Frucht dieser Kooperation auf der Mannheimer Bühne besichtigt werden kann: »Die Entführung aus dem Serail«. Wie mag Schiller die Aufführung aufgenommen haben?

Schröders Brief zeigt: die Genieperiode der deutschen Literatur, dieser stürmische Antritt einer gegen die Übermacht stokkender Verhältnisse anrennenden jungen Generation, ist vorüber. Goethe, ihr erster Protagonist, sitzt inzwischen als Geheimrat in Weimar, holt manchmal die Fragmente von »Faust« und »Egmont« aus seiner Schublade oder feilt, wenn er nicht gerade im Conseil sitzt oder Rekruten ausheben hilft, an einem Stück, das für das Liebhabertheater des Hofes bestimmt ist. Ist, mit einem Wort dieser »Iphigenie auf Tauris«, »ein großer Aufwand schmählich vertan« worden? Die Dichter-Jünglinge der siebziger Jahre sind älter geworden, sie haben den Marsch durch die Institutionen angetreten und sind Offiziere oder Beamte geworden, wenn sie nicht, wie Lenz, ein trauriges Wanderleben führen. Die Emphase ihres Jugendaufbruchs hat sich an einer Realität gebrochen, die sich allenfalls Schritt um Schritt verändern läßt.

Und Schiller, der furiose Nachzügler der Bewegung, der seinem Herzog den Bettel hingeworfen hat und nun zu einem Frontalangriff auf die in- und auswendige Korruption des Systems ansetzt? Schiller spaltet sein Publikum und sieht sich, wohin immer das neue Stück kommt, zwischen stürmischer Zustimmung bei den Jungen und einer Ablehnung bei den Älteren, die zumeist mit einer Verbeugung vor der Begabung dieses jungen Wilden verknüpft ist. Rückhaltlos negativ, mit erbarmungsloser Schärfe äußert sich nur ein Altersgenosse, dessen soziale Erfahrung der Schillerschen nah verwandt ist; Karl Philipp Moritz, Konrektor eines Berliner Gymnasiums, Redakteur der *Vossischen Zeitung* und Herausgeber eines »Magazins für Erfahrungssuchende«, fühlt sich durch Schillers dramatischen Furor im Innern seiner künstlerischen und pädagogischen Haltung verletzt und steigt auf die rezensorische Barrikade. Er arbeitet gerade an einem Roman – er heißt »Anton Reiser« –, der einen von Armut, Not, Mißachtung bedrückten jungen Mann auf seinem Leidens- und Erfahrungsweg durch eine hartherzig-widerstrebende Gesellschaft zeigt; ein psychologisch interessierter Epiker von defensiver, ja depressiver Grundstimmung wird gegenüber dem Theatraliker wie zum reißenden Wolf. »In Wahrheit wieder einmal ein Produkt, was unseren Zeiten – Schande macht!« zürnt er im Juli 1784 in jener *Königlich privilegierten Berlinischen Staats- und gelehrten Zeitung*, die gemeinhin die Vossische genannt wird:

Mit welcher Stirn kann ein Mensch doch solchen Unsinn schreiben und drucken lassen, und wie muß es in dessen Kopf und Herz aussehen, der solche Geburten seines Geistes mit Wohlgefallen betrachten kann! ... Aus einigen Szenen hätte was werden können, aber alles, was dieser Verfasser angreift, wird unter seinen Händen zu Schaum und Blase. – Kostet in der Vossischen Buchhandlung allhier 10 Gr.

In einem andern Ton hieß es zuvor bei den *Gothaischen gelehrten Zeitungen*:

Dieses ist das dritte Trauerspiel, womit Hr. Schiller, der sich jetzt als Theaterdichter bei der Mannheimer Schauspielergesellschaft aufhält, die deutsche Bühne bereichert. Aus seinen zwei ersten Stükken, die Räuber und die Verschwörung des Fiesko zu Genua, kennt man bereits seine Manier, kennt ihn als Maler schrecklicher Szenen und Schöpfer Shakespearscher Gedanken, und so findet man ihn auch hier. Zwar möchte vielleicht die Prädilektion [Vorliebe] einiger Leser für seine vorigen Stücke ... dieses jenen etwas nachsetzen. Aber es hat wirklich herrliche Szenen, und die Charaktere sind vortrefflich durchgeführt. Sollte der Präsident und der Hofmarschall, jener zu abscheulich und letzterer für ein Trauerspiel zu komisch scheinen, so erwäge man, daß die Charaktere auf der Schaubühne etwas übertrieben sein müssen und daß man, wie Lessing einmal sagte, auch im Trauerspiel lachen dürfe. Glücklicherweise werden durch unsre neuen Original-Trauerspiele die sogenannten hohen Tragödien, worin die Helden auf Stelzen gehen und in Sentenzen sprechen, bald ganz von unsern Bühnen verdrängt werden.

In Berlin ist die Empörung über Moritz' Verriß so lebhaft, daß sich der Rezensent zu einer zweiten Äußerung veranlaßt sieht, die die erste begründen soll; in einer zwölfmal so langen Verlautbarung nimmt er Schillers Text Passage um Passage aufs Korn. Der Erzähler, gewohnt, Sprünge zu vermeiden und Entwicklungen sorgfältig zu motivieren, opponiert dem Dramatiker, der Handlung und Figuren rücksichtslos in den Kontrast treibt:

Der Inhalt des Stückes ist kurz dieser: ein Präsident will seinen Sohn an die Maitresse seines Fürsten verkuppeln, um dadurch seinen Einfluß am Hofe zu erhalten. Das ist die Kabale. *Der Sohn des Präsidenten hat sich in eine Geigerstochter vergafft, das ist die* Liebe. *Zuletzt vergiftet er sich zugleich mit dieser Geigerstochter, das ist denn die vollständige* Tragödie. *Der Präsident ist ein Ungeheuer, vor dem die Menschheit zurückbebt ... Aber was sollen dergleichen Ungeheuer, ... da man überhaupt gar nicht erfährt, wie diese Menschen so geworden sind. Wozu nützt es denn, die Einbildungskraft mit solchen Bildern anzufüllen, wodurch wahrlich weder der Verstand noch das Herz gebessert wird? Doch wir gehen weiter. Der Geiger ist der Maler im »Hausvater« [dem Schauspiel Otto von Gemmingens], aber in der Schillerschen Manier dargestellt, der ihn im Zorn seiner Frau vor den Hintern stoßen und ihn im Affekt, da sie sagt, der Herzog verlange ihn vielleicht ins Orchester, antworten läßt: »Orchester – ja, wo du Kupplerin den Diskant wirst heulen und mein blauer Hinterer den Baß – Gott im Himmel!«*

Im Original der Szene II/4 stand »Konterbaß«, und die Kabale des Stücks ist natürlich die gegen Ferdinand und Louise gerichtete. »Weder der Verstand noch das Herz gebessert«: der Kritiker bemerkt, daß sich dieses Stück aller Aufklärungspädagogik entzieht – kein Pädagogium, sondern eine Kampfansage. »Es ist ekelhaft«, stöhnt der Konrektor, »in solchen Schillerschen Wust zu wühlen, aber man muß sich einmal schon durcharbeiten.« Ferdinand, findet er, sei »vollends ein unausstehlicher Mensch«, und gibt ein Beispiel: »Ferdinand sagt auch einmal zu seinem Vater, da ihm dieser seine Louise entreißen will: ›Vater, Sie machen ein beißendes Pasquill auf die Gottheit, die sich so übel auf ihre Leute verstand und aus vollkommenen Henkersknechten schlechte Minister macht‹ – wie kraß!«

Sein Fazit ist das vorige: »alles, was Herr Schiller anrührt«, wird »unter seinen Händen zu Schaum und Blase«. Moritz' Abfertigung und die Empörung über sie finden einen späten Nachklang in Briefen Zelters an den einundachtzigjährigen Goethe. »Ich hätte den Rezensenten totschlagen können«, schreibt der Musikdirektor im November 1830 nach Weimar und an anderer Stelle:

Was dieses Stück vor fünfzig Jahren auf mich und sämtliche Sprudeljugend für elektrische Macht ausgeübt hat, magst Du Dir denken. Wer aus jener Zeit es nachsehn kann, wird es nicht so sehr herabsetzen, als es damals Moritz tat, der freilich recht hatte, doch nicht den Anzug der Revolution ahndete. Es gehört in jene Zeit und ist insofern ein geschichtliches Stück voll Kraft und Geist, trotz der niederträchtigen Gesellschaft, die sich darin befehdet.

ÜBERRASCHUNGEN VON FERN UND NAH

Schiller polarisiert; wo die einen aufstöhnen, jubeln die andern und fühlen sich am Nerv ihres Lebensgefühls gepackt. Aus Leipzig kommt solch ein Jubelruf, und Schwans Buchhalter, Herr Götz, bringt ihn Anfang Juni von der Messe mit; den Autor trifft die Sendung wie ein Sonnenstrahl aus stark bewölktem Himmel. Er schreibt sogleich seinem Intendanten davon, eindringlicher noch der Gutsherrin in Bauerbach:

Vor einigen Tagen widerfährt mir die herrlichste Überraschung von der Welt. Ich bekomme Pakete aus Leipzig und finde von vier ganz fremden Personen Briefe, voll Wärme und Leidenschaft für mich und meine Schriften. Zwei Frauenzimmer, sehr schöne Gesichter, waren darunter. Die eine hatte mir eine kostbare Brieftasche gestickt, die gewiß an Geschmack und Kunst eine der schönsten ist, die man sehen kann. Die andere hatte sich und die drei andern Personen gezeichnet, und alle Zeichner in Mannheim wundern sich über die Kunst. Ein dritter hatte ein Lied aus meinen Räubern in Musik gesetzt, um etwas zu tun, das mir angenehm wäre. Sehen Sie, meine Beste – so kommen zuweilen ganz unverhoffte Freuden für Ihren Freund, die desto schätzbarer sind, weil freier Wille und eine reine, von jeder Nebenabsicht reine Empfindung und Sympathie der Seelen die Erfinderin ist. So ein Geschenk von ganz unbekannten Händen – durch nichts als die bloße reinste Achtung hervorgebracht – aus keinem andern Grund, als mir für einige vergnügte Stunden, die man bei Lesung meiner Produkte genoß, erkenntlich zu sein – ein solches Geschenk ist mir größere Belohnung als der laute Zusammenruf der Welt, die einzige süße Entschädigung für tausend trübe Minuten. – Und wenn ich das nun wei-

*Johanna Dorothea (Dora) Stock: Christian Gottfried Körner
(Silberstiftzeichnung, 1784). Dieses und die drei folgenden
Porträts lagen dem Brief bei, den Körner Schiller namens der vier
Leipziger Verehrer im Juni 1784 nach Mannheim sandte.*

ter verfolge und mir denke, daß in der Welt vielleicht mehr solche Zirkel sind, die mich unbekannt lieben und sich freuen, mich zu kennen, daß vielleicht in hundert und mehr Jahren – wenn auch mein Staub schon lange verweht ist, man mein Andenken segnet und mir noch im Grabe Tränen und Bewunderung zollt – dann, meine Teuerste, freue ich mich meines Dichterberufes und versöhne mich mit Gott und meinem oft harten Verhängnis.

Die ungenannt bleibenden Absender sind zwei Brautpaare, die ihre Nöte in Schillers Stück wiedererkannt haben. Zwei Leipziger Professorensöhne, Gottfried Körner und Ferdinand Huber, hatten sich mit den Töchtern des Kupferstechers Stock verlobt, Maria, genannt Minna, und Dorothea, genannt Dora, und der junge Körner war dabei auf den Widerstand seines Vaters, eines gestrengen Superintendenten und Universitätstheologen, gestoßen. Der Kupferstecher gilt als Handwerker, und aus dem Ho-

*Dora Stock: Anna Maria (Minna) Stock
(Silberstiftzeichnung, 1784).*

noratiorenstand des Gelehrten heiratet man nicht in den Handwerkerstand; als künstlerischer ist er sogar etwas anrüchig. Die ständische Ordnung, deren Inhumanität Schillers Stück mit glühenden Farben gemalt hatte, trennt nicht nur Adel und Bürgertum, sie schafft vielfältige Abstufungen auch innerhalb dieser beiden Gesellschaftsklassen und ebenso zwischen den Konfessionen. »Ich entsag ihm für dieses Leben«, sagt Louise im ersten Akt von »Kabale und Liebe«:

MILLER *(eilt auf sie zu, drückt sie wider seine Brust) Louise – teures – herrliches Kind – nimm meinen alten, mürben Kopf – nimm alles – alles! – Den Major – Gott ist mein Zeuge – ich kann dir ihn nimmer geben.*

LOUISE *Auch will ich ihn ja jetzt nicht, mein Vater. Dieser karge Tautropfe Zeit – schon ein Traum von Ferdinand trinkt ihn wollüstig auf. Ich entsag ihm für dieses Leben. Dann, Mutter – dann, wenn die Schranken des Unterschieds einstürzen – wenn von uns abspringen all die verhaßten Hülsen des Standes – Menschen nur*

*Dora Stock: Ludwig Ferdinand Huber
(Silberstiftzeichnung, 1784).*

Menschen sind – Ich bringe nichts mit mir als meine Unschuld; aber der Vater hat ja oft gesagt, daß der Schmuck und die prächtigen Titel wohlfeil werden, wenn Gott kommt, und die Herzen im Preise steigen. Ich werde dann reich sein. Dort rechnet man Tränen für Triumphe und schöne Gedanken für Ahnen an. Ich werde dann vornehm sein, Mutter – Was hätte er dann noch vor seinem Mädchen voraus?

»Zu einer Zeit«, schreibt der achtundzwanzigjährige Körner, der sich nicht namentlich zu erkennen gibt, in dem Begleitbrief der Sendung,

zu einer Zeit, da die Kunst sich immer mehr zur feilen Sklavin reicher und mächtiger Wollüstlinge herabwürdigt, tut es wohl, wenn ein großer Mann auftritt und zeigt, was der Mensch auch jetzt noch vermag. Der bessere Teil der Menschheit, den seines Zeitalters ekelte, der im Gewühl ausgearteter Geschöpfe nach Größe schmachtete, löscht seinen Durst, fühlt in sich einen Schwung, der ihn über seine Zeitgenossen erhebt, und Stärkung auf der mühevollsten Lauf-

*Dora Stock: Selbstbildnis
(Silberstiftzeichnung, 1784).*

bahn nach einem würdigen Ziele. Dann möchte er gern seinem Wohltäter die Hand drücken, ihm in seinen Augen die Tränen der Freude und der Begeisterung sehen lassen – daß er auch ihn stärkte, wenn ihn etwa der Zweifel müde machte, ob seine Zeitgenossen wert wären, daß er für sie arbeitete. – Dies ist die Veranlassung, daß ich mich mit drei Personen, die insgesamt wert sind, Ihre Werke zu lesen, vereinigte, Ihnen zu danken und zu huldigen. Zur Probe, ob ich Sie verstanden habe, habe ich ein Lied von Ihnen zu komponieren versucht. ... Wenn ich, obwohl in einem andern Fache als das Ihrige ist, werde gezeigt haben, daß auch ich zum Salz der Erde gehöre, dann sollen Sie meinen Namen wissen. Jetzt kann es zu nichts helfen.

Schiller, der von dem Überbringer der Sendung die Absender erfragen konnte, fühlt sich gestärkt und erhoben, aber er antwortet nicht; er wartet dazu auf den Moment innerer und äußerer Entspannung, der sich nicht einstellen will. Zu den alten Stuttgarter kommen die neuen Bauerbacher Schulden, die sich – schon vor dem Reisekredit hatte er von Henriette Geld borgen müssen – im ganzen auf 520 Gulden belaufen, und von den fünfhundert Gulden der Mannheimer Einkünfte (die beiden vertraglich zugesicherten Benefizvorstellungen hatte er sich mit je hundert Gulden abgelten lassen) ist so gut wie nichts übriggeblieben. Das Leben in Mannheim ist teuer, und Schiller hat mit Geld niemals umgehen gelernt; daß Christophine zu ihm käme, um ihm den Haushalt zu führen, hatte der Vater ihm rundheraus abgeschlagen. Nur eine Heirat, eine Partie könnte helfen – bei dem Gedanken an Bauerbach steht sie ihm unversehens vor Augen; hier wäre alles beisammen: Freundschaft, Liebe, ein auskömmliches Dasein, unmittelbare Entschuldung. In demselben Brief, in dem er Henriette von der Leipziger Sendung berichtet, trägt er ihr an, ihn als Schwiegersohn anzunehmen:

Sie werden lachen, liebe Freundin, wenn ich Ihnen gestehe, daß ich mich schon eine Zeitlang mit dem Gedanken trage, zu heiraten. Nicht, als wenn ich hier schon gewählt hätte, im geringsten nicht, ich bin in diesem Punkt noch so frei wie vorhin – aber eine öftere Überlegung, daß nichts in der Welt meinem Herzen die glückliche Ruhe und meinem Geist die zu Kopfarbeiten so nötige Freiheit und stille leidenschaftslose Muße verschaffen könne, hat diesen Gedanken in mir hervorgebracht. Mein Herz sehnt sich nach Mitteilung und inniger Teilnahme. Die stillen Freuden des häuslichen Lebens würden, müßten mir Heiterkeit in meinen Geschäften geben und meine Seele von tausend wilden Affekten reinigen, die mich ewig herumzerren. Auch mein überzeugendes Bewußtsein, daß ich gewiß eine Frau glücklich machen würde, wenn anders innige Liebe und Anteil glücklich machen kann, dieses Bewußtsein hat mich schon oft zu dem Entschlusse hingerissen. Fände ich ein Mädchen, das meinem Herzen teuer genug wäre! oder könnte ich Sie beim Wort nehmen und Ihr Sohn werden. Reich würde freilich Ihre Lotte nie – aber gewiß glücklich.

Schiller als Gutsherr auf Bauerbach, das würde eine Menge Probleme lösen, aber der Vorschlag ist wirklich gewagt; der Briefschreiber findet es selbst und sendet den Brief nicht ab. Eine Woche später überliest er ihn und erschrickt über seine »törichte Hoffnung«: »Doch, meine Beste, so viele närrische Einfälle, als Sie schon von mir hören mußten, werden auch *diesen* entschuldigen.« Er ist so bestürzt über seinen Einfall, daß er sich ein paar freundliche Worte über den Leutnant v. Winkelmann abringt, der inzwischen von Charlotte abgelassen hat:

Ich habe gehört, daß Winkelmann über Mannheim nach Meinungen gehen werde. Es sollte mich herzlich freuen, wenn er einige Tage bei mir zubringen wollte. Für Ihren Freund und auch für den meinigen kann ich doch nie zuviel tun.

Das ist nach der Krise vom Vorjahr nun wirklich dick aufgetragen.

Das Sonderbare ist: an dem Tag, bevor er diesen in einen Heiratsplan ausgehenden Brief schreibt, ist er zum ersten Mal seiner künftigen Frau begegnet, der jüngeren von zwei Schwestern, die sich mit ihrer verwitweten Mutter und dem Verlobten der älteren auf der Rückreise von der Schweiz nach Thüringen befinden und ihm einen Besuch machen wollen. Sie heißen v. Lengefeld, sind wie die Wolzogens, mit denen sie verwandt sind, kultivierter thüringischer Landadel, und ums Haar hätte man sich verpaßt. Denn Schiller ist nicht zu Hause, als sie bei ihm einsprechen: »Kaum kam ich noch zeitig genug, Abschied von ihnen zu nehmen«, schreibt er an Henriette.

Charlotte v. Lengefeld ist achtzehn Jahre alt und soll mit in Genf erworbenen Französischkenntnissen Hofdame in Weimar werden. Karoline, ihre Schwester, die im Begriff ist, eine sich als glücklos erweisende Ehe einzugehen, ist zwei Jahre älter, und bei der Begegnung zwischen Tür und Angel hat niemand eine Ahnung, daß man füreinander bestimmt ist, wie die schicksalsgläubige Wendung lautet – ein *man*, das beide Schwestern umschließt. Denn es müssen immer zwei sein, die ihn fesseln, die mädchenhaft-unerschlossene und die voll erblühte Frau.

Es wird Jahre dauern, bis sich das an den Ufern der Schwarza herausstellt. Im Vordergrund steht eine andere Begegnung, und Schillers jäh erwachte Sehnsucht nach Bauerbach hat auch damit zu tun, daß er eine unbestimmte Bedrohung von ihr ausgehen fühlt. »Vor einem Monat«, berichtet er Henriette,

waren Herr und Frau v. Kalb hier und machten mir in ihrer Gesellschaft einige sehr angenehme Tage. Die Frau besonders zeigt sehr viel Geist und gehört nicht zu den gewöhnlichen Frauenzimmerseelen. Sie ließen mich wenig von ihrer Seite, und ich hatte das

Vergnügen, ihnen einiges Merkwürdige in Mannheim zu zeigen. Jetzt sind sie weiter nach Landau – haben aber versprochen, öftere Besuche hier abzulegen.

Frau v. Kalb ist eine seit kurzem unglücklich verheiratete Dame von altem reichsritterlichen Adel und durch den Tod der Eltern früh verstörten Familienverhältnissen. Sie ist zwei Jahre jünger als Schiller, von anziehendem Äußeren und heißt Charlotte. In ihren Meininger Jugendjahren war Reinwald ihr literarischer Lehrer gewesen; Ende April hat er Schiller ihren Besuch angekündigt. In hohem Alter, als sie, dem Berliner Geistesleben als »Titanide« bekannt, im königlichen Schloß ein kleines Appartement bewohnte, hat sie sich ihrer ersten Begegnung mit Schiller erinnert; in dem getragenen Ton, den sie für ihre Lebenserinnerungen kultivierte, nahm sich das Treffen so aus:

In der Blüte des Lebens, bezeichnete er des Wesens reiche Mannigfalt, sein Auge glänzend von der Jugend Mut; feierlicher Haltung, gleichsam sinnend, von unverhofftem Erkennen bewegt. Bedeutsam war ihm so manches, was ich ihm sagen konnte, und die Beachtung zeigte, wie gern er Gesinnungen mitempfand. Einige Stunden hatte er geweilt, da nahm er den Hut und sprach: »Ich muß eilends in das Schauspielhaus.« Später habe ich erfahren, »Kabale und Liebe« wurde diesen Abend gegeben, und er habe den Schauspieler ersucht, ja nicht den Namen »Kalb« auszusprechen. – Bald kehrte er wieder, – freudig trat er ein, Willkommenheit sprach aus seinem Blick.

Durch Scheu nicht begrenzt, traulich, da gegenseitig mit dem Gefühl des Verstandenseins das Wort gesprochen werden konnte, löste der Gedanke den folgenden Gedanken, ohne Wahl oder Nachsinnen. – Wohl die Rede eines Sehers. – Im Laufe des Gesprächs rasche Heftigkeit, wechselnd mit fast sanfter Weiblichkeit, und es weilte der Blick von hoher Sehnsucht beseelt.

Charlottes Mann, Heinrich v. Kalb, ist der jüngere Bruder jenes entlassenen Weimarischen Kammerpräsidenten v. Kalb, über den Goethe, als ihm der Herzog 1782 dessen Stelle übertragen hatte, an seinen Freund Knebel schrieb: »Als Geschäftsmann hat er sich mittelmäßig, als politischer Mensch schlecht und als Mensch abscheulich aufgeführt, und wenn Du nun nimmst, daß ich diese drei wohl mit der Feder sondern kann, im Leben es aber nur ein und derselbe ist, so denke Dir. Doch Du kannst dirs und brauchst dirs nicht zu denken. Es ist vorüber.«

Dieser Johann August v. Kalb hatte die jüngere Schwester Charlottes als ein Mitgiftjäger geheiratet, der den über das Vermögen der beiden Schwestern verfügenden Vormündern seine enormen Schulden verschwiegen und eigene Güter vorgespiegelt hatte. Daß Schiller dem Hofmarschall in »Kabale und Liebe« den Namen Kalb gegeben hatte, hatte mit dieser Geschichte zu tun, die er, wenn nicht von Reinwald, so von Henriette v. Wolzogen erfahren hatte, die als eine geborene Marschalk v. Ostheim mit den beiden Schwestern verwandt war. Mit Heinrich v. Kalb, dem Bruder des Kammerpräsidenten, steht es anders; er ist Offizier in einem Regiment des Herzogs v. Zweibrücken und war mit seinem Regiment in den amerikanischen Krieg geschickt worden, nicht, wie die Württemberger, für englisches, sondern für französisches Geld. Unter Lafayette hatte er auf seiten der Rebellen gekämpft und sich bei der Eroberung der Festung Yorktown im Kampf gegen andere deutsche Truppen ausgezeichnet – jene, die deutsche Fürsten an die britische Krone vermietet hatten: ein deutsch-deutscher Bruderkrieg im Dienst zweier Weltmächte auf dem Boden eines fremden Erdteils.

Nun ist der jüngere Kalb in Landau stationiert, auf einer Festung, die das deutsche Reich am Ende eines zurückliegenden Krieges, in dem Österreich, England, Holland und Brandenburg gegen Frankreich und Bayern gestanden hatten, an Frankreich hatte abtreten müssen – ein von den Erfahrungen eines welthistorischen Zusammenstoßes gezeichneter Mann, der sich nur schwer wieder in der Heimat zurechtfindet. Charlotte hält es in Landau nicht lange aus; sie nimmt Wohnung in dem etwa vierzig Kilometer entfernten Mannheim und bezieht nicht nur Schiller, sondern auch dessen Schwester in die Begründung ihres Haushalts ein. Christophine soll ihr aus Ludwigsburg ein Garderobenmädchen besorgen, Friedrich außer einem Gedichtband von Günther Goeckingk, der bei Schwan gewiß zu haben sei (er hat einen gefühlvollen Titel: »Lieder zweier Liebenden oder Nanettchen und Amarant«), einen Bedienten:

Ich wünsche nur eins, daß er entweder Damens frisieren – oder etwas Clavier spielen kann, sonst ein leidlicher sittlicher Mensch sei. Dies ist gewiß der erste Auftrag dieser Art, den Sie von einem Frauenzimmer erhalten. – Lächeln Sie immer, nur verzeihn Sie auch. Ich komme vielleicht schon Anfang August nach Mannheim – wie lieb ists mir, Sie in dem Ort zu wissen, den ich bewohne!

Frischere Wallungen

Als dieser Brief eintrifft (es ist fast der einzige von ihr, den der Empfänger – oder seine Erben – aufbewahrt hat), ist es Juli, und Schiller hat seinen ersten Vortrag vor jener Deutschen Gesellschaft gehalten, durch die er sich in der Kurpfalz eingebürgert glaubt. Er ist »Vom Wirken der Schaubühne auf das Volk« überschrieben und wird im Druck heißen: »Was kann eine gute stehende Schaubühne eigentlich wirken?«. Schiller ist Mitglied eines Theaters, das sich National-Bühne nennt, und er nimmt diesen Titel beim Wort; seine Vorlesung ist eine Apologie des Theaters im Dienst der Aufklärung und einer Nation, die im Werden ist. Das Programm, mit dem er das Theater jenen Mächten, die es bezahlen sollen, schmackhaft macht, rekapituliert das Kulturverdienst, das es sich schon erworben habe:

Menschlichkeit und Duldung fangen an, der herrschende Geist unsrer Zeit zu werden; ihre Strahlen sind bis in die Gerichtssäle und noch weiter – in das Herz unsrer Fürsten gedrungen. Wieviel Anteil an diesem göttlichen Werk gehört unsern Bühnen? Sind Sie es nicht, die den Menschen mit dem Menschen bekannt machten und das geheime Räderwerk aufdeckten, nach welchem er handelt?

Eine merkwürdige Klasse von Menschen hat Ursache, dankbarer als alle übrigen gegen die Bühne zu sein. Hier nur hören die Großen der Welt, was sie nie oder selten hören – Wahrheit; was sie nie oder selten sehen, sehen sie hier – den Menschen.

Wird diese Aussicht die Taschen der Mächtigen für das Theater öffnen? »Die Schaubühne«, fährt sein Fürsprech fort:

Die Schaubühne ist der gemeinschaftliche Kanal, in welchen von dem denkenden bessern Teile des Volks das Licht der Weisheit herunterströmt und von da aus in mildern Strahlen durch den ganzen Staat sich verbreitet. Richtigere Begriffe, geläuterte Grundsätze, reinere Gefühle fließen von hier durch alle Adern des Volks; der Nebel der Barbarei, des finstern Aberglaubens verschwindet, die Nacht weicht dem siegenden Licht.

Das ist die Licht-Metaphorik, die auch die freimaurerische Bewegung durchzieht und sieben Jahre später der »Zauberflöte« die Schlußverse eingibt: »Die Strahlen der Sonne vertreiben die Nacht, / zernichten der Heuchler erschlichene Macht!« Der Redner geht dann ins einzelne:

Unter so vielen herrlichen Früchten der bessern Bühne will ich nur zwei auszeichnen. Wie allgemein ist nur seit wenigen Jahren die Duldung der Religionen und Sekten geworden? – Noch ehe uns Nathan der Jude und Saladin der Sarazene beschämten und die göttliche Lehre uns predigten, daß Ergebenheit in Gott von unserm Wähnen über Gott so gar nicht abhängig sei – ehe noch Joseph der Zweite die fürchterliche Hyder des frommen Hasses bekämpfte, pflanzte die Schaubühne Menschlichkeit und Sanftmut in unser Herz, die abscheulichen Gemälde heidnischer Pfaffenwut lehrten uns Religionshaß vermeiden – in diesem schrecklichen Spiegel wusch das Christentum seine Flecken ab.

Mit ebenso glücklichem Erfolge würden sich von der Schaubühne Irrtümer der Erziehung *bekämpfen lassen; das Stück ist noch zu hoffen, wo dieses merkwürdige Thema behandelt wird. Keine Angelegenheit ist dem Staat durch ihre Folgen so wichtig als diese, und doch ist keine so preisgegeben, keine dem Wahne, dem Leichtsinn des Bürgers so uneingeschränkt anvertraut, wie diese ist. Nur die Schaubühne könnte die unglücklichen Schlachtopfer vernachlässigter Erziehung in rührenden, erschütternden Gemälden an ihm vorüberführen; hier könnten unsre Väter eigensinnigen Maximen entsagen, unsre Mütter vernünftiger lieben lernen. Falsche Begriffe führen das beste Herz des Erziehers irre; desto schlimmer, wenn sie sich noch mit* Methode *brüsten und den zarten Schößling in Philantropinen und Gewächshäusern systematisch zugrund richten.*

Hier spricht einer, der es erfahren hat; er wird dennoch niemals ein Stück über Erziehungsfragen schreiben. Ein Krieg, der die Deutschen im siebzehnten Jahrhundert von der Höhe der Zeit in den Abgrund der Verwüstung und Dezimierung gestürzt hatte (in vielen Gegenden war fast die Hälfte der Bevölkerung ums Leben gekommen), hatte die Nationwerdung der Deutschen um

mehr als hundert Jahre zurückgeworfen; kann das Theater ihnen geben, was die Politik nicht vermag? Schiller wagt es zu hoffen:
Unmöglich kann ich hier den großen Einfluß übergehen, den eine gute stehende Bühne auf den Geist der Nation haben würde. Nationalgeist eines Volkes nenne ich Ähnlichkeit und Übereinstimmung seiner Meinungen und Neigungen bei Gegenständen, worüber eine andere Nation anders meint und empfindet. Nur der Schaubühne ist es möglich, diese Übereinstimmung in einem hohen Grad zu bewirken, weil sie das ganze Gebiet des menschlichen Wissens durchwandert, alle Situationen des Lebens erschöpft und in alle Winkel des Herzens hinunterleuchtet; weil sie alle Stände und Klassen in sich vereinigt und den gebahntesten Weg zum Verstand und zum Herzen hat. Wenn in allen unsern Stücken ein Hauptzug herrschte, wenn unsre Dichter unter sich einig werden und einen festen Bund zu diesem Endzweck errichten wollten – wenn strenge Auswahl ihre Arbeiten leitete, ihr Pinsel nur Volksgegenständen sich weihte – mit einem Wort, wenn wir es erlebten, eine Nationalbühne zu haben, so würden wir auch eine Nation. Was kettete Griechenland so fest aneinander? Was zog das Volk so unwiderstehlich nach seiner Bühne? – Nichts anders als der vaterländische Inhalt der Stücke, der griechische Geist, das große überwältigende Interesse des Staats, der besseren Menschheit, das in denselbigen atmete.

Kein Hoftheater – ein durch den Staat finanziertes Volkstheater schwebt Schiller vor, und der Weg, den er ihm vorzeichnet: durch Bildung zur politischen Einheit, von der Kultur zur Nation, ist der einzige, der, verheerende Kriege außer Betracht gelassen, für ein so zerrissenes Gebilde wie den deutschen Staatsflickenteppich in Frage kommt.

»Die Schaubühne als eine moralische Anstalt betrachtet« – diesen Titel findet Schiller erst, als er den Text dieses Vortrags achtzehn Jahre später in eine vierbändige Essaysammlung aufnimmt, er ist ein ebenso geflügeltes wie mißverständliches Wort geworden. Denn Schillers Theater ist nicht als pädagogische Einrichtung gedacht, seine eigenen Stücke sind allem Lehrhaften so fremd, daß das Wort von der moralischen Anstalt fast wie eine Tarnung bedünkt. Es geht nicht zuletzt um »frischere Wallungen«:

Die Schaubühne ist die Stiftung, wo sich Vergnügen mit Unter-

richt, Ruhe mit Anstrengung, Kurzweil mit Bildung gattet, wo keine Kraft der Seele zum Nachteil der andern gespannt, kein Vergnügen auf Unkosten des Ganzen genossen wird. Wenn Gram an dem Herzen nagt, wenn trübe Laune unsre einsame Stunden vergiftet, wenn uns Welt und Geschäfte anekeln, wenn tausend Lasten unsre Seele drücken und unsre Reizbarkeit unter Arbeiten des Berufs zu ersticken droht, so empfängt uns die Bühne – in dieser künstlichen Welt träumen wir die wirkliche hinweg, wir werden uns selbst wiedergegeben, unsre Empfindung erwacht, heilsame Leidenschaften erschüttern unsre schlummernde Natur und treiben das Blut in frischere Wallungen.

Am Ende steht eine Vision, hochfliegend und weltumfassend; sie nimmt sich wie der Prosavorgriff auf ein Gedicht aus, das noch entfernt ist, Gestalt anzunehmen:

Und dann endlich – welch ein Triumph für dich, Natur! – so oft zu Boden getretene, so oft wieder auferstehende Natur! – wenn Menschen aus allen Kreisen und Zonen und Ständen, abgeworfen jede Fessel der Künstelei und der Mode, herausgerissen aus jedem Drange des Schicksals, durch eine *allwebende Sympathie verbrüdert, in* ein *Geschlecht wieder aufgelöst, ihrer selbst und der Welt vergessen und ihrem himmlischen Ursprung sich nähern. Jeder Einzelne genießt die Entzückungen aller, die verstärkt und verschönert aus hundert Augen auf ihn zurückfallen, und seine Brust gibt jetzt nur* einer *Empfindung Raum – es ist diese: ein Mensch zu sein.*

Dies alles und einiges mehr trägt Schiller am 26. Juni der Deutschen Gesellschaft vor, deren Mitglied er seit einem halben Jahr ist. Sie ist keine Kunstakademie, sondern eine Gelehrtengesellschaft, und man kann sich die erstaunten Mienen der vorwiegend älteren Herren vorstellen, die dieser flammenden Ansprache lauschen. Für ihre Zeitschrift halten sie den Text nicht geeignet.

BÖSE STREICHE

Paßt er in Schillers »Mannheimer Dramaturgie«? Der Autor ahnt, daß die Verlängerung seines Theatervertrags in Gefahr ist, und offeriert dem Intendanten die Gründung einer Zeitschrift, die er »vor mich allein in die Welt« schicken möchte. In einer Hamburgischen Dramaturgie hatte einst Lessing auf sein Theater geblickt; Schiller hat etwas Ähnliches vor. Außerdem bereitet er Dalberg, dem er vertraglich das dritte Stück schuldet, auf »Don Karlos« vor, das Drama, auf dessen Stoff der Intendant selbst ihn einst gebracht hat – wird er anbeißen? Der Autor beruhigt ihn über den Charakter dessen, was er vorhat:

Von Ew. Exzellenz erwarte ich einen ernsthaften Rat zu meiner letzten Entschließung, welches Sujet ich wählen soll? Karlos würde nichts weniger sein als ein politisches Stück – sondern eigentlich ein Familiengemälde in einem fürstlichen Hause, und die schreckliche Situation eines Vaters, der mit seinem eigenen Sohn so unglücklich eifert, die schrecklichere Situation eines Sohnes, der bei allen Ansprüchen auf das größte Königreich der Welt ohne Hoffnung liebt und endlich aufgeopfert wird, müßten, denke ich, höchst interessant ausfallen. Alles, was die Empfindung empört, würde ich ohnehin mit größter Sorgfalt vermeiden.

Abgesehen von der diplomatischen Note solcher Versicherungen (Dalberg soll nicht fürchten müssen, eine »Louise Millerin« im historischen Gewand zu bekommen): Schiller ist auf dem Rückweg aus dem Sturm und Drang. Das neue Stück soll in Blankversen gehalten sein, dem auch von Dalberg favorisierten fünfhebigen Versfuß der Shakespeareschen Stücke, den Lessings »Nathan« als deutschen Dramenvers durchgesetzt hat; er ist sehr viel konziser als der auf sechs Betonungsfüßen gehende Vers der französischen Klassik. In einem zweiten, kurz vor dem Ende des Anstellungsvertrags an Dalberg gesandten Brief bekräftigt der Autor seinen Aufbruch zu neuen Horizonten. Auch die französische Klassik – Corneille und Racine also, die Hofdramatiker des französischen Absolutismus – soll dabei helfen:

Ich habe gegenwärtig meine Zeit zwischen eigenen Arbeiten und französischer Lektüre geteilt. Warum ich das letztere tue, werden E. E. gewiß billigen. Fürs erste erweitert es überhaupt meine dra-

matische Kenntnis und bereichert meine Phantasie, fürs andere hoffe ich dadurch zwischen zwei Extremen, englischem und französischem Geschmack, in ein heilsames Gleichgewicht zu kommen. ... Karlos ist ein herrliches Sujet, vorzüglich für mich. Vier große Charaktere, beinahe von gleichem Umfang, Karlos, Philipp, die Königin und Alba öffnen mir ein unendliches Feld. Ich kann es mir jetzt nicht vergeben, daß ich so eigensinnig, vielleicht auch so eitel war, um in einer entgegengesetzten Sphäre zu glänzen, meine Phantasie in die Schranken des bürgerlichen Kothurns einzäunen zu wollen, da die hohe Tragödie ein so fruchtbares Feld und für mich, möcht ich sagen, da ist ... froh bin ich, daß ich nunmehr so ziemlich Meister über den Jamben bin; es kann nicht fehlen, daß der Vers meinem Karlos sehr viel Würde und Glanz geben wird.

»Die Schranken des bürgerlichen Kothurns«: das zielt auf »Kabale und Liebe«. Das drohende Vertragsende vor Augen, gibt der Autor das Zeitstück preis, dessen politische Brisanz im Hintergrund seiner Entlassung steht. Ende August wird dieser Brief an den in der Ferne weilenden Freiherrn geschrieben, der schon Wochen vorher einen deutlichen Hinweis auf das Ende der Anstellung gegeben hat. Statt die Vertragsverlängerung anzukündigen und Ermutigung zum neuen Stück, zum neuen Weg zu geben, schickt er im Juni einen Medizinmann höheren Ranges zu seinem Dramaturgen, der Miene macht, ihm durch eine Theaterzeitschrift ins Handwerk zu pfuschen, und auch noch glaubt, die Intendanz werde das finanzieren. Schiller, meint Dalberg und rät der zu ihm gesandte Hofrat, soll zur Medizin zurückkehren. Der also Beratene ist zur Bestürzung seines Freundes Streicher sogleich Feuer und Flamme. Der Brief, mit dem er auf den Besuch des Hofrats May reagiert, ist denkwürdig durch den Grad des Selbstzweifels und der Selbsttäuschung; er ist das Symptom einer tiefen Krise:

Aber lange schon zog mich mein eigenes Herz dahin; lange schon habe ich, nicht ohne Ursach, befürchtet, daß früher oder später mein Feuer für die Dichtkunst erlöschen würde, wenn sie meine Brotwissenschaft bliebe, und daß sie im Gegenteil neuen Reiz für mich haben müßte, sobald ich sie nur als Erholung gebrauchte und nur meine reinsten Augenblicke ihr widmete. Dann nur kann ich mit ganzer Kraft und immer regem Enthusiasmus Dichter sein – dann nur hoffen, daß meine Leidenschaft und Fähigkeit für die Kunst durch mein ganzes Leben fortdauern würde.

»Nur ein Jahr« habe er nötig, »das Versäumnis in meinem Fach nachzuholen und mich öffentlich mit Ehre darin zu zeigen«. Für dieses Jahr, in dem er für das Theater nichts werde arbeiten können, erbittet er Dalbergs finanzielle Unterstützung. »Ich stehe auf dem Scheideweg; alles, mein ganzes Schicksal hängt jetzt von Ihnen ab«, dringt er in den Vice-Kammerpräsidenten und winkt ihm mit süßem Lohn: »Wenn ich es je dahin bringe, der Welt wichtig zu werden, so weiß ich auch gewiß, daß ich denjenigen nicht vergesse, dem ich alles, alles schuldig bin.«

Kann man einen solchen Notruf überhören? Dalberg hat sich auf sein nahe Worms gelegenes Landschloß zurückgezogen und hüllt sich in Schweigen. Niemand ist darüber erleichterter als Andreas Streicher, der musikalische Hausgenosse, der manchmal das Klavichord spielt, während Schiller sich in die Melodie des Blankverses einstimmt; gelegentlich werden beide zu den Kalbs eingeladen. Charlotte ist nicht nur hochpoetisch, sie ist auch sehr musikalisch und weiß Streichers Kunst zu schätzen. Auch ins Theater geht man gemeinsam, so am 19. August in »König Lear«. Iffland spielt die Titelrolle, und Schiller widmet seiner Darstellung ein paar Tage später eine kleine Abhandlung:

Unstreitig weicht dieser große Künstler keinem einzigen Deutschlands. Sein Spiel ist geistvoll und wahr, nicht bloße Arbeit der Lunge und der Gurgel, womit unsere Theaterhelden gewöhnlich dem Publikum Furcht und Erstaunen, wie Straßenräuber dem Reisenden das Geld mit gespannter Pistole, abtrotzen. Sein Fach ist das ganze Gebiet aller zärtlichen und feinen Empfindungen, des feierlichen Ernstes wie des satirischen Spottes. Seine Darstellung ist ganz; keine Grimasse, keine Bewegung des unbedeutendsten Muskels straft die anderen Lügen. ... nichts erinnert uns, daß dieser Lear der Franz Moor sei, den wir zwei Monate vorher mit schaudernder Bewunderung anstarrten.

Er umwirbt den gleichaltrigen Schauspieler, der ihn als Stückeschreiber beim Publikum überflügelt hat, nicht nur mit »Verbrechen aus Ehrsucht«. Noch drei weitere Stücke des dichtenden Starschauspielers sind auf der Mannheimer Bühne erfolgreich gewesen, es sind moralisierende Rührstücke aus dem bürgerlichen

Milieu. Dennoch sieht Iffland, der Autor, in Schiller, an dessen hochfliegendem Selbstbewußtsein und entschiedenem künstlerischen Willen sich noch andere stoßen, offenbar einen Widerpart; Anfang August – Schiller war gerade in Schwetzingen – hatte er sich in einer von dem Gothaer Autor Friedrich Wilhelm Gotter verfaßten Posse namens »Der schwarze Mann« zu einer Karikatur des Kollegen hergegeben, die überaus wirkungsvoll geraten war. Flickwort hieß in dem zweiaktigen Stück ein hungernder Theaterdichter voller hochfliegender Pläne und auftrumpfender Reden, der einem Engländer, der ihn bewirtet, erklärt, das deutsche Publikum liebe »das Starke, das Ungeheure«: »Es will nicht seufzen, sondern schluchzen, nicht schaudern, sondern erstarren. Dank sei es meinen Bemühungen! Gift, Feuer und Schwert sind ihm alltägliche Dinge geworden. Es badet sich im Blute; es lustwandelt auf Leichnamen und Schädeln; es spottet der nüchternen Franzosen, deren Nerven ebenso schwach sind als ihre Köpfe. Die Engländer waren unsre Lehrer und bald – ja, mein Herr, es tut mir leid um Ihre Nation – bald werden sie Schulknaben gegen uns sein.«

Die tiefe Aversion des vom französischen Theater erzogenen Gotter gegen die Elisabethaner-Anlehnung der Stürmer und Dränger macht sich in dieser Szene Luft, an deren Ende der Shakespeare-Überbieter in den Klageruf ausbricht: »Theaterunternehmer und Buchhändler sind durch mich Kapitalisten geworden, und ich selbst habe nichts als Lorbeeren und – Schulden!« Auch hat dieser Dramatiker Mühe, seinen Stücken den richtigen Schluß zu finden. »Aber der fünfte Akt?« ruft das junge Genie verzweifelt:

O du unseliger Fünfter! Klippe meiner schiffbrüchigen Kollegen, soll auch ich an dir scheitern? Zwei Wege liegen vor mir – beide von Aristoteles gezeichnet. Die Verschwörung wird entdeckt – der König, ein zweiter August, siegt über sich selbst – die Verschwörer erhalten Gnade. (Nach einer Pause) Nein! Das sieht zwanzig anderen Stücken so ähnlich. – Ich stehle nicht. – Ich bin ein Original! – Ich lasse die Tugend unterliegen. Je unmoralischer, desto schrecklicher!

Die Anspielung auf den »Fiesko«-Dichter, der für sein tragisch endendes Stück ein Happy-End gefunden hatte, war nur zu deutlich; sie ging auf der Bühne bis in Einzelheiten der Kleidung.

Daß Iffland, dem Schillers Stücke drei exorbitante Rollen beschert hatten: Franz von Moor, Verrina und den Sekretär Wurm, sich für die Parodie des von Entlassung bedrohten Dramatiker-Kollegen hergab, war ein Skandal, der vor dem aus der Sommerfrische zurückgekehrten Autor sorgfältig verborgen wurde (auch Streicher erwähnt den Vorfall mit keinem Wort); so konnte dieser zwei Wochen später dem Lear-Darsteller Iffland ganz unbefangen seine Huldigung darbringen. Dessen heimtückische Spaßattacke auf den Abwesenden zeugte andererseits davon, mit welcher Prägnanz sich der Dichter den Mannheimern eingeprägt hatte; mit Licht- und Schattenseiten war er als eine stadtbekannte Persönlichkeit beglaubigt.

Iffland, der Missetäter, erging sich nach Schillers faktischer Entlassung (genaugenommen war es eine nicht vollzogene Vertragsverlängerung) in einer ambivalenten Selbstkritik an die Adresse des Intendanten, der von der Ansetzung der Gotterschen Posse zweifellos Kenntnis gehabt hatte; womöglich hatte er dem Autor, mit dem er in Briefverbindung stand, Züge zu seinem Flickwort geliefert. Iffland schrieb ihm:

Wir hätten dieses Stück niemals geben sollen. Aus Achtung für Schiller nicht. Wir selbst haben damit im Angesicht des Publikums (das ihn ohnehin nicht ganz fasset) den ersten Stein auf Schiller geworfen. Ich habe ängstlich jede Analogie vermieden, dennoch hat man gierig Schiller zu dem Gemälde sitzen lassen. Schon damit ist die Unfehlbarkeit von Schiller genommen, die Unverletzlichkeit des großen Mannes. Wie soll er nun mit seinen Werken auftreten?

Am Ende des Briefes steht der Rat, Gotter, diesen späten, in vielen Genres tätigen Vertreter der französischen Richtung, der einst in Wetzlar zu Goethes Freundeskreis gehört hatte, in den Beirat der Mannheimer Bühne zu berufen. Mit einem Wiegenlied hat dieser zwölf Jahre später dann alles wieder gutgemacht: »Schlafe, mein Prinzchen, es ruhn / Schäfchen und Vögelchen nun, / Garten und Wiese verstummt, / auch nicht ein Bienchen mehr summt«. Die Melodie – von Bernhard Flies – war so schön, daß man sie ohne weiteres Mozart zuschrieb.

Die Ansetzung der Flickwort-Posse war mehr als eine Intrige – sie war ein vom Intendanten geduldeter Aufstand des Ensembles wider einen Autor gewesen, der das Fassungsvermögen des Publikums wie der Schauspieler durch geistigen Anspruch und entfesselte Emotionalität überfordert hatte. »Die Kräfte der Schauspieler sind zu bedenken«, hatte Iffland in einem andern Brief an den Intendanten geschrieben: »Es ist nicht übertrieben, wenn ich sage, daß ich den Cassius, Franz Moor, Lear und Verrina in einem Karneval nicht liefern könnte, ohne meiner Gesundheit oder meinem Künstlergefühl förmlich zu entsagen.«

Das war glaubhaft; die Überbeanspruchung hing damit zusammen, daß diese Bühne mit dem tausend Zuschauer fassenden Saal ein leidlich volles Haus nur bekam, wenn sie fortwährend neue Stücke präsentierte, möglichst solche, die dem Bedürfnis des Publikums nach harmlos-gemütvoller Widerspiegelung seiner eigenen Lebenssphäre entgegenkamen. Die Rebellion der Stürmer und Dränger hatte ein Jahrzehnt lang den Reiz des Neuen gehabt, nun hatten »jene wilden Erzeugnisse« ihre Wirkung erschöpft. Schiller selbst begriff: er war mit »Kabale und Liebe« an einen Wendepunkt gelangt; seine Dramen-Triade war das fulminante Finale jener theatralischen Jugendrevolte gewesen, die 1774 mit Goethes »Götz« eingesetzt hatte; von den *Vierundsiebzigern* hätte danach die Rede sein können. Es gilt, neu anzusetzen – »Don Karlos« ist der Stoff, den sich Schiller dafür ersehen hat, in dem deutlichen Gefühl, daß das keine leichte Sache sein werde. Charlotte v. Kalb ist dabei hilfreich; kritisch-wach trägt sie die Erfahrung ihrer Klasse in sich und kann Schiller in den höfischen Ton, das höfische Wesen einweihen, in seine Fallen und Feinheiten. Als man mitsammen in den »Lear« geht, ist sie hochschwanger und bringt im September einen Sohn zur Welt; er wird auf den Namen Fritz getauft.

Streicher, der getreue Eckart auch dieser zweiten Mannheimer Zeit, ist nicht zuletzt um des »Karlos« willen froh, daß Schillers Absicht, sich der Medizin zuzuwenden, eine Phantasmagorie bleibt. Nicht nur in den Arzt Schiller, auch in dessen präsumtive Patienten denkt er sich hinein:

Was hätte auch die Welt, was Schiller dabei gewonnen, wenn derjenige, den er als seinen hohen Gönner achtete, einige hundert Gulden daran gewagt hätte, damit der Dichter wieder in einen Arzt, das heißt in einen solchen Mann umgewandelt würde, der alles, was er bisher geschaffen, vergäße ... Auch wären die Anstrengungen von neuen zwei Jahren um so gewisser vergeblich gewesen, da er sich wohl nie zu dem ängstlichen Fleiße, zu einer in das kleinste eingehenden Teilnahme hätte herablassen mögen, ohne die ein ausübender Arzt gar nicht gedacht werden ... darf. Wahrscheinlicherweise hätte er sich in das Philosophische der Medizin geworfen; vielleicht ... hätte er ein ganz neues System der Heilkunde aufgestellt.

KOMPLIKATIONEN, WOHIN MAN BLICKT

Streichers Erleichterung hilft Schiller nicht aus der Klemme; wie eine Gewitterwand türmt sich die Schuldenkrise vor ihm auf. Zu allem Überfluß kommt Besuch. Es soll eine persönliche Überraschung sein, aber es wird eine briefliche, mit der der Vater jene torpediert. Er ist nicht eben ein Psycholog und schreibt dem »besten liebsten Sohn«:

Letzten Samstag den 26ten dieses haben wir einen ganz unvermuteten Besuch von einem seiner besten Freunde aus Sachsen bekommen. Es ist solches Herr Rat und Bibliothekar Reinwald von Sachsen Meinungen, ein ganz vortrefflicher Mann, den ich immerhin um mich haben möchte. Heute hat er eine Reise nach Stuttgart, Ludwigsburg und Tübingen, desgleichen auch auf den Asperg zu Herrn Schubart und nach Mühlhausen zu Herrn Pfarrer Fulda vorgenommen, nach welcher er wieder zu uns hierher kommen – von hier nach Mannheim reisen – und Christophine dahin mitnehmen wird. Es ist mir zwar verboten, Ihm etwas hiervon zu schreiben, denn er sollte überrascht werden. Da ich aber besorge, Er möchte selbst eine kleine Reise machen oder wenigstens doch wünschen, einen solchen Besuch vorhero zu wissen: so hab ichs nicht übers Herz bringen können es zu verschweigen. Hierbei aber ersuche ich Ihn doch, Sich hiervon nichts merken zu lassen und zu tun, als ob er wirklich überrascht worden sei.

Was ich Ihn ferner bitte ist dieses, daß Er doch Herrn Reinwald: der es wahrhaftig gut mit Ihm meint, in allen Stücken so wie dem besten Freund und Vater oder Bruder folgen möchte, und Er wird finden, daß dessen Rat der beste ist, denn er besitzt eine ausgedehnte Kenntnis der Menschen, und dieses ist eben der Stein des Anstoßes, an dem Er mein bester Sohn schon so oft sich wehe getan hat.

Schiller fällt aus allen Wolken. Zwar ist Reinwald inzwischen so klug gewesen, ihn wissen zu lassen, daß er Verbindung mit Christophine aufgenommen hat; in einem Brief hat er so getan, als habe er, nach Schillers Abreise aus Bauerbach lange ohne Nachricht, sich bei ihr nach dessen Mannheimer Ergehen erkundigt. Schiller hatte nicht darauf geantwortet, nur durch Henriette v. Wolzogen hatte der Bibliothekar etwas von Schillers Befinden gehört; das hatte ihn so aufgebracht, daß er in einem Brief auf die Solitüde munter weiter gegen sie intrigiert hatte, immer voll Sorge, daß Schiller von seinen Zwischenträgereien Wind bekommen könnte:

Bloß durch den Weg dieser Dame weiß ich etwas weniges von Ihrem Herrn Bruder, der mir auf verschiedene Briefe nie geantwortet hat, und seit er in Mannheim ist, hab ich bloß ein Billet von 6 Zeilen von ihm. Meine Ahndung ist völlig eingetroffen, daß seine Revenüe noch nicht so fällt, daß er deren froh werden kann. Von dem, was er auf Abschlag und zum Teil vorschußweise dort erhalten, hat er ein Beträchtliches an Fr. v. W. zurückzuzahlen; und auch das hat mir geahndet. Ich sagte ihm längst, er möchte sich da nicht abhängig machen, aber das wurde nicht wohl aufgenommen, und nun erfodert freilich der Wohlstand, seiner Wohltäterin oft zu schreiben.

Ich muß mich fassen, wenn der gute Mann, dessen Herz ich gewiß schätze, mißtrauisch gegen mich sein sollte: ich bebe nicht bei der Erinnerung dessen, was ich gesagt oder geschrieben habe, ich habe überlegt gehandelt.

Dies alles ist, wie schon der erste Brief, mehr zu Schillers Vater als zu Schillers Schwester gesagt; um die Tochter zu gewinnen, schreibt sich der Sekretarius in das Herz des Vaters hinein.

Schiller der Sohn ist keineswegs mißtrauisch geworden, er hat bloß keine Zeit zum Briefeschreiben gefunden. Aber daß das Meininger Bruderherz nun auf der Solitüde auftaucht und mit seiner Schwester auf Reisen geht, alarmiert ihn auf höchste; auch die sonderbaren Bemerkungen des Vaters über seine Bauerbacher Zeit mögen sich ihm entschlüsseln. Zu allem Überfluß macht der Vater den Fehler, ihm Reinwald als eine Art Vormund und

Vater-Stellvertreter anzukündigen; falscher kann Kaspar Schiller es überhaupt nicht anstellen. Aber natürlich, er möchte den seiner Lenkung Entsprungenen, der Miene macht, die Welt zu erobern, und dabei fortgesetzt auf die Nase fällt, gern wieder an die Leine nehmen; so ist diese Besuchsankündigung auch ein Schachzug in dem Machtkampf dieser beiden. Auch Streicher lernt Reinwald nun kennen; er schildert ihn als einen Mann, den »Hypochondrie und immerwährende Kränklichkeit sehr reizbar und empfindlich machten«, und rühmt im übrigen »seine Kenntnisse und sein Herz«.

Noch im Mai war Schiller, sich einer lang aufgestauten Briefschuld entledigend, so leichtsinnig gewesen, dem Meininger Freund zu schreiben:

Wie haben Sie gelebt, mein Teurer? Wie steht es mit Ihrem Gemüt, Ihrer Gesundheit, Ihren Zirkeln, Ihren Aussichten in bessere Zukunft? – Ist noch kein Schritt zu einer solidern Versorgung geschehen? Müssen Sie sich noch immer mit den Verdrießlichkeiten eines armseligen Dienstes herumstreiten? – Hat auch Ihr Herz noch keinen Gegenstand gefunden, der Ihnen Glückseligkeit gewährte?

Er hatte das letztere unterstrichen – und nun soll seine geliebte Phinele diese Glücksbringerin sein? Schiller vereist, als die beiden ihn Ende Juli in Mannheim besuchen; ein Ausflug nach Heidelberg, wo man zusammen mit Knigge, der den Illuminaten inzwischen Valet gesagt hat, das berühmte Faß in Augenschein nimmt, lockert ihn nur notdürftig auf. Für Christophine, die inzwischen fast siebenundzwanzig ist, in dieser Zeit fast schon jenseits des Heiratsalters, bedeutet die von Reinwald betriebene Verehelichung die Befreiung aus der elterlichen Abhängigkeit, mit dem Füttern von Gänsen und Enten und vielen andern Dienstbarkeiten. Auch spricht dessen Anhänglichkeit an den Bruder für diesen Mann, der ihr eine zwar ärmliche, aber geachtete Lebensstellung bietet. Nach der Heimkehr von dem mißglückten Mannheimer Ausflug schreibt sie Fritz einen langen Brief, darin findet er den Satz: »Ich kann mich fast nimmer an die Solitude gewöhnen, so sehr tut es mir and nach Dir und Mannheim.« *And*, das ist das altertümliche Wort für *weh*. Auch Reinwald schreibt, er wirbt um Verständnis:

Sie hätten mir Ihr volles Herz immer anvertrauen können, ich konnte doch einen Gedanken haben, der Sie erleichterte. Mein ganzer Zweck, worum ich lebe, geht dahin, notdürftig zu leben und mit meinen schwachen Kräften wenigstens einen Faden zu spinnen, der sich in meines Bruders Glück webt. Ich will von Ruhm und Verachtung gleich weit sein und ich bin es wirklich.

Von Ihrer Schwester hör ich nichts, und die Furcht, daß sie krank sein möchte, durchschneidet mir das Herz. Ich kann nicht dafür, daß ich sie liebe. Ich habe keinen Grund finden können, gleichgültig gegen sie zu sein: man sucht sich zu gefallen, man wird sich unvermerkt unentbehrlich, und das ist sie mir, um so mehr, da ich an keinem andern weiblichen Geschöpfe mehr Geschmack finden kann.

Kann das Schiller beruhigen? Er ist am Nerv seiner tiefsten Seelenempfindlichkeit getroffen und transponiert den Konflikt theatralisch, eine Fortsetzung der »Räuber« entwerfend, die er dem Freiherrn v. Dalberg Ende August wie eine Lockspeise vorsetzt:

Nach dem Karlos gehe ich an den 2ten Teil der Räuber, welcher eine völlige Apologie [Rechtfertigung] des Verfassers über den ersten Teil sein soll, und worin alle Immoralität in die erhabenste Moral sich auflösen muß. Auch dieses ist unermeßliches Feld für mich.

Das unermeßliche Feld begrenzt sich – in dieser oder späterer Zeit – in einem Entwurf, der die Krise ins Relief treibt. Dalberg hätte es geschaudert, wenn er Einblick genommen hätte, erst recht Christophine, Reinwald und Johann Kaspar. Der Räuberhauptmann hat hier überlebt und lebt »unerkannt unter dem Namen Graf Julian«:

Karl Moor ist Vater von einem Sohn und einer Tochter. Die Tochter soll vermählt werden, aber der Bruder liebt sie leidenschaftlich und kann den Gedanken nicht ertragen, sie in die Arme eines andern wandern zu sehen. Er hat seine Leidenschaft bisher noch zu verbergen gewußt, und niemand als die Schwester weiß darum. Der Vater ist streng und wird gefürchtet.

Beim herannahenden Vermählungstag bricht die Leidenschaft des Bruders aus. Er gesteht sie der Schwester, der Geist hetzt ihn, er hat eine Furcht und einen gewissen Widerwillen gegen den Vater.

Ein Parricide muß begangen werden, fragt sich von welcher Art.

Vater tötet den Sohn oder die Tochter.

Bruder liebt und tötet die Schwester, Vater tötet ihn.

Vater liebt die Braut des Sohns.

Bruder tötet den Bräutigam der Schwester.
Sohn verrät oder tötet den Vater.

Ein Parricide, das ist ein Vatermord; in »Wilhelm Tell« wird Schiller zwanzig Jahre später eine Randfigur so nennen, Johannes Parricida, und diesen Kaiserenkel und Onkelmörder wie zur Entlastung von Stück und Autor von dem geglückten Tyrannenmord als einen Unglücklichen und Verfemten durch das Stück geistern lassen.

»Die Braut in Trauer« (so überschreibt der Autor später das Konvolut seiner »Räuber«-Fortsetzungsentwürfe), das ist Christophine aus Schillers Perspektive. Aber nicht ein zweiter Teil der »Räuber«, sondern der im Entstehen begriffene »Karlos« nimmt den Konflikt auf und lädt sich mit Schillers tiefgefühlter Empörung über die sich anspinnende Ehe auf; seine Ohnmacht und Hilflosigkeit, aber auch seine Egozentrik und Überspanntheit malen sich in dem verzweifelten Prinzen. Zunächst jedoch wird der Vater zum Adressaten seines Unmuts; dieser reagiert schroff auf Fritzens Einwände:

Was den Punkt seiner Schwester anbelangt, da zweifle ich mehr, ob ihr Betragen dem Herrn Reinwald gefällig genug als daß sie ihm zu arm sei. So, wie wir diesen Herrn haben kennen lernen, kann er mit 100 fl. besser auslangen als Er, mein Sohn, mit 1000 und nichts destoweniger ist und bleibt er immer gehörig arrangiert. Da auch seine Person nicht anziehend und gewisse Launen ihn beim andern Geschlecht nicht sonderlich rekommandieren können, welches mit Ursache sein mag, daß er bis jetzo noch nicht verheuratet ist: so wird er, um es zu werden, eines Teils nicht viel wählen können, andernteils aber wahrscheinlich mehr aus Neigung als aus Eigennutz eine Verbindung eingehen. Es wird darauf ankommen, was beide Personen füreinander empfinden und aus welchem Gesichtspunkt jedes diese Sache ansiehet; wir Eltern müssen es lediglich der göttlichen Vorsehung überlassen.

Kaspar Schiller hat Grund zu Vorhaltungen, denn eine neue Schuldenaltlast ist akut geworden. Es ist das Geld, das vor drei Jahren der Erstdruck der »Räuber« gekostet hat; er hatte so wenig Käufer gefunden, daß Schiller die Summe nicht erstatten konnte (heute zahlt man für eins der Exemplare 12 500 Euro). Ein Ungenannter fordert Schiller hundertfünfzig Gulden ab, für die in

Stuttgart damals eine freundwillige Korporalsfrau, Fricke mit Namen, gebürgt hat; von Schuldhaft bedroht, flieht sie nach Mannheim und wird dort von den pfälzischen Behörden in Gewahrsam genommen. Schiller bekennt den Eltern seine Desperation und bittet um Hilfe. »Zwischen heut und 14 Tage«, bekommt der Vater zu lesen, »stehe alles auf der Wage«, und wenn er sich nicht helfen könne, müsse er »zu desperaten Hülfsmitteln seine Zuflucht nehmen«. Desperat, verzweifelt: das Wort kommt hier zum zweiten Mal vor und macht den Eltern »die Haut schaudern« – was meint es? Denkt Schiller daran, sich das Leben zu nehmen, wie schon einmal in Frankfurt auf der Mainbrücke, will er aus Deutschland entweichen, nach England oder Amerika, die ihm schon früher einmal als Fluchtländer vor Augen standen? Seine Krise hat sich bis zur Solitüde herumgesprochen und Mutter Elisabeth »in der Hausschneiderei allhier« erfahren,

man sage in Stuttgart, daß Er, mein Sohn, der Corporal Frikin ihre falsche Wechsels geschrieben, und daß Er deswegen in Mannheim arretiert worden. Ich für meine Person kann es unmöglich glauben, daß Er sich so vergessen und so weit unter die gemeine Rechtschaffenheit eines jeden ehrliebenden Menschen erniedrigt haben werde, dieser schändlichen Vettel zu ihren Schelmereien behilflich zu sein.

Der Schock zu Hause ist groß; der einzige Sohn, dieser junge Mann mit dem genialischen Äußeren und den Theaterstücken voller Aufruhr und Empörung, scheint als Wechselfälscher in aller Munde zu sein. Der Vater verweist ihm seine briefliche »Klage über Ungerechtigkeit des Schicksals« und wird, immer in der dritten Person, sarkastisch:

Daß Er sich ganze 8 Monate mit Wechselfiebern geschleppt hat, das macht seinem studio keine Ehre, und Er würde ganz gewiß einem Patienten in dem nämlichen Falle die bittersten Vorwürfe gemacht haben, daß er sich in der Diät und dem Regimine nicht nach der Vorschrift verhalten.

Kaspar Schiller, der seine Laufbahn als Barbier begann, der es in der Armee über die Zwischenstufen erst eines Feldschers, dann eines Werbeoffiziers bis zum Hauptmann gebracht hat und seit neun Jahren als Vorgesetzter der Herzoglichen Hofgärtnerei Dienst tut, ist nicht ohne Verständnis für die Ansprüche der Jugend:

Wir sind nicht so unbillig, daß wir uns in Gedanken nicht in seine notwendige Lage sollten setzen können; daß Er nämlich als ein fremder junger Mann, welcher die Absicht hat, sich in Mannheim zu etablieren, es an dem äußerlichen Anstand nicht dürfe fehlen lassen; daß es in Mannheim nicht wohlfeil zu leben sei; daß sein dermaliger Beruf ihm auch Gelegenheit zu unnötigen Ausgaben mache und so weiter

Aber dann kann er sich doch nicht enthalten, grundsätzlich zu werden:

Mein lieber Sohn! Er hat noch nie recht mit sich selber gerungen, und ist es höchst unanständig und sündlich, sein Nichtwollen auf die Erziehung in der Akademie zu wälzen. Es sind viele gute Leute herausgewachsen, die ebensowenig Unterstützung gehabt oder verlangt haben, und sie bringen sich anjetzo wohl fort, sind geachtet und versorgt. Was glaubt Er wohl, wie uns Eltern zumut sei, wenn wir zurückdenken, daß Er in alle seine Verlegenheiten nicht gekommen, daß wir tausend Sorgen seinetwegen nicht gehabt haben würden, daß Er ganz gewiß anjetzo das, was Er gesucht, erlangt hätte, wenn er hier geblieben wäre, und daß Er überhaupt glücklicher, mit sich selbst zufriedener und in der Welt brauchbarer wär, wenn er meherer in der Mittelstraße hätte bleiben – und nicht Epoche hätte machen wollen. ... Gott regiere Ihn mit seinem guten Geiste und erwecke ihm Freunde, die ihm aus der Not helfen, wir können nichts weiter tun, als für Ihn beten. Wir umarmen und küssen ihn, sein treuer *Vater Schiller.*

Komm nach Hause und nähre dich redlich: mehr kann dieser Vater, der – Peinlichkeiten ohne Ende – für zwei Altschulden des Sohns bereits geradegestanden hat und selbst nur 390 Gulden im Jahr verdient, dem Sohn nicht sagen. Im März hat er ihn vor der »Nachstellung eines oder des andern Fürsten« gewarnt; wer weiß, ob die Unerbittlichkeit der Stuttgarter Schuldeneintreibung nicht etwas mit dem Stück zu tun hat, dessen württembergischhöfischer Hintergrund jedem Kenner der Verhältnisse deutlich sein mußte. Aus Stuttgart wird der bayerisch-pfälzische Kurfürst zu dieser Zeit darauf hingewiesen, daß sich in das Mannheimer Theater ein württembergischer Deserteur eingeschlichen habe, der Böses im Schilde führe – Karl Eugens Apparat reagiert auf »Kabale und Liebe«. Auch in Hohenheim, im Boudoir der Reichsgräfin Franziska, mag man die Lady Milford aus der Feder des einstigen Lob- und Preisredners zur Kenntnis genommen haben, und keineswegs mit Entzücken. Daß der Herzog die Reichsgräfin im folgenden Jahr ohne den langerwarteten päpstlichen Dispens heiratet (er trifft erst sechs Jahre später ein), könnte auch mit dem Eindruck zusammenhängen, den diese Szenen aus einem Stück, das beide schwerlich ungelesen gelassen haben, auf sie machen.

Schiller steht kurz vor dem Abgrund, da kommt, gewiß von Streicher mobilisiert, Rettung aus nächster Nähe: von seinen und Streichers Hauswirten, dem Ehepaar Hölzel. Die haben selbst nicht viel (Anton Hölzel ist Maurermeister), aber sie borgen sich was und strecken ihrem faszinierenden Mieter die hundert Gulden vor, die nötig sind, die Bürgin auszulösen. Später, als Schiller in Jena Professor geworden ist und einigermaßen regelmäßige Einkünfte hat, kann er den Hölzels selbst unter die Arme greifen; ihrem Sohn verschafft er durch eine Empfehlung an das Mannheimer Theater eine Stelle als Bühnenmaschinist. Bis dahin ist es noch weit.

Vorerst ist Schiller gerettet und muß jenen Ausweg nicht in Betracht ziehen, den der Vater ihm im September bietet. Es ist die Dalbergsche Lösung in einheimischer Form; ein Kaspar Schiller von langer Hand wohlgesinnter Hofbeamter soll sich bei Karl Eugen für die Rückkehr des Sohnes verwenden und dieser dann sechs bis acht Monate lang bei den Eltern umsonst wohnen, um »sich zur Ergreifung des medicinischen Doctor Gradus gehörig vorzubereiten«. Aber die Heimkehr des verlorenen Sohnes mit dessen Einbiegen in die Mittelstraße findet nicht statt und kommt nicht in Betracht. Dennoch: lieber als bei seinen Wirtsleuten stünde Schiller bei seinen Eltern in der Kreide, und so ergeht an den Vater im Laufe des Septembers die Bitte, zugunsten des Sohnes zwei- bis dreihundert Gulden Kredit aufzunehmen. Das Ansinnen zieht ihm einen Brief zu, der die Flucht aus Stuttgart, diesen Freiheitsweg in die materielle Bodenlosigkeit, als Irrweg geißelt:

Ich hab ihn, wie er aus der Academie gekommen, hinlänglich equipiert, unser gnädigster Herzog hat ihm zu einem Anfang und für seine Dienste ein Brot gegeben, bei dem er als ein lediger Mensch, neben dem, was seine Eltern noch täglich zu einiger Er-

leichterung getan, wohl hätte auslangen können – aber da haben alle diese Vorteile, alle meine Lehren, alle Hoffnung auch zu hiesig bessern Aussichten nichts vermögen können; er hat alle meine Gründe bestritten, all meine und anderer Erfahrungen hintangesetzt und nur solchen Phantasien und Leuten gefolgt, die ihn ins Verderben stürzen mußten.

Vater Schiller, ein Mann von ernster, pietistisch grundierter Frömmigkeit, ist dem Sohn in Liebe zugetan, aber die Hilflosigkeit gegenüber dessen Notlage macht ihn hilflos auch dessen Berufung gegenüber, in der Talent, Ehrgeiz, Sendungsbewußtsein, Freiheitsdrang und die Opposition gegenüber der elterlichen Kleinwelt wie der herzoglichen Despotie ein explosives Gemisch bilden. Der überforderte Vater weiß keinen andern Rat, als daß der Sohn in einem Elend, das er sich selbst bereitet hat, die Prüfung Gottes erkennen möge:

Gott selbst hat nach seiner Weisheit und Güte zu seiner Selbst-Erkenntnis keinen andern Weg wählen können, als ihn in den äußersten Druck kommen zu lassen, ihn fühlen zu lassen, daß all unser eignes Wissen und Können, all unsre Hoffnung auf andre Menschen, auf zufällige glückliche Wendung und dergleichen meistens eitel, töricht und vergeblich sind und daß Er es sei, der allein Hilfe schafft, all denen, die ihn mit Ernst und in Geduld darum bitten. Aber wehe dem, der keinen Gott hat, zu dem er in der Not fliehen kann!

Dann legt er Fritzen zwei Louisdor bei, die er sich von einem Freund geborgt hat.

Dieser verstummt zwei Monate lang gegenüber der elterlichen Familie. Dann schreibt er einen Brief (er ist verloren wie alle Briefe des Sohnes an die Eltern aus dieser Zeit), der, die Bitte um Geld erneuernd, den verstärkten Unmut des Vaters herausfordert; dieser fällt danach seinerseits in Schweigen. Christophine ist seit dem Juli-Besuch ohne Nachricht von ihrem Bruder; ihre Verzweiflung über eine nach allen Seiten verfahrene Lage macht sich Ende November in einem Brief Luft, den der Oberhofgärtner Scheidlin mit nach Mannheim nimmt. Es ist ein Schwesterbrief, wie man ihn sich inständig-besorgter nicht denken kann:

Bester Bruder, oft glaube ich, daß Du mich nimmer so liebst, wie ehedem; würdest Du mich nicht Deines Vertrauens würdigen; da

Du weißt, wie sehr mir Deine Umstände bekannt sind, solltest Du alle Deine Bekümmernisse mit mir teilen; freilich würde ich Dir im ganzen wenig helfen können, aber ist es nicht Trost, jemand sein Herz ganz öffnen zu können, wenigstens bei mir wäre dies so, sollte Deine Schwester, die schon viel, gewiß viel gelitten hat, nicht wert sein, Deine Freundin zu sein, die den ganzen Schmerz Deiner Seele aufnimmt. Glaube mir, Lieber, mein Herz litt schon viel um Deinetwegen, vergib mir die Schwäche, Dir dieses Geständnis zu tun, die Stimmung, in der ich Dir dies schreibe, ist zu gedrängt, um es zurückzuhalten. Sind denn Deine Aussichten nicht mehr gegründet, als sie bei unserem Beisammensein waren? Lieber, so kann ich nicht ruhig sein, bis ich Dich ganz frei von allen Dich kränkenden Gegenständen sehe; wäre denn unterdessen kein Mittel gewesen Dir herauszuhelfen, ganz Deine bisherige Lage zu ändern. Denn so kannst Du nie ruhig sein und keine Lust haben, etwas zu arbeiten, wenn Dich von allen Seiten Sorgen der Notwendigkeit bestürmen.

In der Hoffnung auf Hilfe fragt Christophine den Bruder nach denen, die sie in Mannheim als dessen Freunde kennengelernt hat:

Wie stehst Du denn mit Herrn und Frau von Kalb? noch auf eben dem Fuße als anfangs? ich hielt sie so, wie ich sie kennen lernte, vor edle Personen, die ganz Deines Vertrauens würdig sind – ich wünschte, ich hätte das Glück, so wie Du in ihre Gesellschaft gehen zu können, ich würde mir Mühe geben, mich nach dem Charakter der Frau von Kalb bilden zu können, denn ich schätze sie unter allen von meinem Geschlecht am höchsten.

Das ist wie der schwesterliche Segen für eine Beziehung, von der sie ahnen mag, daß sie im Begriff ist, intensiver als zulässig zu werden. Scheiden eben darum die Kalbs als Geldgeber aus? Charlotte, stellt sich heraus, ist selbst in Finanznöten; Reinwald, der sie um Hilfe für Schiller anging (er sorgt sich brüderlich), hat »unter der Hand erfahren«, warum: »Ihr Amtmann ist gestorben und hat zum Nachteil der Fr. von Kalb und ihrer zwei Schwestern einen Bankerutt von 40000 Gulden gemacht. Ingleichen hat ein naher Verwandter von ihnen ihr sämtliches Vermögen 1½ Jahr administriert und binnen der Zeit 30000 Gulden aufgehen lassen.« Der nahe Verwandte ist der entlassene Kammerpräsident.

Aber kann der Verleger Schwan seinem Autor nicht aus der Klemme helfen? Er ist ein reicher Mann, und nicht nur mit ihm – auch mit seiner gescheiten und liebenswürdigen Ältesten steht Schiller auf vertrautem Fuß; es gibt immer wieder Heiratsgerüchte. Einen potentiellen Schwiegervater kann man nicht anpumpen, man geriete sonst unter eine Art Vormundschaft, doch ist die Nachricht von der Verhaftung der bürgenden Korporalsgattin nicht auch zu Schwan gedrungen? Von der Erkundigung nach Fritz' Mannheimer Freunden kommt Christophine übergangslos auf die Juli-Reise zu sprechen, mit leisem Hinweis darauf, wie bedrückend es für sie wäre, wenn das Veto des Bruders gegen ihre Heirat dazu führte, daß sie ein Leben lang auf der Solitüde bleiben müsse:

Überhaupt wünscht ich, so sehr ich auf der einen Seite gewonnen habe, Dich wieder zu sehen, *daß ich die Reise nach Mannheim nie gemacht hätte, häufte mir nur dardurch mehr Kummer auf meine Seele, die ohnehin so niedergedrückt ist – denn mein Los wird hier schwerlich glücklich sein – Doch wenn nur Du es wärst, so vergäß ich das alles. Leb wohl und liebe Deine Christophine*

Fritz kann ihr nicht schreiben, ohne zugleich ein Lebenszeichen an die Eltern zu geben, und was sollte er dem Vater nach jenem Septemberbrief noch sagen?

Viertes Kapitel

Neue Bühne

Ein Journal wird geboren

Von seinem Hauswirt fürs erste gerettet, denkt Schiller nicht mehr an die Medizin. Eine Zeitschriftengründung auf eigene Faust, aber in Schwans Verlag soll der Schopf sein, an dem er sich aus dem Finanzsumpf zieht: *Rheinische Thalia* wird das Periodikum heißen. Thalia, das ist die Muse der Komödie, sie hält, anders als seine spezielle Theatermuse, die tragische Melpomene, eine lachende Maske in der einen und den Jocusstab in der andern Hand – der Titel kündigt das neue Journal als unterhaltsames an.

Wie weitgespannt das Programm ist, bezeichnet eine sieben Druckseiten lange Ankündigung, die Schiller, der Autor, Herausgeber und Vertriebschef in einer Person ist, im November an Freunde und Kollegen versendet – an die Protagonisten einer Literaturwelt, die, obwohl unter Joseph II. auch Wien erwacht ist, ihre Stützpunkte vor allem in den protestantischen Ländern zwischen Rhein und Oder hat. Die Herausgeber anderer Literaturzeitschriften bittet er um einen Abdruck dieses Avertissements; das in Leipzig erscheinende *Deutsche Museum* gewährt ihn ebenso wie das *Journal von und für Deutschland*. »Schütteln Sie den Kopf nicht, mein Wertester«, schreibt er an dessen Herausgeber, Günther Goeckingk in Ellrich, dessen »Lieder zweier Liebenden« Charlotte v. Kalb von ihm erbeten hatte,

wenn Sie mich unversehens als Journalisten erblicken und mir auf einer Straße begegnen, wo Sie selbst so vollkommen zu Hause sind und alle Gänge und Schliche kennen. Lassen Sie mich armen Wandersmann immer in Frieden dahinziehen; ich trage ja nur die Pakete nach, die Ihr reichbeladener Frachtwagen fallen ließ. Es wird mir sauer genug werden.

Schillers Avertissement hat es in sich, noch nie in der deutschen Literatur hat sich eine Zeitschriftengründung so prononciert persönlichen Auspizien unterstellt: der Herausgeber macht seine Leser zu Eingeweihten und Verbündeten seines Schicksals.

Dem inhaltlichen Programm voran steht die dramatische Jugendgeschichte dessen, der es zu realisieren gedenkt:
Ich schreibe als Weltbürger, der keinem Fürsten dient. Frühe verlor ich mein Vaterland, um es gegen die große Welt einzutauschen, die ich nur eben durch die Fernröhre kannte. Ein seltsamer Mißverstand der Natur hat mich in meinem Geburtsort zum Dichter verurteilt. Neigung für Poesie beleidigte die Gesetze des Instituts, worin ich erzogen ward, und widersprach dem Plan seines Stifters. Acht Jahre rang mein Enthusiasmus mit der militärischen Regel, aber Leidenschaft für die Dichtkunst ist feurig und stark, wie die erste Liebe. Was sie ersticken sollte, fachte sie an. Verhältnissen zu entfliehen, die mir zur Folter waren, schweifte mein Herz in eine Idealenwelt aus – aber unbekannt mit der wirklichen, von welcher mich eiserne Stäbe schieden – unbekannt mit den Menschen, – denn die vierhundert, die mich umgaben, waren ein einziges Geschöpf, der getreue Abguß eines und ebendieses Modells, von welchem die plastische Natur sich feierlich lossagte – unbekannt mit den Neigungen freier, sich selbst überlassener Wesen, denn hier kam nur eine zur Reife, eine, die ich jetzo nicht nennen will; jede übrige Kraft des Willens erschlaffte, indem eine einzige sich konvulsivisch spannte; jede Eigenheit, jede Ausgelassenheit der tausendfach spielenden Natur ging in dem regelmäßigen Tempo der herrschenden Ordnung verloren. – Unbekannt mit dem schönen Geschlechte, ... unbekannt mit Menschen und Menschenschicksal mußte mein Pinsel notwendig die mittlere Linie zwischen Engel und Teufel verfehlen, mußte er ein Ungeheuer hervorbringen, das zum Glück in der Welt nicht vorhanden war, dem ich nur darum Unsterblichkeit wünschen möchte, um das Beispiel einer Geburt zu verewigen, die der naturwidrige Beischlaf der Subordination und des Genius in die Welt setzte. – Ich meine die Räuber.

Vehementer ist nie ein durchschlagender Erstling in die Schranken seiner Entstehung zurückversetzt worden. Dieser Zeitschriftengründer will nicht mehr auf sein Erfolgsstück festgelegt werden; nicht er, die Umstände haben diesen dramatischen Ausbruch verschuldet. Der sich mit diesem Furioso an die Brust seiner Leserschaft wirft, setzt sein individuelles Schicksal als exemplarisch:
Die Räuber kosteten mir Familie und Vaterland – – in einer Epoche, wo noch der Ausspruch der Menge unser schwankendes Selbst-

gefühl lenken muß, wo das warme Blut eines Jünglings durch den freundlichen Sonnenblick des Beifalls munterer fließt ... – mitten im Genuß des ersten verführerischen Lobes, das ungehofft und unverdient aus entlegenen Provinzen mir entgegenkam, untersagte man mir in meinem Geburtsort bei Strafe der Festung – zu schreiben. Mein Entschluß ist bekannt – ich verschweige das übrige, weil ich es in keinem Falle für anständig halte, gegen denjenigen mich zu stellen, der bis dahin mein Vater war. Mein Beispiel wird kein Blatt aus dem Lorbeerkranz dieses Fürsten reißen, den die Ewigkeit nennen wird. Seine Bildungsschule hat das Glück mancher Hunderte gemacht, wenn sie auch gerade das meinige verfehlt haben sollte.

Was Schiller mit dem Herzog abzumachen hat, muß öffentlich abgemacht werden; der Vater hat nicht begriffen (und er konnte es nicht begreifen), daß der Sohn mit seinem Herzog seit seinem Losriß nur noch auf gleichem Fuß verkehren kann. Im ersten Abschnitt attackiert der Autor die Pflanzschule der württembergischen Elite als das Militärgefängnis, das sie großenteils wirklich war, – und nun umgibt er den Gefängnisstifter und -wärter mit einem Lorbeerkranz und erklärt sich selbst zum Sonderfall unter den Karlsschülern? Die Rücksicht auf die Hofanstellung des Vaters und den eigenen, nicht wirklich behobenen Flüchtlingsstatus spielt hier mit, aber der Zwiespalt im Verhältnis zu seinem einstigen Schulleiter ist tiefer angelegt; Karl Eugen, der ihm einstmals gewogen war (Streicher berichtet, wie der Herzog einmal den Arm auf den Stuhl des Paradestudenten gelegt und sich aufs gnädigste mit ihm unterhalten habe), hat ihn enttäuscht, und im Innersten sucht er Versöhnung und Ausgleich. Der aber ist wechselseitig verspielt, die Folge:

Nunmehr sind alle meine Verbindungen aufgelöst. Das Publikum ist mir jetzt alles, mein Studium, mein Souverän, mein Vertrauter. Ihm allein gehöre ich jetzt an. Vor diesem und keinem anderen Tribunal werde ich mich stellen. Dieses nur fürchte ich und verehr' ich. Etwas Großes wandelt mich an bei der Vorstellung, keine andere Fessel zu tragen als den Ausspruch der Welt – an keinen anderen Thron mehr zu appellieren als an die menschliche Seele.

Ein staatenloser Flüchtling erklärt sich zum Bürger der Kulturnation, die er konstituieren hilft, indem er sich ihr an die Brust wirft. Nun erst folgt das Programm der Zeitschrift, und so vielseitig es ist, wird doch deutlich: der verstoßene Theaterdichter gedenkt es dem Mannheimer Ensemble durch kritische Observation heimzuzahlen. Er rühmt das Dalbergsche Institut in höchsten Tönen:

Unter dem zahllosen Heer deutscher Truppen, die entweder der verzweifelte Einfall eines ruinierten Hasardspielers oder das blinde Fatum wie die Atomen des Epikurus zusammenblies – die gleich der Seuche am Mittag herumschleichen und die erwürgte Tragödie auf dem Paradebett ausstellen – ist die Mannheimer Bühne eine der wenigen, die durch Wahl entstanden und durch ein gewisses Kunstsystem dauern. Es versteht sich also, daß keiner der Krämerkniffe, womit sonst nur die Rädelsführer von Komödiantenbanden ihrer schlechten Sache zu Hilfe kommen (modische Flitter, Häufung neuer, wenn auch gebrandmarkter Stücke, Spekulationen auf den herrschenden Geschmack, wenn dieser auch aus Lappland und Sibirien stammte), daß keine der Taschenspielerkünste, womit nur eine ausgehungerte Rotte von Theaterprofessionisten sich durch das Publikum bettelt, bei der hiesigen Bühne stattfinden kann.

Dieser Autor hat eine Faible dafür, die Dinge ins Relief zu treiben. Die Mannheimer Bühne ist ganz anders, darum lohnt es, ein kritisches Auge auf ihre Arbeit zu werfen, denn:

Mehr als einmal habe ich die Bemerkung gemacht, wie pünktlich der nach Lob geizende Künstler sein Spiel – und wenn er Schriftsteller war, seine Dichtung – auf die Geistesschwäche seines Publikums ausrechnete und seinen bessern Genius dieser allgemeinen Dirne zum Opfer brachte, eine Liebkosung zu erschleichen.

Da können sich diejenigen freuen, welche auf solchen Schleichwegen ertappt werden. Der vertriebene Dramaturg spricht wie ein Scharfrichter, der auf die Dankbarkeit der Delinquenten rechnet:

Überzeugt, daß Bewunderung selten – gerechter Tadel immer verbessert – ... fest versichert, daß der stolzere Kopf ein Rauchwerk verachten werde, worin nur schlechtere Bühnen ihre todkranke Götzen baden, werde ich in dieser Dramaturgie durch offenherzige Zweifel dem Schauspieler und Schauspieldichter einen Beweis meiner Achtung geben. Nur entschiednes Verdienst soll genannt werden – usurpierten Ruhm werd' ich freimütig widerlegen – den Stüm-

per aber nur in dem einzigen Fall berühren, wenn sein schreckliches Exempel belehren kann.

Hier merkt der frischgebackene Journalist, daß er im Begriff ist, sich zu übernehmen, und schiebt die sonderbare Versicherung hinterher, bei der Schauspielerkritik kollektiv verfahren zu wollen:

Über den Dichter kann oftmals eine gesunde Empfindung – über den Schauspieler nur die Mehrheit der Kenner sprechen – und eben darum werden die Urteile dieser Thalia (wenn sie entscheiden) jederzeit Resultate mehrerer Stimmen sein, die sich in einem Ausspruch vereinigten.

Aber »Deutsches Theater« ist nur einer der Themenbereiche, die der Herausgeber absteckt. Auch »Philosophie für das handelnde Leben« und »schöne Natur und schöne Kunst in der Pfalz« sollen vorkommen, erst recht Gedichte und »Fragmente von dramatischen Stücken«; ganz vorn steht das Interesse an »Gemälden merkwürdiger Menschen und Handlungen«. Schiller faßt es menschheitlich-universalistisch; die nationalkulturelle, die heimatlich-regionale und die weltbürgerliche Orientierung bilden bei ihm ein Ganzes. In sich selbst findet er ihre Einheit:

Losgesprochen von allen Geschäften, über jede Rücksicht hinweggesetzt – ein Bürger des Universums, der jedes Menschengesicht in seine Familie aufnimmt und das Interesse des Ganzen mit Bruderliebe umfaßt, fühl ich mich aufgefordert, dem Menschen durch jede Dekoration des bürgerlichen Lebens zu folgen, in jedem Zirkel ihn aufzusuchen und, wenn ich mich des Bildes bedienen darf, die Magnetnadel an sein Herz hinzuhalten. Neugefundene Räder in dem unbegreiflichen Uhrwerk der Seele ... sind mir, ich gestehe es, wichtiger als die toten Schätze im Kabinett des Antikensammlers oder ein neuentdeckter Nachbar des Saturnus, dem doch der glückliche Finder seinen Namen sogleich in die Ewigkeit aufladet.

Das zielt auf den in England wirkenden Astronomen Herschel, der drei Jahre zuvor den Planeten Uranus entdeckt, aber keineswegs nach sich benannt hat. Schillers Verhältnis zur Astronomie ist auch in späterer Zeit distanziert; es ist, als beunruhige ihn das Vordringen des Menschen in die erkannte Unermeßlichkeit des Weltalls. »Schwatzet mir nicht soviel von Nebelflecken und Sonnen«, weist er in späteren Jahren die Himmelsforscher zurecht: »Ist die Natur nur groß, weil sie zu zählen euch gibt?« Was Kants berühmter Satz in der »Kritik der praktischen Vernunft« in eine Koexistenz der Bewunderung stellt, Sternenall und Sittengesetz, driftet bei ihm weit auseinander. »Euer Gegenstand«, versichert er den Astronomen, »ist der erhabenste freilich im Raume, / aber, Freunde, im Raum wohnt das Erhabene nicht.«

Nicht um neue Planeten, um merkwürdige Menschen geht es dem neuen Journal; der Editor selbst statuiert sich als einen solchen. Mozart und Schiller – die beiden nur drei Jahre Auseinanderliegenden haben sich fast gleichzeitig und unter dramatischen Umständen aus den Sicherheiten und Fesselungen des Fürstendienstes losgerissen: Schiller durch seine Flucht, Mozart mit seiner durch den Fußtritt der Salzburger Hofschranze bekräftigten Entlassung. In dem *Thalia*-Avertissement macht die persönliche Emanzipation sich mit einer Emphase publik, als handle es sich um jene Bill of Rights, mit der die amerikanischen Pflanzer sich wenige Jahre zuvor von ihrem Monarchen lossagten: Wenn ihr mich fallenlaßt, suggeriert dieser Herausgeber seinen präsumtiven Lesern, so verratet ihr eure Freiheit. Schillers editorische Egozentrik ist der Widerschein der Tatsache, daß es in diesem hundertfach zersplitterten Deutschland unter den Bedingungen des Absolutismus eine gesellschaftliche Bewegung in Richtung Selbstbefreiung und politischer Konzentration nicht gibt und nicht geben kann; es gilt, Kulturvoraussetzungen für die Zukunft zu schaffen. Dieser Weg führt über das Interesse an der Person; die Zeitschrift selbst erfüllt ihren ersten Programmpunkt, ein »Gemälde merkwürdiger Menschen und Handlungen« zu sein. Auf eine rührend-unmittelbare Weise gibt der Herausgeber am Ende seiner Ankündigung der Selbstbezogenheit des Projekts noch einmal Ausdruck:

Unterzeichnung auf diese Schrift wird nur dann erst einen Wert für mich haben, wenn ich sie persönlichem Mitgefühl danken darf. Den Schriftsteller überhüpfe die Nachwelt, der nicht mehr wert war als seine Werke – und gerne gestehe ich, daß bei Herausgabe dieser Thalia meine vorzügliche Absicht war – zwischen dem Publikum und mir ein Band der Freundschaft zu knüpfen.

Dieser Coda voran stehen technische Hinweise für den Bezug

der auf zweimonatliches Erscheinen berechneten Zeitschrift, die bei den Postämtern einen rheinischen Gulden kosten soll, nach heutiger Währung etwa 20 Euro; für 192 Seiten ist das nicht billig. Die Reichspost des Fürsten von Thurn und Taxis garantiert den Vertrieb; sie stellt die Infrastruktur zur Verfügung, die die sich bildende Nationalkultur fundiert: »Auf allen löbl. Ober- und Postämtern kann Unterzeichnung geschehen, und diese gilt bis in die Mitte des Jänners. Die Exemplare empfängt man, soweit die Kaiserliche Reichspost geht, frei. ... Nach Empfang eines jeden Hefts geschieht die Bezahlung.«

Das ganze Deutschland, soweit die Reichspost reicht, spannt der Herausgeber für ein Unternehmen ein, für das die Pfalz viel zu klein ist; noch zwanzig Jahre zuvor, ehe der weltläufige Schwan als Autor und als Verleger seine Aufbauarbeit begonnen hatte, war dort »kaum ein einziges gedrucktes Blatt, geschweige denn ein Buch mit reinem deutschen Stil ausfindig zu machen gewesen« (Karl Berger). Die *Rheinische Thalia*, die die Schwanische Hofbuchhandlung nur in Kommission nimmt, nicht etwa verlegt, ist wie die Probe darauf, ob die deutsche Intelligentsia bereit sei, sich im Namen dieses Losgerissenen als Kulturnation zu empfinden. Elf Jahre später bündelt der Autor diese und andere Erfahrungen in einem Epigramm, das er »Erwartung und Erfüllung« nennt:

> In den Ozean schifft mit tausend Masten der Jüngling,
>   Still, auf gerettetem Boot, treibt in den Hafen der Greis.

Schiller datiert das Avertissement auf seinen 25. Geburtstag, den 10. November; es ist der Tag, an dem er nach dem vielfach noch geltenden römischen Recht volljährig wird. Ein Gedicht aus dem Mannheimer Freundeskreis huldigt dem Datum:

> Als Bürger wirst Du heute mündig,
> Als Bühnendichter warst Du's längst –
> Wenn aus Fortunens Hand Du das so voll und bündig,
> Was ich Dir zärtlich wünsch', empfängst,
> So wirst Du noch in diesem Jahr
> Recht reich und froh auf immerdar

Im Arm der Schönsten aller Weiber
Und lebst so lang als Deine »Räuber«.

Reich und froh im Arm der Schönsten, das klingt, als ob die Hochzeit mit der Schwanin (oder mit Katharina?) unmittelbar bevorstünde. Indessen schickt Schiller seine Avertissements in alle Himmelsrichtungen; die mit dem 12. November einsetzenden Begleitschreiben (sechs davon haben sich erhalten) zeigen sein Briefgenie in voller Glorie. Jeden einzelnen – sei es Johann Georg Jacobi, einst Herausgeber der »Iris«, mit dem er sich in Mannheim angefreundet hat, Kaspar Lavater, der Zürcher Prediger und Physiognom, oder Ludwig Gleim, der große Kommunikator der zeitgenössischen deutschen Poesie – umwirbt er auf ganz persönliche Weise, auch Heinrich Boie, den Mitherausgeber des *Deutschen Museums*, der auch ein bedeutender Übersetzer ist:

Längst schon wünschte ich mir eine Veranlassung, Ihnen, wertester Herr, die Versicherung meiner aufrichtigsten Ergebenheit und Achtung zu geben, welche ich Ihren anerkannten Verdiensten um die vaterländische Literatur nicht anders als schuldig bin. Ich habe sie jetzt und freue mich dieser Gelegenheit, die vielleicht dazu dienen wird, eine Freundschaft zu bestätigen, welche, glaube ich, die Musen zwischen uns beiden bereits vorbereitet haben. Also ohne das lästige Zeremoniell, geradezu – schenken Sie mir Ihre Freundschaft, von ganzem Herzen biet ich Ihnen die meinige an. Liebe zur schönen Kunst ist eine Gattung Mäurerei, welche schnell und dauerhaft die entferntesten Herzen aneinander knüpft.

Auch der nach Meiningen zurückgekehrte Reinwald bekommt einen Novemberbrief in Dingen *Rheinischer Thalia*, und nicht nur von Subskribenten und Avertissements ist darin die Rede, sondern, nach langem Stillschweigen, auch von Reinwalds Brautwerbung. Schiller, soviel ist deutlich (sein Brief ist nicht erhalten), hat den Bibliothekar deswegen attackiert. »... nur hab ich immer gewünscht«, antwortet der künftige Schwager, »Sie hätten Ihr Herz minder vor mir verhehlt, und so wär manches Mißverständnis erstickt worden. Ich hätte Ihnen meine Tränen gewidmet, wenn Sie sie gewollt hätten. Ich wünsche, Sie haben deren nie mehr nötig.« Wer sein Herz verhehlt hatte, war Reinwald gewesen, der die Beziehung hinter dem Rücken – und durchaus zu Lasten – des Bruders angesponnen hatte, sich mit einem Vater verbündend, der Miene macht, seine Älteste an einen Mann zu verheiraten, der der genaue Gegentyp des als Kraftgenie die Welt verwirrenden Filius ist.

Im übrigen verspricht Reinwald eine fleißige Abonnentenwerbung und gibt gute Ratschläge für den Absatz in Wien und Paris. Auch Schillers Karlsschulkameraden legen sich für die *Thalia* ins Zeug, so Albrecht Lempp, der inzwischen sein Amt als Regierungssekretär angetreten hat. In Stuttgart, schreibt er, wollen »viele sich einschreiben, aber ihre Namen nicht vordrucken lassen«, d. h. sich in die Subskribentenliste eintragen, die nach dem Brauch der Zeit einem durch Vorbestellungen geförderten Druckwerk beigegeben wird. Der Geruch des Skandalösen umweht den entsprungenen Regimentsmedikus, und das Avertissement ist nicht dazu angetan, ihn zu beheben. Durch Oberst v. Seeger, den Intendanten der Karlsschule, hat auch der Herzog ein Exemplar erhalten. »Serenissimus«, weiß Lempp zu berichten, »haben es ohne irgendeine Äußerung darüber wieder zurückgeschickt. Dies ist eine Geheime Cabinets Nachricht, also – die Hand auf den Mund.« Die Nachricht bedeutet: Karl Eugen wird nicht gegen die Zeitschrift vorgehen.

Auch in späterer Zeit verweigert Karl Eugen die Kenntnisnahme seines einstigen Vorzugsschülers, dem er den literarischen Lebensfaden zu durchschneiden versucht hatte. Als der Rudolstädter Prinzenerzieher v. Beulwitz 1789 bei einer Abendtafel im Stuttgarter Schloß den Versuch macht, das Gespräch auf Schiller zu bringen, sagt der inzwischen einundsechzigjährige Herzog: »Ich kenne ihn nicht.« Schiller, der es von Beulwitz hört, ist gekränkt; seine Beziehung zu dem einstigen Landesvater ist von affektgeladener Ambivalenz, und das mag auf Gegenseitigkeit beruhen. General v. Rieger, der Kommandant von Hohenasperg, war anno 82 vom Schlagfluß gerührt worden, als er einen kranken Häftling beleidigend angefahren hatte und dieser sich das nicht hatte gefallen lassen. Karl Eugen überlebt im Oktober 1793 Schillers Rückkehr nach Württemberg nicht, einen Aufenthalt, dem er seine schweigende Zustimmung erteilt hatte; daraufhin war Schiller von Heilbronn, der Freien Reichsstadt unmittelbar an der Grenze, wo er sich mit seiner jungen Familie vorsichtshalber aufgehalten hatte, nach Ludwigsburg, in die Nähe der Eltern, übergesiedelt. »Der Herzog sucht etwas darin, mich zu ignorieren; er legt mir aber gar nichts in den Weg«, schreibt Schiller von dort aus an Körner, drei Wochen später erhält er die Nachricht von Karl Eugens Tod; es ist fast, als ob der Potentat die Rückkehr dessen, über den er seine Macht verloren hatte, nicht habe verwinden können. »Mein Gott, ich habe ihm doch auch vieles zu danken«, sagt er, vom Fenster der Wohnung aus den nächtlichen Leichenzug gewahrend, und ist zu Tränen gerührt. Sieben Wochen später erhält Körner so etwas wie einen Nachruf:

Der Tod des alten Herodes hat weder auf mich noch auf meine Familie Einfluß, außer daß es allen Menschen, die unmittelbar mit dem Herrn zu tun hatten, wie mein Vater, sehr wohl ist, jetzt einen Menschen vor sich zu haben. Das ist der neue Herzog in jeder guten und auch in jeder schlimmen Bedeutung des Worts.

Herodes, das ist der königliche Kinderschlächter der Bibel.

Briefschulden und ein Charakter

Zwischendurch gilt es, die immer unruhiger auf Schuldenbezahlung dringende Henriette zu beruhigen – der Brautwerbungsbrief war für lange Zeit sein letzter gewesen. Als einer, der Briefe meistens nur schreibt, wenn es gar nicht mehr anders geht, hat er es auch im Entschuldigen zur Vollendung gebracht:

Wie oft und gern wäre ich in den Bedrängnissen meines Herzens, in der Bedürfnis nach Freundschaft zu Ihnen, meine Teuerste, geflogen, wenn nicht eben die schreckliche Empfindung meiner Ohnmacht, Ihren Wunsch zu erfüllen und meine Schulden zu entrichten, mich wieder zurückgeworfen hätte. Der Gedanke an Sie, der mir jederzeit soviel Freude machte, wurde mir durch die Erinnerung an mein Unvermögen eine Quelle von Marter. ... Ich fürchtete mich, Ihnen zu schreiben, weil ich Ihnen nichts, immer nichts, als das ewige: Haben Sie Geduld mit mir, schreiben konnte.

Das ist die reine Wahrheit, und es ist so bezwingend gesagt, daß es die ungeduldige Gläubigerin, die bei Herrn Israel für ihn gutgesagt hat, versöhnt, zumal ihr die besten Aussichten eröffnet werden:

In dieser Woche kündige ich ein Journal an, das ich auf Subskription herausgebe. Dazu sind mir von vielen Orten her die Hände geboten worden, und meine Hoffnungen sind die besten. Wenn ich 500 Subskribenten bekomme, ... so bleiben mir nach Abzug aller Unkosten 1000 fl. fixe Revenue. Außer diesem gehen meine Einnahmen von Stücken fort, und alles beruht auf meinem Fleiß und meiner Gesundheit. Der Gedanke, Ihnen, meine Beste, aus der Bedrängnis zu helfen und Ihnen etwas von meiner unendlichen Verbindlichkeit abzutragen, wird meinen Eifer beleben – der Wunsch, endlich einmal in Ordnung und Ruhe mich zu fühlen, wird mich spornen, alle Kräfte meines Geists aufzubieten. Meine Lebensart ist rangiert, und ich darf sagen, daß ich kein leichtsinniger Verschwender mehr bin. Ehe will ich mir alles entziehen, als diejenige leiden zu lassen, der ich alles, alles schuldig bin. Ich gebe Ihnen also, feierlich und fest, die gewisse Erklärung, daß Sie von heute an bis zu Ende 1785 terminweise ganz bezahlt werden sollen. ... Sie, als Edeldame, werden doch auf so lange Kredit gewinnen können. Das sind die Gläubiger in der ganzen Welt ihren Schuldnern schuldig, wenigstens ein *Jahr, zwei Jahre über die Zeit zu warten*

Und die Leipziger bekommen gar keinen Brief? Im Dezember sind auch sie an der Reihe; nach sieben Monaten rafft Schiller sich dazu auf, denen, die so nachdrücklich an ihn glauben, seine Misere zu bekennen; auch hier entschuldigt eines das andere:

Ihre Briefe, die mich unbeschreiblich erfreuten und eine Stunde in meinem Leben auf das angenehmste aufgehellt haben, trafen mich in einer der traurigsten Stimmungen meines Herzens, worüber ich Ihnen in Briefen kein Licht geben kann. Meine damalige Gemütsverfassung war diejenige nicht, worin man sich solchen Menschen, wie ich Sie mir denke, gern zum erstenmal vors Auge bringt. Ihre schmeichelhafte Meinung von mir war freilich nur eine angenehme Illusion – aber dennoch war ich schwach genug zu wünschen, daß sie nicht allzuschnell aufhören möchte. Darum, meine Teuersten, behielt ich mir die Antwort auf eine bessere Stunde vor – auf einen Besuch meines Genius, wenn ich einmal, in einer schöneren Laune meines Schicksals, schöneren Gefühlen würde geöffnet sein. Diese Schäferstunden blieben aus, und in einer traurigen Stufenreihe von Gram und Widerwärtigkeit vertrocknete mein Herz für Freundschaft und Freude. Unglückselige Zerstreuungen, deren An-

denken mir in diesem Augenblick noch *Wunden schlägt, löschten diesen Vorsatz nach und nach in meinem harmvollen Herzen aus. Ein Zufall, ein wehmütiger Abend erinnert mich plötzlich wieder an* Sie *und mein Vergehen, ich eile an den Schreibtisch, Ihnen, meine Lieben, diese schändliche Vergessenheit abzubitten, die ich auf keine Weise aus meinem Herzen mir erklären kann.*

Im Juni hatte ihn die Entlassung aus dem Theatervertrag, danach die Schuldenkrise und die Nachricht von Reinwalds Heiratsanschlag getroffen, aber was waren das für »unglückselige Zerstreuungen«? Schiller bekennt, »daß Sie, meine Teuersten, es sich zuzuschreiben haben, wenn ich die Verwünschung meines Dichterberufes, die mein widriges Verhängnis mir schon aus der Seele preßte, zurücknahm und mich endlich wieder glücklich fühlte«. Dann kündigt er seinen Besuch an, den er schon geplant habe, »weil es im Werke war, daß ich nach Berlin gehen wollte«. Daraus sei einstweilen nichts geworden,

doch könnt es kommen, daß ich auf der Jubilatemesse Leipzig besuchte. Welche süße Momente, wenn ich Sie da treffe und Ihre wirkliche Gegenwart auch sogar die geringste Freudenerinnerung an Ihre Bilder verdunkelt! – Minna *und* Dora *werden es wohl geschehen lassen müssen, wenn sie mich bei meinen neuern poetischen Idealen über einem kleinen Diebstahl an ihren Umrissen ertappen sollten.*

Eine kleine Galanterie stellt die literarische Verewigung der beiden Schwestern in Aussicht. Es ist das *Thalia*-Projekt, der vollzogene Übergang von der Bühne des Theaters auf die des Journals, was ihm wieder Auftrieb gibt. »Du mußt glauben, du mußt wagen«, wird er später in einem seiner schönsten Gedichte sagen:

> Du mußt glauben, du mußt wagen,
>   Denn die Götter leihn kein Pfand,
> Nur ein Wunder kann dich tragen
> In das schöne Wunderland.

Der Leipziger Brief war ein solches Wunder gewesen; nach vollzogener Theatertrennung faßt er Mut, ihn als einen Rettungsanker zu ergreifen.

Von Anfang an ist das *Thalia*-Projekt mit »Dom Karlos« verbunden gewesen, dem Stück, dessen Finanzierung Dalberg verweigert hatte; die Zeitschrift wird nicht zuletzt als eine Ersatzbühne gegründet, um den werdenden – und jedes Theatermaß sprengenden – Text portionsweise zum besten zu geben. Den Fortsetzungsroman gibt es schon in deutschen Journalen, Schiller kreiert das Fortsetzungsdrama, das von dem zu dieser Zeit blühenden Dialogroman allerdings kaum zu unterscheiden ist. Damit die Theater sich den Text nicht unter den Nagel reißen können, durchsetzt er ihn immer wieder mit erzählend überbrückenden Passagen.

Sich in den Shakespeare-, den Nathan-Vers einzustimmen, dem das neue Stück sich fügen soll, war dem Autor dreier Prosa-Tragödien nicht leichtgefallen. »Jetzt mußte er seine Ausdrücke rhythmisch ordnen«, erinnert sich Streicher, der den Arbeitsprozeß miterlebt, »er mußte, um die Jamben fließend zu machen, versuchen, schon rhythmisch zu denken.« Manchmal hilft ihm dabei der Hausgenosse, indem er im Hintergrund Klavichord spielt. Eines Tages im Herbst ist dann der erste Akt fertig, und Frau v. Kalb brennt darauf, ihn vorgelesen zu bekommen. Schiller erscheint – und es geht wie immer, wenn er aus seinen Stücken vorliest: Bestürzung ergreift auch den wohlwollendsten Hörer. Als der Rezitator fertig ist, fragt er

mit der unbefangensten, freundlichsten Miene: »Nun, gnädige Frau, wie gefällt es Ihnen?« Diese suchte auf die schonendste Art einer bestimmten Antwort auszuweichen. Als aber wiederholt um die aufrichtige Meinung über den Wert dieser Arbeit gebeten wurde, brach Frau v. Kalb in lautes Lachen aus und sagte: »Lieber Schiller! das ist das Allerschlechteste, was Sie noch gemacht haben.« »Nein! das ist zu arg!« erwiderte dieser, warf seine Schrift voll Ärger auf den Tisch, nahm Hut und Stock und entfernte sich augenblicklich. Kaum war er aus der Tür, als Frau v. Kalb nach dem Papier griff und zu lesen anfing. Sie hatte die erste Seite noch nicht geendigt, als sie sogleich dem Bedienten schellte. »Geschwind, geschwind lauf Er zu Herrn Schiller: ich lasse ihn um Verzeihung bitten, ich hätte mich geirrt, es sei das Allerschönste, was er noch geschrieben habe, er solle doch ja sogleich wieder zu mir kommen.« ... Allein Schiller gab der Bitte kein Gehör, sondern kam erst den folgenden Tag zu der feinsinnigen Frau, die zwar ihr erstes Urteil sehr willig zurücknahm, ihm aber auch erklärte, daß seine Dichtungen

Johann Heinrich Schmidt:
Charlotte von Kalb (Ölbild, 1785).

durch die heftige, stürmische Art, mit welcher er sie vorlese, unausbleiblich verlieren müßten.

Als Vorleser türmt Schiller den Ossa auf den Pelion, es ist, als ob er die seelischen Spannungen, unter denen seine Stücke Gestalt annehmen, lesend erneuern müsse; das geschieht so zwanghaft, daß gute Ratschläge nichts fruchten. Welche Mahnungen gibt Charlotte ihm auf den Weg, als er am 23. Dezember nach Darmstadt fährt, um einem hochmögenden Besucher der landgräflich-hessischen Residenzstadt, Karl August von Sachsen-Weimar-Eisenach, sein neues Stück vorzulesen? Der Herzog ist mit einer Schwester des Landgrafen verheiratet; man verbringt Weihnachten bei den Darmstädter Verwandten.

Charlotte v. Kalb hat die Expedition eingefädelt, über ein in Darmstadt lebendes Fräulein v. Wolzogen, die gute Beziehungen zum landgräflichen Hof hat. Hat sie ihr signalisiert, daß man Schillers Stücke nicht nach der Leseleistung des Autors beurteilen darf? Hat sie womöglich eine Abschrift des Textes vorausgesandt? Oder hat sie mit Schiller Vortragsübungen abgehalten?

Karl August ist nur zwei Jahre älter als Schiller und in Darmstadt der literarischen Aufsicht eines Autors entzogen, der mit Schaudern wahrgenommen hatte, wie Schiller mit Stücken, die ihn an eine überwundene Periode erinnern, seinen eigenen Theaterruhm vergessen macht; dieser Autor ist Goethe. Fern von seinem Mentor hat der Herzog offene Augen und Ohren für das Werk eines Dramatikers, dessen bisherige Stücke er vermutlich kennt; so kann er den Sprung ermessen, den »Dom Karlos« nach »Kabale und Liebe« bedeutet. Schiller – das ist die Stimme seiner eigenen Generation, und der Herzog ist durchaus ein Mann eigenen ästhetischen Urteils. Auch ist er, durch Herkunft und Stellung mit den Tücken der Hofverhältnisse vertraut, liberaler als sein Mentor und Minister, der zeitlebens nicht von dem Fürstenkomplex des Bürgerlichen loskommt; so mögen Schillers Prosadramen ihm weniger Schrecken bereitet haben als den literarischen Weimaranern.

Das neue Stück, das in melodisch fließenden Jamben die Welt des Hofes, der Machtspiele, der Kabinettsintrigen aufschließt, muß Karl August stofflich wie formal anziehen – und kurz und gut, Schillers »Karlos«-Vorlesung am zweiten Weihnachtsfeiertag vor dem Weimarer Herzogs- und dem Darmstädter Landgrafenpaar wird ein Erfolg. Charlotte hatte das richtige Gefühl gehabt: Keine bessere Gelegenheit für einen jungen Dichter, als einen Herzog in den Weihnachtsferien zu unterhalten! Karl August findet Gefallen an diesem hochaufgeschossenen Mann mit der Adlernase und dem Schwanenhals, dem rotblonden Haar und dem blassen Teint, der beim Reden in flammendes Rot umschlägt; er hat Sinn für die Leidenschaft, die diesen ebenso freimütigen wie zuwendungsfähigen Feuerkopf bewegt. Was am andern Vormittag passiert, als Schiller Audienz beim Herzog hat und die Gelegenheit wahrnimmt, diesen in die Schwierigkeiten seiner Situation einzuweihen, hat Thomas Mann humoristisch-verkürzt beschrieben:

1784 hat der Fünfundzwanzigjährige in Darmstadt Gelegenheit, dem Herzog Carl August von Weimar den gerade fertigen 1. Akt des »Don Carlos« vorzulesen. »Das ist ja vorzüglich«, sagt der Herzog. »Wirklich?« antwortet Schiller. »Dann haben Ew. Hoheit doch die Gnade, mir den Titel eines Rats zu verleihen!« »Aber mit dem größten Vergnügen!« lacht Carl August, und das Reskript ist rasch ausgefertigt.

Der Herzog hat ihm keine Anstellung zu bieten, aber er hat begriffen, daß dieser aus allen bürgerlichen Verhältnissen herausgeschleuderte Mann einen Rückhalt braucht. So ernennt er ihn zum Weimarischen Rat und gibt ihm das anderntags schriftlich:

Mit vielen Vergnügen, mein lieber Herr Doktor Schiller, erteile ich Ihnen den Charakter als Rat in meinen Diensten, ich wünsche Ihnen dadurch ein Zeichen meiner Achtung geben zu können. Leben Sie wohl.   *Carl August Herzog zu Weimar*

Zwei Wochen später steht die Ernennung in Berlin in der *Vossischen Zeitung*. Als der Herzog im Februar dann wieder in Weimar ist, läßt er ein förmliches Dekret folgen und quittiert den Dank seines neuen Rates mit einer Art Auftrag:

Mir ist es sehr angenehm, wenn die schickliche Bestätigung desjenigen, was ich Ihnen zu Darmstadt versprach, Ihnen angenehm war. Von Herzen wünsche ich, daß es zu der Zufriedenheit Ihres künftigen Lebens beitragen möge; geben Sie mir zuweilen von Ihnen Nachrichten und von demjenigen, was in der literarisch und mimischen Welt, welche Sie bewohnen, vorgeht.

Fünfzehn Jahre später wird Immanuel Kant in seiner »Anthropologie« Deutschland als das Titelland bezeichnen und die Deutschen als das Volk, das am meisten Wert auf gesellschaftliche Ränge und Rangbezeichnungen lege. Durch die Empfänglichkeit eines Herzogs, dessen Gebiet zu klein ist, um auf der Ebene der Mächtigen politisch mitspielen zu können, aber groß genug, um im Schatten des friderizianischen Preußens ein Kulturzentrum, einen Sammelpunkt geistig-künstlerischer Produktivität zu bilden, hat Schiller erhalten, was nicht nur der Herzog »einen Charakter« nennt, eine Position in der Ständegesellschaft. Aus dem geflüchteten Militärarzt und gescheiterten Theaterdichter, der als Schriftsteller um sein Überleben kämpft, indem er in dem zersplitterten Deutschland eine länderübergreifende Zeitschrift zu etablieren versucht, ist unversehens ein Mann nicht nur von Rang, sondern von *verbrieftem* Rang geworden. Ein regierender Fürst, der sich auf Künstlernaturen versteht, hat ihm, mit Herzlichkeit und ohne jede Gönnerhaftigkeit, keinen materiellen, aber einen symbolischen Rettungsring zugeworfen; »dieses neue Verhältnis« – Karoline v. Wolzogen hat es später angemerkt – gibt ihm »auch eine sichere Stellung gegen Württemberg«.

Man muß den Grad dieser Stärkung ermessen, um die Huldigung zu verstehen, die Schiller wenig später in riesigen Lettern dem ersten Heft seiner *Rheinischen Thalia* voranstellt. »Dem Durchlauchtigsten Fürsten und Herrn / Herrn Karl August, Herzog zu Sachsen p. p. / regierenden Herzog zu Weimar und Eisenach / Untertänigst gewidmet von dem Herausgeber« wird dort nach dem Titelblatt stehen und auf den folgenden, mit verschwenderischem Leerraum ausgestatteten Seiten:

Unvergeßlich bleibt mir der Abend, wo Eure Herzogliche Durchlaucht *Sich gnädigst herabließen, dem unvollkommenen Versuch meiner dramatischen Muse, diesem ersten Akt des Dom Karlos, einige unschätzbare Augenblicke zu schenken, Teilnehmer der Gefühle zu werden, in die ich mich wagte, Richter eines Gemäldes zu sein, das ich von* Ihresgleichen *zu unterwerfen mir erlaubte. Damals, gnädigster Herr, stand es noch allzu tief unter der Vollkommenheit, die es haben sollte, vor einem fürstlichen Kenner aufgestellt zu werden – ein Wink Ihres gnädigsten Beifalls, einige Blicke Ihres Geistes,* Ihrer *Empfindung, die ich verstanden zu haben mir schmeichelte, haben mich angefeuert, es der Vollendung näherzubringen. Sollten Sie,* Durchlauchtigster Herzog, *den Beifall, den Sie ihm damals schenkten, auch jetzt nicht zurücknehmen, so habe ich Mut genug, für die Ewigkeit zu arbeiten.*

Wie teuer ist mir zugleich der jetzige Augenblick, wo ich es laut und öffentlich sagen darf, daß Karl August, *der edelste von Deutschlands Fürsten und der gefühlvolle Freund der Musen, jetzt auch der meinige sein will, daß* Er *mir erlaubt hat,* Ihm *anzugehören, daß ich Denjenigen, den ich lange schon als den edelsten Menschen schätze, als* meinen Fürsten *jetzt auch lieben darf.*

Ich ersterbe mit unbegrenzter Verehrung Eurer Hochfürstl. Durchl. *untertänigst gehorsamster*   *Friderich Schiller*

»Ich kann nicht Fürstendiener sein«, wird der Marquis von Posa in einer späteren Szene des neuen Stückes zu König Philipp sagen. Doch wenn ein Fürst dem Autor solcher Stücke Bürgerrecht verleiht, kann man sich schon einmal die Miene geben.

1784 geht zu Ende – das Jahr, in dem Schiller zwei Schauspiele zur Aufführung gebracht hat und Mitglied einer Akademie geworden ist und das ihm im weiteren Verlauf die Theaterentlassung, eine würgende Schuldenkrise und den Phinele-Schock beschert hat, endet hoffnungsvoll. Als er von Darmstadt nach Hause kommt, findet er einen schönen Brief von dem alten Gleim vor, dem Chefanakreontiker der deutschen Poesie, der sich dem Jungen mit aller Sympathie zuneigt. Der über Sechzigjährige hat von Halberstadt aus alles mögliche getan, um *Thalia*-Abonnements unterzubringen, und erstattet Bericht; er schließt mit den Worten:

Wär' ich nicht ein alter, mit Geschäften beladener Mann, so würd' ich aus Hochachtung für den Verfasser und dessen mit meiner Denkungsart sympathisierenden Äußerungen tätiger gewesen sein. ... Übrigens wünsche von Herzen, daß das gute Werk zustande kommen und ich das Vergnügen in meinen Leben noch haben möge, den lieben, redlichen Schiller, als einen verdienstvollen Beförderer des guten Geschmacks in unseren leider verdorbenen Vaterlande, noch viel näher aus seiner Thalia kennenzulernen.
Eiligst!   *Gleim*

Ernsthafte Mahnung, tiefe Verstimmung

Dem Ende des alten entspricht der Anfang des neuen Jahrs. Nicht nur vermittelt der Sekretär der Deutschen Gesellschaft, Anton Klein, Professor der Weltweisheit und der schönen Wissenschaften zu Mannheim, Schiller ein Darlehen von 132 Gulden, das die drängendste Not abwendet, sondern aus Leipzig kommt Antwort von den dortigen Verehrern; sein Dezemberbrief war, ein neues Posträtsel, volle vier Wochen zu ihnen unterwegs gewesen. Der Brief war eingetroffen, als Körner gerade seinen Vater verloren hatte; so schreibt ihm der zwanzigjährige Huber, der, durch Verehrung gehemmt, einen etwas umständlichen Ton anschlägt. Ferdinand Huber ist der 1764 in Paris geborene Sohn einer französischen Mutter und eines deutschen Übersetzers, der inzwischen als Romanistik-Professor an der Leipziger Universität wirkt; Huber der Jüngere hat, wie Körner, Jura studiert, hofft und wartet auf eine Staatsanstellung und ist im Begriff, sich selbst Meriten als

Übersetzer zu erwerben; zwei von ihm übertragene Theaterstücke, Beaumarchais' sensationsumwitterter »Toller Tag« und das Schauspiel »Ethelwolf oder Der König kein König« der Elisabethaner Beaumont und Fletcher, stehen kurz vor dem Erscheinen.

Auch Dora Stock schreibt an diesem 7. Januar, Hubers um vier Jahre ältere Verlobte, die die Initiatorin der vierfachen Sendung gewesen war, und schlägt einen unbefangen-herzlichen Ton an. Sie spricht eine dringliche Einladung an Schiller aus und rügt ihn für die briefliche Mutmaßung, daß »die Frauenzimmer« ihm seine späte Antwort mehr als die Männer übelgenommen hätten:

Und nun eine Frage. Sagen Sie, wie kommen Sie dazu, daß Ihren so herrlichen Brief mit einer so häßlichen Anmerkung schlossen? – Wir Frauenzimmer sollten unversöhnlicher sein als die Mannspersonen; ich bin begierig darauf, wie Sie mir das beweisen wollten; ich bitte Sie sogar, es zu tun, und ich freue mich im voraus, Sie widerlegen zu können. Bei einer Beschuldigung, die das ganze weibliche Geschlecht betraf, konnte ich unmöglich mit gutem Gewissen stilleschweigen.

Sie setzt einfach »Dora« darunter. Vier Tage später schreibt Körner selbst und bekräftigt die Einladung. »Also kommen Sie selbst sobald als möglich«, schreibt er und kann es um so bestimmter sagen, als der Tod seines Vaters ihn auch materiell dazu instand setzt; er ist der Alleinerbe eines beträchtlichen Vermögens geworden. Körner unterscheidet zwischen der *Thalia* und Schillers Bestimmung:

Ihrer Thalia sehe ich mit Verlangen entgegen, aber es sollte mir weh tun, wenn Sie dadurch von dem abgehalten würden, was Ihre eigentliche Bestimmung zu sein scheint. Alles, was die Geschichte in Charakteren und Situationen Großes liefert und Shakespeare noch nicht erschöpft hat, wartet auf Ihren Pinsel. Dies ist gleichsam bestellte Arbeit.

Dies ist die Rettung aus der Ferne, kurz vor dem Start eines Unternehmens, über dessen Chancen sich der in den Journal-Herausgeber verwandelte Dramatiker beträchtliche Illusionen macht. Der Vater erkennt es, aber ehe er es dem Sohn mit allem Wohlwollen vorrechnet, muß er erst einige Unmutssteine aus dem Weg räumen. Auch diesen längsten aller väterlichen Mahn-, Warn- und Tadelbriefe hat der Sohn aufgehoben, er wird am 12. Januar auf der Solitüde geschrieben – natürlich hat der Vater eine andere Perspektive auf den Sohn als der Herzog von Weimar und die Leipziger Verehrer. Er bestimmt ihn nicht von seinem Genie her, sondern von seiner Situation und der Rationalität seines Verhaltens und tut dies auch, um auf diesem Weg ein Stück jener Superiorität wiederzugewinnen, die ihm durch Fritzens Flucht verlorengegangen ist. Auf den Septemberbrief Johann Kaspars hat der Sohn offenbar ausführlich geantwortet, mit Vorwürfen, daß dieser die dreihundert Gulden nicht aufbringe, die er nun den Hölzels schuldet, zugleich mit bitterer Klage, daß der Vater in Mannheim durch einen Freund Erkundigungen über ihn eingezogen habe. Vater Schiller mag kein Schriftsteller sein, schreiben kann er durchaus; in seinem unsteten Militärleben muß er viel gelesen und sich rastlos gebildet haben. Den Vorwürfen des Sohns hält er mit Ruhe stand:

Lieber Sohn, das Verhältnis zwischen einem guten Vater und dessen obschon mit vielen Verstands-Kräften begabten, doch aber dabei in dem, was zu einer wahren Größe und Zufriedenheit erforderlich wäre, immer noch sehr irre gehenden Sohn kann den letztern niemal berechtigen, das, was der erstere aus Liebe, aus Überlegung und aus selbstgemachter Erfahrung jenem zugut vornimmt, als Beleidigung aufzunehmen.

Die dreihundert Gulden, die Fritz ihm abermals abverlangt hat, liegen außer seiner Reichweite; hat er für die Begleichung der Hollschen Schuld nicht schon die für die Aussteuer der Schwestern bestimmte Rücklage ausgegeben?

Daß ich für Ihn noch immer getan habe, was mir möglich gewesen, das mag die Übernahme des Schadischen Postens und die letzt zugeschickte paar Carolin beweisen, die ich habe entlehnen müssen, und beides von dem, was mir mein Gras-Bestand abgeworfen, sobald ich meinen Futtervorrat verkauft haben werde, bezahlen muß. Da nun aber dieser Bestand aufgehört, von was sollte ich eine Schuld bezahlen? Ich habe zwar kein Mißtrauen in seine Redlichkeit oder in seinen guten Vorsatz, Wort zu halten, aber ich sehe auch leider voraus, daß es mit dem guten Vorsatz nicht ausgerichtet ist, und in welchen Jammer würde mich die Bezahlung einer Schuld von – 300 fl. setzen, da ich hierzu nichts als meine Besoldung hätte. Wiederum, wenn mich Gott von der Welt nehmen sollte, wie würden alsdann seine arme Mutter und Geschwistrigten sich im Stand finden, eine hinterlassene Schuld zu bezahlen, da ich nicht soviel Vermögen habe, wovon sie sich nur kümmerlich erhalten können. Da ich und seine Mutter nichts zusammengebracht und im Hof-Dienst unmöglich etwas zu erwerben ist, so darf ich mich nicht schämen zu bekennen, daß ich unvermögend bin; und sollte Er mein Sohn! dieses schon längst eingesehen und sich darnach gerichtet haben?

So steht es um einen Mann, der sein Leben lang im Staatsdienst gestanden hat und seit vielen Jahren eine riesige Baumschule leitet – er lebt von der Hand in den Mund. Aber es geht nicht nur um Debet und Credit in diesem längsten aller Vaterbriefe. Man hatte sich auf der Solitüde schon darauf eingestellt, daß Schiller Margaretha Schwan, die kluge, muntere, souveräne Tochter des Hofbuchhändlers, heiraten werde, er selbst hatte in hohen Tönen von ihr geredet – und nun? »Im Durchschnitt möchte doch diese Partie immer besser gewesen sein als eine gewisse Fräulein, um die Er angesucht haben soll.« Es muß Katharina Baumann sein, die in der zehnten Aufführung der »Räuber« wieder die Amalia gespielt hat und sich nun auf die Rolle der Louise vorbereitet.

Probleme hat Vater Schiller auch mit der *Thalia*-Ankündigung. Er hätte »wünschen mögen, daß in dem Avertissement die Unvollkommenheiten in der Akademie wären weggelassen worden«; nun fürchte man sich, »auf ein Werk zu subskribieren, dessen Ankündigung sich odiös gemacht hat«. In dem Maß, wie Schiller auf ein gesamtdeutsches Publikum zielte, hat er es dem heimatlich-württembergischen schwergemacht, die *Thalia* zu abonnieren; schon Lempp hat es ihm klargemacht. Johann Kaspar, der Baumzüchter, denkt in Kategorien der Zweckmäßigkeit, und der Primat des Subjekts, den jene Anzeige verkündet hatte, war keineswegs zweckmäßig gewesen. Zuletzt wird er grundsätzlich und trifft einen Kernpunkt von Schillers Weltverhältnis, in dem Wille und Vorstellung immer wieder über die Realität hinausschießen:

So sehr ich wünsche, daß Er hierin glücklich sein möge, ebensosehr bin ich in Furcht, daß Er, mein lieber Sohn, abermalen zuviel darauf hofft und baut. Das zuviel Hoffen und zuwenig Fürchten ist bisher die Quelle aller seiner Übel gewesen und wird auch immer eine starke Hindernis an seinem wahren Emporkommen bleiben, und das aus folgenden wahrhaften Gründen, nämlich vorerst, wenn

Er sich vornimmt, etwas Vorteilhaftes zu arbeiten: so ist er nach dem Schwung seiner Ideen und nach seinem guten Talent gewohnt, ein Thema auf das würdigste durchzudenken, auszuarbeiten und vorzustellen. Die Freude darüber, der Beifall anderer und der eigne gute Geschmack lassen Ihn sodann hoffen, er werde damit nicht nur ein seinem Wert gemäßes Honorarium, sondern auch zugleich Ehre und Ruhm erlangen. Da aber dieses nicht immer vom Verdienst, sondern von Zeit, Zufall und Glück abhängt, die nicht allen Menschen günstig sind, so schlägt es manchmal fehl. Inzwischen hat er darauf gebaut und allenfalls schon im voraus derlei Revenüen [Einkünfte] angewendet. Kommt nun der leidige Fall, daß die Entreprise [Unternehmung] auch nur zum Teil scheitert: so findet Er sich in einer erstaunlichen Verlegenheit, wird mißmutig, verdrossen und ungeschickt zu seinen Arbeiten. Ich sehe aus seinem vor mir liegenden letzten Brief auch viel zuviele Hoffnung auf seine Thalia, und wir wollen alle Gott danken, wenn nur die Hälfte davon erfüllt wird.

Dieser Vater hat kein Geld, aber guten Rat und einigen Einblick, und natürlich freut er sich über den frischgebackenen Weimarischen Rat:

Außer der Hoffnung auf den Ertrag seiner periodischen Arbeit wird Er auch seinen Don Carlos, den neuerlich erlangten Caractere eines Rates bei Ihro Durchlaucht dem Herzogen zu Weimar, welche Nachricht uns in der Tat eine herzliche Freude verursachte, und alle seine übrigen guten Aussichten in seine Rechnung nehmen. Es ist dies alles erlaubt, mein Sohn, und noch mehr, solche Hoffnungen sind es allein, die Ihn dermalen aufrichten und heiter machen können. Allein man muß nie zuviel darauf bauen, nie ehender darauf rechnen, als bis die Münze klingt, wenn man sich nicht schändlich betriegen und auch andere nicht anführen will.

Etwas anderes noch drängt den Vater zum Schreiben, weniger mit Vorwurf als mit der Bitte um Verständnis:

Jetzt habe ich wegen seiner Schwester noch etwas anzumerken. Daß Er, mein Sohn, teils für sich selbst geradezu und teils durch die Frau von Kalw [Kalb] Reinwalden auf einer Seite geschildert haben, die sowohl mich als seine Schwester im Raten und Handeln von dem vorgehabten Weg abbringen müssen, so scheint diese Sache ganz rückgängig geworden zu sein, denn Reinwald hat seit zwei Monaten nicht mehr geschrieben. Ob Er, mein Sohn, wohl daran getan hat, eine für das Alter und die mangelhaften Vermögensumstände seiner Schwester nicht unschickliche Partie zu hindern, das weißt Gott, der in die Zukunft siehet. Da ich schon 61 Jahre zurückgelegt habe, wenig Vermögen hinterlassen kann, wenn ich sterbe; da Er, mein Sohn, so glücklich auch seine Hoffnungen erfüllt werden, dennoch Jahre zu tun hat, sich aus allem Gedränge zu retten und anständig zu arrangieren; da seine dereinstige Verheuratung immer mehr seine eigenen Vorteile zu besorgen erfordert, als sich viel um seine Schwestern bekümmern zu können, so wäre es auf allen Seiten nicht übel gewesen, wenn Christophine versorgt worden wäre, und sie hätte sich bei ihrer anscheinend wahren Liebe zu Reinwalden ganz gewiß in ihn und seine Verfassung um so ehender schicken können, als sie gottlob vom Großtun und Übertreibung noch nicht angesteckt ist und sich in alle Umstände schicken kann.

Großtun und Übertreibung – da ist es dem treusorgenden Vater am Ende doch noch herausgerutscht; zum Ausgleich erweitert er diesmal die Schlußwendung: »... ich bin und bleibe trotz allen Widrigkeiten dennoch ohne Wandel sein / treuer Vater, Schiller.«

Fast gleichzeitig bekommt der Sohn einen auf *Thalia*-Abonnements bezogenen Brief des Meininger Bibliothekars; in der *Frankfurter Zeitung* – Deutschlands Medien verfolgen das Schicksal des Starautors – hat er von der Weimarischen Ernennung gelesen und bekundet seine Freude. Aber warum platzt diesem daraufhin der Kragen? Hängt es mit einem kleinen Bild zusammen, das Reinwald mitschickt, einem Miniaturporträt der Schauspielerin Sophie Albrecht womöglich, die Schiller vor anderthalb Jahren bei einem Ausflug nach Frankfurt kennengelernt hatte (sie hatte dort in »Kabale und Liebe« die Louise gespielt)? Denn in Frankfurt hat Reinwald dieses Bild bekommen, »dessen Original Ihnen stets lieb war«. Schillers Brief ist verloren; *daß* ihm der Kragen über diesen Mann platzt, den er überschwenglich an sich gezogen hat und nun nicht mehr los wird, macht Reinwalds tiefgekränkte Antwort deutlich:

Sie haben mich anfangs mit soviel zuvorkommender Gefälligkeit behandelt, daß ich mich schämte. Sie änderten sich und wurden mir unbegreiflich. Nicht bloßer Haß oder Unartigkeit kann einem so das Herz zerreißen, als wenn sie mit Wohltun untermengt sind. Ihre bisherige Leiden, die ich ganz gut fühlen kann, sind daran nicht Schuld.

Der Schmerz macht menschlich und herablassend. Man kann ein außerordentlicher Kopf in seinen Produkten sein, ohne es im Umgange zu scheinen. Ohngeachtet ich an Mannheim stets mit Unwillen und Schauder denken werde, so tun Sie mir doch weh, unaussprechlich weh – mein Schmerz vergeht wieder, aber Sie bleiben noch eine geraume Zeit unglücklich, weil Sie die Menschen entweder nicht genug kennen oder nicht nutzen. Ich wünsche, daß diese Täuschung bald aufhöre und daß nicht des Himmels edelste Gaben Ihnen zum Verderben gereichen, bei dem auch unter tausend Herzen mein Bruderherz bluten würde.

Es ist Schillers Bruderherz, das blutet; wenn es um Christophine geht, verliert er den Kopf und alle Contenance. Nur die Dichtung kann hier helfen, das Karlos-Stück, in dem die Angebetete des unbändigen Prinzen in den Ehebanden eines alten Mannes schmachtet. Den kann man inwendig mit Kaspar Schiller besetzen, dann ist es jener fundamentale Konflikt, den Sigmund Freud nach Sophokles' Ödipus-Tragödie benannt hat; er hätte ihn auch den Karlos-Komplex nennen können. Aber auch mit Reinwald kann man König Philipp besetzen, dann ist Elisabeth, die von Karlos hoffnungslos geliebte Stiefmutter, Christophines Alter ego. In Meiningen schon hatte Schiller mit Bestürzung empfunden, wie nahe der Grundriß des Stücks seinen persönlichsten Konflikten kam, und hatte Reinwald, dem immer vertrauter Werdenden, dies geschrieben. Nun will es das Schicksal, daß dieser sein Krisenbewußtsein auf ganz persönliche Weise verschärft.

Das Drama hat für Schiller eine lebensrettende Funktion; es gibt ihm die Möglichkeit, sich Affekten zu entäußern, die ihn, in sein Inneres zurückgestaut, zerreißen müßten. Die Katharsis, die nach Aristoteles die Tragödie bewirkt: Reinigung des Zuschauers durch Abfuhr der Affekte, funktioniert zuallererst an ihrem Autor; wäre Schiller nicht Dramatiker geworden, so hätte er das Zeug zum Gewaltverbrecher gehabt. Sein Vater hatte den Rang eines Hauptmanns, er selbst wäre, ohne die Möglichkeit zu schreiben, wohl eher ein Räuberhauptmann als ein niedergelassener Arzt geworden. Dies verkannt zu haben war Karl Eugens Verblendung gewesen.

Daß Schiller den Konflikt bewältigt, indem er in den Stücken, die ihn vorstellen, die Dinge jeweils die schlechtestmögliche Wendung nehmen läßt, ist bezeichnend für die subjektive und objektive Schwäche seiner Position; sie macht die Tragödie zu dem ihm angemessenen Genre. Mozart, der das Joch eines geistlichen Kleinfürsten mit der freischaffenden Verpflichtung auf den Kaiser vertauscht hat, ist bei aller Feindschaft, die ihm das zuzieht, in einer besseren Lage, denn dieser Kaiser, ein Reform-Diktator mit dem Hang zu militärischen Abenteuern, kämpft an derselben Front wie er: gegen die Ständegesellschaft und deren Privilegienwirtschaft. So bringt Mozart, anders als Schiller, Komödien zustande; demnächst wird er den »Tollen Tag« komponieren. Aber nicht auf deutsch, sondern auf italienisch.

»Herr Boek missfiel mir in der Rolle des Edgar«

Konflikte gibt es auch im Theater. Am 18. Januar geht der entlassene Autor in »Kabale und Liebe«, es ist die dritte Aufführung des bei der Premiere umjubelten Stückes; nach dem tödlichen Unfall von Karoline Beck ist das Stück ein halbes Jahr nicht gespielt worden. Katharina Baumann spielt nun die Louise; gibt es vorher mehr als *eine* Verständigungsprobe auf der Bühne? Vermutlich nicht, und unter solchen Bedingungen ist es kein Wunder, daß die Schauspieler nichts weniger als textsicher sind. Schiller bemerkt es und nimmt übel; ein bitterer Beschwerdebrief geht an den Intendanten: »Ich habe statt meines Textes nicht selten Unsinn anhören müssen. ... Es tut mir leid, daß ich diese Anmerkung machen muß, noch mehr aber verdrüßt es mich, ... daß eben diese Schauspieler, die in den mittelmäßigsten Stücken vortrefflich – ja groß gewesen sind, in den meinigen gewöhnlich unter sich selbst sinken. Wie erklär ich das?« Am Ende steht eine Drohung:
Es steht bei E. E., welchen Gebrauch Sie von meiner gegenwärtigen Erklärung machen wollen. Welchen Sie aber auch machen mögen, so bin ich entschlossen, in der Rheinischen Thalia weitläuftiger über diesen Punkt mich herauszulassen. Ich glaube und hoffe, daß ein Dichter, der drei Stücke auf die Schaubühne brachte, worunter die Räuber *sind, einiges Recht hat, Mangel an Achtung zu rügen.*

Die Intendance soll schon sehen, wohin es führt, wenn man den Hausdramatiker vor die Tür setzt! Vielleicht wird Schillers Empfindlichkeit aber auch durch die andere Begebenheit gereizt, die sich ihm mit diesem Abend verbindet, die achtlose Entgegennahme der kostbar gerahmten Pastellminiatur, die Freund Scharffenstein einst von ihm gezeichnet hat, durch Katharina Baumann. Mag das »Was soll ich damit?«, mit dem sie die Liebesgabe in Empfang nahm, als Schiller sie nach der Vorstellung an ihre Haustür begleitet hatte, auch eine Schutzbehauptung der alten Dame gewesen sein, so ist die Annahme doch naheliegend, daß dieser Abend für Schiller mit einer ganz persönlichen Enttäuschung geendet hatte.

Jedenfalls war Katharina nicht imstande gewesen, seinen Zorn über die »Herrn Schauspieler« zurechtzurücken. Das versucht am andern Tag der Darsteller des Wurm, dem der gereizte Autor auch einen Brief geschrieben hat. Iffland erklärt diese dritte Vorstellung schlankweg für »im Ganzen genommen die beste« von allen:

Wir alle hielten sie dafür, und das Publikum gab mehr als jemals zu erkennen, daß es der Meinung sei. Allein ich weiß aus Erfahrung, wie schwer, wie selten Verfasser zu befriedigen sind. Demohnerachtet wäre ich weder Ihre völlige Unzufriedenheit noch die Äußerung derselben in der Art mir vermuten gewesen.

Innerhalb seiner eigenen Rolle erinnert sich Iffland lediglich »des Weglassens eines Komma in der letzten Szene«; will er den tadelsüchtigen Autor veralbern? Oder hat dieser wirklich aus einer Mücke einen Elefanten gemacht? »Franz Moor, Verrina und die Übernahme des Wurm statt des von Ihnen mir zugedachten Präsidenten sprechen für meinen guten Willen«, hält Iffland dem gleichaltrigen Dramatikerkollegen entgegen und ist souverän genug, dessen Ankündigung, die Schauspieler in der *Thalia* kritisch unter die Lupe nehmen zu wollen, wohlwollend aufzunehmen:

Tadel würkt auf mich schnellern Gang des Bluts, Empfindlichkeit, hintennach Prüfung und Erkenntnis, Bitterkeit niemals. Wer ohne Rücksicht, mit Gegeneinanderhaltung, anhaltendem Blick prüft, muß vieles finden, was dem Darsteller entschlüpft. Ich hoffe, diese Einrichtung wird verhindern, daß die Räder der Maschine sich nicht abschleifen.

Schiller geht viel ins Theater in diesen Wochen, er sammelt Eindrücke für sein kritisches Repertorium. Am 2. Januar gibt es

»Oda oder Die Frau von zwei Männern«, das Stück eines ungenannten Autors (er heißt Joseph Marius Babo), über das der *Thalia*-Abonnent zwei Monate später lesen kann:
> *Ein widriges unnatürliches Ding – zusammengeraffte Theaterflitter, ohne Geschmack, ohne Vorbereitung, ohne Wirkung. Mad. Rennschüb als Oda spielte vortrefflich. Die abgeschmackten Eremiten wurden durch Herrn Becks und Herrn Ifflands Spiel um nichts erträglicher.*

Mit der Oper hat Schiller Probleme, auch und gerade wenn es sich um »Günther von Schwarzburg, eine Nationaloper von Holzbauer und Klein«, handelt, die, nach langem Verstummen der deutschsprachigen Oper, 1777 in Mannheim uraufgeführt worden war. Anton Klein, der Schiller gewogene Sekretär der Deutschen Gesellschaft, hatte das Libretto geschrieben und den in der kurpfälzischen Ritterzeit angesiedelten Stoff hausbacken-pathetisch im Geleise der Metastasio-Dramaturgie traktiert. Als »sogenannte Oper« hatte Wieland das Werk bezeichnet, dessen »Alceste« die Wegbereiterin der neuen deutschen Oper gewesen war, und auch Mozart hatte den Text grauenvoll gefunden, nicht aber die Komposition: »Die Musik von Holzbauer ist sehr schön«, hatte er kurz nach der Uraufführung an seinen Vater geschrieben und: »Die Poesie ist nicht wert einer solchen Musik.«

Acht Jahre nach seinem ersten Erscheinen macht das Werk in Mannheim immer noch volle Häuser. Das Orchester der Nationalbühne genießt europäischen Ruf (zwei Sinfoniker, Stamitz und Richter, hatten hier einer substantiellen Neuerung, dem Crescendo-Prinzip, zum Durchbruch verholfen), und in all seinem dramatischen Dilettantismus steht das Werk am Beginn einer neuen Ära, Indiz des erwachenden Selbstbewußtseins einer von italienischer Alleinherrschaft erdrückten Opernszene. Der *Thalia*-Kritiker kritisiert nicht Klein, aber die Aufführung: »Der Zulauf war ungewöhnlich. Die Wirkung? – wenn über Pomp und musikalischer Schönheit schülerhafte Vorstellung sich vergessen läßt, außerordentlich.« Auch an die Oper stellt Schiller die Anforderung theatralischer Professionalität. In einem Brief nennt er die Aufführung »ein Autodafé über Natur und Dichtkunst«, bei dem sich halb Mannheim zusammendränge, um »sich an den Verzuckungen dieser armen Delinquentinnen zu weiden«.

Mathias Artaria: Das Nationaltheater zu Mannheim (Ölbild, 1853). Das 1853 und 1934 umgebaute Theater wurde 1943 ein Opfer des Bombenkriegs.

Die »Kabale-und-Liebe«-Aufführung, die ihn zu so heftigen Äußerungen hingerissen hatte, erscheint in der *Thalia* in milderem Lichte, mit einer Ausnahme, die in »Oda« gelobte Gattin des Regisseurs Rennschüb betreffend. Noch im Mai hatte er diesem von ihrer Milford-Darstellung geschrieben: »Ihre Frau hat mich ganz verwöhnt«; nun geht es aus einem andern Ton:

18ten Jenner. *Kabale und Liebe. Hr. Beck, als Major, überraschte einigemal durch Größe seines tragischen Spiels selbst den Verfasser. Demoiselle Baumann spielte die Louise Millerin ganz vortrefflich und in den letzten Akten vorzüglich mit viel Empfindung. Mad. Rennschüb spielte in der Rolle der Engländerin manches vortrefflich, aber sie ist ihr nicht ganz gewachsen. Dennoch würde Mad. Rennschüb eine der besten Schauspielerinnen sein, wenn sie den Unterschied zwischen Affekt und Geschrei, Weinen und Heulen, Schluchzen und Rührung immer in acht nehmen wollte. Herr Beil erfüllte die launichte Rolle des Musikus, soviel er wenigstens davon auswendig wußte. Den Hofmarschall spielte Herr Rennschüb ganz vortrefflich. Auch Herr Pöschel gefiel in dem fürstlichen Kammerdiener.*

Kein Wort von Ifflands Wurm und von Boecks Präsident. Bis in die Märztage hinein führt der *Thalia*-Herausgeber seine kritische Chronik, und am Ende steht eine Huldigung an Ifflands Lear; andere kommen nicht so gut weg:

In dieser großen Rolle erscheint Herr Iffland im ganzen Umfang seiner Kunst. Ich behalte mir die Freiheit vor, über das, was ich an seinem Spiel bewundre, ein andermal weitläufigter zu reden. Demoiselle Witthöft rührte sehr als Kordelia. Regan und Gonerill? – Madame Rennschüb behagt mir zehnmal besser in ihren guten Weibern als in ihren schlechten Prinzessinnen. Herr Boek mißfiel mir in der Rolle des Edgar. Er ist zu kalt, und wo er den wahnsinnigen Tom spielt, schadet er der tragischen Rührung.

Der Rezensent als Zensurengeber in der Ich-Form – man merkt diesen Kommentaren die Genugtuung des Autors an, einem Ensemble, das ihn parodieren zu dürfen geglaubt hatte, als Lehrmeister gegenüberzutreten. Daß er sich damit übernimmt, liegt zutage. Er erfährt es bald nach dem Erscheinen der Zeitschrift und ist danach für mehr als ein Jahrzehnt von jeder unmittelbaren Befassung mit dem Theater geheilt.

Die Frauen treffen auch nicht immer das Richtige

Anfang März geht die neue Zeitschrift in Druck. Unter dem neuen Titel »Was kann eine gute stehende Schaubühne wirken?« macht der Vortrag vom Vorjahr den Anfang; der erste Akt von »Dom Karlos« ist der umfangreichste Bestandteil. *Dom* Karlos – erst in der Buchausgabe von 1801 tauscht Schiller das portugiesische »Dom« gegen das spanische »Don« aus, doch bleibt es beim K; auch Karl, Karoline oder Katharina schreibt man zu dieser Zeit nur in Ausnahmefällen mit C. Der Autor beruft seine Leser gleichsam zu Mitarbeitern; er bittet darum, ihm durch freimütige Kritik bei der Vollendung des Werkes zu helfen. Denn nicht nur für die Gegenwart schreibt er:

Was ich bei meinen Zeitgenossen verderbe, steht noch immer in meiner Macht wieder gutzumachen ... – aber die Nachwelt verdammt ohne Beklagten, ohne Sachwalter, ohne Zeugen. Das Werk lebt, und sein Schöpfer ist nicht mehr. ... Wie willkommen soll mir also die Zurechtweisung sein, welche mir über die Gebrechen meiner Dichtung die Augen öffnet und mir vielleicht dazu dienen kann, sie desto fleckenfreier der strengeren Zukunft zu übergeben – findet der Kenner schon diese erste Anlage krank, vermißt er hier schon die Gesundheit, die lebendige Kraft, die ihr Dauer versicherte, so wandre die ganze Skizze zum Feuer.

Das dritte Hauptstück des Bandes ist eine Erzählung, und Heribert v. Dalberg – der Herausgeber vermerkt es dankbar – hat die Vorlage dafür geliefert; sie stammt von Diderot und ist dem Roman »Jacques le Fataliste et son maître« (»Jakob und sein Herr«) des im Vorjahr verstorbenen Autors entnommen; der Reichsfreiherr hatte den Text in dem Kulturbrief des in Paris lebenden Barons v. Grimm gefunden. Diese Korrespondenz eines Mannes, der gleichsam der deutsche Gesandte am Hof der französischen Aufklärung ist, war so exklusiv, daß er nur von souveränen Fürsten bezogen werden konnte.

Schiller übersetzt den Romanausschnitt; er verwandelt sich dabei in den Bearbeiter, insofern er den Rückblendencharakter des Originals aufhebt; auch überführt er die dramengleich gliedernde Dialogstruktur der Vorlage in einen Romandialog, bei dem nicht jedesmal der Name des Sprechenden voransteht. Bei aller Übertragungstreue (sie erhellt bei dem Vergleich mit der Neuübersetzung, die Christel Gersch 1978 vorgelegt hat) wird aus der ironisch-verspielten Erzählung des Franzosen ein Schiller-Text, so spannend wie alles, was dieser Autor in die Hände nimmt; seine Bildkraft, seine Pointierungslust zeigen sich in allen Genres.

So begibt sich das Sonderbare: Schillers erste große Erzählung stammt von Diderot, dem Cheftheoretiker der französischen Spätaufklärung, dem er die wesentliche Ermutigung zu dem bürgerlichen Trauerspiel verdankte. Es war Diderot gewesen, der auf der Möglichkeit, ja der Notwendigkeit insistiert hatte, auf dem Theater auch ganz normalen Leuten, und nicht nur Fürsten und Königen, Tragödien zuzugestehen. Es paßt zu diesem Wechselverhältnis, daß Diderots Text, dessen Handschrift lange verschollen war (auch Schiller kannte nicht den ganzen Roman), in Frankreich 1793 als Rückübersetzung aus der *Thalia* erscheint, einschließlich des Titels, den der Übersetzer ihm gegeben hatte: »Merkwürdiges Beispiel einer weiblichen Rache«.

In der von Schiller in eine Intrigennovelle verwandelten Geschichte geht es vordergründig um ein auch im Zeichen allseitiger Emanzipation nicht gelöstes Thema: um Toleranz in Liebesbeziehungen. Will der in widerstreitende Liebesverhältnisse verwickelte Herausgeber sich und den Leser bei der vorurteilsfreien Suche nach der richtigen Frau ermutigen? Die merkwürdige Rache wird von Frau von P. verübt, einer verwitweten jungen Frau, die heftig bestürmt werden mußte, ehe sie eine neue Verbindung einging. Nach einigen Jahren glücklichen Zusammenlebens mit dem Marquis von A. bemerkt sie ein Erkalten der Leidenschaft, mit der dieser sie erobert hatte; ihren Unmut verstellend, spricht sie ihn auf sein häufiges Wegbleiben an und erhält das Geständnis der mit ihm vorgegangenen Gefühlsveränderung; in aller Freundschaft einigt man sich auf die gegenseitige Tolerierung vorfallender Seitensprünge. Innerlich aber kocht Frau von P. und gedenkt es dem Ungetreuen einzutränken. Mit viel Aufwand und ausgeklügeltem Raffinement führt sie ihm ein junges Mädchen von großem Reiz zu, das jahrelang die Attraktion eines zweifelhaften Hauses war; ihre unschuldig verarmte Mutter unterhielt es, um nicht zugrunde zu gehen. Frau von P. stellt Mutter und Tochter in ihre Dienste, läßt sie ein nonnenhaft zurückgezogenes Leben führen, und ihre Rechnung geht auf: Je schwerer die junge Dame zu erobern ist, um so höher steigt die Leidenschaft des wie zufällig mit ihr bekannt gewordenen Marquis, der mit Frau von P. liiert, aber nicht verheiratet ist und das auch gar nicht sein darf, da die Intrige sonst nicht zum Ziel führen könnte: daß er dem von Frau von P. erbarmungslos gesteuerten Fräulein die Ehe anträgt.

Es kommt zur Hochzeit, und am Tag danach desavouiert die tückische Ex-Geliebte die Jungvermählte durch Aufdeckung ihrer Vergangenheit. Der Marquis, der sich bei der Eroberung des jungen Mädchens unbeirrbar gezeigt hat, ist erschüttert, aber er liebt sie wirklich, und diese Liebe, die gegenseitig ist, übersteht den heimtückischen Anschlag. Bei Gott, ruft der Marquis am Ende der Verwicklungen,

ich fange an zu mutmaßen, daß ich niemals bereuen werde. Diese Frau von P*** hat mir Verdruß und Leiden zugedacht, aber ich sehe ein, sie hat mir Seligkeit bereitet. Kommen Sie, meine Gemahlin. Kleiden Sie sich an, unterdessen daß ich Anstalten zu unsrer Abreise mache. Wir ziehen auf meine Güter, wo wir so lange bleiben wollen, bis die Zeit eine Rinde über das Vergangene gezogen hat.

Drei ganzer Jahre lang lebten sie ferne von Paris – das glücklichste Ehepaar ihrer Zeiten.

Daß die Rachsucht einer vernachlässigten Geliebten einem Marquis die richtige Gattin in Gestalt einer einstigen Kurtisane bescheren könne – dieses Fazit seiner Geschichte hatte der Pariser Autor so prekär gefunden, daß er vermeinte, ihr ein moralisierendes Nachwort anhängen zu müssen; es mündet in den Ruf nach einem »Gesetz, welches jeden gewissenlosen Buben, der eine ehrliche Frau zu Fall bringt und dann *verläßt*, zu einer Dirne verdammt – den gemeinen Mann zu gemeinen Weibern«. Das ist albern, aber es ist von Diderot; Schiller übersetzt es nur. Die salvatorische Klausel, die der Pariser Weltmann seiner Geschichte anklebt, ist ein Indiz für das Vordringen bürgerlicher Moralvorstellungen in der Hauptstadt des Fin de siècle. Aus der Lebensmaxime einer sich von dem Parasitentum der Privilegierten abgrenzenden Klasse ist die bürgerliche Moral zum herrschenden ethischen Maß geworden, das die Gegenbewegungen, an denen es nicht fehlt – zu ihnen gehört der pornographische Charme des »Gelüfteten Vorhangs« auf andere Weise als die entfesselte Mordlust der de Sadeschen Sexualphantasien –, in den Untergrund verweist.

Losriss

Schiller arbeitet an der Startnummer des neuen Journals; zugleich richtet er seine Blicke auf Sachsen. Angesichts der trotz treulichen Einsatzes seiner alten Karlsschulkameraden (auch Philipp v. Winkelmann wirbt Abonnements ein) nur sehr mäßig eingehenden Vorbestellungen mag ihm klarwerden, wie wenig die *Rheinische Thalia* ihn aus der Schuldenfalle reißen wird. Oder gibt es noch andere Gründe, Mannheim zum zweiten Mal hinter sich zu lassen? Am 10. Februar beginnt er einen Brief an Körner, der alle Hoffnung in die von den Leipziger Verehrern bevölkerte Ferne wirft:

Es ist kein Opfer, das ich Ihnen bringe, wenn die Erinnerung an Sie meinen ganzen Horizont um mich her zernichtet – es ist wirklicher Eigennutz, daß meine Seele um Sie schweben darf. Augenblicke wie der gegenwärtige, wo alle meine Empfindungen in wollüstiges Trauern dahinschmelzen, wo ich in mich selbst zurücktrete und von meiner eigenen Armut schwelge, solche Augenblicke, wo meine Seele aus ihrer Hülle schwebt und mit freierem Fluge durch ihre Heimat Elysium wandert, sollen den Freunden meines Herzens geheiligt sein.

Das ist wie der prosaische Vorschein eines Liedes, das erst auf dem Wege ist. Ein Freundschaftskult, den die Vorgängergeneration im Zeichen der Empfindsamkeit kultiviert hat, übergipfelt sich bei einem Autor, dessen Talent zur Freundschaft sich schon in der Karlsschulzeit bewährt hat; sie war dort ein Überlebensmittel gewesen. Schiller ist das Gegenteil eines introvertierten Poeten; er ist der Sanguiniker, der dazu neigt, sich rückhaltlos zu verausgaben. »Urteilen Sie deswegen von meiner Freundschaft nicht zweideutiger, weil sie vielleicht die Miene der Übereilung trägt«, schreibt er an den Leipziger Konsistorialrat und bezeichnet Widerpart und Gegenpol der Seelenheimat Elysium: das ist die Umzäunung der Mode; das Wort meint alle Schranken, die eine fortgesetzt sortierende Gesellschaft in sich selbst aufrichtet. Der Enthusiasmus der Freundschaft schmilzt diese Umzäunungswelt in leidenschaftlichem Zueinander auf:

Gewissen Menschen hat die Natur die langweilige Umzäunung der Mode niedergerissen. ... Große Tonkünstler kennen *sich oft an den ersten Akkorden, große Maler an dem nachlässigsten Pinselstrich – edle Menschen sehr oft an einer einzigen Aufwallung.*

Ebenso rückhaltlos wie selbstkritisch trägt sich der Briefschreiber den ihm nur im Bilde bekannten Freunden an, die ihm ihre Arme geöffnet haben. Sie sollen ihn mit und in seinen Schwächen lieben:

Wenn Sie mit einem Menschen vorlieb nehmen wollen, der große *Dinge im Herzen herumgetragen und* kleine *getan hat, der bis jetzt nur aus seinen* Torheiten *schließen kann, daß die Natur ein eignes Projekt mit ihm vorhatte, der in seiner Liebe schrecklich viel fordert und bis hierher noch nicht einmal weiß, wieviel er leisten kann, der aber etwas anders mehr lieben* kann *als sich selbst und keinen nagenderen Kummer hat, als daß er das so wenig ist, was er so gern sein möchte – wenn Ihnen ein Mensch wie dieser lieb und teuer werden kann, so ist unsere Freundschaft ewig, denn ich bin dieser Mensch.*

Dann spricht er von seinem »so unglücklichen Hang zum Vergrößern, daß oft geringe Veranlassungen meine Hoffnung schwindelnd fortreißen, daß oft der kleinste Umstand mir ein Samenkorn von etwas Unendlichem wird«. Es ist, als ob sein Vater zu ihm spräche.

Mitten im Satz bricht der Brief ab; nach einer Kanonade von Gedankenstrichen wird er zwölf Tage später mit dem Bekenntnis fortgesetzt: »Ich kann nicht mehr in Mannheim bleiben.« Eine Revolution sei mit ihm und in ihm vorgegangen:

In einer unnennbaren Bedrängnis meines Herzens schreibe ich Ihnen, meine Besten. Ich kann nicht mehr hier bleiben. Zwölf Tage habe ichs in meinem Herzen herumgetragen, wie den Entschluß aus der Welt zu gehen. Menschen, Verhältnisse, Erdreich und Himmel sind mir zuwider. Ich habe keine Seele hier, keine einzige, die die Leere meines Herzens füllte, keine Freundin, keinen Freund; und was mir vielleicht noch teuer sein könnte, davon scheiden mich Konvenienz und Situationen.

Was ist passiert? Hat das Verhältnis zu Charlotte sich in einer Weise zugespitzt, daß – in Reichweite ihres im nahen Landau stationierten Gatten – der Skandal unausweichlich wäre, bliebe er am Ort? »Freigeisterei der Leidenschaft« heißt das Gedicht, das aller Wahrscheinlichkeit nach auf die Mannheimer Situation deutet. In einem späteren *Thalia*-Heft wird es mit dem Datum 1782 und der Schutzbehauptung stehen, ein reines Rollengedicht zu sein:

> Nein – länger, länger werd ich diesen Kampf nicht kämpfen,
>   Den Riesenkampf der Pflicht.
> Kannst du des Herzens Flammentrieb nicht dämpfen,
>   So fodre, Tugend, dieses Opfer nicht.
>
> Geschworen hab ichs, ja, ich habs geschworen
>   Mich selbst zu bändigen.
> Hier ist dein Kranz. Er sei auf ewig mir verloren,
>   Nimm ihn zurück, und laß mich sündigen.

Dem eben entzieht sich der Fünfundzwanzigjährige; auch die »Resignation«, die er damit vollzieht, wird eine lyrische Fassung finden. Mannheim ist zu klein und er ist zu bekannt, als daß irgend etwas verborgen bleiben könnte, und eine Liaison mit einer Offiziersfrau und jungen Mutter – die Folgen wären nicht auszudenken. Hinzu kommt: Charlotte ist eine anziehende, musisch sensible, hochliterarische Person, aber so empfänglich er für ihre Reize und Talente ist – die Frau seines Herzens ist sie nicht; das ist die vorsichtige Katharina. Mannheim hinter sich lassend, flieht Schiller nicht nur die Gefahr, er flieht auch die, von der sie ausgeht. In ihrem phantastisch gestelzten Verklärungsstil hat die hochbetagte Charlotte v. Kalb beides überliefert, Schillers Liebe zu seiner Mannheimer Hauptdarstellerin und ihre Liebe zu ihm; sie ist auf diese Weise immerhin aufrichtiger verfahren als die briefevernichtende Katharina.

»Wäre es Ihnen nicht entgegen, so zeigen Sie mir von der weiblichen Galerie einige Bilder«, tastet sich Charlotte in dem Dialogroman, in den ihre Erinnerungen manchmal übergehen, an Schillers Mannheimer Theaterfavoritinnen heran. Er nennt ihr, mit einigem Vorbehalt, »die Witthöft«, aber Charlotte bohrt weiter:

CHARLOTTE *»Doch wer unter diesen Künstlerinnen hat noch Anmut neben diesem Talent?«*

FRIEDRICH *»Man nennt sie Amalia! Amalia!« – (Wie von einem unwillkürlichen Anruf errötete er bei diesem Namen.)*

CHARLOTTE *»Ein lieblich holdes Wesen, das bis zu Tränen Sie bewegen kann.«*

FRIEDRICH *»Zu Ihnen kann ich traulich reden, wie der Augenblick schafft; was uns bewegt, was so reizt, ist der Stimme süßer Zauber, und wer den Blick nicht empfangen, wie kann der von Entzücken sagen? – Wie ist ihr Auge von der dunklen Wimper beschattet. – Ja, sie ist schön!«*

CHARLOTTE *»Die Macht Ihres Lobes hat auch mich für sie gewonnen, sagen Sie noch mehr von ihr.«*

FRIEDRICH *»Ihre Frage, ob ich ein anmutiges Wesen kenne, flammte so schnell mich an, – allein ich vermag nicht auszusprechen, wie ich empfinde und denke; – die Begeisterung, die aus mir spricht, ist wohl nur Laune des Augenblicks. Doch sähe ich sie in einem violetten Taftgewand (Farben haben auch eine Macht), der Locken Schmuck von einem Schleier umflossen, – o welch edle Erscheinung!«*

Charlotte stilisiert sich hier zu Schillers Vertrauten in Liebesdingen; sie läßt erst dessen Hingerissenheit von der Baumann aufflammen und hüllt diese dann als »Laune des Augenblicks« in violetten Taft. Er phantasiert Farben zu seiner Angebeteten – welche Farbe verleiht er Charlotte selbst? Es ist die der Anfechtung, und sie nimmt die Gestalt der Flucht an. Er muß weg und er will weg, aus mehr als einem Grund. »Werden Sie mich wohl aufnehmen?« schreibt er an Körner:

Sehen Sie – ich muß es Ihnen gerade heraussagen, ich habe zu Mannheim schon feierlich aufgekündigt und mich unwiderruflich erklärt, daß ich in drei bis vier Wochen abreise, nach Leipzig zu gehen. Etwas Großes, etwas unaussprechlich Angenehmes muß mir da aufgehoben sein, denn der Gedanke an meine Abreise macht mir Mannheim zu einem Kerker, und der hiesige Horizont liegt schwer und drückend auf mir, wie das Bewußtsein eines Mordes – Leipzig erscheint meinen Träumen und Ahndungen wie der rosigte Morgen jenseits den waldigten Hügeln. ... Ich sollte Ihnen so unendlich viel sagen, das Ihnen einen Aufschluß über den Paroxismus der Freude geben könnte, der mich bei dieser Aussicht befällt. Bis hierher haben Schicksale meine Entwürfe gehemmt. Mein Herz und meine Musen mußten zu gleicher Zeit der Notwendigkeit unterliegen. Es braucht nichts als eine solche Revolution meines Schicksals, daß ich ein ganz anderer Mensch – daß ich anfange, Dichter zu werden. ...

Der magische Nebel, in den das Gerücht gewöhnlich Schriftsteller einhüllt – Ihre glänzenden Ideale von mir werden freilich ganz erstaunlich durch meine wirkliche Erscheinung verlieren. Sie werden einen ganz erbärmlichen Wundermann finden; aber gut bleiben Sie mir gewiß. Innige Freundschaft, Zusammenschmelzung aller Gefühle, gegenseitige Verehrung und Liebe, Verwechslung und gänzlicher Umtausch des persönlichen Interesses sollen unser Beieinandersein zu einem Eingriff in Elisium machen.

Dieser Jüngling schifft immer mit tausend Masten, so auch nach Leipzig, das er entschlossen ist, »zum Ziel meiner Existenz, zum beständigen Ort meines Aufenthalts zu machen«. Aber zuvor gibt es einiges Finanzielle zu regeln. Dem Brief an Körner sendet Schiller einen an Huber, den Jüngsten der vier, hinterdrein und bekennt seine Bedrängnisse: er braucht hundert Dukaten, das sind dreihundert Reichstaler (etwa 10 000 Euro), um aus Mannheim wegzukommen. Körner weiß Rat, in einem Sinn, den schon Hubers Januarbrief angedeutet hat. Ein junger Verlagsbuchhändler hat sich in Leipzig auf den Weg in die Selbständigkeit gemacht, er heißt Johann Georg Göschen, ist dreiunddreißig Jahre alt und steht nach langer Lehrzeit bei dem Leipziger Großverleger Siegfried Leberecht Crusius und vier Jahren bei dem ersten deutschen Autorenverlag, der Dessauer »Buchhandlung der Gelehrten«, im Begriff, einen eigenen Verlag zu gründen; mit 3000 Talern ist Körner daran beteiligt. Göschen soll die *Thalia* übernehmen und Schiller einen Vorschuß darauf erhalten; auf diesem zartsinnigen Umweg erhält er die Summe, die er braucht, um die Stuttgarter und Mannheimer Schulden loszuwerden. Ende März trifft der Wechsel in Mannheim ein.

Als Charlotte v. Kalb von der nahen Abreise erfährt, ist sie außer sich; mit melodisch verschwimmender Kontur spiegelt die späte Erinnerung die Verzweiflung der von Kindheitskatastrophen – dem Tod erst der Eltern, später des einzigen Bruders – geprägten Frau. »Seitdem ich Sie kenne«, läßt sie ihr Jugend-Ich zu dem Scheidenden sagen,

verlange ich mehr, als ich vormals von den Tagen erbeten; nie habe ich bekannt, wie öde die Vergangenheit. Ein solches Los schien mir unbedingt das der Frauen. – Ist es Täuschung? – Mein Hoffen nach freundlicher Gegenwart schien erfüllt; höherer Natur verbunden, mit des Vertrauens Ernst und Milde fand ich den Mut der Freudigkeit.

»Wie sind Sie erregt«, antwortet Schiller, »eine solche Stimmung habe ich nie an Ihnen bemerkt.« Was folgt, ist reine Musik:

CHARLOTTE *»Sie wissen nicht, was dieser Ruhe Stütze war – der Bund der Wahrheit – Sie wollen ihn trennen. Das Leben hat Sie mir gesandt. Nur Momente sind uns im reinen Sein vergönnt, und diese Gabe besserer Stunden, auch sie wäre dahin? O wären Sie von irdischer Sorge frei, nicht so nach Ruhm strebend – des Friedens vertilgendem Feind.«*

FRIEDRICH *»Vor allem weiß ich wohl, wir leben nur in der Blüte der Jugend das Leben – sie, die Verklärung der flammenden Seele! – mein Herz fühlt auch, wie du nie dieses Sehnen trüben, nie solchen Glanz entweihen kannst.«*

CHARLOTTE *»Du sagen Sie, – du sage ich – die Wahrhaftigkeit kennt kein Sie. Die Allseligen sind ein Du, das Du ist einer ewigen Verbindung Siegel.«*

Schiller reißt sich von der jungen Mutter los, und das theatralische Mannheim macht ihm den Abschied leicht; die Schauspieler empören sich über die Mitte März erschienene »Rheinische Thalia, herausgegeben von Schiller. Erstes Heft. Lenzmonat 1785. Mannheim, auf dasigem kaiserl. freiem R[eichs] Postamt, und in der Schwanischen Hofbuchhandlung zu haben«. Nicht nur die Gattin des Chefregisseurs protestiert, die in der kritischen Chronik immer wieder vorkommt (»Madame Rennschüb wurde – warum? weiß das Publikum vielleicht selbst nicht – als Klaudia beklatscht«, lautete die letzte diesbezügliche Eintragung), sondern auch der berühmte Boeck, der als Graf Essex in dem Stück von John Banks (er »spielte meisterhaft«) besser weggekommen war denn als Edgar im »Lear«. Beide platzen vor Zorn, und wieder einmal bekommt der Intendant einen Brief von Schiller, der glaubt, mit Schonung vorgegangen zu sein:

Wenn ich bei Beurteilung des Herrn Rennschübs und in etlichen Rollen auch seiner Frau meinem bessern Gefühl und der vereinigten Stimme des bessern Publikums hätte folgen wollen, so wären Mord und Totschlag zu befürchten gewesen. Wie sehr bewundere ich bei dieser Gelegenheit Ew. Exzellenz, daß Sie fünf Jahre fähig waren, einer so reizbaren Menschenklasse vorzustehen, ohne die Liebe eines einzigen Individuums zu verlieren.

Was ich aber kaum verschlucken kann ..., ist das Betragen des H[errn] Boeks. Herrn Boek habe ich mit einer Achtung behandelt, die er nicht verdient, und dieser Mann errötet dennoch nicht, auf öffentlicher Bühne mit Gebrüll und Schimpfwörtern und Händen und Füßen gegen mich auszuschlagen und auf die pöbelhafteste Art von mir zu reden. Alles dies habe ich haarklein erfahren.

Die Antwort des Intendanten scheint harsch ausgefallen zu sein (Schiller hat sie nicht aufbewahrt); in einem zweiten Brief – inzwischen mag sich seine bevorstehende Abreise herumgesprochen haben – erinnert ihn Dalberg daran, daß schon Lessings Hamburgische Dramaturgie sich in der Unmöglichkeit verfangen habe, als angestellter Dramaturg öffentlich Schauspielerkritik zu üben. Schiller tut es als ehemaliger Dramaturg und ist, wie sich zeigt, nicht besser dran. Mit milden Worten versucht der Reichsfreiherr, ihm das Destruktive seines Vorgehens klarzumachen: »... dergleichen Kritiken über Schauspieler und Künstler« müßten »notwendig Zerrüttungen und endlich gar den Zerfall eines Theaterinstituts bewürken«.

Schiller hat in der *Thalia* die »dramaturgischen Preisfragen« des Theaterleiters veröffentlicht, sechs Fragen, die dieser im Vorjahr seinen Schauspielern vorgelegt hatte, um sie zum Nachdenken über ihr Tun zu veranlassen, etwa: »Was ist Natur, und wie weit sind ihre Grenzen auf der Bühne? Was ist der Unterschied zwischen Kunst und Laune? Welches ist der wahre Anstand auf der Bühne, und wodurch erlangt ihn der Schauspieler?« Inzwischen hat sich dieser Ensemble-Erzieher sechs weitere Fragen einfallen lassen, und Schiller druckt auch sie; er rollt bei dieser Gelegenheit einen roten Teppich für den Mann aus, der drei Stücke von ihm aufgeführt, aber seinen Vertrag nicht verlängert hat:

Der Freiherr v. Dalberg ist die Seele der Mannheimer Bühne, aber nichts weniger als Despot ihrer Glieder. In der innern Maschine dieses Theaters, welche größtenteils das Werk seines philosophischen Geistes und seiner patriotischen Bemühungen ist, herrscht keine diktatorische Tyrannei.

In seinem Brief versichert der so Gepriesene den Autor seiner besonderen Achtung. Er möchte in Frieden von dem ungebärdigen Jungdramatiker scheiden, den er – auch Charlotte v. Kalbs Erinnerungen deuten es an – nicht aus eigenem Ratschluß, sondern auf Intervention der Münchner Regierung entlassen hat. »Kabale und Liebe« ist inzwischen faktisch verboten.

Kaspar Schiller gefällt »Dom Karlos«

Dalberg schreibt seinen Brief am 27. März; sind Schillers Koffer schon gepackt? Mit Christian Götz, Schwans Teilhaber, den es wieder zur Leipziger Messe zieht, will er die Reise nach Sachsen antreten; den Eltern hat er diese Wendung der Dinge in einem Brief kundgetan, der im Blick auf die Leipziger Hilfe von einem Segen von oben gesprochen hatte; das hat diese beiden, die eine tiefinnere Frömmigkeit durch alle Fährnisse ihres Daseins geleitet hat, »zu Tränen des Dankes gegen Gott« gerührt. Auch hat der Vater schon die *Thalia* gelesen, er ist vollkommen begeistert:

Ich finde diese, und vorzüglich die Bruchstücke von Dom Carlos ganz außerordentlich stark, durchgedacht und ausgefeilt, als das Beste von all seinen bisherigen Arbeiten, und wundre mich auch nicht, wenn der Buchhändler in Leipzig, der Weigand sein wird, soviel Honorarium bietet, denn die Pursche haben ihre Leute an sich, welche so etwas zu beurteilen und zu schätzen wissen. Aber erlaube Er mir doch eine Frage zu machen: ist es pag. 70 von Dom Carlos nicht zu unfürstlich gesagt, daß er eine viehische *Erziehung bekommen? und sollte Er nicht einen anständigen Ausdruck wählen können? Doch das im Vorbeigehen, und nun bezeuge ich ihm, daß sowohl dieses neue Stück, seine Beschäftigung als auch die überschriebnen guten Aussichten uns eine herzliche Freude macht und daß seine religiose Äußerungen am Ende des heutigen Briefes mich und seine Mutter zu Tränen des Dankes gegen Gott gerührt.*

Vater Schiller ist stolz auf den Filius; er glaubt sogar zu wissen, wer in Leipzig als Verleger in Frage kommt. Im »Karlos« hat er ein Adjektiv zu monieren; der Autor wird »viehische« später in »knechtische« Erziehung abändern. Sonst hat Kaspar Schiller nichts auszusetzen; es fällt ihm nicht auf, daß Karlos' Bekenntnisse im Schutz der historischen Konstellation (König Philipp hat dem Kronprinzen die französische Braut weggeschnappt und sie dergestalt zu dessen Stiefmutter gemacht) eine radikalere Offenbarung ödipaler Vatermordgelüste und aller damit zusammenhängenden Komplikationen bedeutet, als es sie, Sophokles eingeschlossen, jemals zuvor in der Literatur gegeben hat:

> Ein unerträgliches Geheimnis brennt
> Auf meiner Brust – es soll – es soll heraus,
> Ich will und muß das Urteil meines Todes
> In deinen totenbleichen Mienen lesen.
> Hör an – erstarre – doch erwidre nichts –
> Ich liebe meine Mutter.

Posa, der dies vernimmt, kann nur: »O mein Gott!« rufen, worauf es weiter aus dem Prinzen herausbricht:

> Mein Wunsch
> Stößt fürchterlich auf meines Vaters Liebe,
> Ich fühls, und dennoch lieb ich. Dieser Weg

> Führt nur zu Wahnsinn oder – Blutgerüste,
> Ich liebe ohne Hoffnung – lasterhaft –
> Mit Todesangst und mit Gefahr des Lebens,
> Das seh ich ja, und dennoch lieb ich.

»Was ist das? Wer erklärt mir das?« fragt sich der Verzweifelte, und wer an dieser Stelle versucht sein sollte, Sigmund Freud zu rufen, vergißt, daß Schillers Trauerspiele zu den Voraussetzungen dessen gehören, was der Psychologe hundert Jahre später auf eine Formel und eine Theorie brachte. Aber was hülfe es Karlos auch, wenn ihm jemand erklärte, warum sein die ganze Welt umfangendes Herz hier an eine Schranke stößt? Die Schranke fiele darum doch nicht:

> Dies Herz,
> Groß wie mein Rang, der Menschheit aufgetan,
> Und weit genug, die Schöpfung zu umschließen,
> Dies Herz allein – nicht meine Erstgeburt,
> Nicht meiner Ahnen prahlerische Kette,
> Die tief im Heidentum sich untertaucht –
> Dies Herz allein ist mein Beruf zum Thron,
> Und dieses Herz – O, weint um mich, ihr Armen –
> Verschließt sich einem Menschen nur – nur einem –
> Und *wer* ist das?

Es ist der Vater und König. »Wie Furien des Abgrunds folgen mir / Die schauerlichsten Träume«, klagt der Prinz seinem bestürzten Zuhörer: »Zweifelnd ringt / Mein guter Geist mit gräßlichen Gelüsten.« Mordgelüste sind es, die ihn umtreiben, und auch an dieser Stelle korrigiert sich der Autor zwei Jahre später; es heißt nun »gräßliche Entwürfe«.

Vater Schiller merkt nicht, daß der zum Prinzen transfigurierte Sohn sich hier das eigene Problem von der Seele schreibt. Er ist viel zu sehr Vater und Erzieher (sein eigentliches Feld ist die Baumerziehung), um Psychologe zu sein und dieses Stück als eine dramatische Selbstanalyse des Autors begreifen zu können. Aber vielleicht hängt sein Wohlgefallen an diesem Stück auch untergründig mit dem selbstkritischen Impuls zusammen, der in dieser Konfliktoffenbarung umgeht. Anders als in »Kabale und Liebe« ist die Situation des Sohns in »Dom Karlos« von vornherein aussichtslos, das Stück entwickelt eine Katastrophe, die schon zu Anfang manifest wird, in dem Rigorismus der prinzlichen Selbstentblößung; alles Weitere ist nur Vollzug. Posas Versuch, die Vatermordpsychose des Prinzen zu sublimieren, indem er ihn in die Ferne schickt, in die Niederlande, um dort den Widerstand gegen Albas Besatzungsarmee sowohl anzuführen als zu entschärfen, schlägt zwangsläufig fehl; er tut dies vor allem wegen einer Ich-Schwäche, die schon die allererste Szene dieses *Thalia*-Drucks exponiert. Dort begegnet Karlos dem ihn ausforschenden Beichtvater des Königs nicht nur ganz unverblümt mit Haß und Verachtung, sondern weist ausdrücklich auf ein verderbenbringendes Geheimnis in seiner Brust hin; fast selbstmörderisch – Schiller ändert das später – gibt er sich in die Hand seiner Feinde. So schwach aber die Projektionsfigur des Autors gerät, so stark wird auf der andern Seite die Kronfigur. Schiller, wohl wissend, daß man mit einem Ungeheuer kein Drama aufführen kann (er erklärt es in einem Vorwort), macht Philipp II. zu einer menschlich anrührenden Gestalt, indem er den von Hofintrigen Umgarnten über dem Zweifel an seiner Frau in eine so tiefe Verstörung geraten läßt, daß er Hilfe bei einem Mann sucht, von dem er nicht mehr weiß, als daß er sich bei der Verteidigung Maltas hervorgetan hat: dem Marquis von Posa. Aber so weit kommt es im ersten *Thalia*-Heft noch nicht.

Selbsterkenntnis und letzte Zurüstungen

Mit einem Stückfragment, das zum Organ einer rabiaten Selbstkritik wurde, nimmt Schiller, der wie durch ein Wunder aus der Schulden- und aus der Liebesfalle Gerettete, Abschied von einer Stadt, die zu erobern er zu jung, zu spontan, auch: zu wenig organisiert war, ganz abgesehen von den objektiven Widerständen, auf die er künstlerisch wie politisch aufgelaufen war. Über die Klippen seiner Lebensführung weiß er nun Bescheid und ist gesonnen, sie fortan zu umschiffen; es gilt, Vorkehrungen dafür zu treffen. Ferdinand Huber wird zum Adressaten von Wünschen, die das Fazit der Erfahrung sind, dabei verwechselt der Briefschreiber Fehler und Fazit:

Ich bin willens, bei meinem neuen Etablissement in Leipzig einem Fehler zuvorzukommen, der mir in Mannheim bisher sehr viel Unannehmlichkeit machte. Es ist dieser, meine eigne Ökonomie nicht mehr zu führen und auch nicht mehr allein zu wohnen. Das erste ist schlechterdings meine Sache nicht – es kostet mich weniger Mühe, eine ganze Verschwörung und Staatsaktion durchzuführen als meine Wirtschaft, und Poesie, wissen Sie selbst, ist nirgends gefährlicher als bei ökonomischen Rechnungen. Meine Seele wird geteilt, beunruhigt, ich stürze aus meinen idealischen Welten, sobald mich ein zerrissner Strumpf an die wirkliche mahnt.

Aus dem Mißverhältnis von Strumpf und Staatsaktion wird noch einmal ein langes Gedicht werden.

Dieser Autor braucht nicht nur einen ökonomischen Vormund, er braucht auch einen poetischen Begleiter. Schon das werdende Werk bedarf bei ihm des Publikums zum Zuhören wie zum Dreinreden; er braucht

einen rechten wahren Herzensfreund, der mir stets an der Hand ist, wie mein Engel, dem ich meine aufkeimenden Ideen und Empfindungen in der Geburt mitteilen kann, nicht aber durch Briefe oder lange Besuche erst zutragen muß. Schon der nichtsbedeutende Umstand, daß ich, wenn dieser Freund außer meinen vier Pfählen wohnt, die Straße passieren muß, ihn zu erreichen, daß ich mich umkleiden muß und dergleichen, tötet den Genuß des Augenblicks, und die Gedankenreihe kann zerrissen sein, bis ich ihn habe. Sehen Sie, mein Bester, das sind nur Kleinigkeiten, aber Kleinigkeiten tragen oft die schwersten Gewichte im Verlauf unsers Lebens.

Man hat Schiller später mit Fleiß auf den Leisten des Idealisten gespannt, ohne recht zu wissen, was damit gemeint sein sollte außer der von den Nachlebenden betriebenen Idealisierung eines Schriftstellers, der nach dem stürmischen Anlauf seiner Jugendjahre das Bedürfnis nach gedanklicher Klärung und geistiger Reifung empfunden und es sich dabei nicht leichtgemacht hatte. Aber man wird nicht zum Idealisten durch das Gefühl, an sich selbst arbeiten zu müssen. Schiller war ein Realist mit hohem Selbstanspruch, ein Autor, dessen Klärungsbedürfnis starken Machtträumen und Ego-Phantasien die Waage halten mußte. Über dem Drang nach Idealisierung – und das bedeutete zugleich Entkonkretisierung – dieses Dichters übersah man, eine wie große Rolle

Begriffe wie Glück und Glückseligkeit in seinem Gedankenhaushalt spielten; auch in diesem letzten Mannheimer Brief stehen sie an zentraler Stelle:

Ich kenne mich besser, als vielleicht tausend andrer Mütter Söhne sich kennen, ich weiß, wie viel und oft wie wenig ich brauche, um ganz glücklich zu sein. Es fragt sich also, kann ich in Leipzig diesen Herzenswunsch in Erfüllung bringen? Wenn es möglich zu machen ist, daß ich eine Wohnung mit Ihnen beziehen kann, so sind alle meine Besorgnisse darüber gehoben. Ich bin kein schlimmer Nachbar, wie Sie sich vielleicht vorstellen möchten; um mich in einen andern zu schicken, in meinen Freund *vorzüglich, habe ich Biegsamkeit genug und auch hier und da etwas Geschick, dies Fragment des Lebens, wie Yorik sagt, ihm verbessern und aufheitern zu helfen. Können Sie mir dann, noch außerdem, die Bekanntschaft von Leuten zuwege bringen, die sich meiner kleinen Wirtschaft annehmen mögen, so hat alles seine Richtigkeit.*

Schiller kennt Huber noch gar nicht, aber er quartiert sich bei ihm oder genauer: ihn bei sich ein und garantiert, daß es dabei lustig zugeht. Einem Gedankenstrich folgt mobiliare Konkretisierung, und auch das Essen will bedacht sein:

Ich brauche nichts mehr als ein Schlafzimmer, das zugleich mein Schreibzimmer sein kann, und dann ein Besuchzimmer. Mein notwendiges Hausgeräte *wäre eine gute Kommode, ein Schreibtisch, ein Bett und* Sopha, *dann ein Tisch und einige Sessel. Hab ich dieses, so brauche ich zu meiner Bequemlichkeit nichts mehr. Parterre und unter dem Dach kann ich nicht wohnen, und dann möcht ich auch durchaus nicht die Aussicht auf einen Kirchhof haben. Ich liebe die Menschen und also auch ihr Gedränge. Wenn ichs nicht so veranstalten kann, daß wir (ich verstehe darunter das fünffache Kleeblatt) zusammenessen, so würde ich mich an die Table d'hôte im Gasthofe engagieren, denn ich fastete lieber, als daß ich nicht in Gesellschaft (großer oder auserlesen guter) speiste. ... Meine Zumutungen sind freilich verzweifelt naiv, aber Ihre Güte hat mich verwöhnt.*

Dieser Autor liebt es gesellig, er hungert lieber, als daß er allein äße. Sind es die sieben Internatsjahre, die hier nachwirken? In seinem Februarbrief an Huber hatte sich der Leipzig-Reisende wie auf der Weiterfahrt zum Herzog von Weimar beschrieben;

er hoffe mit dessen Hilfe »förmlich Doktor zu werden, weil ich doch einmal ausstudiert habe und nur noch dieser letzten Ölung bedarf«. Aber dieser letzte Brief vor dem Eintreffen des Auslöse-Wechsels läßt keinen Zweifel: es ist auf längere Einquartierung abgesehen; sind die Voraussetzungen dafür gegeben? Erst einmal gilt es, aus Mannheim wegzukommen, wo ihm inzwischen »nicht anders zumute [ist] als den Ägyptern, da der Würgengel herumging«. Dann kommt der Wechsel, und auf den 31. März ist »allgemeine Zahlung anberaumt«. Andreas Streicher verbringt die Nacht vor der Abreise mit dem Freund, der das Resümee seiner Mannheimer Erfahrungen zieht:

Die vergangenen zwei Jahre, welche auf eine sehr unangenehme Weise von ihm verlebt waren, berührte er nur insofern, als sie in ihm die traurige Überzeugung hervorgebracht, daß in Deutschland, wo das Eigentum des Schriftstellers wie des Verlegers jedem preisgegeben, ja als vogelfrei erklärt sei, und bei der geringen Teilnahme höherer Stände an den Erzeugnissen der deutschen Literatur ein Dichter ... ohne einen besoldeten Nebenverdienst, ohne bedeutende Unterstützung, bloß durch die Früchte seines Talentes unmöglich ein solches Einkommen sich verschaffen könne, als einem fleißigen Handwerksmanne mit mäßigen Fähigkeiten dieses gelingen müsse. ... Von nun an sollte nicht mehr die Dichtkunst, am wenigsten aber das Drama der einzige Zweck seines Lebens sein, sondern er war fest entschlossen, den Besuch der Muse nur noch in der aufgereiztesten Stimmung anzunehmen.

Die Enttäuschung, die er erfahren hat, betrifft nicht nur das Theater, sie gilt der Existenzmöglichkeit des Schriftstellers,

der in der höhern Gesellschaft nicht aufgenommen, wenn er seine Feder der Bühne widme, sogar verachtet sei, auf keinen Rang unter den Ständen Anspruch machen dürfe und wie ein fremdes, heimatloses Wesen seinen kärglichen Unterhalt mit unablässiger Anstrengung erringen müsse.

Ein spätes Gedicht – Schiller nennt es »Die deutsche Muse« – wird diese Erfahrung verallgemeinern; es ist wie ein Rückblick auf die Entstehungsbedingungen der deutschen Literatur:

Kein Augustisch Alter blühte,
Keines Medizäers Güte
    Lächelte der deutschen Kunst,
Sie ward nicht gepflegt vom Ruhme,
Sie entfaltete die Blume
    Nicht am Strahl der Fürstengunst.

Von dem größten deutschen Sohne,
Von des großen Friedrichs Throne
    Ging sie schutzlos, ungeehrt.
Rühmend darfs der Deutsche sagen,
Höher darf das Herz ihm schlagen,
    Selbst erschuf er sich den Wert.

Nicht die Medizin, glaubt Streicher sich an Schillers Vorsatz zu erinnern, sondern die Rechtswissenschaft soll den abermals gen Osten Reisenden aus der Misere herausführen. Mit einem Gelübde nehmen der Musiker, der die Helferrolle auf sich nahm, und der Dichter, der noch viel Hilfe brauchen wird, nach dreijähriger Gemeinsamkeit Abschied:

Sein Vorsatz darüber war so fest, die Ausführung schien ihm so leicht, eine ehrenvolle Anstellung bei einem der kleinen sächsischen Höfe so nahe, daß er und der zurückbleibende Freund sich die Hände darauf gaben, solange keiner an den andern schreiben zu wollen, bis er Minister oder der andere Kapellmeister sein würde.

Schiller ist nicht Minister und Streicher nicht Kapellmeister geworden. Aber zehn Jahre später haben sie Briefe miteinander gewechselt und sich mitgeteilt, wie jeder in der bürgerlichen Welt angekommen war: als Professor ohne Gehalt der eine, der andere als Inhaber einer Pianofortefabrik.

Fünftes Kapitel

Aufgenommen

Entree

Die Reise nach Leipzig erweist sich als kaum weniger beschwerlich als vor zweieinhalb Jahren die nach Meiningen; der Weg nach Kursachsen ist lang und voller Hindernisse. Volle neun Tage sind die beiden Reisenden unterwegs:

Morast, Schnee und Gewässer waren die drei schlimme Feinde, die uns wechselsweise peinigten, und ob wir gleich von Vach an [einer Stadt an der Werra] immer zwei Vorspannpferde gebrauchen mußten, so wurde doch unsre Reise, die Freitags beschlossen sein sollte, bis auf den Sonntag verzögert

berichtet der Reisende an Schwan. Bei der Ankunft am Sonntagabend ist er »von einer Reise, die mir ohne Beispiel ist (denn der Weg zu Euch, meine Lieben, ist schlecht und erbärmlich, wie man von dem erzählt, der zum Himmel führt)«, so »zerstört und zerschlagen«, daß er die Begegnung mit den Freunden auf den andern Tag verschiebt. Aus dem »Blauen Engel«, einem Gasthaus in der Petersstraße, holt Huber ihn am Montagmorgen ab, um ihn in den »Silbernen Bären« zu führen, das Haus des Verlegers Breitkopf (noch heute führt der Verlag den Bären im Firmenschild), in dem die Schwestern Stock mit Gustav Endner, ihrem älteren Stiefbruder (die verwitwete Mutter hatte ihn mit in die Ehe gebracht), eine Mansarde bewohnen. Es ist dieselbe Werkstattwohnung, in der vor zwei Jahrzehnten ein Student namens Goethe sich bei Mutter Stock unbeliebt gemacht hatte, indem er den Vater, seinen Kupferstichlehrer, in Auerbachs Keller zu entführen pflegte, und bei den damals sehr kleinen Mädchen, indem er nicht sie, sondern ein Windspiel namens Joli zu Weihnachten mit Leckereien bedacht hatte. Zum Entzücken des Vaters hatte er dem in ein rotwollenes Kamisol gehüllten Hund sogar ein eigenes Christbäumchen spendiert.

Das ist lange her, die Eltern der drei Geschwister leben nicht mehr; Gustav Endner, ein vorzüglicher Radierer, führt die Werk-

Anton Graff: Minna Körner (Ölbild, um 1790).

statt des Vaters weiter, die beiden Mädchen führen ihm den Haushalt. Dora Stock, eine zierliche Erscheinung von etwas verwachsener Gestalt, ist die künstlerisch begabte der Schwestern, eine Fünfundzwanzigjährige von Witz und Ausdrucksvermögen. Sprechender als in ihrem nach Mannheim gesandten Selbstporträt erscheint sie in einem gemalten Selbstbildnis zehn Jahre später: ein rundes, von dunklen Ringellöckchen apart umrahmtes Gesicht, in das sich Spuren der Resignation eingegraben haben; die Augen sind lebhaft zur Seite gewandt, der Oberkörper bis an den Hals in ein großes grünes Tuch gewickelt.

Von Minna Stock, die bald Minna Körner heißen wird, gibt es aus dem Jahre 1790 – da ist sie achtundzwanzig – ein ungemein lebensvolles Porträt von Anton Graff, dem berühmten Porträtisten; es zeigt eine schöne Frau mit wachen Augen, bestimmter Nase, markantem Kinn und sanft auf die Schultern fallendem Lockenhaar, darauf ein Turban aus demselben orientalisch schimmernden Stoff, der ihr Decolleté umhüllt – eine Haushälterin von

Anton Graff: Gottfried Körner (Ölbild, 1794).

Charme und Energie. Vier Jahre später hat Graff, der in Dresden seßhaft gewordene Schweizer, auch Gottfried Körner porträtiert, en face und in einem blauen Frack; das schon ins Graue spielende Haar ist über den Ohren in eine Rolle gelegt. Ein selbstbewußt-offenherziger, sich wie ungeschützt darbringender Mann zeigt sich, dessen Augen erwartungsvoll in die Welt blicken. Die Bilder bezeugen: ein schönes, stattliches Paar.

Die Befangenheit, mit der die beiden Kupferstichmamsells – als solche hatte Körners Vater, der von der Liebschaft des Sohnes anhaltend indignierte Superintendent und Professor, sie bezeichnet – ihrem bewunderten Gast entgegensehen, legt sich bald. Immer wieder macht Schiller die Erfahrung, daß man sich seine Person nach seinen Stücken vorstellt und verwundert ist, den Menschen ganz anders zu finden als seine Theatertexte. Man befreundet sich rasch, und dann ziehen die beiden jungen Herren los, um in der Hainstraße eine Studentenwohnung zu beziehen. Huber hat sie besorgt, und es mag mehr als Zufall sein, daß, zusammen

Dora Stock: Selbstbildnis (Ölbild, 1795).

mit ihrem Mann, im gleichen Haus eine junge Frau wohnt, der Schiller ein Jahr zuvor, als er sie in Frankfurt bei einem Besuch der Großmannschen Truppe als Louise Millerin gesehen hatte, eine gefühlte Huldigung dargebracht hatte: die Schauspielerin Sophie Albrecht. »Gleich in den ersten Stunden«, hatte er damals an Reinwald geschrieben, der sie gut kannte,

ketteten wir uns fest und innig aneinander; unsre Seelen verstanden sich. Ich freue mich und bin stolz, daß sie mich liebt und daß meine Bekanntschaft sie vielleicht glücklich machen kann. Ein Herz, ganz zur Teilnahme geschaffen, über den Kleinigkeitsgeist der gewöhnlichen Zirkel erhaben, voll edlen, reinen Gefühls für Wahrheit und Tugend und selbst da noch verehrungswert, wo man ihr Geschlecht sonst nicht findet. Ich verspreche mir göttliche Tage in ihrer nähern Gesellschaft. Auch ist sie eine gefühlvolle Dichterin!

Er war so begeistert von ihr gewesen, daß er ihr raten wollte, vom Theater wegzugehen, weil »der größte theatralische Ruhm ... mit ihrem Herzen zu teuer bezahlt sein würde«. Sophie Albrecht ist nicht nur eine gefühlvolle, sondern auch eine außerordentlich begabte Dichterin, von der in ihrer Heimatstadt Erfurt gerade zwei schön ausgestattete Bände erschienen sind, mit Gedichten, die immer wieder um Tod und Grab kreisen, Prosatexten, die »Fragmente aus dem Tagebuche einer Unglücklichen« überschrieben sind, und einem »Schauspiel mit Gesang«, das »Theresgen« heißt und so rührend ist wie sein Titel. Es handelt von einem Bauernmädchen, das einem jungen Grafen das Leben rettet und sich dabei rettungslos in ihn verliebt; als alle sie überreden, einen ungeliebten andern zu heiraten, ertränkt sie sich in dem Teich, aus dem sie den Geliebten errettet hatte.

Aber nicht alles ist Tod und Trauer in diesen Texten, und in andere Sphären schwingt sich ein Gedicht, das in dem zweiten der beiden Bände »An Friedrich Schiller« überschrieben ist:

> Siehe! der Wandrer im tiefen Tale
> Singet
> Dem hoch über ihm aufgegangenen
> Schönen Gestirne,
> Dessen Strahlen ihm
> Auch in der Ferne des Tals glänzen,
> Sein leises Lied –
> Richtet seinen Blick in die leuchtende Höhe
> Vergißt die schwindelnde Tiefe
> Und denkt nicht mehr
> Der Finsternis seines Ganges.
>
> Schwebe denn auf, mein Lied!
> Dem Manne,
> Dessen Strahlengang meine Seele erquickt!
>
> Töne ihm innigen Dank!
> Für jeden Schauder,
> Den seine unsterblichen Gesänge über mich strömten –
> Für die süßen Tränen,
> Die ich mit seiner holden *Leonore* verweinte –
> Für das furchtbare majestätische Grauen,
> Das mich durchbebte,

Als ich *Karl von Moor*
In Missetat und Tugend bewunderte.

Flüstre ihm leiser,
Daß ich ihn liebe mit heiligen Feuer
Und mich sehne nach seinen Blicken,
Wie mich verlangt nach der sichtbaren Gegenwart
Jener edlen Geschiedenen,
Die mich erhoben, wenn sie mich Freundin nannten,
Da sie noch gingen
In Fesseln des Lebens –
Aus denen sie lösete
Vollendete Tugend
Und sie führte
Hin –
Wo sie umfließt himmlische Weisheit,
Die Unsterblichkeit zu ihrer Rechten.

So lautet der zweite Teil des Gedichtes. Die so Bewundernde und Bewunderte – Sophies Mann ist, wie Schiller, ein zur Literatur übergegangener Arzt und reüssiert mit Räuber- und Ritterromanen – ist seit neuestem in Leipzig engagiert, wo Pasquale Bondini, ein überaus rühriger Theaterunternehmer, das »Theater am Rannstädter Thore« mit Aufführungen versorgt. Seine Truppe, die »Churfürstlich Sächsischen privilegierten Schauspieler«, spielt abwechselnd in Leipzig und Dresden und nutzt auf diese Weise jedes Stück doppelt. Schon bald nach der Uraufführung hat Bondini den Leipzigern die »Räuber« vorgestellt und dabei etwas Sonderbares erlebt: einen so stürmischen Publikumsandrang, daß die Polizei das Stück nach zwei Vorstellungen verboten hatte; die Behörden hatten offenbar nach einem Vorwand gesucht. Auch eine italienische Operntruppe gehört zu dem Ensemble des multiplen Prinzipals, der auch das Prager Theater bespielt; mit deutschen Sängern hat er Leipzig und Dresden mit Mozarts »Entführung« beglückt.

So ist der theaterflüchtige Dramatiker wieder in einer Theaterstadt angelangt; er nimmt bald Fühlung mit ihren Protagonisten auf, Friedrich Reinecke vor allem, dem Leiter der Schauspieltruppe; er war der Karl von Moor der Leipziger »Räuber« gewesen. Für den Sommer setzt Reinecke »Kabale und Liebe« an und spielt selbst den Ferdinand, Sophie Albrecht die Louise. Am 24. Juli findet diese Aufführung statt, die um sechs anfängt und gegen neun endet; der Parterre-Stehplatz kostet sechs Groschen, also einen Vierteltaler, annähernd acht Euro.

Stadt und Land

Was ist das für ein Land, in das Schiller mit der Postkutsche hoffnungsvoll hineingerollt war? Sachsen – aber man mußte eigentlich Kursachsen sagen –, bis dahin eine europäische Macht (der Kurfürst trug zugleich die polnische Krone), war im Siebenjährigen Krieg von Preußens Friedrich furchtbar aufs Haupt geschlagen worden; ausgezehrt von der Mißwirtschaft des luxusversessenen Grafen Brühl, hatte es dem preußischen Angriff so gut wie wehrlos gegenübergestanden. Aber es hatte sich in den Jahrzehnten danach wieder aufgerappelt; unter klügeren Herrschern – drei waren es nach dem Tod des Sohnes Augusts des Starken gewesen – hatten bürgerliche Kräfte das Heft der Reformen, der Sparsamkeit und gezielter Wirtschaftsförderung in die Hand genommen, und trotz einer furchtbaren Hungersnot, die dazwischengefahren war (danach hatte der leitende Minister, Thomas v. Fritsch, den aus Preußen übernommenen Kartoffelanbau verstärkt), waren nach zwei Jahrzehnten die Erfolge unübersehbar.

In drei für damalige Verhältnisse großen Städten konzentrierte sich das Leben des Landes, und jede von ihnen hatte eine besondere Rolle; man hatte das auf die scherzhafte Formel gebracht, daß, was in Chemnitz hergestellt, in Leipzig verkauft und in Dresden genossen werde. Chemnitz war eine Produktionsstadt auf der Höhe des technischen Fortschritts; einheimischer Unternehmergeist, staatliche Modernisierungsförderung und aus England verschriebene Spitzentechnologie hatten die Stadt am Erzgebirgsrand zu einem Zentrum der Textilmanufaktur gemacht. Dresden, die Residenz, stand im Zeichen des Hofes, der nicht mehr, wie unter Brühl, die Erträgnisse des Landes in einen Luxus von höchster Kultur aufgehen ließ, sondern ein eher eingezogenes Leben führte. Die Isolation hing auch damit zusammen, daß, seit die polnische Krone August dem Starken eine Messe wert gewesen war, die Kurfürsten katholisch waren, anders als ihre Untertanen, das Stammvolk der lutherischen Reformation. Der Kurfürst, Friedrich August III., der, damals blutjung, 1768 den Thron bestiegen hatte, war ein ängstlicher, scheuer, auf strikte Wahrung eines veralteten Zeremoniells bedachter Mann, der jedoch klug genug war, die Arbeit seiner Minister nicht durch Eigensinn oder Verschwendungssucht zu behindern, und diese Reformminister, die Strategen dessen, was man »Rétablissement«, Wiederherstellung, nannte, waren so erfolgreich, daß Staaten, die ähnliche Probleme wie das zuvor völlig ausgeblutete Sachsen hatten, sich Mühe gaben, sie von dort abzuwerben.

Leipzig aber war die Stadt des Handels, das Aktionszentrum patrizischer Großkaufleute, deren Unternehmungen nach ganz Europa und darüber hinaus ausgriffen, wie die Messen der Stadt, die fast etwas wie ein Welthandelsplatz war. Dabei war die Kultur wohlvertreten, durch eine Universität, die vielfach noch unter der Fuchtel der lutherischen Orthodoxie stand, durch eine Buchproduktion, die ganz Deutschland mit Verlagserzeugnissen versorgte, durch ein Musikleben, das den Ruhm verdiente, den es durch ganz Europa hatte. Auch unter dem Nachnachfolger Sebastian Bachs – er hieß Doles – war der Knabenchor von St. Thomas bedeutend, das Orchester der Stadt aber hatte sich unlängst einen neuen Saal erbaut und den Namen des Hauses angenommen, in dem es nun seine Konzerte gab: Gewandhaus.

Leipzig, das ist die Kulturstadt der Schicht, der Klasse, bei der die Zukunft liegt, weil sie zu produzieren und zu distribuieren versteht. Sollte ein junger Mann, der schon berühmt ist, allerdings nicht dafür, daß er die Dinge so, wie sie sind, gutheißt, sondern dafür, daß seine Stücke an ihnen rütteln – sollte eine solche Kraft hier nicht eine Lebensgrundlage finden? Leipzig hat zu dieser Zeit etwa dreißigtausend Einwohner, die sich nicht mehr in enge Mauern schmiegen müssen; seit sieben Jahren demonstriert die Stadt ihre Aufgeschlossenheit, indem sie die alte Festungsumgürtung niederlegt. Aus Mauern und Gräben sind Grünanlagen geworden, die zu Spaziergängen einladen und die Besiedelung der Vorstädte

Johann Jakob Wagner: »Richters Caffée Haus in Leipzig«
(Kupferstich, um 1790).

erleichtern. Das neuerbaute Komödienhaus nimmt die Stelle einer abgetragenen Bastei ein, und im Stadtgraben hat man, wie Johann Hübners gründliches Lexikon versichert, sogar Maulbeerplantagen angelegt; will man in Leipzig Seide spinnen? Es sieht tags wie nachts gut aus in Leipzig: »Die Häuser in den Straßen und Gassen sind schön, hoch und zum Teil palastmäßig erbaut, wie denn selbst die kurfürstlichen Herrschaften, wenn sie herkommen, in dem Apelischen Hause am Markt zu residieren pflegen. Die Straßen werden bei Nachtzeit mit Laternen erleuchtet und haben seit 1742 fast alle durchgehends Schleusen.« Der Fortschritt kommt nach Leipzig früher als anderswohin.

Dem Ankömmling fehlt es nicht an Kontakten; binnen kurzem lernt er die künstlerisch-intellektuelle Creme der Stadt kennen, die sich in Richters Kaffeehaus zu versammeln pflegt, einem Lokal, das das zweite Stockwerk des ausladendsten der vielen noblen Barockhäuser einnimmt; ein sich mit dem Prachtbau hoffnungslos übernehmender Bürgermeister hatte es vor Zeiten errichtet. »Ich habe«, schreibt der Ankömmling an Christian Schwan,

in der ersten Woche meines Hierseins schon unzählige Bekannt-

schaften gemacht, worunter mir Weiße, Oeser, Hiller, Zollikofer, *der Professor* Huber, Jünger, *der berühmte Schauspieler* Reinike, *einige hiesige Kaufmannshäuser und einige Berliner die interessantesten sind. Man kann, wie Sie selbst wissen, zu Meßzeiten eigentlich niemand ganz genießen, und die Aufmerksamkeit auf einzelne verliert sich in dem Getümmel. Meine angenehmste Erholung ist bisher gewesen, Richters Kaffeehaus zu besuchen, wo ich immer die halbe Welt Leipzigs beisammen finde und meine Bekanntschaften mit Einheimischen und Fremden erweitere.*

Der Ankömmling kostet Lust und Qual der Berühmtheit:
Es ist so eine eigene Sache mit einem schriftstellerischen Namen, bester Freund. Die wenigen Menschen von Wert und Bedeutung, die sich einem auf diese Veranlassung darbieten und deren Achtung einem Freude gewährt, werden nur allzusehr durch den fatalen Schwarm derjenigen aufgewogen, die wie Geschmeißfliegen um Schriftsteller herumsumsen, einen wie ein Wundertier angaffen und sich obendrein gar, einiger vollgekleckerten Bogen wegen, zu Kollegen aufwerfen. Vielen wollte es gar nicht zu Kopfe, daß ein Mensch, der die Räuber gemacht hat, wie andre Muttersöhne aussehen soll. Wenigstens rund geschnittene Haare, Kurierstiefel und eine Hetzpeitsche hätte man erwartet.

Weiße, Oeser und Hiller, der Schriftsteller, der Maler und der Musiker – man kennt ihre Namen noch heute, obschon kaum noch aus der Erfahrung ihrer Werke. Der damals neunundfünfzigjährige Christian Felix Weiße ist nicht nur ein bekannter Singspiel- und Komödienautor, sondern auch ein vielgelesener Lyriker und mit seiner Zeitschrift »Der Kinderfreund« zugleich ein Stammvater der deutschen Kinderliteratur. Adam Friedrich Oeser, achtundsechzig Jahre alt, leitet seit zwanzig Jahren die Leipziger Kunstakademie und hat vormals auch dem Studenten Goethe das Zeichnen beigebracht. Als Schiller nach Leipzig kommt, ist er gerade von der inneren Neugestaltung der Nikolaikirche in Anspruch genommen, einer die gotische Säulenhalle in einen Palmenwald aus Grün, Weiß und Rosa verwandelnden Innenarchitektur, die heute im Glanz nicht nur der Restaurierung, sondern auch dem neugewonnener historischer Bedeutung erstrahlt; die Nachbildung eines der Gewölbepfeiler wurde vor der Kirche zum Denkmal einer glückenden Volkserhebung.

Weiße und Oeser gehören Schillers Elterngeneration an, nicht so der sechsundvierzigjährige Hiller, der im Zenit seiner Wirksamkeit als Komponist und Dirigent steht. Der Gründer und erste Kapellmeister der Gewandhauskonzerte ist gerade aus Mitau zurück, wo er für den Herzog von Kurland Musik gemacht hat, und trifft Anstalten, Berlin mit Händels »Messias« bekannt zu machen. Denn der berühmte Singspielkomponist – viele seiner Operetten folgten Texten von Weiße – bereitet seinen Übergang zur Kirchenmusik vor; vier Jahre später wird er als Thomaskantor die Nachfolge des alten Doles antreten, in dessen letztem Amtsjahr Mozart noch Bachsche Motetten hört; vernimmt Schiller sie auch? Zollikofer, ein Briefpartner des in Breslau wirkenden Philosophen Garve, ist ein aufklärerisch gestimmter Prediger an der Spitze der reformierten Gemeinde, Michael Huber, ein Mann, der es vom Bauernjungen zum Französisch-Professor gebracht hat, ist der ein großes, kunstoffenes Haus haltende Vater von Schillers neuem Freund, dessen Mutter Französin ist; der lange in Paris lebende Vater hat sie von dort mitgebracht.

Alle diese sind würdige Repräsentanten der deutschen Spätaufklärung, die auf fast allen Gebieten des kulturellen Lebens einem gediegenen Common sense zum Durchbruch verholfen hat; in dem Genie dieser Generation, das in Königsberg Philosophie lehrt und gerade an einer »Kritik der praktischen Vernunft« arbeitet, ist sie dabei, sich kritisch zu radikalisieren. Das Gesicht dieses tätig-humanen Bürgertums, in das der Genius der Söhne-Generation einige Wochen lang blickt, ist uns in dem Zusammenwirken zweier bildender Künstler überliefert, des Malers Anton Graff und des Kupferstechers Johann Friedrich Bause. Graff in Dresden malt diese würdigen Menschenfreunde, denen Redlichkeit, Wohlwollen, Verantwortungssinn ins Gesicht geschrieben steht, und Bause in Leipzig sticht sie in Kupfer, das Antlitz einer Schicht, die die Lustgebärde des Barock weit hinter sich gelassen hat. Doch außer in der Musik war diese in der Bürgerstadt Leipzig auch gar nicht recht zum Zuge gekommen.

Friedrich Jünger ist der einzige Jüngere der Kaffeehausrunde, in die Schiller in diesen Apriltagen eintritt, ein neunundzwanzigjähriger Jurist, dem es gelingt, sein Leben als freier Schriftsteller zu fristen. Er ist als Komödienautor weithin erfolgreich und

*Ludwig Peschek: Schillers Wohnung in Gohlis (Radierung, 1842).
Die beiden Häuser des Gohliser Bauern Schneider wurden 1856 durch einen
Spendenaufruf des Schillervereins vor dem Verfall gerettet und nach
dem Ankauf zu einem Museum umgestaltet.*

arbeitet gerade an einem Roman, der den deutschen Kleinadel auf die Schippe nimmt: »Huldreich Wurmsamen von Wurmfeld«; Joseph II. holt ihn später als Hausdramatiker ans Burgtheater. Im Januar hat Schiller ein Stück von ihm auf der Mannheimer Bühne gesehen, »Die beiden Porträts oder Er ist schwer zu befriedigen«, und diesen Titel an sich selbst eingelöst: »Verdient der Geschmack von Mannheim keine bessere Bewirtung?« hatte er in seinem *Thalia*-Repertorium vermerkt. Aber davon weiß Jünger nichts, und ehe er es in dem von Göschen übernommenen Heft lesen kann, sind die beiden gute Freunde geworden. Oeser und Reinecke ausgenommen, tauchen alle andern Kunstbekannten aus Richters Kaffeehaus in Schillers Briefen und Gesprächen nicht wieder auf.

Ist er in seinen Leipziger Tagen auch einmal ins Gewandhaus und in die beiden Hauptkirchen, St. Thomas und St. Nikolai, gegangen? Daß die Stadt als Stadt in den spärlichen Briefen dieser Zeit nicht vorkommt (die an die Eltern sind alle verloren), sagt nichts über ihre Wirkung auf ihn. Was er *nicht* schreibt, erlaubt keine Schlüsse; nur *was* er schreibt, gibt Anhaltspunkte. Im übrigen ist dieser Autor tatsächlich kein Mann von Stadtbeschreibungen; Menschen gilt sein Interesse, nicht Architekturen, Institutionen und Veranstaltungen. Der Ankömmling macht Bekanntschaft mit einigen Honoratioren und kehrt der Stadt nach zwei Wochen den Rücken: Hinaus aufs Land ist die Losung. Wie zukunftsweisend das Leipziger Leben beschaffen ist, zeigt sich auch daran, daß, wer es sich leisten kann, ein Sommerquartier hat; wenn er nicht über ein eigenes Häuschen verfügt, mietet er sich in einem der umliegenden Bauerndörfer ein, um Staub, Lärm und Gestank der inneren Stadt hinter sich zu lassen. Erst das neunzehnte Jahrhundert wird es zu einer Kanalisation bringen.

Aber nicht nur bessere Luft ist in Gohlis, dem nordöstlich von Leipzig gelegenen Dorf, wo Schiller mit Göschens und Hubers Hilfe Unterkunft findet. Man lebt dort auch wesentlich billiger, zumal er in dem Häuschen, in dem er logiert, keine Miete zahlen muß; die Freunde tun das für ihn. Leipzig, bemerkt der reisende Autor, ist noch teurer als Mannheim; er schreibt es dem Vater, und der hat es gleich gewußt. Durch einen befreundeten Kaufmann will Vater Schiller dem Sohn Verbindungen in der Messestadt verschaffen, die dieser inzwischen längst hat. Aber Johann Kaspar denkt auch ans Theater und bietet dafür einen andern Bekannten auf: »Don Carlos«, findet er, wäre etwas für das kaiserliche Hofburgtheater und nennt den Namen des Intendanten: Graf Pergen. Aber das ist protestantisch-naiv; auch in Dresden, wo die Zensur in Religionsdingen besonders heikel ist, wird das fertige Stück nur mit beträchtlichen Änderungen spielbar sein. Das Burgtheater braucht zweiundzwanzig Jahre, um »Don Karlos« aufführen zu können.

Noch ein Heiratsantrag

Man pflegt hier in vielen Familien den Sommer über auf den benachbarten Dörfern zu kampieren und das Land zu genießen. Ich werde auch einige Monate in dem Orte Goliz zubringen, der nur eine Viertelmeile von Leipzig entlegen ist und wohin ein sehr an-

genehmer Spaziergang durch das Rosenthal führt. Hier bin ich willens, sehr fleißig zu sein, an dem Karlos *und der* Thalia *zu arbeiten und, was Ihnen vielleicht das Angenehmste zu hören sein wird, unvermerkt mich wieder zu meiner Medizin zu bekehren. Ich sehne mich ungeduldig nach dieser Epoche meines Lebens, wo meine Aussichten gegründet und entschieden sein werden und wo ich meiner Lieblingsneigung bloß zum Vergnügen nachhängen kann.*

So schreibt Schiller aus der Hainstraße an Schwan. Wieder einmal macht er sich und andern blauen Dunst über seine Absichten und seine Zukunft vor – aus Heimweh? Den Schwaben, der heftig Dialekt spricht, hat es unter die Sachsen verschlagen, die gewiß häufig nachfragen, was er meint. Nach einer Woche Leipzig sinnt er auf Heimkehr und denkt an Gretchen Schwan, die ihm zum Abschied ein zartsinniges Geschenk gemacht hat: eine gestickte Brieftasche. Ist es eine Anspielung auf die, welche in »Kabale und Liebe« Louise dem Geliebten sticken will, nachdem sie sich zum Verzicht entschlossen hat? Schiller, der in ihrem Vaterhaus (die Mutter lebt nicht mehr) aus und ein ging, hat ihr oft aus seinen Arbeiten vorgelesen, was sie mit Geduld zu tragen wußte. Beide verstanden sich so gut, daß Heiratsgerüchte bis nach der Solitüde gedrungen waren; dann hatten andere, leidenschaftlichere Attachements Schillers Zuneigung überblendet. Nun, in der Fremde, wird die Erinnerung an Margarete übermächtig; sie verbindet sich mit der Sehnsucht nach bürgerlicher Einbettung, nach einer Stellung, die ihren Mann nährt. Der heimatferne, auf das Wohlwollen der Freunde angewiesene Dichter entwirft einen alternativen Lebensplan, und um sich festzunageln, greift er zu einem Heiratsantrag – er bittet Schwan um die Hand seiner Tochter:

Jetzt *oder* nie *muß es gesagt sein. Nur meine Entfernung von Ihnen gibt mir den Mut, den Wunsch meines Herzens zu gestehen. ... Bester Freund, Ihre Güte, Ihre Teilnahme, Ihr vortreffliches Herz haben eine Hoffnung in mir begünstigt, die ich durch nichts als Ihre Nachsicht und Freundschaft zu rechtfertigen weiß. Mein freier zwangloser Zutritt in Ihr Haus gab mir Gelegenheit, Ihre liebenswürdige Tochter ganz kennenzulernen, und die freimütige gütige Behandlung, deren Sie beide mich würdigten, verführte mein Herz zu dem kühnen Wunsch, Ihr Sohn sein zu dürfen.*

Schiller erklärt, sich in letzter Zeit in Mannheim von Schwans Haus ferngehalten zu haben, um die Neigung zu Margarete nicht übermächtig werden zu lassen. Nur dem Herzog von Weimar habe er sich eröffnet: »Seine zuvorkommende Güte und die Erklärung, daß er an meinem Glück Anteil nähme, brachten mich dahin, ihm zu gestehen, daß dieses Glück auf einer Verbindung mit Ihrer Tochter beruhe, und er freute sich meiner Wahl.« Gretchens Zuneigung weiß der entfernte Poet sich sicher, aber er will den Vater nicht überrumpeln: »Von Ihrer Entscheidung, der ich mit Ungeduld und furchtsamer Erwartung entgegensehe, hängt es ab, ob ich es wagen darf, selbst an Ihre Tochter zu schreiben.«

Schwans Antwort — Schiller hat sie offenbar vernichtet — ist nur mittelbar überliefert; Minna Körner hat sie ganz ähnlich wie Karl August Böttiger, ein erst in Weimar, dann in Dresden wirkender Kenner aller literarischen und außerliterarischen Verhältnisse der Zeit, kolportiert. Der Verleger, berichtet er, habe »eine herzliche Freude« über Schillers Antrag geäußert und ihn vor die Alternative gestellt, entweder sein Nachfolger in Buchhandlung und Verlag zu werden oder aber das Medizinstudium zu vollenden. Schwans eigenes Zeugnis erwähnt nur die letztere Bedingung und stimmt insofern mit Schillers Brief überein. »Im Jahre 1785 ging Schiller endlich nach Leipzig«, erinnert sich der Hofbuchhändler:

Ich hatte ihm immer geraten, die Medizin nicht ganz beiseite zu setzen, sondern diese als ein sicheres Brotstudium nun weiter zu kultivieren, die Dichtkunst aber nur nebenher zur Erholung und als eine Nebenbeschäftigung des Geistes zu treiben. Geßner, Hagedorn, Kleist u. a. m., sagte ich, hatten Ämter, welche sie ernährten, und waren berühmte Dichter dabei. Ich legte ihm das Dat Galenus opes [Galen verhilft zu Reichtümern] ans Herz und er versprach mir zu folgen.

In diesem Sinn wird Schwan geantwortet haben: erst Dr. med., dann die Brautwerbung, während Schiller es sich umgekehrt denkt: erst die Braut, dann den Doktor, und das nicht ohne Grund, denn wovon soll er das Medizinstudium finanzieren? Schwan müßte ihm die Summe vorschießen, aber schon in Mannheim hat er den präsumtiven Schwiegersohn in der Schuldenfalle sitzenlassen; sein Hauswirt, nicht sein Verleger hatte die für ihn bürgende Korporalsfrau aus der Schuldhaft auslösen helfen. In einer Randnotiz auf Schillers Brief merkt Gretchens Vater an:

Ich gab derselben diesen Brief zu lesen und sagte Schillern, er möchte sich gerade an meine Tochter wenden. Warum aus der Sache nichts geworden, ist mir ein Rätsel geblieben. Glücklich wäre Schiller mit meiner Tochter nicht gewesen.

Das mag dieser selbst so gesehen haben; Ludwig Friedrich Göritz, Schillers Tischgenosse in Jenenser Jahren, berichtet aus dieser Zeit, Schiller habe oft »gerührt der Vorsehung« gedankt, »daß er nicht Gatte der Tochter des Buchhändlers Schwan daselbst geworden sei, ... da sie seinem Ideal von Weiblichkeit so wenig entsprach«.

War Margarete für Schillers Begriff geistig zu selbständig? Eine von Karoline v. Wolzogen überlieferte Beschreibung – sie stammt von Schwans langjähriger Haushälterin – deutet darauf:

Margarete Schwan war ... ein sehr schönes Mädchen, mit großen, ausdrucksvollen Augen und von sehr lebhaftem Geiste, welcher sie mehr zur Welt, Literatur und Kunst, als zur stillen Häuslichkeit hinzog. Im gastfreien Hause des Vaters, welches ein Vereinigungspunkt für Gelehrte und schöne Geister war, gewann sie schon in früher Jugend eine ausgezeichnete Bildung, lernte aber auch die Kunst, diese Vorzüge geltend zu machen.

Aber das wußte Schiller *vor* seinem Antrag. Etwas anderes mag den Ausschlag gegeben haben: das war Schwan selber, von dem Schiller im Fall einer Heirat in einem Maß abhängig geworden wäre, die ihm unleidlich sein mußte. Neben seinem eigenen Vater, der diese Heirat von Stuttgart aus nach Kräften zu befördern gesucht hatte, hätte er eine zweite Paternalinstanz neben sich gehabt, eine Situation, die er keinesfalls ausgehalten hätte. Die beiden Schwestern, die ihn später in Rudolstadt so fesselten, daß er eine von ihnen heiratete, waren vaterlos, und das trug zu ihrer Anziehungskraft bei; in der Familie, in der er sie kennenlernte, war er als männlicher Beschützer konkurrenzlos.

Statt sich an der Leipziger Universität zu immatrikulieren, entweicht er nach Gohlis; er hat ja mit Göschen, dem aufstrebenden Jungverleger, einen Vertrag über die *Thalia* geschlossen, dessen Erfüllung seine ganze Konzentration erfordert. Nicht an dem Arzt – an dem Dichter, dem Schriftsteller Schiller sind seine Leipziger Freunde interessiert, Huber hat es ihm schon im Februar geschrieben. Die Rückkehr ins Außerliterarische ist eine Chimäre, träumerisch-selbstsuggestive Regression in das, was der Vater ihm vorgezeichnet und wovon er sich mit der Flucht aus Stuttgart ein für allemal gelöst hatte. Im Dezember 1781, ein Jahr nach seiner Entlassung aus der Militärakademie, war diese in den Rang einer Universität erhoben worden; von Schiller wie von den andern Absolventen hatte der Herzog danach verlangt, die nun möglich gewordene Promotion nachzuholen. Auch vor der damit verbundenen Endgültigkeit des Arztberufs hatte Schiller, ohne es sich einzugestehen, zehn Monate später die Flucht ergriffen.

Vielleicht trägt auch die Erscheinung Sophie Albrechts dazu bei, den Gedanken an Margarete zurücktreten zu lassen, ihre Erscheinung und ihr Rat; Schiller mag sie, als Schwans Antwort eintraf, ins Vertrauen gezogen haben. Auch kommt Mitte Mai – da ist er schon in Gohlis und hat auf dem Dreiseithof des Gutsbesitzers Schneider eine Dachstube mit Schlafkammer bezogen – ein feuriger Brief der sich gänzlich verlassen fühlenden Charlotte:

Gütiger Gott, was sind sich unsere Herzen gewesen! was sind sie sich noch! – Wenn ich meine Freunde denke – Heinrich das gute, edle Gemüt, Sie – mein Bester! meinem Geist so viel! – meinem Herzen immer mehr – wenn sich die Hoffnungen erfüllen, die ich von Ihnen habe. ... Wie ich ängstlich das Bild eines Entschlafenen hervorrufe, so rufe ich Dein *Bild hervor! ... Unsere Liebe – – gehört zu den Eigenschaften unsrer Seele – sie kann nur mit dieser zerstört werden – die Ewigkeit ist ihr Ziel! Der Glaube an Unsterblichkeit unsre Hoffnung!*

Er hat sich ihr entzogen, und sie ist entschlossen, das nicht hinzunehmen. Heinrich, das gute edle Gemüt, ist ihr Gatte. Charlottes Stärke gegenüber allen andern Frauen, die Schiller fesseln, ist das leidenschaftliche Interesse, das sie seinem Dichterberuf entgegenbringt; sie ist, in all ihrer Überspanntheit, unwiderstehlich, weil sie seinen literarischen Ehrgeiz nicht nur versteht, sondern teilt. Die Unsterblichkeit, die sie brieflich beruft, ist nicht nur die ihrer Liebe, sondern ebenso eine poetische. »Wie sehr freu ich mich Ihrer jetzigen Existenz«, bekräftigt sie nun, da sie offenbar von seinem Heiratsplan gehört hat, seine Leipzig-Reise: »Ihr Dasein fließt unter der Sorge *Ihrer Freunde* dahin. *Sie* erleichtern

Ihnen die Ökonomie Ihrer Bedürfnisse! Verschwenden Sie ....«
Hier bricht der Brief ab, der Empfänger hat ihn abgeschnitten.
›Verschwenden Sie keinen Gedanken an eine Rückkehr‹, könnte
er weitergegangen sein.

ABER WAS IST MIT KÖRNER?

Der einzige, den Schiller noch nicht gesehen hat, ist Körner. In
Dresden ist er in doppelter Eigenschaft in Amt und Würden: als
jüngster Rat beim Oberkonsistorium, der Regierungsbehörde für
das Kirchen- und Schulwesen des Kurfürstentums, und als Assessor bei der Landes-Ökonomie-Manufaktur- und Kommerziendeputation, einer Art Wirtschaftsministerium; bei Schillers Ankunft
war er dort unabkömmlich. Am 2. Mai schreibt Körner ihm einen
langen Brief des Selbstbekenntnisses nach Gohlis; er erklärt dem
bewunderten Freund, wer er ist und wie er dazu wurde. Schiller
hat keinen bloßen Nothelfer in ihm gefunden, sondern einen,
der ihn braucht, um der Ungewißheiten seines inneren Lebens
Herr zu werden. Körner beschreibt, wie er nach langem Zögern
und dem Verwerfen der andern drei Fakultäten die Jurisprudenz
als Brotstudium erwählt habe, »aber mir ekelte vor dem buntschäckigten Gewebe willkürlicher Sätze, die trotz ihrer Widersinnigkeit dem Gedächtnis eingeprägt werden mußten«. Er hat einen
Ausgleich in dem »Studium der Natur nebst Mathematik und
ihren Anwendungen auf die Bedürfnisse und Gewerbe der Menschen« gefunden:

*Es war etwas Herrliches in dem Gedanken, das Feld dieser Wissenschaften zu erweitern, um dadurch die Macht des Menschen über
die ihn umgebenden Wesen zu vergrößern und ihm neue Quellen von
Glückseligkeit zu eröffnen.*

Ehe der Briefschreiber dazu kommt, Schiller von der europaweiten Reise zu erzählen, die er nach der Promotion (und vor
der Habilitation) als Begleiter eines jungen Grafen unternommen hatte, bricht der Brief ab: »Ich werde soeben gestört – nächstens mehr.« Erst im zweiten Anlauf gibt der Zögling eines stockprotestantischen Vaterhauses sich in tieferliegenden Problemen zu
erkennen, seiner frühen Fixierung auf Arbeit, Leistung, Nutzen

und dem sich mühsam dagegen behauptenden Bedürfnis nach der Gegenwelt der Kunst:

Von meiner ersten Erziehung klebte mir lange Zeit der Gedanke an: der Künstler arbeite nur für sein und andrer Menschen Vergnügen. Eltern und Lehrer hatten sich soviel Mühe gegeben, den Hang zum Vergnügen bei mir zu unterdrücken, es war ihnen gelungen, durch eine Art von leidenschaftlicher, mönchsartiger Frömmigkeit mich so sehr zur Resignation *zu gewöhnen, daß ich über jede Stunde, die ich ohne Vorwissen und Erlaubnis meiner Vorgesetzten mit irgendeiner Ergötzlichkeit zugebracht hatte, Gewissensbisse fühlte und nie zufrieden war, als wenn ich eine beschwerliche und unangenehme Arbeit vollendet hatte. ... Der Gedanke von* Pflicht *vermochte alles über mich, aber* Vergnügen *zu empfinden und zu wirken war für mich kein Ziel, das ich des Ringens wert gehalten hätte.*

Protestantisch geprägte Leistungsethik hatte dem Heranwachsenden jenen Verdacht gegen das Zweckfrei-Schöne eingeimpft, der ein verbreitetes bürgerliches Vorurteil ist; in seiner Mannheimer Schaubühnen-Rede hatte Schiller eine ganze Staffel von Argumenten dagegen aufgeboten. Körner ist der ideale Mäzen; zur Rezeption, nicht zur Produktion gestimmt (sein Brief beklagt es), sieht er sich durch das ihm unversehens – und Schiller kann sagen: im rechten Moment – zugefallene Vatererbe instand gesetzt, »einen Teil seiner Schulden dem Glücke« abzutragen, indem er dem Freund das praktische Leben erleichtert. Aber in seiner Liebe zur Kunst, die wie die Verlobung mit der Kupferstichmamsell ein Aufstand gegen die Geisteswelt seines Vaters ist, geht der puritanische Verdacht untergründig um: in Gestalt des Bedürfnisses, ihn widerlegen zu müssen. »Einer wird den andern anfeuern, einer sich vor dem andern schämen, wenn er im Streben nach dem höchsten Ideale erschlaffen sollte«, schreibt Körner in seinem ersten Brief und in dem zweiten, zu dem er sechs Tage später ansetzt:

Auch in der Folge, da ich schon freier und aufgeklärter dachte, hatte der Hang zu vielumfassender Wirksamkeit, verbunden mit dem Mangel an richtigen Begriffen über die erhabne Bestimmung der Kunst, mich bloß auf solche Beschäftigungen eingeschränkt, die ich für unentbehrliche hielt, um die dringendsten Bedürfnisse der Menschheit zu befriedigen. Nur spät entstand bei mir der Gedanke: daß Kunst nichts anderes ist als das Mittel, wodurch eine Seele besserer Art sich andern versinnlicht, sie zu sich emporhebt, den Keim des Großen und Guten in ihnen erweckt, kurz alles veredelt, was sich ihr nähert.

Das ist Schillerscher als Schiller; Körner ist der Idealist, den man in Schiller vermutet. Der so idealisch Angesprochene setzt in seiner Antwort etwas anderes dagegen: Glückseligkeit; er ruft dem Freund zu:

Glück zu also, Glück zu, dem lieben Wanderer, der mich auf meiner romantischen Reise zur Wahrheit, zum Ruhme, zur Glückseligkeit so brüderlich und treulich begleiten will. Ich fühl es jetzt an uns wirklich gemacht, was ich als Dichter nur ahndete – Verbrüderung der Geister ist der unfehlbarste Schlüssel zur Weisheit. Einzeln können wir nichts. Wenn auch der verwegene Flug unsers Denkens uns bis in die unbefahrenste fernste Himmelstriche der Wahrheit geführt hat, so erschrecken wir mitten in dem entdeckten Klima über uns selbst und unsere tote Einsamkeit ... Dies lag aufgedeckt vor dem großen Meister der Natur, darum knüpfte er die denkenden Wesen durch die allmächtige Magnetkraft der Geselligkeit aneinander.

Die Menschen sollten zusammenrücken, weil sie so allein im Weltall sind; das ist ein schöner, grundlegender Gedanke. Das Streben nach Vervollkommnung, nach Entwicklung aller Anlagen ist das eine, das andere muß hinzukommen, ein Lustvoll-Zusammenschmiedendes, für das Schiller erst einige Monate später das zündende Wort findet: Freude. Er weiß nun (und darum schreibt Körner ihm diesen Brief), daß der um drei Jahre ältere Freund ihm nicht einfach als Mäzen gegenübersteht, sondern als einer, der seine Gegenwart braucht, um den Sehnsüchten, Skrupeln, Unsicherheiten seiner eigenen Existenz zu begegnen.

Der so vertrauensvoll Angesprochene lobt Körner für sein »glückliches Talent zur Begeisterung«: »Enthusiasmus ist ja der erste Gewinn von unserm Bunde.« Glückseligkeit, Begeisterung, Größe ist die Parole, die er dem Freundschaftsbund vorgibt; der Gegenpol zu allem dem ist das mechanische Getriebe, in das eine sich bürokratisch rationalisierende, immer mehr nach Effizienzkriterien ausgerichtete Gesellschaft den einzelnen einspannt:

Sehen Sie, bester Freund – unsere Seele ist für etwas Höheres da, als bloß den uniformen Takt der Maschine zu halten. Tausend Menschen gehen wie Taschenuhren, die die Materie aufzieht, oder, wenn Sie wollen, ihre Empfindungen und Ideen tröpfeln hydrostatisch wie das Blut durch seine Venen und Arterien, der Körper usurpiert sich eine traurige Diktatur über die Seele, aber sie kann ihre Rechte reklamieren, und das sind dann die Momente des Genius und der Begeisterung. Nemo unquam vir magnus fuit sine aliquo afflatu divino.

Das ist ein Cicero-Zitat und heißt: Niemand ist ohne göttlichen Anhauch ein großer Mann geworden. Ein Sallust-Zitat schreibt Schiller in diesen Tagen dem Montanstudenten Spangenberg ins Stammbuch, es liegt auf der gleichen Linie: »Omnes homines, qui sese student praestare ceteris hominibus, omni opera niti decet, vitam silentio ne transeant«, zu deutsch: Wer sich vor andern auszeichnen will, muß alle Kraft darauf richten, nicht schweigend durchs Leben zu gehen. Der Gohlis-Bewohner kann das auswendig, es ist, wie das Cicero-Wort, sein eigenes Motto. Er relativiert die Selbstverpflichtung zur Größe, indem er sie auch andern auferlegt.

Ein Haus mit schiefen Wänden

Der Brief an Körner ist am 7. Mai in Gohlis geschrieben, wo, schräg von Mauern, schief im Grundriß (Haus und Zimmer bilden Rhomben, nicht Rechtecke), heute noch das für die Sommergäste des Gutsbesitzers eingerichtete Bauernhäuschen steht, das Schiller und Huber kurz zuvor bezogen hatten. In dem etwas größeren Nachbargebäude wohnen die Stock-Schwestern, später auch das Ehepaar Albrecht. Wenn ein golden gerahmtes Gedenkschild aus dem neunzehnten Jahrhundert erklärt, hier habe der Autor das Lied an die Freude gedichtet und eine Broschüre von heute diese allzu bestimmte Aussage (sie geht auf einen Gedächtnisirrtum Körners zurück) dahingehend modifiziert, daß Schiller dort an dem Gedicht gearbeitet habe, so ist das letztere richtig, insofern man diesen Brief an Körner und die ihm folgenden als Vorstudien zu einem Hymnus betrachten kann, der seine Form erst findet, als das fünfblättrige Kleeblatt zueinander kommt: Ende Oktober in Dresden.

Denn Körner kommt nicht nach Gohlis; in Dresden hat er in zwei Quasi-Ministerien anhaltend zu tun und überdies seine und Minnas Übersiedlung vorzubereiten. Nur zur Beerdigung seiner Mutter, die den Vater nur um wenige Monate überlebt hat, kommt er im Mai auf einen Tag nach Leipzig. Unterdes ist Schiller in Gohlis zum Kristallisationspunkt eines geselligen Kreises geworden, zu dem außer den Mitbewohnern auch Jünger und Reinecke gehören, dazu zwei Ehepaare aus dem Körner-Kreis: der Steinguthändler Kunze und der Buchhändler Schneider mit ihren Frauen. Auch den Besitzer des schloßähnlichen Palais lernt er kennen, das die Attraktion des stumpfwinklig-langgezogenen Straßendorfs ist. Ein reicher Leipziger Kaufmann hat sich diesen architekturgewordenen Anspruch des Bürgertums auf gesellschaftliche Gleichstellung vor dreißig Jahren erbauen lassen; nun gehört es dem Hofrat Hetzer, Erb-, Lehn- und Gerichtsherr auf Gohlis, der sich ein Vergnügen daraus macht, Schiller den Gartensaal des Schlößchens als Arbeitsraum zur Verfügung zu stellen.

Denn der Sommerfrischler ist fleißig, er arbeitet intensiv am zweiten Akt des »Karlos«, und es geht so ekstatisch dabei zu wie vormals bei »Fiesko« und »Louise Millerin«. Das dramatische Dichten ist eine Angelegenheit, die ihn körperlich außer sich geraten läßt; soll man von dionysischer Verzückung sprechen? Gustav Endner, der Kupferstecher unterm Dach des »Silbernen Bären« (auch er wohnt zeitweise in Gohlis), hat es berichtet; von einem Spaziergang zurückkehrend und durch das Fenster des Hauses sehend, habe er

den Dichter auf dem Boden hingestreckt gefunden, wobei sein Körper in großer Bewegung gewesen sei. Bestürzt sei er zu ihm getreten und habe ihn gefragt, ob ihm etwas zugestoßen ist? Schiller habe bloß ausgerufen: Lassen Sie mich! Nach einiger Zeit sei der Dichter erschöpft zu ihm gekommen und habe ihm mitgeteilt, daß er soeben den Plan zu einer Szene im Don Karlos gefaßt habe.

Manchmal rennt dieser Autor, der Körner allen Ernstes versprochen hat, er werde seine Zeit fortan in drei Teile zerschneiden: »Einer gehört dem Dichter, der zweite dem Arzt, der dritte dem Menschen«, schon in aller Herrgottsfrühe los. Weckt er dann den

*J. G. Bach nach Samuel Graenicher: Georg Joachim Göschen
(Lithographie).*

zwölfjährigen Sohn seines Hauswirts oder folgt ihm dieser aus eigenem Antrieb? »Schiller«, erinnert sich der Bauernsohn,
stand damals sehr frühzeitig auf, schon um drei oder vier Uhr, und pflegte dann in das Freie weit hinaus in die Felder zu gehen; dabei mußte ich ihm mit der Wasserflasche und dem Glase folgen. Um fünf oder sechs Uhr kehrte er gewöhnlich nach Hause zurück und teilte oft seine Ideen dem Buchhändler Göschen mit, worüber sich dann zuweilen beide stritten. Bei diesen frühen Spaziergängen war Schiller leicht angezogen, mit dem Schlafrocke bekleidet, mit unbedecktem Halse. Sein Weg führte ihn gewöhnlich in die Felder nach der Halleschen Straße zu, in denen er kreuz und quer umherirrte. Schiller war stets freundlich und human; er sah blaß von Gesicht aus, hatte viele Sommersprossen, rötliches Haar und war sehr lang.

Göschen ist eine Hauptgestalt des in Gohlis um Schiller versammelten Kreises. In dem Häuschen, dessen Obergeschoß Schiller und Huber innehaben, bewohnt er die untere Stube und kommt abends, nach Büroschluß, durchs Rosenthal gewandert, die zwischen zwei Flüßchen, Parthe und Elster, liegende, Leipzig und Gohlis verbindende Parkanlage, die von sorgfältig angelegten Wegen erschlossen wird. Sie gehen strahlenförmig von einem Rasenparterre aus, das sich als Rechteck mit angesetzten Rundungen darstellt; noch heute ist die Struktur der Anlage kenntlich. Aber es gibt auch einen Schlängelpfad, den Dammweg, als kürzeste Verbindung zwischen Stadt und Dorf. Mit dem durch einen beträchtlichen Vorschuß bekräftigten Verlag der *Thalia*, die nun nicht mehr *Rheinische*, sondern einfach *Thalia* heißt, ist Schiller in gewisser Weise Göschens Angestellter geworden; er muß für die künftigen Hefte sorgen, die nicht zu weit auseinanderliegen dürfen.

Denn Schiller nach Leipzig zu holen war nicht nur ein Akt der Hilfe gewesen. Der auf die 3000 Taler der Körnerschen Kapitaleinlage gestützte Jungverleger hat nach dem Sensationsautor gegriffen, um seiner Gründung Ansehen und Ausstrahlung zu geben; der 300-Taler-Vorschuß war keineswegs karitativ. »Werden wir mit ihm einig, wie ich nicht zweifle, so wird uns hernach wohl nichts von seinen übrigen künftigen Schriften entgehen«, hatte Körner am 6. März über Schillers Vorschußbedarf an Göschen geschrieben, auf dessen Firmennamen der Wechsel lautete. Die Instanzen des Feudalabsolutismus haben Schiller zweimal erschreckt ins Abseits geschoben: in Stuttgart durch das Publikationsverbot, in Mannheim durch die Theaterentlassung. Die ihn auffangen und an sich ziehen, sind bürgerliche Intellektuelle seiner eigenen Generation; sie erkennen sich und ihre Probleme in ihm wieder und stützen ihn, um sich auf ihn stützen zu können. Und das nicht nur künstlerisch und geistig: sie halten die Leserschicht, die sie selbst vertreten, für groß genug, um mit Schiller nicht ins Defizit zu geraten.

Ein Bildnis zeigt den aus Grimma stammenden Göschen — er war damals dreiunddreißig — als einen Mann mit schräger Stirn, langer, gebogener Nase und einer angespannten Mundpartie. Schwan, der aus Prenzlau stammende Mannheimer, ist Schillers Startverleger, sein eigentlicher Entdecker (von Schwan hatte Dalberg den Text der »Räuber« bekommen), Göschen ist der verlegerische Garant seiner zweiten, von der *Thalia* ausgehenden Schaffensphase. Doch nach dem fabelhaften Erfolg nicht der *Thalia*, aber des Geschichtsschreibers Schiller, der von 1791 an drei Damen-Kalender mit der Geschichte der deutschen Schlüsselkatastrophe, des Dreißigjährigen Krieges, füllt, erlahmen seine dem Autor zugewandten Aktivitäten; mit einer in vier verschiedenen Buchformaten erscheinenden sechsunddreißigbändigen Wieland-Ausgabe, die auch durch ihr typographisches Niveau – Göschen druckt sie in einer neuen Antiqua-Letter – alles in Deutschland Dagewesene übersteigt, richtet er sich beinahe zugrunde, wozu auch die Kriegsereignisse beitragen, die die Rheingegenden vom übrigen Deutschland abkoppeln. Schillers mehrbändige Essay- und später seine Gedicht-Sammlung erscheinen bei einem andern Leipziger Verleger, Göschens einstigem Lehrherrn Crusius, der sich als generöser Finanzier seines Autors bewährt, und von Stuttgart aus tritt Friedrich Cotta auf den Plan, ein neues Zeitschriftenprojekt finanzierend, das sich als ebenso ruhm- wie verlustreich erweist. Das erste *Thalia*-Heft hat sich bislang nicht einmal als ruhmreich erwiesen; Göschen, der es teils von Schwan übernommen, teils neu gedruckt hat, schreibt ein halbes Jahr nach den gemeinsamen Gohliser Wochen an seinen Weimarer Geschäftsfreund Bertuch, wie bitter es Schiller empfunden habe,

daß man dem ersten Heft [der Thalia] nirgends eine Kritik gegönnt hat. Tadel wäre ihm willkommen gewesen, aber die bloßen trockenen Anzeigen des Inhalts ohne ein Wort über Wert und Unwert haben ihm sehr wehe getan. »Ich bin mir bewußt, daß ich mit Anstrengung des Geistes arbeite«, hat er oft geklagt, »ich fühle, daß ich nicht unter den Troß von jungen Schmierern gehöre, aber wie behandelt man mich!« – Ich habe mit Schillern ein halbes Jahr auf einer Stube gewohnt, und er hat mir die zärtlichste Achtung und Freundschaft eingeflößt. Es ist mir sein sanftes Betragen und die sanfte Stimmung seiner Seele im geselligen Zirkel, verglichen mit den Produkten seines Geistes, ein großes Rätsel. Ich kann Ihnen nicht sagen, wie nachgebend und dankbar er gegen jede Kritik ist, wie sehr er an seiner moralischen Vollkommenheit arbeitet und wieviel Hang er zum anhaltenden Denken hat.

Schillers Empfänglichkeit für Kritik wird in Gohlis auf eine ganz persönliche Probe gestellt – er besteht sie glanzvoll. Ein Kollege aus dem Romanfach wagt, ihm unter die Augen zu treten; es ist jener Karl Philipp Moritz, dessen zweistufiger Verriß von »Kabale und Liebe« in dem Satz gegipfelt hatte: »Alles, was

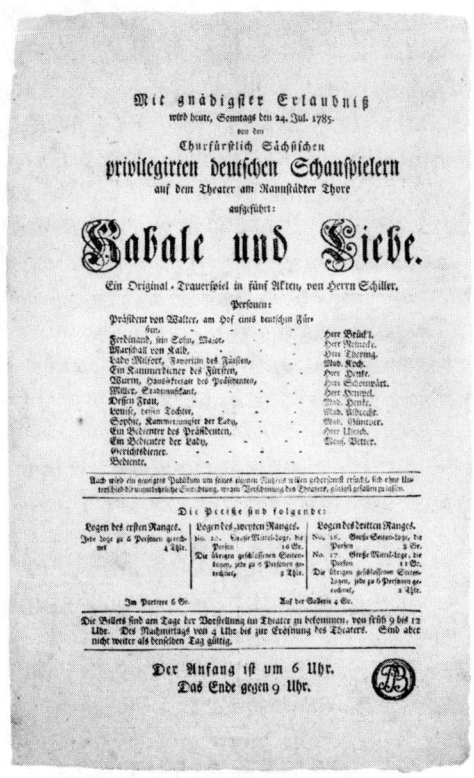

Theaterzettel der von Schiller am 24. Juli 1785 besuchten Aufführung von »Kabale und Liebe« in Leipzig.

dieser Verfasser angreift, wird unter seinen Händen zu Schaum und Blase.« Schande, Galimathias, erschlichener Beifall hatte dieser Kunstrichter gerufen, mit dem finalen Vorsatz: »Ich wasche meine Hände von diesem Schillerschen Schmutze und werde mich wohl hüten, mich je wieder damit zu befassen!«

Göschen hat die Begegnung in die Wege geleitet und Schiller zuvor gewiß darum befragt. Und das Treffen, von einer warmen Sommernacht begünstigt, geht gut, ein als Reisebegleiter fungierender Schüler des Berliner Gymnasialdirektors, Zeitschriftenherausgebers und Romanciers hat es bestätigt:

Spät gegen Abend kamen wir nach Leipzig. ... Herr Göschen holte uns aber ab und nahm uns mit heraus in seine Sommerwoh-

nung nach Gohlis, wo wir die beiden beliebten Schriftsteller Herren Schiller und Jünger trafen und in ihrer Gesellschaft eine herrliche Nacht zubrachten. Reiser [hier für Moritz, den Verfasser von »Anton Reiser«] und Schiller sahen sich hier zum ersten Male. Schiller hatte sich hier durch die harten Reiserschen Anzeigen von seinen beiden dramatischen Stücken, die Räuber *und* Kabale und Liebe, *beleidigt gefunden und stellte ihn also darüber zur Rede. Moritz sagte ihm seine Gründe, warum er die Aufführung solcher Stücke für schädlich halte, und brachte es bald so weit, daß Schiller ihm in den meisten Punkten recht geben mußte. Er gestand beiden Werken große Schönheiten zu und führte selbst Stellen an, die eines Shakespeare würdig wären, zeigte aber auch große Fehler und solche Auswüchse des Genies in ihnen, die offenbar einen schädlichen Einfluß auf die Sittlichkeit machen müßten. Männer wie Reiser und Schiller vereinigen sich bald, wenn sie sich erst näher über diejenigen Punkte erklärt haben, worin sie voneinander abgehen. Die Freuden des Mahls erhöhten das gesellschaftliche Vergnügen, und die schönste Sommernacht versiegelte den hier geschloßnen Bund der Freundschaft.*

Freundschaft ist weit übertrieben, doch kein Zweifel: Schillers Generosität überwindet die Hürde, und Moritz ist darüber so erleichtert, daß er Schiller »beim Weggehen in seine Arme schloß und ihm ewige Freundschaft versicherte«. Göschen berichtet auch dies dem Weimarer Verleger Bertuch; sein Brief zieht ein Fazit dieses Gohliser Zusammenlebens und drückt, was Schiller wollte und meinte, besser aus als der anämische Stempel des Idealisten, den ihm, auch mit Goethes Hilfe, die Nachwelt aufgedrückt hat:

Dieser Schiller hat mich und den jungen Huber, künftigen Legationssekretär in Madrid [recte: Mainz], den Oberkonsistorialrat Körner, anjetzt in Dresden, Jünger, den Dichter, oft mit dem größten Ernst, mit hinreißender Beredsamkeit, mit Tränen in den Augen ermuntert, ja alle unsere Kräfte, ein jeder in seinem Fache, anzuwenden, um Menschen zu werden, die die Welt einmal ungern verlieren möchte.

Wie munter es zugeht in Gohlis, erfährt auch ein vierundzwanzigjähriger Maler, Johann Christian Reinhart, der später nach Meiningen geht und in Rom sechsundachtzig Jahre alt wird; anno 1800 malt und radiert er dort eine dramatische Landschaftsszenerie mit feierlicher Dedikation an den Dichter. Sein Leipziger Schiller-Porträt, en face und seltsam grobzügig, bleibt an Lebendigkeit weit zurück hinter einer kleinen Zeichnung, in der er, dem Freund in Meiningen wieder begegnend, Schiller auf einem Esel darstellt, im Damensitz nach einer Seite gewandt und pfeiferauchend in Gedanken versunken; es ist Schillers einziges Ganzporträt.

Reinhart ist ein gelassen-zutätiger Mann, der in Gohlis erlebt, wie Schiller das Du abschafft, das die Künstlerschar bald an die Stelle des förmlichen Sie gesetzt hatte, und alle auf jene förmliche Anredeform vom höher zum niedriger Stehenden festlegt, von der der Vater in seinen Briefen nicht loskommt: die dritte Person. »Nun, hat Er wieder nichts gemacht?« fragt der Dichter dann wohl den Maler und fällt brieflich noch Jahre später wieder in die Gohliser Anrede.

»Der Seraph sprachs«

Körner hat dem in Gohlis vor Anker Gegangenen schon Mitte Mai das Du angetragen, in einem Brief, der das »Vernünfteln« verschwört, auf dessen Bahn ihm der neue Freund nicht gefolgt war, und sich statt dessen die Synthese aus Vernunft und Gefühl vorsetzt: »Licht und Wärme ist das höchste Ideal der Menschheit. Ich weiß wohl, daß eins das andere oft aufhebt. Aber beides im möglichsten Gleichgewicht zu halten, ist der vollkommenste Zustand.«

»Ich wünsche Dir Glück, Freund, daß Deine Tätigkeit ein bestimmtes Ziel hat. Mir fehlt's noch daran«, fährt Sachsens jüngster Oberkonsistorialrat fort und setzt sich ein Ziel, das immer wieder einmal akut wird: die »Simplifizierung der Jurisprudenz« und der Staatswirtschaftstheorie. »Wir sind Brüder durch Wahl, mehr, als wir es durch Geburt sein könnten«, konstatiert der Brief, aber noch immer haben sich die beiden nicht gesehen. Erst Anfang Juli kommt es zu der ersten Begegnung, nicht in Gohlis, sondern in dem zwischen Leipzig und Altenburg gelegenen Ort Kahnsdorf, wo jener Johann August Ernesti ein Landgut erworben hatte, der, als er 1731 Konrektor (und später Rektor) der Thomasschule geworden war, dem dort tätigen Kantor, er hieß Bach und war eine Generation älter, Kunst und Leben schwergemacht hatte, ein Theologe und Schulmann von ausgebreiteter Wirksamkeit, aber das Gegenteil eines Musikfreunds. In dem Haus von Bachs hartnäckig-autoritärem Kontrahenten (dessen mit Körner verwandter Sohn Gottlieb hat das Erbe des Vaters angetreten) fassen sich Körner und Schiller erstmals ins Auge; sie sind so angetan voneinander, daß Körner Schiller anträgt, seinen künftigen Dresdner Hausstand mit ihnen zu teilen. Nach Gohlis zurückgekehrt, huldigt dieser dem Freund, dessen Geburtstagsvorfeier das Kahnsdorfer Treffen gegolten hatte, mit einem Hymnus, der den Genius seiner Geburt aus dem Himmel niedersteigen läßt:

> Sei willkommen an des Morgens goldnen Toren
> Sei willkommen unserm Freudegruß,
> Dieses Tages holder Genius
> Der den Vielgeliebten uns geboren! –
> In erhabener Pracht –
> Schimmernd tritt er aus der Nacht
> Wie der Erdensöhne keiner

Diese überbordende Eloge könnte auch an einen fürstlichen Gönner gerichtet sein, nicht jedoch ihre Schlußverse:

> Der Seraph sprachs – – – Du liegst in unsern Armen –
> Wir fühlen, daß du *unser* bist.

Das Gohliser Trio – Schiller, Göschen und Huber – macht auf dem morgendlichen Rückweg (offenbar hat man die Nacht durchgefeiert) in einer Schenke Station, um sich zu stärken, und trinkt dabei Körners Gesundheit in einem Ausmaß, das noch die briefliche Beschreibung färbt:

Stillschweigend sahen wir uns an, unsere Stimmung war feierliche Andacht, und jeder von uns hatte Tränen in den Augen, die er sich zu ersticken zwang. Göschen bekannte, daß er dieses Glas Wein noch in jedem Gliede brennen fühlte, Hubers Gesicht war feuerrot, als er uns gestand, er habe noch keinen Wein so gut gefunden, und ich dachte mir die Einsetzung des Abendmahls – »Dieses tut, sooft ihrs trinket, zu meinem Gedächtnis.« Ich hörte die Orgel gehen und stand vor dem Altare.

Zuvor hat Schiller dem Freund die Irrwege *seiner* Jugend einbekannt:

Mit weicher Beschämung ... sah ich rückwärts in die Vergangenheit, die ich durch die unglücklichste Verschwendung mißbrauchte. Ich fühlte die kühne Anlage meiner Kräfte, das mißlungene (vielleicht große) Vorhaben der Natur mit mir. Eine Hälfte wurde durch die wahnsinnige Methode meiner Erziehung und die Mißlaune meines Schicksals, die zweite und größere aber durch mich selber zernichtet. Tief, bester Freund, habe ich das empfunden, und in der allgemeinen feurigen Gärung meiner Gefühle haben sich Kopf und Herz zu einem herkulischen Gelübde vereinigt – die Vergangenheit nachzuholen und den edlen Wettstreit zum höchsten Ziele von vorn anzufangen.

Der lange Brief zerfällt in zwei Teile, einen enthusiastischen und einen praktischen; Gefühl und Vernunft kommen beide zu ihrem Recht. Der praktische Teil gilt zunächst Hubers Zukunftsaussichten, die trübe sind, falls Körner nicht seine Dresdner Verbindungen spielen läßt. Aber das ist nur das Vorspiel zur Darlegung seiner eigenen Lage; das Fazit ist,

daß Huber und ich notwendig Geld brauchen, denn ich für meinen Teil bin jetzt ganz auf dem Sande, und ich habe keine Hoffnung, vor einem Vierteljahre einen Pfennig von Subskriptionsgeldern zu sehen, wenn ich nicht ganz und gar darum betrogen bin.

Es geht um die Mannheimer *Thalia*-Subskription, die ein Schlag ins Wasser war. Eine andere Enttäuschung ist ganz persönlicher Natur:

Schwan und Göz haben die Indiskretion gegen mich gehabt, meinen Fiesko, ohne mir nur ein Wort zu gönnen, neu auflegen zu lassen, nachdem die erste Edition vergriffen war – und Göz trieb es so weit, daß ich einige Exemplare, die ich zu meinem Gebrauch aus ihrer Handlung nahm, bezahlen mußte. Dieser niederträchtige Zug hebt alle meine Verbindlichkeiten gegen diese Buchhandlung auf, und ich bin vollkommen berechtigt, selbst eine neue Auflage meiner Stücke zu veranstalten.

Schiller bricht innerlich mit dem Mann, dessen Schwiegersohn er noch vor drei Monaten hatte werden wollen. Die Leipziger Neuausgabe soll »die Plümikesche Verhunzung meiner Stücke wieder gut machen«; durch einen Nachtrag, »Räuber Moors letztes Schicksal«, soll der berühmte Erstling »neuerdings in Schwung kommen«. Vor allem aber will er auf diesem Weg seine finanzielle Situation aufbessern: »Ich bin hier ganz aufgezehrt«, ergeht der Notruf. Aber es wird nichts aus dem Projekt, Schwans Verfahren ist illoyal, aber vertragsgemäß und üblich; jene »Buchhandlung der Gelehrten«, in die Göschen 1781 in Dessau eingetreten war, war der erste deutsche Verlag gewesen, der seine Autoren an Nachauflagen beteiligte, eine Neuerung, die Göschen für seine eigene Gründung übernahm. Der lange Brief aus Gohlis endet mit einer Coda, für die Schiller ein Zitat seines Lieblingsdramatikers, Johann Anton Leisewitz, gerade recht kommt:

O, mein bester Freund, wie schön liegt die Dresdener Zukunft vor meinen Augen, wie fange ich jetzt an, mich meines Lebens zu freuen, weil ich es würdig genießen will. Ich sage mit Julius von Tarent: In meinen Gebeinen ist Mark für Jahrhunderte.

»Ich fürchte nichts mehr − Arm in Arm mit *dir* − / so fodr' ich mein Jahrhundert in die Schranken!« hatte Dom Karlos am Ende des ersten Aktes zum Marquis von Posa gesagt. Das Sich-Finden des Prinzen und des Marquis in dem neuen Stück war wie die Vorwegnahme dieses realen Freundschaftsbundes gewesen, und zum Glück ist da kein König und keine Königin, die Verwirrung stiften könnten; eben darum geht es mit dem Stück voran.

Körner antwortet sofort und mit Vorwurf: »Warum sagtest Du mir nicht ein Wort in Kahnsdorf davon? warum schriebst Du mir nicht gleich, wieviel Du brauchst?« Er will »alles aufbieten, um den schönsten Traum in seinem ganzen Umfange zu realisieren«, und bietet dem Freund an, ein Jahr für dessen Lebensunterhalt aufzukommen; er tut es auf die zartsinnigste Weise:

Wenn ich noch so reich wäre und Du ganz überzeugt sein könntest, welch ein geringes Objekt es für mich wäre, Dich aller Nahrungssorgen auf Dein ganzes Leben zu überheben: so würde ich es doch nicht wagen, Dir eine solche Anerbietung zu machen. Ich weiß, daß Du imstande bist, sobald Du nach Brot arbeiten willst, Dir alle Deine Bedürfnisse zu verschaffen. Aber ein Jahr wenigstens laß mir die Freude, Dich aus der Notwendigkeit des Brotverdienens zu set-

zen. *Was dazu gehört, kann ich entbehren, ohne im geringsten meine Umstände zu verschlimmern. Auch kannst Du mir meinethalben nach ein paar Jahren alles wieder mit Interessen [Zinsen] zurückgeben, wenn Du im Überfluß bist.*

Das allerdings wird niemals eintreten. Schillers Antwort greift zu sublimen Sophismen, ehe er schreibt:

Für Dein schönes und edles Anerbieten habe ich nur einen einzigen Dank, dieser ist die Freimütigkeit und Freude, womit ich es annehme. ... Deine Freundschaft und Güte bereitet mir ein Elisium. Durch Dich, teurer Körner, kann ich vielleicht noch werden, was ich je zu werden verzagte. Meine Glückseligkeit wird steigen mit der Vollkommenheit meiner Kräfte, und bei Dir und durch Dich getraue ich mir, diese zu bilden. Die Tränen, die ich hier, an der Schwelle meiner neuen Laufbahn, Dir zum Danke, zur Verherrlichung vergieße, diese Tränen werden wiederkommen, wenn diese Laufbahn vollendet ist. Werde ich das, was ich jetzt träume *– wer ist glücklicher als Du?*

Eine Freundschaft, die so ein Ziel hat – kann niemals aufhören.

Zerreiße diesen Brief nicht. Du wirst ihn vielleicht in zehen Jahren mit einer seltnen Empfindung lesen, und auch im Grabe wirst Du sanft darauf schlafen.

Leb tausendmal wohl. Mein Herz ist zu weich. In einigen Tagen schreib ich Dir wieder. Leb wohl.

Geheiratet wird

Schiller braucht Geld nicht zuletzt, um bei der bevorstehenden Hochzeit nicht mit leeren Händen dazustehen. Aber auch Arbeitsmaterialien wollen beschafft sein. Bei dem Schriftsteller fallen sie weniger ins Gewicht als bei jeder andern Kunstarbeit, aber etwas Handwerkszeug braucht auch der Dichter, nämlich:

1. Einige Buch gutes Konzeptpapier.
2. Einige Lagen Postpapier zu Briefen.
3. Siegellack und Federkiele.
4. Ein Federmesser und
5. Oblaten.

So lautet der Wunschzettel, den Schiller aus Gohlis an Göschen in die Stadt schickt. Am 7. August ist es dann soweit: Christian Gottfried Körner und Anna Maria Jakobine Stock heiraten in Leipzig, eine Liebesgeschichte kommt zum glücklichen Abschluß, die alle Züge eines Romans an sich trug, mit dem anhaltenden Widerstand der Eltern Körner, Gottfrieds Sich-Erklären gegenüber Minna, als diese ihre Mutter verloren hat, und dem gegen die Eltern behaupteten Entschluß zur Heirat, dem der Tod der Eltern folgte.

Schiller, in dessen Theaterstück die beiden ihre Nöte zur Tragödie gesteigert fanden (vergebens hatte Körner seinem Vater »Kabale und Liebe« zu lesen gegeben), ist in diesen Roman hineinverwoben. Er schenkt dem Paar zwei urnenförmige Vasen, deren allegorischen Bildschmuck – hat er ihn selbst entworfen? – sein Kommentar als den Bund der Tugend mit der Liebe interpretiert, der erst durch das Hinzutreten der Freundschaft Dauer gewinne: sie ist das Ewigkeit verbürgende Dritte. Hinter der sinnigen Komposition steht die Sorge, daß das liebend vereinte Paar der Freunde nicht mehr bedürfen werde:

Euer Glück ruht in Euren Herzen, es kann also nimmermehr aufhören. Aber wenn Ihr nichts mehr zu wünschen findet, wenn das Wonnegefühl, Euch zu besitzen, eure ganze Seele füllt, so schenkt wenigstens einen Seitenblick noch der Freundschaft.

Er hat sich auch dichtend ins Zeug gelegt und in den Garten an der Pleiße, wo man nachmittags festlich zusammenkommt, ein Hochzeitslied mitgebracht, dessen zweiundzwanzig Strophen in munter gereimten Trochäen dahinfließen. Es ist ein Lied zum Singen – nach welcher Melodie mag es die Hochzeitsgesellschaft gesungen haben? Oder verzichtet man auf musikalische Einlagen? Die Hochzeit steht im Schatten der beiden Todesfälle; das Brautpaar konnte das Trauerjahr nicht abwarten, da die Übersiedlung nach Dresden ansteht. So mag es eher gedämpft zugegangen sein.

»Heil dir, edler deutscher Mann, / Heil zum ew'gen Bunde! / Heute fängt dein Himmel an, / Sie ist da, die Stunde«, hebt Schillers Carmen an, das »An Körner« gerichtet ist, den, der die richtige Wahl traf und die falsche verschmähte: »Ehrsucht mag um Ehre frein, / Gold sich Gold vermählen, / Liebe will geliebet sein, / Seelen suchen Seelen.« Eine Standesgrenzen überspringende Liebesheirat wird im Leipziger Bürgertum nicht viel häufiger vorgekommen sein als in Adelskreisen; so kann man sich die hochgezogenen Augenbrauen der Honoratiorenfamilien vorstellen, die der Einladung gefolgt sind, und die skeptischen Blicke, die auf den jungen Wilden aus dem fernen Schwaben fallen, den Bühnenschriftsteller, bei dessen Theaterstück die Polizei einschreiten mußte. Dieser preist die liebende Gattin zunächst ex negativo:

> Keine witzge Spötterin,
> Keiner Gauklertruppe
> Zugestutzte Schülerin,
> Keine Modepuppe,
> Keine, die mit Bücherkram
> Ihre Liebe pinselt,
> Was nicht aus dem Herzen kam,
> Aus Romanen winselt.
>
> Glücklich macht die Gattin nicht,
> Die nach Siegen trachtet,
> Männerherzen Netze flicht,
> Deines nur verachtet,
> Die bei Spiel und bunten Reihn,
> Assembleen und Bällen,
> Freuden suchet, die allein
> Aus dem Herzen quellen.

Spricht hier ein junger Mann mit reichen Erfahrungen? Sein Frauenbild – schon das Bauerbacher Gedicht zeigte es – ist nicht eben emanzipatorisch:

> Glücklich macht die Gattin nur,
> Die für dich nur lebet
> Und mit herzlicher Natur
> Liebend an dir klebet;
> Die, um deiner wert zu sein,
> Für die Welt erblindet
> Und in deinem Arm allein
> Ihren Himmel findet

Auch in seinen späteren Gedichten, in »Würde der Frauen« oder dem »Lied von der Glocke«, ist Schiller kein Vorkämpfer weiblicher Selbständigkeit, Jenas hochemanzipierte Romantikerfrauen werden sich höchlich darüber mokieren.

Fünf Tage nach dem Fest läßt das endlich vereinte Paar die Stadt seiner Jugend hinter sich. Mit Dora zusammen reisen die beiden nach Dresden, um dort ihren Hausstand zu begründen; Schiller und Huber sollen einige Wochen später nachkommen. Beide begleiten sie zu Pferde bis nach Hubertusburg, dem Städtchen, in dessen von preußischen Truppen befehlsgemäß verwüstetem Schloß vor zwei Jahrzehnten der Friede zwischen Preußen, Österreich und Sachsen geschlossen worden war. Beim Rückritt – hat man wieder Körners Wohl getrunken? – stürzt Schiller vom Pferd und zieht sich eine Quetschung der rechten Hand zu, die ihn einen Monat lang am Schreiben hindert; dann heißt es:

Mir war ein bißchen bange für Folgen, doch hoffe ich nun das Beste, und ein kleines Überbleibsel an der Hand soll mir herzlich lieb sein, weil es mich mein Leben lang an deinen glücklichen Einzug in Dresden erinnert, – und was wären unsere Freuden, wenn sie uns nicht auch etwas kosteten?

Kriminalgeschichte

Solange die Hand noch nicht wieder in Ordnung ist, hilft sich Schiller mit einem Sekretär aus, dem er für Reinecke, der am Rannstädter Tor den »Fiesko« aufführen und die Titelrolle selbst spielen will, eine veränderte Bühnenfassung diktiert. Sie erneuert das tragische Finale des Erstdrucks, aber in abgewandelter Form: Verrina stößt den falschen Republikaner nicht ins Wasser, um sich danach »dem Andreas« anzuschließen, sondern erdolcht ihn vor allem Volke, dann sagt er:

Fordert sein Blut von mir, Genueser, ich stelle mich als ein Mörder vor euer Gericht. Mein Prozeß ist verloren auf dieser Erden, aber ich habe ihn gewonnen vor dem Allmächtigen.

Das ist nicht die einzige Änderung gegenüber der Mannheimer Bühnenfassung; was entsteht, ist, soweit es sich rekonstruieren läßt, eine Synthese aus dieser und der Buchfassung, mit weiterer

Straffung des technischen Ablaufs und allerlei szenisch-sprachlichen Milderungen. Am 22. September will Reinecke diese neue Fassung herausbringen, aber als er den Schluß sieht, ringt er die Hände und sagt die Aufführung ab, unlustig, die Hauptrolle in einem Stück zu spielen, das einem andern – Verrina – das Schlußwort gibt. Ein Jahr später gibt er »Fiesko« dann in einer selbstfabrizierten Fassung zum besten, die er zuvor in Dresden vorgestellt hat und auch für Prager Gastspiele verwendet; sie ist nicht dazu angetan, Schillers Vertrauen in das real existierende Theater wiederherzustellen. »Im Ganzen brav«, erklärt er einem Chronisten, »aber daß man mir sieben Szenen kastriert, den Ausgang eigenmächtig abändert, manche Akteurs ihre Rolle ganz verfehlten, das war für mich kaum zum Aushalten.«

Hat Reinecke für Bondinis Truppe auf Teile der Plümicke-Fassung zurückgegriffen, in der Fiesko, von dem zurückkehrenden Dogen begnadigt, sich zuletzt selbst erdolcht? Himburg hat sie inzwischen gedruckt; es ist die Gestalt, in der das Stück seinen Siegeszug über Deutschlands Bühnen angetreten hat. Kaum ein Theater, das »Fiesko« ausläßt, dessen republikanischen Impetus »die Plümikesche Verhunzung« insoweit entschärft, daß es spielbar wird. Hinzu kommen die finanziellen Vorteile, die Himburgs Raubdruck für die Theater hat: sie brauchen ihn nur in der Buchhandlung zu kaufen. Als Frankreich acht Jahre später mit der Republik ernst macht, mit der der Theater-Fiesko nur ein eigensüchtiges Spiel treibt, wird das Stück in Deutschland überall abgesetzt; das Erzeugnis einer vorrevolutionären Lage wird gefährlich, als diese andernorts in die revolutionäre umgeschlagen ist.

Schiller diktiert jene zweite Bühnenfassung, die die Leipziger heißen wird (ihr Manuskript ist verschollen), und bereitet das zweite Heft der *Thalia* vor, das nicht nur aus der *Karlos*-Fortsetzung bestehen kann. Die Leute wollen Erzählungen lesen, und er trägt einen Stoff dazu seit langem mit sich herum, seit Kindheitstagen in dem Dorf Lorch bei Schwäbisch-Gmünd, als er von einem Onkel die schreckliche Geschichte vom Sonnenwirt gehört hatte, dem jugendlichen Erben einer schlechtgehenden Gastwirtschaft, der erst zum Wilddieb, dann, von unmenschlichen Gesetzen drakonisch bestraft, zum Mörder und schließlich zum Oberhaupt einer gefürchteten Räuberbande wird, ehe er sich, auf bloßen Verdacht hin festgenommen, einem ihm menschlich begegnenden Amtmann zu erkennen gibt und ihm die Geschichte seines Lebens erzählt. Zum Tode verurteilt, wird der Einunddreißigjährige 1760 gerädert.

Schon die »Räuber« waren von dieser Geschichte beeinflußt worden: das organisierte Verbrechen als Rache an einer Gesellschaft, die den bloßen Fehltritt mit hoffnungsloser Ausstoßung bestraft. Durch Friedrich Abel, den ihm von Akademiezeiten verbundenen Professor, der ihn in Mannheim besucht hatte, war Schiller aufs neue auf das Schicksal des Sonnenwirts aufmerksam geworden; Abels Vater war jener Amtmann gewesen, der in Vaihingen die Bekenntnisse des Festgenommenen – er hieß Friedrich Schwan – vernommen hatte. Für sein buntscheckiges Journal kommt Schiller das Zum-Verbrecher-Werden durch gesellschaftliche Ausstoßung nun abermals in Sicht: »Eine wahre Geschichte« wird der Untertitel der Erzählung lauten.

Schillers Einleitung akzentuiert den Anteil der Gesellschaft an dem Weg derer, die durch Raub und Mord Terror gegen sie verüben; das ist eine Position, die dem Strafrecht dieser Zeit fernliegt. In Sachsen, das im Erzgebirge einige Jahre vorher – Schiller mag davon gehört haben – auch seinen Sonnenwirt gehabt hatte, den Wildschützen Karl Stülpner, war durch eine Justizreform erst zwei Jahre zuvor die Tortur abgeschafft worden, dazu das Säcken (im Sack Ertränken) der Kindsmörderinnen und die Verhängung der Todesstrafe bei bestimmten Eigentumsdelikten. Noch 1820 wurde in Dresden der Kopf eines mehrfachen Raubmörders – er hatte einen bekannten Maler auf dem Weg von Loschwitz nach Neustadt umgebracht – nach der mühsamen öffentlichen Enthauptung auf ein Rad genagelt und dort wochenlang zur Schau gestellt. Bei dem etwas dünnblütig klingenden Wort Aufklärung vergißt man leicht, daß es weniger um weltanschauliche Fragen als um den Kampf gegen barbarisch-altertümliche Praktiken und Rechtsüberlieferungen ging; die bäuerliche Leibeigenschaft, die in Sachsen unverändert in Kraft war, gehörte zu ihnen.

Schiller argumentiert als Aufklärer, aber er tut es vollkommen unsentimental, mit gleichsam anatomischer Kühle: Wie der Pathologe am toten Körper Entdeckungen zugunsten der menschlichen Gesundheit mache, so müsse man, um Heilmittel wider die Erkrankung des gesellschaftlichen Körpers ausfindig zu machen, den Menschen bei den Extremfällen seiner Handlungen und Triebe aufsuchen, von denen Gefängnisse und Irrenhäuser bevölkert seien. Auf »die Leichenöffnung [des] Lasters« bereitet der Autor den Leser vor:

Man hat das Erdreich des Vesuvs untersucht, sich die Entstehung seines Brandes zu erklären, warum schenkt man einer moralischen Erscheinung weniger Aufmerksamkeit als einer physischen? Warum achtet man nicht in eben dem Grade auf die Beschaffenheit und Stellung der Dinge, welche einen solchen Menschen umgaben, bis der gesammelte Zunder in seinem Inwendigen Feuer fing? Den Träumer, der das Wunderbare liebt, reizt eben das Seltsame und Abenteuerliche einer solchen Erscheinung; der Freund der Wahrheit sucht eine Mutter zu diesen verlorenen Kindern. Er sucht sie in der unveränderlichen Struktur der menschlichen Seele und in den veränderlichen Bedingungen, welche sie von außen bestimmten, und in diesen beiden findet er sie gewiß.

Dieser Einleitung, die, auf die Seelen- und die Sozialgeschichte des Verbrechens verweisend, ihrer Zeit weit voraus ist, folgt die Geschichte vom Sonnenwirt, der hier Christian Wolf heißt, des rückfälligen Wilddiebs, der nicht nur aus Armut wildert, sondern auch, weil er, häßlich von Gestalt, Eindruck auf sein Mädchen machen will, das von einem Jägerburschen umworben wird. Als die Geschichte nach der Freilassung des Wildschützen aus dreijähriger Haft ihre entscheidende Wendung nimmt, gibt der Erzähler diesem selbst das Wort:

Ich betrat die Festung, sagte er, als ein Verirrter und verließ sie als ein Lotterbube. Ich hatte noch etwas in der Welt gehabt, das mir teuer war, und mein Stolz krümmte sich unter der Schande. Wie ich auf die Festung gebracht war, sperrte man mich zu dreiundzwanzig Gefangenen ein, unter denen zwei Mörder und die übrigen alle berüchtigte Diebe und Vagabunden waren. Man verhöhnte mich, wenn ich von Gott sprach, und setzte mir zu, schändliche Lästerungen gegen den Erlöser zu sagen. Man sang mir Hurenlieder vor, die ich, ein liederlicher Bursche, nicht ohne Ekel und Entsetzen hörte, aber was ich ausüben sah, empörte meine Schamhaftigkeit noch mehr. Kein Tag verging, wo nicht irgendein schändlicher Lebenslauf wiederholt, irgendein schlimmer Anschlag geschmiedet ward. Anfangs floh ich dieses Volk und verkroch mich vor ihren Gesprächen, so gut mirs möglich war, aber ich brauchte ein Geschöpf, und die Barbarei meiner Wächter hatte mir auch meinen Hund abgeschlagen. Die Arbeit war hart und tyrannisch, mein Körper kränklich, ich brauchte Beistand und, wenn ichs aufrichtig sagen soll, ich brauchte Bedaurung, und diese mußte ich mit dem letzten Überrest meines Gewissens erkaufen. So gewöhnte ich mich endlich an das Abscheulichste, und im letzten Vierteljahr hatte ich meine Lehrmeister übertroffen.

Schiller baut seine Erzählung wie ein Theaterstück; den Täter selbst sprechen zu lassen ist ein Kunstgriff, mit dem er den Leser auf den Höhepunkt der Spannung führt. Wolf, der, nach der Haft ein gesellschaftlich Ausgestoßener, seinen alten Feind und Verfolger, den Jägerburschen, im Wald erschossen hat, wird von einer im tiefen Tann hausenden Räuberbande als einer der Ihren aufgenommen und hat zum ersten Mal in seinem Leben das Erlebnis des Angenommenseins.

Ist es dahin gekommen, Bruder, daß der Mensch nicht mehr gelten soll als ein Hase? Soll ein Untertan des Fürsten für eine wilde Sau des Fürsten zum Geisel dienen? Sind wir nicht besser als das Vieh auf dem Felde?

So klagt der Räuber, der den trostlos Umherirrenden für die Bande anwirbt, eine Justiz an, der die Interessen der Jagdherrn oberste Richtschnur sind. Vom Dramatiker entlehnt dieser Erzähler nicht nur die Disposition, sondern auch die metaphorische Dialektik, die zündende Genauigkeit der Diktion; er setzt seinen Leser vom ersten Satz an unter die Hochspannung, unter der er selbst allzeit steht. Sein Genie zeigt sich an der Fähigkeit, diese Hochspannung in Sprache zu übertragen; an Asozialen großen Stils, Menschen, die dazu werden, weil die Gesellschaft ihnen den Weg nach oben, zu dem ihren Fähigkeiten entsprechenden Wirken versperrt, findet sie ihren adäquaten Stoff. Auch in späterer Zeit wird diese Konstellation immer wieder durchschlagen: Wallenstein, Maria Stuart, die Jungfrau von Orleans – sie alle scheitern auf je eigene Weise an ihrem Überanspruch ebenso wie an der eisernen Klammer unüberwindbarer Verhältnisse. Was in Schiller selbst lodert, der unbedingte Wille, sich Geltung, Wirkensraum, Ruhm zu verschaffen, brennt in seinen Figuren als die

Substanz ihrer Tragödie. In seiner Kriminalerzählung, in der nicht der Leser nach dem Täter, sondern dieser nach sich selbst sucht, hilft ihm die objektive Position, welche die epische ist, das Überbordend-Rhetorische zu zügeln, das die Falle ist, in die seine Lyrik und seine Stücke so gern laufen; die Erzählung macht Schiller zum Realisten.

Ein Stoff liegt auf der Strasse

Seine erste größere Erzählung (daß sie in Gohlis, nicht erst in Dresden entstand, ist wahrscheinlich, nicht gesichert) ist ein Meisterwerk, aber es fällt nicht vom Himmel. Der »Verbrecher aus Infamie« (Infamie ist hier als Mißachtung, Ehrverlust zu verstehen, Schiller schreibt später »aus verlorener Ehre«) hat Vorbilder just in Sachsen; die Erzählung ist angeregt von einem Typus authentischer Kriminalgeschichten, den der Dresdner Autor August Gottlieb Meißner in dem Leipziger Verlag Dyck seit 1778 in mehreren Bänden und mit großem Erfolg vorlegt, ein aus Bautzen stammender, später nach Prag berufener Schriftsteller, dessen Blick auf Kriminalfälle von dem in Leipzig Philosophie und Medizin lehrenden Professor Platner beeinflußt ist. Ernst Platner ist ein Anthropologe, dessen ganzheitlicher, Körper und Seele zusammensehender Ansatz sich mit dem, was Schiller in seiner Dissertation umrissen hatte, vielfach berührte, und das war kein Wunder: Platners »Anthropologie für Ärzte und Weltweise« war ein Standardwerk auch für den Unterricht an der Militärakademie gewesen. Wenn Schiller noch einmal Medizin hätte studieren wollen, so wäre er bei dem Leipziger Professor an der rechten Schmiede gewesen.

Doch seine Sonnenwirt-Geschichte zeigt: er praktiziert schon, was hier zu lernen ist; wird er anderes derart folgen lassen? Mit der *Thalia*, die er nicht nur mit Dramen-Abschnitten füllen kann, hat Schiller das Genre gewechselt, in dem er angetreten war; es gilt, nach neuen Erzählstoffen Ausschau zu halten. Einer davon liegt in Leipzig auf der Straße, man muß sich nur bücken. Er liegt auch auf den Wegen des Rosenthals, das Schiller in diesen Gohliser Wochen immer wieder durchwandert. Man kann Gohlis auch auf dem Wasserweg erreichen, mit Kähnen, die die Ausflügler auf der

Parthe zu den drei Schenken des Feriendorfs und wieder zurück bringen, aber zu Fuß ist es billiger und schneller, kaum eine halbe Stunde.

Jedes Kind kennt hier die Geschichte vom spiritistischen Kaffeewirt, der, auf das Vermögen seiner Frau gestützt, 1769 in der Klostergasse die Weißledersche Kaffeewirtschaft übernommen hatte; er stammte aus Nürnberg und hieß Johann Georg Schrepfer. Schon vorher, als er nur eine Weinstube im Böttchergäßchen geführt hatte, war er in die Freimaurerloge »Minerva zu den drei Palmen« eingetreten, als ein dienender Bruder, der es bald zur Vollmitgliedschaft brachte. Als er sie erlangt hatte, legte er sich mit der Loge an, die ihn aufgenommen hatte, um sich zum Mittelpunkt einer Abspaltung zu machen, die zu dieser Zeit in ganz Deutschland um sich greift; das ist das von einer Wiederbelebung des mittelalterlichen Tempelherrenordens in Frankreich ausgehende Logensystem der »strikten Observanz«.

Als auch diese Richtung ermattet und der Stein der Weisen immer noch nicht gefunden ist, gewinnen auf dem konservativen Flügel der Maurerei die mystisch-frommen Rosenkreuzer Oberhand, die, 1757 in Frankfurt am Main als »Societas roseae et aureae crucis« gegründet, einen völlig romanhaften Ursprung haben. Er liegt bei der »Chymischen Hochzeit Christiani Rosencreutz«, einem barocken Roman von Johann Valentin Andreä, der in diesem Buch voller Wunder und Erscheinungen eine von dem Titelhelden im fünfzehnten Jahrhundert in Vorderasien gegründete Kongregation imaginiert hatte, deren Ziel nichts Geringeres als Weltreformation, Veredlung des Menschengeschlechts, aber auch geheime Wissenschaft gewesen war. An sie knüpften die neuen Rosenkreuzer auf ähnliche Weise an, wie die englischen Freemasons an die mittelalterlichen Bauhütten.

Unser Bild vom achtzehnten Jahrhundert ist von dem Sieg von Aufklärung und Rationalität geprägt, nicht von dem, worüber diese siegten, den offenen und verborgenen Gegenmächten. In das Bild jener überquellend fruchtbaren Zeit ist eingezeichnet, was sie uns in Dichtung, Musik, Philosophie überliefert hat, was standhielt und Folgen hatte durch Qualitäten der Form und des Gehalts. Kaum bewußt ist uns, wovon sich das Bleibende abhob und wogegen es sich durchzusetzen hatte: das Rückständige und

Brutale, das Krude und Bizarre, eine geistige Wirrnis, die immer noch zunimmt, wenn Klärung ansteht und eine neue Zeit heraufdämmert. Dann drapiert das bedrohte Alte sich mit schillernden Gewändern und setzt sich den spitzen Hut des Magiers auf, um der in stürmischem Vordringen begriffenen Realmagie zu entgegnen, die Wissenschaft und Technik praktizieren, nachdem sie selbst sich mühsam losgerungen haben von jenem magisch-mystischen Wesen, in dem Chemie und Alchemie noch eines waren und man das Porzellanmachen fand, weil man das Goldmachen versucht hatte.

In einer solchen Zeit, da Altes und Neues sich gärend durchdringen und Denken wie Herstellen, Weltbild und Produktionsweise unter dem Ansturm des Neuen wanken, ist in einem so ausgedehnten gesellschaftlichen Gebilde, wie es die Freimaurerei war, Radikalisierung nach links und nach rechts, in den Aktivismus des Beharrens wie des Vorwärtsgehens, unvermeidlich, und da die extremen Flügel schwach sind, setzen sie verstärkt auf Disziplin und Geheimhaltung, Hierarchie und Zeremonie. Das war bei den Illuminaten der Fall, die die soziale Frage gestellt hatten und seit 1785 nicht nur in Bayern verfolgt wurden; es begab sich auf andere Weise bei den konservativen Rosenkreuzern, die sich seit der Mitte der siebziger Jahre auf dem Vormarsch befanden. Auch unter ihnen gab es Männer des praktischen Fortschritts; diese Geheimbruderschaft, der auch Schillers literarischer Onkel angehörte, war nicht schlechthin reaktionär. Aber sie fürchtete in dem Sieg des Rationalismus den Untergang des christlichen Offenbarungsglaubens und wehrte sich gegen Langeweile und Pedanterie der Aufklärung mit Mitteln, die das Obskurantische nicht verschmähten. Das nichts als Vernünftige wird leicht platt und mechanisch; es vereinseitigt die Welt nach der Durchschauungsseite und läßt Seelen- und Sinneskräfte brachliegen, die nach anderer Speise verlangen.

In einer Zeit, da Preußen infolge einer geglückten Reichsgründung auf dem Gipfel seiner Macht stand und das in seine Geschichte hineinragende Rosenkreuzertum für staatszerstörender Humbug galt, hat Theodor Fontane diese Verhältnisse bei einer Wanderung berührt, die ihn nach Marquardt am Schlänitzsee führte, zu dem Landsitz eines führenden Rosenkreuzers der friderizianischen Ära. Das war Hans Rudolph v. Bischoffwerder, ein in

Preußen zu besonderem Einfluß gelangter sächsischer Adliger und Offizier; er hatte sowohl mit Schrepfer wie mit dem Rosenthal zu tun gehabt. »Das vorige Jahrhundert war ein Jahrhundert der Geheimen Gesellschaften«, setzt Fontane ein und kommt dann auf einen Hauptpunkt der allgemeinen Geheimbündelei:

Der Absolutismus behinderte jede Kraftentwickelung, die Miene machte, selbständige Wege einschlagen zu wollen; die Kirche war starr; was Wunder, wenn der individuelle Ehrgeiz, der kein legitimes Feld fand, sich geltend zu machen, auf Abwege geriet und im Dunkeln und Geheimen nach Macht suchte. Wie im zwölften Jahrhundert alles nach dem Heiligen Grabe, im sechzehnten nach Wittenberg oder nach der Neuen Welt drängte, so im achtzehnten Jahrhundert nach Geheimbündelei. Alchimie und Geistererscheinungen, Dinge, die sich ihnen vielfach gesellten, oft in den Vordergrund traten, waren nur Zugaben, Hilfsmittel, starke Dosen, zu denen man griff; das Wesen der Sache lag darin: Macht zu äußern in einer Zeit, wo das Individuum machtlos war.

Der Kenner der Verhältnisse verweist auf jene Strömungen, »die, neben einem starken Beisatz von Egoismus und Menschlichkeit, einen prinzipiellen Gehalt und einen prinzipiellen Gegensatz repräsentierten«. Sie seien in der Minorität gewesen: »Das meiste lief auf Herrschsucht und Eitelkeit, auf Täuschung und unmittelbaren Betrug hinaus.« In freier Abwandlung zitiert er aus einem Bericht der *Komitial-Nebenstunden*, das war die Zeitung des in Regensburg ansässigen Reichstags des Heiligen Römischen Reiches, der sich nach dem lateinischen comitium (Volksversammlung) *Comitia Imperii* nannte. Schiller konnte diesen Text im Oktober 1785 in der *Berlinischen Monatsschrift*, dem Hauptorgan der Berliner Aufklärung, lesen:

An keinem Orte der Welt sind mehr Verehrer solcher neuen Wissenschaften als an dem Wohnsitz des Reichstags, und es kann sein, daß die Komitialluft etwas Anziehendes für Kenntnisse hat, welche uns der Mühe des eignen Nachdenkens überheben. Loyolisten im gestickten Kleide, im Chorgewand und im einfachen Kittel des Bedürfnisses; Gaßnerianer; Lavaterische Glaubensschwärmer; Martinisten; Insoucians; Mesmerianer; Somnambulisten; Anhänger von Cagliostro; schröpferische Magier [das zielt auf den Leipziger Geisterbeschwörer]; Crusianische Magier; Bengelianer; den Stein der

Weisen suchende Rosenkreuzer; Lammsbrüder, die sich von innerm Stolze nähren; Illuminaten und Minervalen; Kabbalisten; Verehrer des verunglückten Erziehers Bahrdt und andere Verbundene, die den Zweck ihrer Vereinigung, der auf Grundsätzen der Ehre, der Wohltätigkeit, der Aufklärung beruhet, nicht mehr wissen, finden sich in Regensburg und Bayern zerstreut, um einander... nach den echten Grundsätzen der Schwärmerei zu verfolgen.

Hatte der preußische König im Sommer 1785 auch die *Berlinische Monatsschrift* gelesen? Mit welchen Mitteln ein gewisser Typus von Geisterbeschwörern operiert, erfährt Friedrich II. von einem Hallenser Professor, den er zu sich ruft; dieser gibt dem Monarchen ohne weiteres Einblick in die magische Trickkiste, die nicht nur ihm zu Gebote steht; in Johann Christian Wieglebs 1784 in dritter Auflage erschienenem »Ganz natürlichen Zauber-Lexikon« konnte jedermann sie studieren. Den Gipfel der Kunst bildet »das Hohlspiegelbild auf Rauch und Qualm«, dessen Wirkung durch das narkotische Räucherwerk unterstützt wird, das den verdunkelten Raum durchzieht, in dem die Geisterseher der Erscheinung harren. Von hier aus hat es der märkische Wanderer nicht weit zu dem Leipziger Kaffeewirt, der das Hohlspiegelbild auf Rauch und Qualm zu besonderer Perfektion gebracht hatte:

Dieser in seiner Art merkwürdige Mann bildete die Inkarnation jenes Lug- und Trugsystems, jener Geheimbündelei, die, unter größten rätselvollen Phrasen, das Wundertum, die Geisterzitation, den Rapport mit der geistigen Welt in den Vordergrund stellte und ohne sich viel mit fortschrittlichen oder rückschrittlichen Ideen aufzuhalten, von der Leichtgläubigkeit der Menschen lebte.... Wir müssen auch hier wiederholen, daß er höchstwahrscheinlich nicht bloß *ein Betrüger war, sondern durch Lesen mystischer und alchimistischer Schriften, dazu durch eigene Eitelkeit und fremde Huldigungen, ... in einen verworrenen Geisteszustand geraten war, der ihn in der Tat an sich* glauben *machte und ihn namentlich* alles *für möglich halten* ließ. *Es ist nicht absolut unwahrscheinlich, daß er wirklich dachte, ein Paket Papierschnitzel werde sich ihm zuliebe über Nacht in vollgültige Banknoten verwandeln.*

Nach einer schrecklichen Demütigung durch das Haupt der sächsischen Freimaurerei, den Prinzen von Kurland (wegen Logenbeleidigung hatte ihm dieser eine Tracht Prügel nicht nur verabfolgen, sondern sie ihn überdies quittieren lassen), war es Schrepfer gelungen, das Vertrauen dieses Würdenträgers zu gewinnen. Der Grad an Verstiegenheit, der hier waltete, läßt sich an dem Briefwechsel Schrepfers mit dem Orientalisten Starck ermessen, der Professor in Königsberg und Gründer eines von den Tempelherren abgeleiteten Ordens namens Klerikat war. »Lassen Sie uns beide«, schrieb Starck 1773 aus Königsberg an Schrepfer, *auf dem vor der Welt und soviel tausend Maurern verdeckten Wege gehen. – Die wahre Weisheit liebt das Verborgene. Nur in der* Dunkelheit ist das unzerstörliche Licht. *– Ich kenne, mein Bruder, Florenz, die Weisheit, die so lauter ist, daß sie von niemand besudelt werden kann, und wer sie einmal verletzt, hat längst seinen Lohn, und sie ist noch zu unseren Zeiten zu ihrer höchsten Stufe clarifiziert. Nicht fern davon das* Heiligtum in Gold, dreifach gekrönt, *Schottland und England, beide rot, doch jenes älter und stärker in Gewalt und Macht und dieses mehr durch das erstere. – Wollen Sie nach mehrerem fragen, vielleicht bin ich so glücklich, daß ich Ihnen Genüge leisten kann, doch Sie werden auch wissen, daß von unsern Geheimnissen nicht die Decke abgezogen werden darf und wir noch immer durch Hieroglyphen reden müssen, denn der Meister hat die Kunst versteckt; das Siegel darauf darf nicht abgerissen werden, und nur durch die Bilderhöhlen geht man in das Licht der Wahrheit ein. Sie werden den einzigen Grund kennen: er ist ein brennendes Licht, aber mit Dunkelheit umgeben und muß den* Unheiligen *immer dunkel sein.*

So Starck anno 73; acht Jahre später wird der Königsberger Professor, der sich in Kants Nähe nicht wohl gefühlt haben kann, Oberhofprediger im evangelischen Darmstadt. Von dort aus verklagt er die *Berlinische Monatsschrift*, die seine Schriftensammlung »St. Nicaise« als kryptokatholisch-jesuitische Auftragsarbeit bezeichnet hatte, wegen Verleumdung und verliert den Prozeß; er kontert, indem er die beiden Herausgeber (der eine von ihnen, Friedrich Gedike, ist ein hochrangiger Berliner Schulmann) als Deisten und Staatsfeinde anprangert. Der Kampf um die Zukunft der Aufklärung wurde beiderseits mit harten Bandagen geführt.

Von Dunkelmännern konnte im Blick auf die beiden Korrespondenten von 1773 füglich die Rede sein. »Sein Anhang wuchs«, schreibt Fontane über Schrepfer, *darunter Personen von hoher gesellschaftlicher Stellung. Der Herzog von Kurland, Herzog Ferdinand von Braunschweig, die Minister Graf Hohenthal und v. Wurmb, der Kammerherr v. Heynitz, Oberst v. Fröden, der Geheime Kriegsrat v. Hopfgarten und der Kammerherr v. Bischoffwerder pflogen Umgang mit ihm und besuchten ihn in seiner Wohnung, im Hôtel de Pologne. Daß er, mit Hilfe des nach ihm genannten Schrepferschen Apparats, wirklich schemenhafte Gestalten erscheinen ließ, ist gewiß, noch gewisser, daß er in beständigen Geldverlegenheiten war und die reicheren der vornehmen Herren benutzte, um auf ihre Kosten zu leben. Sie mußten Geld geben, auf daß der Schatz gehoben werden könne.*

Hohenthal, Wurmb, Heynitz, das sind auch zehn Jahre später die Spitzen der kursächsischen Regierung, es sind die Strategen jener beharrlichen Reformpolitik, die das Land aus dem Elend der Niederlage herausgeführt hatte, lauter Diensttuende der praktischen Staatsvernunft. Sie alle, mit dem Prinzen von Kurland an der Spitze, stehen im Bann eines irrlichternden Mystagogen, der sich der besonderen Protektion des Konferenzministers v. Wurmb erfreut. Bischoffwerder aber wird wenige Jahre später der Mentor und Adjutant des Mannes, dem es bestimmt ist, als Nachfolger Friedrichs II. die preußische Krone zu tragen.

Schiller, der von diesen Geschichten zuerst in Leipzig, bald auch in Dresden hört, muß als Autor und Zeitgenosse elektrisiert sein. Dem nach *Thalia*-Stoff Suchenden mag es im Rosenthal zumute sein wie einem Wünschelrutengänger, dessen Stabende heftige Ausschläge vollführt. In diesem Parkgelände hatte Schrepfer, durch hohe Schulden und uneinlösbare Versprechungen in die Enge getrieben, seinem Leben elf Jahre zuvor auf dramatische Weise ein Ende gesetzt. In einem Gasthaus hatte er eines Oktoberabends einige Freunde um sich versammelt, darunter Bischoffwerder und den Leipziger Kaufmann Du Bosc, »um bei der gewohnten Punschterrine allerhand tiefsinnigen Spekulationen über das höchste Gut, die wahre Weisheit und das ewige Licht nachzuhängen« (Eugen Sierke); nach kurzer Nachtruhe bricht man in der Morgendämmerung zu einem Spaziergang ins Rosenthal auf und läßt sich – nachts ist der Park geschlossen – das Tor zur Hauptallee öffnen. Schrepfer bittet seine Freunde, zurückzubleiben und auf ihn zu warten; hat er ihnen eine Geistererscheinung versprochen? Nach einiger Zeit hören sie einen Schuß und finden den Wundermann tot im Gebüsch.

Schrepfer, so der Fontane-Zeitgenosse Sierke, »wird als ein stattlicher, ja sogar schöngewachsener Mann geschildert, der zu imponieren verstanden habe und über nicht gewöhnliche geistige Gaben verfügte«; auch Bischoffwerder war eine eindrucksvolle Erscheinung. Viele Zeitgenossen, besonders die um den Autor und Verleger Nicolai gescharten Protagonisten der Berliner Aufklärung, hielten nicht nur Schrepfer, sondern auch die nach ihm aufkommende Rosenkreuzerei für jesuitisch inspiriert, ja gesteuert. Fontane ist skeptisch gegenüber einer solchen Zuordnung, in deren Hintergrund das 1773 erfolgte Verbot des vielen katholischen Herrschern hinderlich gewordenen Jesuitenordens durch Papst Clemens XIV. stand; die entlassenen Jesuiten, mutmaßte man, hätten sich unter der Maske des an kryptokatholischen Elementen reichen Rosenkreuzertums neu formiert. In der *Berlinischen Monatsschrift*, die in ebendiese Kerbe schlug, widersprach ein so gewichtiger Autor wie Garve dieser Zuordnung; auch die geschichtliche Forschung hat sie in späterer Zeit nicht bestätigt. In dem Preußen Friedrichs II. war eine solche Maskerade auch darum unwahrscheinlich, weil die Jesuiten hier *nicht* verboten worden waren, sondern in dem katholischen Schlesien ihre vorab pädagogische Arbeit hatten fortsetzen können. Innerhalb des auf konfessioneller Toleranz beruhenden Freimaurertums war das Rosenkreuzertum der konservative Rückschlag gegenüber der Vernunftreligion des Deismus, die nur noch einen ursprünglich anstoßenden Schöpfergott gelten ließ, nicht den sich heilsgeschichtlich offenbarenden der Bibel. Fontane kommt auf den Kern der Konfrontation, wenn er 1870 schreibt:

Ob Papismus und Jesuitismus dahintersteckten, war damals fraglich und ist fraglich geblieben, aber um Reaktion, um einen Kampf gegen die Neologen und Ideologen, gegen die Aufklärer und Freimaurer, gegen die Demokraten und Illuminaten handelte es sich allerdings, die alten Elemente in Staat und Kirche, ganz wie in unsern Tagen, nahmen einen organisierten Kampf gegen den Liberalismus in allen seinen Gestalten und Verzweigungen auf. Nur die Organisation war verschieden, heute öffentlich in Kammer,

Lehrstuhl, Presse, damals geheim *in Orden und Brüderschaften.*
Jede Zeit hat ihre Kampfesformen; der Kampf bleibt derselbe.

Schiller mit seinem habituellen »Interesse für alles, was an einem Galgen hart vorbei streifte oder dort hängen blieb« (Ernst Bloch), stößt zwischen Parthe und Weißer Elster auf den Stoff einer brisanten Kriminalgeschichte, aber er hängt ihm vorerst nicht weiter nach. Außer der neuen »Fiesko«-Fassung ist seine Hauptarbeit in diesen letzten Gohliser Wochen wahrscheinlich jene schwäbische Kriminalstory, die er erst später »Der Verbrecher aus verlorener Ehre« nennt. Im übrigen mopst er sich fürchterlich, obschon Göschen und Huber nach wie vor zur Stelle sind und man abends immer mal ins Komödienhaus gehen kann. Oder ist die Langeweile, die er dem nach Dresden verschwundenen Freund Anfang September mit drastischen Wendungen bekundet, nur die halbe Wahrheit und die andere Hälfte eine Liebesgeschichte, die ihn, wie so oft, zu überwältigen droht? Anfang August hat sich die freundschaftliche Beziehung zu Friederica Schneider, der dreißigjährigen Frau des Leipziger Buchhändlers, in einer Weise verdichtet, für die Schiller an dem gesellig verbrachten Vorabend der Körnerschen Abreise die stärksten Worte findet. »So tritt herunter, große Vorsehung, / Laß dich herab, dies *Bündnis* einzusegnen, / Das *neu* und *kühn* und *ohne Beispiel* ist. / Seitdem du oben waltest«, schreibt er, die Verse variierend und mit zwei Gedankenstrichen am Ende, aus seinem »Karlos« in Friedericas Stammbuch und dann noch: »Arm in Arm mit *Euch* [im Original heißt es »dir«], / so fodr' ich mein Jahrhundert in die Schranken!« In Prosa setzt er hinzu:

Liebste S., ich führe Sie in das Heiligtum meiner Seele – in den Kreis meiner Freunde, einen Kreis, worin mich kein Ungeweihter überraschen soll.   *Fridrich Schiller.*

Der Ungeweihte mag Friedericas zur Eifersucht neigender Gatte sein, vor dem sie ihr Stammbuch hoffentlich gut verborgen hält.

Es ist eine stürmische Liebeserklärung, die Friederica an diesem 11. August in ihrem Büchlein vorfindet, und in drei Augustwochen hat die Beziehung Zeit, sich ohne die Aufsicht von Minna und Dora zu verdichten; Friedericas Ehe ist, wie eine spätere, mit Körners Hilfe notdürftig beschwichtigte Krise zeigt, nicht eben glücklich. Fridrich und Friederica – finden sie zueinander in diesen Gohliser Sommerwochen, und ist es diese Situation, die Schiller am 6. September auf die sofortige Dresden-Übersiedlung dringen läßt? Auch in Bauerbach und in Mannheim hatte die Liebe den Ausschlag gegeben bei einem Weggang, der die Anzeichen großer, sich losreißender Eile trug.

Aber vielleicht bewegt den Gohlis-Bewohner wirklich die irrationale Sorge, von dem jungen Paar, das in Dresden seinen Hausstand einrichtet, vergessen zu werden. Er ist zu jung, um eine eigene Familie zu gründen, und nicht alt genug, um ohne eine solche auszukommen. Woran er überhaupt nicht denkt, ist das Medizinstudium; hat er seinen Fuß jemals in das Fürstenkollegium gesetzt, das die medizinischen Hörsäle der Universität beherbergt? Wir wissen es so wenig, wie wir von musikalischen Eindrücken im Gewandhaus und in der Thomaskirche etwas wissen; entfernt davon, aus dem Fehlen der Belegstücke auf das Nichtvorhandensein der Eindrücke zu schließen, setzen wir aber voraus, daß diese und andere Sehens- wie Hörenswürdigkeiten der »vortrefflichen, anmutigen und berühmten Handelsstadt an der Pleiße« (so Johann Hübners Lexikon) ihn nicht kaltgelassen haben.

Nicht einmal die Aussicht auf die »Fiesko«-Aufführung, die Reinecke für den 22. September plant (daß er sie platzen läßt, kann der Autor nicht wissen), hält Schiller in Leipzig, und da der Ruf der Freunde nach ihm auf sich warten läßt, ruft er aus Gohlis nach ihnen:

Was soll ich denn auch hier? – Ich gehe an den vorigen Tummelplätzen meiner Freude, wie der Reisende an den Ruinen Griechenlands, schwermütig und still vorüber. Nur das Vergangene macht sie mir teuer. – Ich sehe nichts mehr darin als das, was sie mir gewesen waren. Die ganze Gegend da herum liegt da wie ein angeputzter Leichnam auf dem Paradebette – die Seele ist dahin.

Hubers Angelegenheit verzögert sich allzusehr für meine Wünsche, ich kann es unmöglich mehr abwarten. Ich muß zu euch – und auch meine Geschäfte fordern Ruhe, Muße und Laune. In eurem Zirkel allein kann ich sie finden.

Am Ende stehen 10 000 000 000 Grüße, das ist noch eine Zehnerpotenz mehr, als Henriette v. Wolzogen sie vor zwei Jahren empfangen hatte.

Sechstes Kapitel

Angekommen

Glasharmonika

Dann, fünf Monate nach seinem Eintreffen in Leipzig, ist es endlich soweit. Körner, Schillers Brief in den Händen, hat postwendend geantwortet; zugleich ergibt sich die Gelegenheit, sich dem Doktor Albrecht anzuschließen, der am 11. September per Extrapost nach Dresden fährt, zu seiner Frau vermutlich, die nun in Dresden Theater spielt. Schiller entschließt sich auf der Stelle mitzufahren, er tut es auch, um einem umständlichen Abschied von den Leipziger Freunden zu entgehen, unter denen die Ehepaare Kunze und Schneider an erster Stelle stehen. Der Steinguthändler Kunze ist ein bedeutender Handelsmann, während Carl Friedrich Schneider eine Buchhandlung unterhält; mit seiner Frau vor allem hat sich Schiller befreundet. Alle diese bekommen aus Dresden Verabschiedungsbriefe.

Abends um sechs kommt Körners Brief an, am andern Morgen um vier steigt Schiller zu Albrechts in die Postkutsche. Zwanzig Stunden dauert die 13-Meilen-Fahrt (es sind etwa hundert Kilometer), und als der Reisende »zwischen zwei Bergen« der Elbe ansichtig wird, schreit er laut auf; er schreibt es zwei Tage später dem in Leipzig zurückgebliebenen Huber:

O mein liebster Freund, wie interessant war mir alles! Die Elbe bildet eine romantische Natur um sich her, und eine schwesterliche Ähnlichkeit dieser Gegend mit dem Tummelplatz meiner frühen dichterischen Kindheit macht sie mir dreifach teuer. Meißen, Dresden und seine Gegenden gleichen ganz in die Familie meiner vaterländischen Fluren.

»Schade nur«, setzt er hinzu, »daß der Abend und die Nacht uns beim Eintritt in die schönre Landschaften überfielen.« Wo hat die Extrapost über die Elbe gesetzt? Meißen liegt linkselbisch wie Leipzig, Schillers Postwagen aber kommt von Norden, von der rechten Seite der Elbe nach Dresden und muß über die von Pöppelmann erbaute Brücke, um in die Altstadt zu kommen:

Zwölf Uhr in der Nacht war es, als wir über die Brücke fuhren. Ich sah hinter mir in der Neustatt in der Gegend, worin ich Körners Haus vermutete, einige Häuser erleuchtet, und mein Herz wollte mich bereden, daß Körners darunter war. Im goldnen Engel traten wir ab, und den andern Morgen schickt ich in die Neustatt, mich nach Körners Aufenthalt zu erkundigen, weil ich vermutete, daß er im Weinberge wäre, und unsern Bedienten kommen zu lassen. Der Bediente brachte mir Grüße von den Weibern, Körner war noch bis 1 im Collegium. Ich ließ mich in einer Portechaise hintragen, weil es ganz entsetzlich regnete, und die Freude unsers Wiedersehens — und eines solchen Wiedersehens — war himmlisch.

Körner wohnt äußerst niedlich und bequem. Die Zimmer sind freilich etwas niedrig, aber alles, was ihnen abgeht, wird durch das schöne ameublement ersetzt, und die Aussicht über die Elbe ist über alle Beschreibung schön.

Wäre Schiller bei Tage und von Meißen her eingereist (das letztere ist wahrscheinlich, aber wie kam er dann in die Neustadt?), so hätte er noch ausführlicher schwärmen können. Sein späterer Jenenser Kolleghörer Georg Friedrich Rebmann, der 1792 Redakteur bei den »Dresdner Merkwürdigkeiten« wird (des Jakobinismus angeklagt, muß er ein Jahr darauf fliehen), beschreibt die Einfahrt nach Dresden wie folgt:

Der Anblick Dresdens von der Seite Meißens ist reizender als von allen anderen. Gerade die schönste, obgleich schmalste Seite der Stadt fällt dem Reisenden zwischen ehrwürdigen Alleen in die Augen. ... Man hat hierbei noch den Vorteil, die schöne Elbbrücke, deren vergoldetes Kruzifix gleichsam den Ruhepunkt des Auges ausmacht, und das Gewimmel von Menschen zu erblicken, welches sich hier in tausenderlei Absichten herumtreibt.

Fremden, welche sich länger als einige Tage aufhalten, ist sehr anzuraten, gleich ein Logis in einem Privathause zu mieten. Liegt ihnen nichts daran, gerade in der volkreichsten Straße oder am Marktplatz zu wohnen, so werden sie über den Preis nicht klagen können, so wie man überhaupt in Dresden um ein gutes Drittel wohlfeiler lebt als in Leipzig.

Unter die größten öffentlichen Plätze gehört in Altdresden der Alte und Neue Markt und in Neustadt der mit einer Statue Augusts gezierte Hauptplatz. Diese Statue ist reich vergoldet und steht auf einem großen Piedestal, aber sie macht lange den Eindruck nicht als die Statue des Großen Kurfürsten zu Berlin.

Natürlich, die ist von Schlüter; das Dresdner Reiterstandbild hat minder illustre Urheber. Doch auf seine Weise ist auch dieser courbettierende Kurfürst ein Meisterwerk; außerdem ist er vergoldet, was weder Schlüter noch Falconet, dem Schöpfer des ehernen Reiters von St. Petersburg, beschieden war. Rebmanns Einreisebericht bezichtigt August den Starken der Mißwirtschaft und Landesausplünderung (»Diese Statue scheint die gutmütigen Einwohner erinnern zu sollen, auf welchem Wege ihr Geld nach Polen geschafft wurde«) und wundert sich, wie anhänglich die Dresdner diesem Fürsten sind, anders als dem Prinzen Xaver, seinem dritten Nachfolger; dieser habe es »während seiner Administration so arg gemacht, daß sein Gedächtnis eben nicht in Ehren zurückgeblieben ist«. Franz Xaver hatte 1763, auf dem Tiefpunkt des sächsischen Staates, fünf Jahre lang für den minderjährigen Kurfürsten die Regentschaft innegehabt und den Reformprozeß autorisiert, der Sachsens Erholung bewirkte. Die das Geld mit vollen Händen ausgeben, sind allemal beliebter als die, welche sich dann vor leeren Truhen finden und dafür sorgen müssen, daß sie sich wieder füllen.

Von Schiller erfahren wir nirgendwo etwas über Prinz Xaver oder August den Starken und dessen Sohn, Friedrich August II., der der ruinösen Herrschaft seines Premierministers Brühl freien Lauf gelassen hatte. Auch über Augusts Urenkel, den regierenden Kurfürsten, erfahren wir nichts, und das liegt nicht nur daran, daß seine Dresdner Briefe an die Eltern auf der Solitüde verlorengegangen sind. Nicht nur in den österreichischen Staaten gibt es eine perfekt organisierte Postzensur, auch in Sachsen muß man mit ihr rechnen; Körner, der die Verhältnisse kennt, hat es dem Freund zweifellos eingeschärft. Göschen untersteht der kurfürstlichen Zensur und muß jeden Bogen der *Thalia* der Behörde vorlegen; der Herausgeber eines Journals wäre töricht, würde er die Instanzen des Kurfürstentums durch Briefkommentare reizen.

Seit August der Starke 1697, im vierten Jahr seiner Regierung, die dem sächsischen Fürstenhaus längst wieder verlorene polnische Königskrone mit dem Übertritt zum Katholizismus bezahlte und seinen Sohn, den Kurprinzen, in die Hände katholischer Erzieher gab, ist das Stammland des Protestantismus in einer schwierigen geistigen Lage. Die Konversion des Herrscherhauses hat die als Staatsreligion bekräftigte lutherische Konfession in einer Orthodoxie bestärkt, die hinter der Zeit zurückbleibt und in der Liturgie just die katholisierenden Elemente aufrechterhält, wie die Ohrenbeichte und das Wandlungsglöckchen beim Abendmahl; auch der Exorzismus, die formelhafte Austreibung unreiner Geister bei der Taufe, hält sich in Sachsen noch lange. Der katholische Hof, in dessen am Elbufer aufragender Kirche (italienische Arbeiter hatten sie um 1750 hinter einem blickabwehrenden Bretterzaun errichtet) italienische Kirchenmusik erklingt, lebt in einer geistigen Abwehrhaltung, die durch den menschenscheuen Kurfürsten noch verstärkt wird, einen hinter spanisch-österreichischem Hofzeremoniell verschanzten Monarchen, von dem es am Ende seiner fast sechzigjährigen Regierungszeit heißen wird, daß sein Fuß sächsischen Boden nie betreten habe: Friedrich August III. läßt sich außerhalb des Schlosses stets in Sänften und Kutschen befördern. Wie konservativ-verstockt die in Dresden herrschende Adelsclique ist, zeigt sich an der Ahnenprobe, der sich die zur Ständeversammlung, einer Art parlamentarischer Körperschaft, zugelassenen Rittergutsbesitzer unterwerfen müssen: nur wer sechzehn Ritterahnen in Folge aufweisen kann, ist zur Mitgliedschaft zugelassen. Den Agronomen Schubart, den Joseph II. für seine Verdienste um den Kleeanbau als Edler von Kleefeld in den Adelsstand erhoben hatte, verfolgt die am Hof konzentrierte Adelsgesellschaft mit tiefem Haß: er hatte sich für die Erleichterung der auf den Bauernstand drückenden Fronlasten eingesetzt. Es liegt im Wesen von Residenzstädten, daß die Geistesverfassung des Hofes auf die Stadtbevölkerung abfärbt; Körner, der frischberufene Konsistorialrat, ist ein weißer Rabe in einer von Duckmäuserei und Untertanenseligkeit geprägten Atmosphäre. Ein begabter Dresdner Schriftsteller, Friedrich Traugott Hase (Schiller begegnet ihm im Körnerhaus), schreibt seine Romane in strikter, niemals von ihm gelüfteter Anonymität; er müßte sonst fürchten, seine Beamtenkarriere zu gefährden.

Dresden hat, als Schiller die Stadt betritt, etwa achtundvierzigtausend Einwohner (vor dem Siebenjährigen Krieg waren es siebzigtausend gewesen), und seine Altstadt ist immer noch festungsumgürtet, obschon das gesamte sächsische Militär nicht ausreichen würde, ihre Bastionen zu verteidigen. Für die Enge, die die sozialen Verhältnisse kennzeichnet, entschädigen die Schönheiten der Lage wie der Architektur und der Reichtum der Sammlungen; sie sind das Erbe einer aus dem vollen schöpfenden Großmacht-Ära, die im Siebenjährigen Krieg unter dem Ansturm preußischer Heere zu Ende gegangen war.

Schiller, ans Ziel gelangt, steigt nicht irgendwo ab, sondern im Goldenen Engel, einem der besten Gasthöfe der Stadt; er liegt nahe am Altmarkt, hinter dem der Neubau der von den preußischen Belagerern zerschossenen Kreuzkirche sich der Vollendung nähert. Von dort läßt er sich am andern Morgen über die vom Regen aufgeweichten Straßen zu den Körners tragen, deren Haus in der Neustadt unweit des goldenen Reiters liegt, schräg gegenüber vom Ostflügel des Japanischen Palais, das im Begriff ist, die große Hofbibliothek samt Münz- und Antikensammlung aufzunehmen. Kohl-Markt 4 lautet die Adresse, eine Straße (sie wurde später in Körnerstraße umbenannt), die es nicht mehr gibt. Das 1945 zerstörte und später abgetragene Haus lag zwischen dem Palais und dem Gelände, das heute das Hotel Bellevue einnimmt.

Schiller, der Gast, hat es nicht mit der geistigen Verfassung der Residenzstadt – er hat es mit Körner und den Seinen zu tun, die hier gerade Fuß gefaßt haben, und fühlt sich angekommen wie noch nie in seinem Leben, auch in Leipzig und Gohlis nicht, wo Körner nicht mit dabeigewesen war. Er fühlt sich so wohl, daß seine humoristische Ader hervortritt:

Alles war mir so süß, weil ich mich endlich zu Hause fühlte. Nach dem Caffee versuchte Körner etwas auf der Harmonika – lieber Huber, die Wirkung dieses Instruments kann in gewissen Situationen mächtig werden. Ich verspreche mir hohe Inspirationen von ihr.

Körners Harmonika ist eine Glasharmonika, ein Lieblingsinstrument dieser Zeit, das aus Glasröhren oder -glocken abgestufter Größe besteht; sie werden mit wasserbenetzten Fingerspitzen angeschlagen. Fast alle bedeutenden Komponisten der Zeit schreiben für diese aus England stammende Glastonapparatur, die später als nervenschädigend gilt, weil der Magnetiseur Mesmer seine schließlich als fragwürdig erkannten Kuren damit begleitet hatte;

*Vier Kupferstiche von J. G. A. Frenzel (Dresden) aus dem
»Taschenbuch zum geselligen Vergnügen« auf das Jahr 1823.
a »Körners Weinberg in Loschwitz bei Dresden.« Rechts am Ende
der Mauer sieht man das Körnersche Sommerhaus.*

als sie Schiller erklingt, steht sie auf der Höhe ihrer Geltung. Noch am selben Tag fahren alle vier – Schiller und Körner, Minna und Dora – aus der Stadt hinaus, nach Loschwitz, wo Körner, wie viele vermögende Dresdner, einen Weinberg erworben hat. Huber erfährt es en detail:

Abends gegen 5 fuhren wir nach dem Weinberge, unterwegs fand ich die himmlischste Gegend. Er liegt eine Stunde vor der Stadt, ist beträchtlich, und hat Terrain genug, Körners Erfindungsgeist zu allerlei Ideen zu verführen. Am Fuße des Berges liegt das Wohnhaus, welches weit geräumiger ist als das Endnerische zu Golis. Am Haus ist ein niedlicher kleiner Garten, und oben auf der Höhe des Weinbergs steht noch ein artiges Gartenhäusgen. Die Aussicht von diesem und der Untergang der Sonne soll ganz zum Entzücken sein. Alles hier herum wimmelt von Weinbergen, Landhäusgen und Gütern. ... Diese Nacht habe ich zum erstenmal unter einem Dache mit unsern Lieben geschlafen. Minna ist so ein liebes Hausweibchen. Sie haben mich gestern nacht in procession auf mein Zimmer ge-

b »Pavillon auf Körners Weinberg, wo Schiller wohnte.«
Das Gartenhaus wurde von ihm als Arbeitszimmer genutzt
und war bis zur Privatisierung des Grundstücks
in den 1990er Jahren ein allgemein zugängliches Museum.

bracht, wo ich alles zu meiner Bequemlichkeit schon bereitet fand. Heute beim Erwachen hörte ich über mir auf dem Claviere spielen. Du glaubst nicht, wie mich das belebte. Eben sind sie aus meinem Zimmer gegangen, um mich diesen Brief an Dich schreiben zu lassen. Er ist fertig und Du hast die kurze Geschichte meines Hierseins bis auf den Augenblick, wo ich mich unterschreibe als Deinen glücklichen Freund   Schiller.

Vor dem Haus gibt es einen Nußbaum, und anderntags frühstückt man unter seinen Zweigen. Es geht hoch dabei her, Minna Körner hat es berichtet:

Als Schiller mit uns am ersten Morgen hier in Loschwitz unter dem Nußbaum an unserem Frühstückstische saß, brachte er eine Gesundheit auf ein frohes Zusammenleben aus; die Gläser klangen hell, aber Schiller stieß in seiner enthusiastischen Stimmung so heftig mit mir an, daß mein Glas in Stücke sprang. Der Rotwein floß über das zum ersten Male aufgelegte Damasttuch zu meinem

c »Aussicht von Körners Weinberg-Pavillon nach Dresden.«

Schreck. Schiller rief: »Eine Libation für die Götter! Gießen wir unsere Gläser aus.« Körner und Doris folgten Schillers Beispiel; darauf nahm dieser die geleerten Gläser und warf sie, daß sie sämtlich in Stücke sprangen, über die Gartenmauer auf das Steinpflaster mit dem leidenschaftlichen Ausrufe:»Keine Trennung! keiner allein! sei uns ein gemeinsamer Untergang beschieden!« Er hielt meinen Schreckensruf über die unvertilgbaren Rotweinflecke im Tischtuche für einen Angstschrei wegen böser Vorbedeutung des zerbrochenen Glases.

Nach dem Frühstück fuhr ich mit Körner nach der Stadt; während er sich in seine Sitzung begab, ging ich in einen Goldschmiedsladen und kaufte vier kleine silberne Becher und ließ sie durch die Buchstaben S. K. M. D. für uns viere: Schiller, Körner, Minna, Doris bezeichnen. Am nächsten Morgen standen an Stelle der vier Gläser die vier Becher, und so war dafür gesorgt, daß bei dem Gesundheitstrinken kein Unglück mehr geschah. Schiller hat seinen Becher damals zurückgelassen, damit er bei seiner Wiederkehr mit uns anstoßen könne, ohne Schaden anzurichten.

Teils in dem Weinbergshäuschen, das ihm im oberen Teil des vom Elbufer aufsteigenden Grundstücks eingeräumt ist, teils in

d »Aussicht von Körners Weinberg nach Blasewitz, Naumanns Geburts- und Sommer-Wohnungs-Orte.« Johann Gottlieb Naumann war ein berühmter Komponist. Auch die Gastwirtschaft der Familie Segedin befand sich am Blasewitzer Ufer.

seinem Schlafzimmer im Erdgeschoß des Wohnhauses arbeitet Schiller an den Eboli-Szenen des zweiten »Karlos«-Aktes, an der Ausführung der horrenden Verwicklung, die entsteht, als die stolze, schöne Hofdame den Kronprinzen in ihre Gemächer lockt, um sich ihm an den Hals zu werfen, was sich als ebenso fruchtlos wie verhängnisvoll erweist. Denn Karlos glaubte, zu Elisabeth, seiner angebeteten Stiefmutter, geführt zu werden, und seine Irritation, als das nicht geschieht, gibt der gekränkten Prinzessin einen eifersüchtigen Verdacht gegen ihre Königin ein. Er erhitzt sie so, daß sie zwiefach zu deren Verräterin wird: sie erbricht Elisabeths Schatulle, um den Feinden der Königin Material gegen sie in die Hände zu liefern, und gibt sich dem König als Geliebte preis.

Das ist alles sehr kompliziert; es erfordert eine Konzentration, die der Autor nicht immer findet, und herbstlich kalt ist es auch schon. Körners sind nicht zur Stelle, in der Waschküche nahe dem Zimmer, das der Gast in dem größeren Haus bewohnt, sind die Mägde bei der Arbeit – Schiller sieht sich gestört und überreicht der heimkehrenden Hausfrau eine Bittschrift: »Untertänigstes Pro memoria an die Konsistorialrat Körnerische weibliche Waschdeputation in Loschwitz, eingereicht von einem niedergeschlagenen Trauerspieldichter«:

> Dumm ist mein Kopf und schwer wie Blei,
>   die Tobaksdose ledig,
> Mein Magen leer – der Himmel sei
>   dem Trauerspiele gnädig.
>
> Ich kratze mit dem Federkiel
>   auf den gewalkten Lumpen;
> Wer kann Empfindung und Gefühl
>   aus hohlem Herzen pumpen?
>
> *Feur* soll ich gießen aufs Papier
>   mit *angefrornem* Finger? – –
> O Phöbus, hassest du Geschmier,
>   so wärm auch deine Sänger.
>
> Die Wäsche klatscht vor meiner Tür,
>   es scharrt die Küchenzofe –
> und mich – mich ruft das Flügeltier
>   nach König Philipps Hofe.
>
> Ich steige mutig auf das Roß;
>   in wenigen Sekunden
> seh ich Madrid – am Königsschloß
>   hab ich es angebunden.
>
> Ich eile durch die Galerie
>   und – siehe da! – belausche
> die junge Fürstin Eboli
>   in süßem Liebesrausche.
>
> Jetzt sinkt sie an des Prinzen Brust,
>   mit wonnevollem Schauer,

> in *ihren* Augen Götterlust,
>   doch in den *seinen* Trauer.
>
> Schon ruft das schöne Weib Triumph,
>   schon hör ich – Tod und Hölle!
> Was hör ich? – einen nassen Strumpf,
>   geworfen in die Welle.
>
> Und weg ist Traum und Feerei,
>   Prinzessin, Gott befohlen!
> Der Teufel soll die Dichterei
>   beim Hemderwaschen holen.

gegeben in unserm jammervollem   F. Schiller
Lager ohnweit dem Keller   Haus- und Wirtschaftsdichter

Entlastung und Bedrängnis

Die Gemütsverfassung des Ankömmlings ist in diesen Loschwitzer Wochen so strahlend, daß auch die Nachricht von Christophines Verlobung sie nicht dauerhaft trüben kann. Der Vater hat ihn im Juni darauf vorbereitet, in einem Brief, der auf Komplikationen gedeutet hatte:

Reinwald ist dieser Tage wieder hier gewesen, hat Christophine, die ... eben damals, als er in Stuttgart angekommen, auch dort gewesen, einen Ring geben wollen, da sie solchen aber ohne unser Vorwissen nicht angenommen, so ist er hierher gekommen, hat sich 6 Tage aufgehalten, aber doch nichts mehr vom Ring geben gesagt, nichts ausgemacht, und ist gestern mit der Äußerung fort, daß er vorhero seine Umstände verbessern müsse und dann seine Freundin abholen wolle.

Mamma leidet wieder an ihrer Magenkrankheit. Nannette hat die gutartigsten Blattern eben jetzt überstanden. Wir andern sind gottlob gesund, umarmen und küssen ihn herzlich, und ich bleibe ewig sein   *getreuer Vater Schiller.*

Die Briefe sind verschollen, in denen sowohl Schiller wie auch Charlotte v. Kalb, die sich mit Christophine befreundet hat, Reinwalds miserables Einkommen gegen die Verbindung ins Feld geführt hatten. Reinwald hat diesen Einwand inzwischen ein Stück weit beheben können, die Ringe sind ausgetauscht; die so ungleichen Brautleute haben Schiller vor die vollendete Tatsache gestellt. Er fügt sich der Verbindung in einem Brief, der alle Einwände zurückzieht. Vernunft hat Oberhand über die Empfindung gewonnen; wie schwer ihm das wird, wie wenig der Konflikt ihn jemals losläßt, zeigt anderthalb Jahrzehnte später sein strengstgeformtes Stück, ein nach antikem Vorbild chorisch begleitetes Trauerspiel, in dem die verbotene Schwesterliebe sich als doppelt tödlich erweist: »Die Braut von Messina«. Zwei Brüder entbrennen darin in Liebe zu einem vor der Welt verborgen gehaltenen und von jedem der beiden unabhängig voneinander entdeckten Mädchen, von dem sie nicht wissen, daß es ihre Schwester ist. Der eine, ungeliebte der zwei erfährt es erst, nachdem er den älteren eifersüchtig umgebracht hat; er ersticht sich daraufhin vor den Augen von Schwester und Mutter.

Schiller, der Dichter, der sich dramatisch objektivierende Innenmensch, kommt von der Tiefenbindung an Christophine niemals los, Schiller, die räsonable Person, das weltzugewandte Ich, gibt in einem Brief, der die Einwände nicht leugnet, aber überwindet, dem Paar, das ihn nicht gefragt hat, seinen Segen:

Da Du mir Deinen gefaßten Entschluß wegen Rheinwald nur bloß historisch hast melden lassen, nachdem eure Verlobung vorbei ist, so sollte ich freilich vermuten, daß Dir an meiner Bestätigung nicht sonderlich viel gelegen sein werde. Doch keine Vorwürfe, meine gute Schwester – vielleicht habe ich durch meine vorhergegangenen Zweifel, *durch den Anschein von* Mißbilligung, *Dein Vertrauen zurückgescheucht, und Dein Verdacht in die* Unbefangenheit *meines Rats hat Deiner Freimütigkeit gegen mich geschadet.*

Die Gegengründe, die ich Dir aufstellte, überwogen zwar die Gründe, die ich bei Dir voraussetzte, aber Du behieltest vielleicht den hauptsächlichsten zurück, wobei Du mich nicht zum Vertrauten machen wolltest, und konntest also niemals hoffen, meine Zweifel zu widerlegen. Ich fürchte sogar, daß Du aus meiner Übereinstimmung mit Frau v. Kalb auf ein Komplott gegen diese Heurat geschlossen hast, und wir beide hatten zugleich das Schicksal, Dein Vertrauen zu verlieren. Wie dem auch sei – die ganze Sache ist nun entschieden, und ich habe Dich bis jetzt noch so wenig auf Übereilungen überrascht, daß ich in die überlegte Klugheit Deines Entschlusses nicht das mindeste Mißtrauen setze. Die Beharrlichkeit meines Freundes, die sich bei diesem Fall vorzüglich auszeichnet, und die Verbesserung seiner Glücksumstände verändern ohnehin die ganze Gestalt der Sache, und also natürlicherweise auch meine Meinung. Du kennst ihn, und bist also auf alles vorbereitet, was unvermeidlich sein wird, und wirst Dich in das zu finden wissen, was Dich nicht mehr überraschen kann. Er wird das Opfer schätzen, was Du ihm gebracht hast, und Dich mit jedem Fall zu verschonen trachten, wo es Dich reuen könnte. Alles hoffe ich von Deinem Verstand und seiner Rechtschaffenheit, und mit der nämlichen Wahrheit, und Offenherzigkeit, womit ich alle meine Einwendungen gegen Deinen künftigen Mann zu verantworten mich erbiete, gebe ich jetzt meinen brüderlichen Segen zu eurer Vereinigung. Mache ihn so glücklich, meine Liebe, als Du verdienst, es durch ihn zu werden.

Meine und der Frau von Kalb Briefe über diese Angelegenheit bitte ich Dich, ihm ausdrücklich zu zeigen. Sie werden ihn an die Pflichten erinnern, die er gegen Dich hat, und er wird sich Mühe geben, unsere Besorgnisse zu widerlegen. Ich habe niemals aufgehört sein Freund zu sein, sage ihm das und auch meinem Vater. Unsre Mißverständnisse waren nie etwas anders als eine Collision seiner Hypochondrie und meiner Empfindlichkeit. Ich kann ihn nicht mehr lieben, nachdem er mein Schwager ist, als vorher, da er nur mein Freund war. Jetzt tu ich aus Pflicht, was ich damals aus Wahl getan.

Nachdem er das Unvermeidliche mit Souveränität angenommen hat, kommt er auf sich selbst zu sprechen. Die Kapitulation vor einer Verbindung, die der Vater begünstigt hatte, bringt ihn zu einer Selbstrechtfertigung, bei der Christophine nur die Übermittlerin ist:

Einst, meine gute Schwester, wiegte sich mein Herz mit glänzenden Hoffnungen für Deine und Deiner Schwestern Glückseligkeit. – Meine Entwürfe sind demütiger geworden, aber ich gebe noch keinen einzigen auf. So lang mich unter den mannichfaltigen Bizarrerien des Schicksals das Gefühl meiner selbst nicht verlassen wird, hoffe ich alles. Ich kann meinen Vater noch immer nicht überführen, daß ich durch den Verlust meines Vaterlandes alles gewonnen habe. Freilich, meine Liebe, ich trat mit eigenmächtiger Zuversicht aus dem damaligen Kreis meiner Bestimmung heraus, der so eng und dumpfig war wie ein Sarg. Ich pochte auf eine innere Kraft, die meinem Vater ganz neu und schimärisch war, und ich gestehe mit Erröten, daß ich ihm die Erfüllung meiner stolzen Ansprüche noch bis auf diesen Tag schuldig blieb. Ihn hätte es mehr befriedigt, wenn ich, seinen ersten Planen gemäß, in unbemerkter, doch ruhiger Mittelmäßigkeit das Brot meines Vaterlandes gegessen hätte – aber dann hätte er nicht zugeben sollen, daß eine unglückliche Schnellkraft in mir erwachte, daß sich mein Ehrgeiz entwickelte, dann hätte er mich mit mir selbst ewig unbekannt erhalten sollen. Das, was er noch bis jetzt meine Übereilung nennt, hat seinen Namen weiter getragen, als er hoffen konnte. – Laut genannt zu werden haben manche mit Aufopferung ihres Lebens und ihres Gewissens gesucht, mich hat es nichts als drei Jünglingsjahre gekostet, die mir vielleicht in den nächstfolgenden wuchern werden. Ich sehe rückwärts in mein Leben und bin fröhlich, liebe Schwester, und voll Mut für die Zukunft. Alle meine Schicksale verschwinden gegen das, was ich gewann – schon allein die Eroberung einiger (und warum soll ich nicht sagen, vieler?) edler herrlicher Menschen war den bedenklichen Glückswurf um mein Schicksal wert. Mein Vater ist 60 Jahre alt und hat eine kleinere Liste solcher Freunde als ich, und diese alle danke ich ja bloß jenen getadelten Schimären.

Lebewohl liebste Schwester. Unsern Eltern sage, daß sie von jetzt an um mich ganz unbesorgt sein sollen. Alle ihre Wünsche und Projekte mit mir werden weit unter meinem jetzigen glücklichen Schicksal bleiben. Grüße Louisen und küsse meine Nanette. Schreibe mir bald und recht aufrichtig. Ich bin mit unwandelbarer Liebe
Dein zärtlicher Bruder Frid. Schiller

Schreibt er diesen Brief in einem Zug herunter? Mit Sicherheit ist das bei einem anderen der Fall, den Huber in Leipzig eine Woche später bekommt; er ist von einer Bedrängnis bewegt, in deren Hintergrund die Tatsache steht, daß Dora Stock ihm während vier sonniger Wochen wie an die Stelle der unerreichbaren Schwester getreten ist, Hubers Braut, an deren Seite er mit dem jungvermählten Paar lebt:

Ich habe Dir viel zu sagen, doch bin ich ungewiß, ob ich Dirs sagen werde – meine Seele ist beklemmt, gib Dir keine Mühe, Sinn aus meinen Worten zu ziehen, und wenn Du nach Deiner Ankunft mich fragen solltest und ich Dir ausweichen *will, so forsche nicht weiter.*

Es warten viele Freuden auf Dich, wenn Du einmal hier existieren wirst, unter andern auch diese, einem Freunde wiedergegeben zu sein, dem Du unentbehrlich bist. Aber komm auch mit Deinem ganzen Herzen zu mir, mit Deinem ganzen Herzen – versteh mich nicht unrecht, ein Mann hat selbst zwei, ein eignes für seinen Freund und ein eignes für seine Liebe.

Eine spätere Hand hat diesen letzten Satz so unkenntlich gemacht, daß er mit Hilfe von Quarzlicht erst in jüngster Zeit entziffert werden konnte – die Hand Thereses vermutlich, Hubers späterer Frau. Nicht Dora Stock, seine von langer Hand Anverlobte, hat dieser Fünfte im Leipzig-Dresdner Bund geheiratet; als er 1788 durch Vermittlung Körners im Kurfürstentum Mainz Legationssekretär bei der kursächsischen Gesandtschaft wird, befreundet er sich mit Georg Forster, dem berühmten Schriftsteller, und dessen Frau Therese und gerät durch die Mainz wechselvoll heimsuchenden Revolutionskriege – erst siegen die Franzosen und es gibt Revolution und Republik im Kurfürstentum Mainz, dann siegen die Preußen und es gibt Konterrevolution und Refeudalisierung – in einen Roman, in dem Politik, Liebe und Literatur sich dramatisch verschlingen. Hubers Bindung an die literarisch begabte Therese, die nach Forsters Weggang (er war als Deputierter des revolutionären Mainz in die französische Hauptstadt beordert worden und konnte nach der preußischen Rückeroberung nicht in die Heimat zurück) mit ihren Kindern allein zurückbleibt, führt zur Lösung des Verlöbnisses mit Dora Stock.

Noch eine zweite, mit dieser verknüpfte Stelle des Briefes hat die spätere Hand unkenntlich gemacht, als enthalte sie ein dramatisches Bekenntnis. Wäre Dora Stock ohne ihre Bindung an Huber mit Schiller ein Paar geworden? Nur Dora, nicht Schiller zeigt sich damals, im Herbst 1785, gewappnet:

Dorchen ist ein liebes Geschöpf, der ich beinahe angefangen hätte zu gut zu werden. Sei aber ruhig, von der *Seite ist Glacis und Bastion in gutem Stande, außerdem gehört sie ja* Dir *und ich kann nie in den Fall kommen, daß ich das über etwas anderm vergesse. Schließlich beruhige Dich damit*: Mich kann *sie nie lieben*.

Zuvor hat der Briefschreiber die Rede vom »Glückswurf um mein Schicksal«, in die der Brief an die Schwester ausgegangen war, zum Bilde des Bogens umgeformt, den die Schwerkraft der geworfenen Kugel aufdringt – worauf will er sich und den Freund vorbereiten?

Enthusiasmus und Ideale, mein Teuerster, sind unglaublich tief in meinen Augen gesunken. Gewöhnlich machen wir den Fehler, die Zukunft nach einem augenblicklichen höhern Kraftgefühl zu berechnen und den Dingen um uns her die Farbe unsrer Schäferstunde zu geben. ... Enthusiasmus ist der kühne kräftige Stoß, der die Kugel in die Luft wirft, aber derjenige hieße ja ein Tor, der von dieser Kugel erwarten wollte, daß sie ewig in dieser Richtung und ewig mit dieser Geschwindigkeit auslaufen sollte. Die Kugel macht einen Bogen, *denn ihre Gewalt bricht sich in der Luft. Aber im süßen Moment der idealischen Entbindung pflegen wir nur die treibende Macht, nicht die Fallkraft und nicht die widerstrebende Materie in Rechnung zu bringen. Überblättre diese Allegorie nicht, mein Bester, sie ist gewiß mehr als eine poetische Beleuchtung, und wenn Du aufmerksam darüber nachgedacht hast, so wirst Du das Schicksal aller* menschlichen *Plane gleichsam in einem Symbol darin angedeutet finden. Alle steigen und zielen nach dem Zenit empor, wie die Rakete, aber alle beschreiben diesen Bogen und fallen rückwärts zu der mütterlichen Erde. Doch auch dieser Bogen ist ja so schön!!*

Indem er auf Dora verzichtet, wird ihm Huber zu Posa, der mit Vornamen Roderich (oder Rodrigo) heißt – dieser hin und her gerissene Brief ist fast so kompliziert wie die Eboli-Szenen im »Karlos«:

Wenn Du also in DresdenNeustatt hereinfährst, so wirf alle Ideale über Bord, vergiß den Perpendikularflug Deiner Plane und mache Dich auf den Bogen *gefaßt.*

O ich drücke Dich im Geiste an mein Herz (mein Rodrigo! möcht ich Dir zurufen). Wenigstens wollen wir Arm in Arm bis vor die Falltüre der Sterblichkeit dringen, wo die Linien zwischen Men-

schen und Geistern gezogen sind. Enthusiasmus bleibe stets unsre erste treibende Gewalt, unsre Kugel soll wenigstens so kräftig von der Hand empor fliegen, daß der Bogen in den Wolken verschwinden und ihr Rückfall kaum mehr geglaubt werden soll. Möchtest Du Dich so innig auf unsre Wiedervereinigung freuen als ich!

»Diesen Kuss der ganzen Welt!«

Zwei Wochen nach diesem Brief, am 20. Oktober, kommt Huber nach Dresden; das Loschwitzer Quartett hat seinen von Ausflügen und Stadtbesuchen durchzogenen Weinbergsaufenthalt inzwischen beendet. Mit dem Freund zusammen bezieht Schiller eine kurz zuvor freigewordene Wohnung schräg gegenüber von dem Körnerschen Stadthaus, Kohl-(oder Kohlen-)Markt Nr. 6 ist die Adresse. Das Haus, das dem Hofgärtner Fleischmann, einem Kollegen von Schillers Vater gleichsam, gehört, grenzt an das Japanische Palais; der Blick der vorderen Zimmer geht über die Elbe hinweg auf die Türme der Altstadt.

Der Freundeskreis ist zum ersten Mal vollständig beisammen, die Dora-Irritation durch Hubers Ankunft behoben – ist dies die Stunde jenes Hohen Liedes einer Gemeinsamkeit, die ihre Arme nach der ganzen Menschheit ausstreckt? Zweihundert Jahre später wird es für die Welthymne gelten, die es nach seinem Wortlaut ist: keine globale, aber eine menschheitliche Anrede.

Göschen braucht dringend Manuskript für das erste *Thalia*-Heft, das aus seinem Verlag hervorgeht, und Schiller mag sich an den beiden Gedichten, die er in petto hat, »Resignation« und »Freigeisterei der Leidenschaft«, nicht genügen; zu fern steht dies zwiefache lyrische Aufbegehren wider die Schranke, mit der Moral und Gesetze die Leidenschaft der Liebe bedrohen, seiner jetzigen Gemütslage. Aber es bedarf eines Anstoßes, aufs Gratewohl dichtet man einen solchen Hymnus nicht. Vielleicht bittet ihn Körner, der, wie Huber, aktiver Freimaurer ist, um einen Rundgesang für die maurerisch-brüderliche Runde, eine Bitte, der Schiller um so mehr geneigt sein konnte, als seine Abneigung gegen eine Anwerbung unerschütterlich ist. Er hat mit *einem* Orden – der Stuttgarter Militärakademie und ihrer In-Pflicht-Nahme –

schmerzhaft-abrupt gebrochen und wird sich keinem andern jemals verpflichten.

Wie in Mannheim Lempp und Knigge wird auch Körner den Versuch gemacht haben, den Freund für eine Vereinigung zu gewinnen, deren Ziele die seinen waren: Toleranz, Humanität, tätige Menschenliebe über die Schranken der Konfessionen und Stände hinweg. Zur Nicht-Verbindung entschlossen, konnte der Sympathisant diese programmatische Übereinstimmung mit einem Lied bekunden, das aus einem andern Ton ging als die üblichen Freimaurer-Lieder, deren Ton er später einmal als heillos bezeichnete, mit einer Dichtung, die die philanthropisch-betuliche Haltung dieser gesungenen Satzungsbestätigungen aufsprengte. Eine doppelte Opposition – gegenüber den eigenen beiden Gedichten und gegenüber dem Sangeswesen der Körnerschen Bundesbruderschaft – mag der Stachel gewesen sein, der diesen ins Rauschhaft-Dionysische gesteigerten Hymnus hervorbrachte, dazu das Bedürfnis, die gesellige Harmonie, in die er sich erstmals versetzt fand, ins Weltumfassende, Menschheitsbeflügelte zu übertragen. Daß die Maurer diesen Text, der ihren Zirkel menschheitlich transzendierte, als ein Bundeslied annahmen und verstanden, zeigen die freimaurerischen Prachtdrucke, die einige Jahre später, so in Hamburg, davon zirkulierten.

Schillers Lied hat Vorgänger; sich von ihnen abstoßend, hat er sich von ihnen anregen lassen. Von Uz, Gleim und Hagedorn, drei Dichthäuptern der älteren Generation, gab es Gedichte gleichen Titels (alle drei hießen »An die Freude«) und gleichen Rhythmus, eines vierhebigen Trochäus; Uz gab auch im Reimschema ein Vorbild. »Freude, Göttin edler Herzen!« hatte Friedrich v. Hagedorn angehoben, und Johann Peter Uz hatte didaktisch genug: »Freude, Königin der Weisen!« gerufen. Schiller überbietet beide, indem er sogleich ins Über- und Außerirdische schweift und ein Lieblingswort seiner Briefe, Elysium, ins Spiel bringt, jenes homerische Paradies, das sich von dem der Bibel dadurch unterscheidet, daß man durch besonderen Ratschluß der Götter, »ohne den Tod zu schauen«, dorthin gelangen konnte. Achill und Menelaos waren in dieses Gefilde entrückt worden, einen Ort ewigen Frühlings mit kühlenden Winden vom nahen Okeanos her, den sich Homer am Westrand der Erdscheibe gedacht hatte, einen innerweltlichen Garten Eden, der Utopia heißen konnte, obschon der Sänger der Odyssee ihm ja eine bestimmte Lokalität gegeben hatte.

Wenn der erste Vers des Liedes die Freude als Götter*funken* apostrophiert, ihr dergestalt eine elektrisch überspringende Wirkung zuschreibend, so ist sie im vierten Vers selbst zur Göttin geworden, zu einer Himmlischen, die die Feuertrunkenen – der Funke hat gezündet – in ihren Tempel einlädt. Wo die Mode – das ist die gesellschaftliche Konvention, die durch Stand und Konfession vorgegebene Ungleichheit – die Menschen auseinanderreißt, soll Freude sie sanft verbinden; sie bezaubert in einer Weise, daß das Unerhörte geschieht: »Bettler werden Fürstenbrüder«. Schillers Funkenbild läßt an Pulver und Feuerstein denken, aber es beruft auch ein neues, sich gerade erst erschließendes Naturreich, das der Elektrizität. Durch den Funkenerzeugungsapparat der Leidener Flasche hatte deren Ergründung einen lebhaften Aufschwung genommen.

Als der Autor das Gedicht zwanzig Jahre später in den zweiten Band seiner gesammelten Gedichte aufnimmt, nimmt er am Ende der ersten Strophe eine Verbesserung vor: »Alle Menschen werden Brüder«, lautet nun der siebente Vers, und aus »was der Mode Schwert« wird »was die Mode streng geteilt«. In der *Thalia* steht im Februar 1786:

> Freude, schöner Götterfunken,
>   Tochter aus Elisium,
> Wir betreten feuertrunken
>   Himmlische, dein Heiligtum.
> Deine Zauber binden wieder,
>   was der Mode Schwert geteilt;
> Bettler werden Fürstenbrüder,
>   wo dein sanfter Flügel weilt.

Die Chorstrophe, die diesen acht kreuzweis gereimten Versen folgt, macht deutlich, daß sie einer Einzelstimme, einem Vorsänger zugedacht sind. Antwortend geht dieser Chor aufs Ganze, auf ein Weltganzes, das Gott als lieben Vater nicht *im* Himmel, sondern *jenseits* der Himmel sucht:

> Seid umschlungen Millionen!
> Diesen Kuß der ganzen Welt!
> Brüder – überm Sternenzelt
> muß ein lieber Vater wohnen.

Das geht aus einem andern Ton als die Schlußstrophe von »Resignation«, die den, welcher um der Tugend willen den Genuß ausgeschlagen hatte, nicht einmal mit moralischer Genugtuung belohnt hatte, sondern lediglich mit der als fragwürdig annoncierten Hoffnung auf jenseitige Entschädigung: »Dein Glaube war dein zugewognes Glück.« Auch in diesem aus Mannheim mitgebrachten Gedicht war Welt ins Spiel gekommen, mit einem Donnerwort, Donnervers, der dem Glauben an ein Weltgericht *nach* der Geschichte, am Ende der Zeiten, eine Absage erteilt und Gericht und Geschichte in eins gesetzt hatte: »Die Weltgeschichte ist das Weltgericht.« Der Mensch, war das Fazit, kann auf eine göttliche Gerechtigkeit hoffen, aber nur die Hoffnung selbst, nicht das *Er*hoffte ist sein Lohn: »Was man von der Minute ausgeschlagen / gibt keine Ewigkeit zurück.« Nun, in Dresden, sieht alles anders aus. Statt leerer Hoffnung die wirkliche Freude; wo an die Stelle des egoistischen Genusses jener Affekt tritt, der, als ein gemeinsam erfühlter, die Vereinzelung überwindet, finden Gott und Welt wieder zueinander, obschon nicht im Ton der Gewißheit.

Von den Millionen leitet das Lied auf den einzelnen zurück, mit Versen, die den besonderen Freundschaftsbund erkennen lassen, dem das Lied am Elbstrom entspringt:

> Wem der große Wurf gelungen,
>   eines Freundes Freund zu sein;
> wer ein holdes Weib errungen,
>   mische seinen Jubel ein!
> Ja, wer auch nur *eine* Seele
>   *sein* nennt auf dem Erdenrund!
> Und wer's nie gekonnt, der stehle
>   weinend sich aus diesem Bund!

Es ist der Autor, dem der große Wurf gelungen, und es ist Körner, der das holde Weib errang. Die Schlußwendung schließt vom Jubel nicht aus, wer keine Seele »sein nennt auf dem Erdenrund«, sondern, den Griesgram, den Solipsisten ins Auge fassend, »wer's nie gekonnt«. Jean Paul meinte, es müsse heißen: »Und wer's nie gekonnt, der stehle / weinend sich *in* diesen Bund!« Aber die Verse beglaubigen sich aus sich selbst, sie bekunden die Freude als einen gesellig-verbindenden Affekt, der sich dem sich selbst isolierenden einzelnen versagt. Die imperative Wendung versteht sich als Ansporn, die andere Seele zu gewinnen, sie ist ein gebieterischer Wink, nicht für sich zu sein und zu bleiben.

Den »großen Ring« nennt der antwortend bekräftigende Chor die Gemeinschaft der Freudigen und führt ein neues Wort für ihre Gestimmtheit ein: Sympathie, Mitfühlsamkeit also. Als Allsympathie führt sie zu der Empfindung Gottes, der als *der Unbekannte* sternenfern thront. Der Einzelsänger, der danach wieder das Wort nimmt, kehrt ins Sinnlich-Nahe zurück und findet das überwältigend anschauliche Bild von der Freude, die alle Wesen »an den Brüsten der Natur trinken«: als Lebensfreude, die freudige Wahrnehmung eigenen Seins. Rosen und Reben führen ins Pflanzenreich, ehe das sympathetische Weltgefühl sich dadurch beglaubigt, daß es auch das verachtetste Lebewesen einbegreift. Wie sie auf der sozialen Leiter vom Bettler bis zum Fürsten reicht, so auf der kosmischen vom Wurm bis zum Erzengel: »Wollust ward dem Wurm gegeben, / und der Cherub steht vor Gott.« Allsympathie – nicht Schiller, sondern Thomas Mann hat das Wort gefunden und an finaler Stelle in das Schlafwagengespräch des »Felix Krull« eingesetzt; es ist wie aus Schillers Gedicht genommen.

Der Cherub-Vers vollzieht die dritte Gottesanrufung dieses Textes; die vierte, wiederum dem Chor übertragene folgt alsbald. Sie ist das Ergebnis einer Überarbeitung, die Schiller *vor* dem *Thalia*-Druck vollzieht; sie tilgt den zwiefachen Imperativ, der hier zunächst gestanden hatte: »Werft euch nieder, Millionen! / Deinem Schöpfer jauchze, Welt!« Eine spät aufgefundene Abschrift – Schillers Text zirkulierte im literarischen Leipzig schon bald nach der Dresdner Niederschrift – überliefert diese allererste Fassung, bei der es nicht bleibt; aus dem doppelten Imperativ wird bei der Endredaktion die doppelte Frage:

> Ihr stürzt nieder, Millionen?
> *Ahndest* du den Schöpfer, Welt?
> Such' ihn überm Sternenzelt,
> über Sternen muß er wohnen.

Als Kind, als Heranwachsender hatte Schiller Pfarrer werden wollen; nicht, wie der kleine Fichte im unweit Dresdens gelegenen Rammenau den Gänsen auf dem Felde, sondern Christophine, der Schwester, hatte der Sechsjährige in der Lorcher Wohnung gepredigt. Erst die einem Befehl gleichkommende Versetzung des als *puer bonae spei*, als hoffnungsvoller Knabe, erkannten Dreizehnjährigen an Karl Eugens militärische Pflanzschule hatte ihn von diesem Ziel abgebracht; aus dem Medizin- und Philosophiestudium der Militärakademie war er als Skeptiker hervorgegangen, der in den »Räubern« der Radikalgestalt des atheistischen Immoralisten die des hypermoralischen Terroristen gegenübergestellt hatte. »An die Freude« zeigt den Autor als einen Gottsucher außerhalb aller Theologie, sei sie aufgeklärt-kritisch oder altgläubig-fromm. Diesem Ekstatiker eines weltumfangenden Liebesgefühls offenbart sich Gott nicht in Schmerz und Leiden, im erlösungsmächtigen Kreuzesbild des Opfertods, sondern in der Empfindung allumfassender Daseinsbejahung.

Dies geschieht nicht im dogmatischen Ton der Gewißheit, sondern in dem fragenden der Vergewisserung: »Such ihn überm Sternenzelt, / über Sternen muß er wohnen.« Die theologische Bestimmung hat sich umgekehrt: nicht der Glaube ruft die Freude, sondern die Freude den Glauben herbei. Sie hat sich selbständig gemacht, blickt hoffend und fragend in die Höhe und gibt sich um so enthusiastischer, als ja nicht nur »die Mode«, also die soziale Konvention, die Gesellschaft teilt; immer mehr wird diese auch durch die mit der modernen Produktion verbundene Arbeitsteilung fragmentiert. In Sachsen ist dieser Prozeß weiter vorgeschritten als anderswo; Schiller schreibt dieses Gedicht in einem Land, dessen Textilmanufakturen sich aus England die neuesten technischen Erfindungen verschafft haben. Mechanisierung, Rationalisierung, Bürokratisierung ist der soziale Prozeß, dem sein Freuden-Ruf *auch* entgegnet.

Beethoven, der dem schon bald nach der Niederschrift und dann immer wieder vertonten Gedicht im Schlußsatz der Neunten Sinfonie seine definitive musikalische Gestalt gab und den Text dabei einer eingreifenden Kompression unterzog, hat drei seiner Gottesanrufungen komponiert. Die Chorantwort der dritten Doppelstrophe, dieses »Über Sternen muß er wohnen«, geriet ihm zu einem der ungeheuersten Momente aller Musik: fragende Vergewisserung, Vergewisserung im Fragen als ein über bebend-schmerzlichen Dissonanzen zum chorischen Pianissimo gedämpftes Hoffen.

Er hat die horologische Freudenbeschwörung weggelassen, die Schillers vierte Doppelstrophe vollzieht, mit der Welt als Uhrwerk, der Freude als dessen Triebfeder und der überbordenden Vorstellung, daß diese Kraft stark genug sei, »Sonnen aus dem Firmament« zu locken – freudetrunkene Gestirne, die aus ihrer Umlaufbahn springen, um sich in schweifende Kometen zu verwandeln. Die Freude als Welttriebkraft, die die große Uhr nicht nur antreibt, sondern auch verstört, verbindet sich hier mit einer Entgrenzung des Weltraums über die Reichweite jener verbesserten Fernrohre hinaus, die den Zeitgenossen gerade einen neuen Planeten, Uranus mit Namen, beschert haben:

> Freude heißt die starke Feder
>   in der ewigen Natur.
> Freude, Freude treibt die Räder
>   in der großen Weltenuhr.
> Blumen lockt sie aus den Keimen,
>   Sonnen aus dem Firmament,
> Sphären rollt sie in den Räumen,
>   die des Sehers Rohr nicht kennt!

Der respondierende Chorus nimmt die Sonnenanrufung auf, und in dieser Gestalt kann der Komponist sie gebrauchen, zu einem mit Pauken und Triangeln grundierten Marsch, der erst dem Solo-Tenor, dann auch dem Chor Verse in den Mund legt, hinter denen man ein Wort des Alten Testaments erkannt hat (Psalm 19,6), nach dem sich die Sonne »freut, wie ein Held ihre Bahn zu laufen«:

> Froh, wie seine Sonnen fliegen,
>   durch des Himmels prächtgen Plan,
>   laufet Brüder eure Bahn,
> freudig wie ein Held zum Siegen.

Beethovens Schlußsatz wählt aus den ersten vier Doppelstrophen des Liedes sechs einzelne aus, wobei er, die vierte und die siebente weglassend, immer wieder auf die beiden Eingangsstrophen zurücklenkt, Schiller dekliniert das große Thema noch durch fünf weitere Doppelstrophen. Hinter seinem Gedicht steht nicht nur die immer neue Gottsuche, Gottesanrufung, sondern, mit ihr verbunden, die philosophische Frage nach der inneren Triebkraft aller Existenz. Sein, insofern es sich in der Zeit vollzieht, ist Bewegung, was aber ist deren inwendig Treibendes, das Movens auf dem Grunde aller – auch der anorganischen – Existenz? Die Frage ist so alt wie die Philosophie selbst, und Schiller beantwortet sie auf seine Weise; aus einem Affekt, einer Gestimmtheit wird ihm die Freude zur Triebkraft auf allen Etagen des Seins. Mit der fünften Doppelstrophe leitet er von den Gestirnen auf den Menschen zurück:

> Aus der Wahrheit Feuerspiegel
>   lächelt *sie* den Forscher an.
> Zu der Tugend steilem Hügel
>   leitet *sie* des Dulders Bahn.
> Auf des Glaubens Sonnenberge
>   sieht man *ihre* Fahnen wehn,
> Durch den Riß gesprengter Särge
>   *sie* im Chor der Engel stehn.

Die Einbeziehung der Toten in die Freudenbotschaft ist evangelisch im Wortsinn (Evangelium heißt frohe Botschaft), und der Autor findet ein grandioses Bild für diese Auferstehung im Namen der Freude. Die Verse leiten zu einer weiteren – der vierten – chorischen Gottesanrufung über, die hinter den vorangegangenen zurückbleibt, durch eine imperativische Gewißheit, wie sie der Autor in »Resignation« just in Frage gestellt hatte. »Duldet mutig, Millionen!« ruft er nun wie dementierend, »Duldet für die beßre Welt! / Droben überm Sternenzelt / wird ein großer Gott belohnen.«

Ist sein entflammtes Gedicht im Begriff, zu lang zu werden? Immer wenn der Text in Gefahr gerät, ins Konventionelle abzugleiten, entreißt er sich ihm durch eine Wendung ins Impulsiv-Überraschende, Metaphorisch-Riskante. »Göttern kann man nicht vergelten, / schön ists ihnen gleich zu sein. / Gram und Armut soll sich melden / mit den Frohen sich erfreun«, hebt die sechste Doppelstrophe harmlos genug an; die folgenden Verse beziehen das christliche Gebot der Feindesliebe dem vitalen Imperativ der Freude dann in einer Weise ein, die es aus dem bloß Milden, Sanftmütig-Ergebenen kraftvoll heraussetzt:

> Groll und Rache sei vergessen,
>   unserm Todfeind sei verziehn.
> Keine Träne soll ihn pressen,
>   keine Reue nage ihn.

So spricht der einzelne, ehe der Chor den Singular des Verzeihens in eine Versöhnung wendet, die keine Grenzen kennt:

> Unser Schuldbuch sei vernichtet!
>   ausgesöhnt die ganze Welt!
> Brüder – überm Sternenzelt
>   richtet Gott wie wir gerichtet.

»Richtet nicht, auf daß ihr nicht gerichtet werdet, denn mit welcherlei Gericht ihr richtet, werdet ihr gerichtet werden, und mit welcherlei Maß ihr messet, wird euch gemessen werden«, lautet das Christus-Wort (Matthäus 7,1) im Hintergrund dieser Verse. Auch hier zeigt sich Schillers Theologie der Freude als grandiose Säkularisierung, ein Evangelium der Lebensbejahung verkündend, das das sittlich Gebotene in die Sphäre des Enthusiasmus hebt.

Kann man der Freude noch weitere Wirkungen zuschreiben? Einige unbeleuchtete gibt es noch, und der dionysische Urgrund dieses feuertrunkenen Gedichts zeigt sich in der dreizehnten Strophe in einem Lob des Weins, das, mit gewagtem Bild, seinerseits in eine Gottesanrufung mündet. Zuvor aber wird die kultivierende Wirkung dieses Labetranks an den Naturvölkern erprobt:

> *Freude* sprudelt in Pokalen,
>   in der Traube goldnem Blut
> trinken Sanftmut Kannibalen,
>   die Verzweiflung Heldenmut – –
> Brüder fliegt von euren Sitzen,
>   wenn der volle Römer kreist,
> laßt den Schaum zum Himmel sprützen:
>   Dieses Glas dem guten Geist.

Die anschließende Chorstrophe bekräftigt eine Wendung, die die mystische Einheit von Gottheit und Wein, wie sie das christliche Abendmahl vollzieht, in ein fast rauschhaftes Glaserheben auflöste:

> Den der Sterne Wirbel loben,
>   den des Seraphs Hymne preist,
> *Dieses Glas dem guten Geist,*
>   überm Sternenzelt dort oben!

Sternenzelt – zum zweiten Mal, und minder bedeutsam als beim ersten, fällt das Wort; es scheint, als werde der gute Geist dort gesucht und gefunden, wo auch das mittelalterliche Weltbild ihm Raum gegeben hatte: jenseits der äußersten Sphärenschale, die die der Fixsterne ist. Doch an die Stelle der geschlossenen Sphäre ist das offene Zelt getreten – *wie* offen es war, hatten die Astronomen der Zeit vermessen können; gelegentlich eines vorhersagbaren Venusschattenvorbeigangs über die Sonnenscheibe hatten sie 1769 ermittelt, daß Sonne und Erde eine Distanz von etwa zwanzig Millionen Meilen trennt. Diese offene Sternenwelt war die materielle Unendlichkeit – gab es einen Ort jenseits ihrer? Schiller postuliert ihn mit sinnlichster Wendung im Un- und Übersinnlichen; die Kant-Lektüre liegt noch vor ihm.

Sein Gedicht ist großartig selbst dann noch, wenn es an seinem Ende zum metaphysischen Trinklied wird. Daß es ein Männerlied ist, zeigten schon die *Brüder* der ersten Chorstrophe. Die der achten Solostrophe verkünden einen wider Mächte aller Art verschworenen Tugendbund, der sich in der Chorerwiderung durch die Anrufung des Sternenrichters beglaubigt. Im fünften Vers gelingt dem Autor eine durchschlagende Prägung:

> Festen Mut in schwerem Leiden,
> > Hülfe, wo die Unschuld weint,
> Ewigkeit geschwornen Eiden,
> > Wahrheit gegen Freund und Feind,
> Männerstolz vor Königsthronen, –
> > Brüder, gält' es Gut und Blut –
> Dem Verdienste seine Kronen,
> > Untergang der Lügenbrut!

Schillers weltliches Lied eignet sich die Botschaft einer den Tod überwindenden Versöhnung zwischen Gott und Mensch in einer Weise zu, die die neunte Doppelstrophe zu bündeln versucht. Wie ein Christus triumphans greift die Freude hier nach Tod und Hölle, mit einem Paradox, das sich seiner bewußt ist:

> Rettung vor Tirannenketten,
> > Großmut auch dem Bösewicht,
> Hoffnung auf den Sterbebetten,
> > Gnade auf dem Hochgericht!
> Auch die Toten sollen leben!
> > Brüder trinkt und stimmet ein,
> Allen Sündern soll vergeben
> > und die Hölle nicht mehr sein.

Die Abschaffung der Hölle im Namen der Freude – was soll der Chor darauf antworten? Das Lied ist ans Ende, es ist an ein Nonplusultra gekommen – wie entläßt man Hörer und Sänger? Aus dem sich übergipfelnden Freudenruf lenkt der Autor in ein Memento mori; die Ekstase setzt sich in der Schlußstrophe eine Grenze, die schon aufgeschmolzen schien: »Eine heitre Abschiedsstunde! / süßen Schlaf im Leichentuch! / Brüder – einen sanften Spruch / aus des Totenrichters Munde!«

Schiller ist nicht wenig erschrocken, als er kurz vor der Auslieferung der *Thalia* bemerkt, daß Göschen durch den Zeitschriften-

Vorabdruck just dieser letzten Doppelstrophe Reklame für das Heft gemacht hat; er beschwert sich brieflich mit allem Nachdruck. Bei der späteren Überarbeitung läßt er sie weg; seither steht der Sternen-, nicht der Totenrichter am Ende.

Daß dies ein großer Wurf war, wurde schon den ersten Lesern des Textes klar; Körner, der allererste, erfand sogleich eine Melodie dazu. Am 29. November schickt Schiller das Manuskript zusammen mit dem »Verbrecher aus Infamie« an seinen Leipziger Verleger und entschuldigt sich für sein Säumen: »Aber, Liebster, machen Sie mir vorher Dresden zur Mördergrube und meine lieben Freunde zu schlechten Gesellschaftern, wenn Sie haben wollen, daß ich fleißiger sein soll.«

Göschens Empfangsbestätigung vom 1. Dezember ist ein sicheres Indiz dafür, daß das Lied in Dresden geschrieben wurde; undenkbar, daß der Autor es seinem Gohliser Mitbewohner im Sommer vorenthalten hätte. Eine Erinnerung von Körner, der 1822 in seiner Einleitung zu Schillers gesammelten Werken im Blick auf den Gohliser Sommeraufenthalt geschrieben hatte: »Das *Lied an die Freude* wurde damals gedichtet«, legte die falsche Spur; nach mehr als drei Jahrzehnten hatte sich ihm die Abfolge verschoben. Als aus Dresden übersandtes *Thalia*-Manuskript sieht Göschen, der in Gohlis Tür an Tür mit Schiller gelebt hatte, den Text zum ersten Mal und ist hingerissen:

Keine Stunde hab ichs bei mir behalten, und so begierig ich auch war, diese Kinder Ihres liebenswürdigen Geistes kennenzulernen, so schickte ich sie doch gleich unbesehens zum Schneider, um ihnen das Kleid machen zu lassen, worin ich sie der Welt präsentieren will. Senden Sie mir ja, lieber Freund, bald die Musik von Körner zu Ihrem Liede an die Freude. Sie muß mit gedruckt werden, und ich will das Meinige redlich dazu beitragen, daß es ein Rundgesang zur Erhebung des Herzens unter guten Menschen wird – wohl, von unserer Seite soll alles Feuer angewandt werden, um den Druck schnell zu liefern.

Göschen hat noch einen Bibel-Druck und ein sich nachmals als äußerst erfolgreich erweisendes »Not- und Hilfsbüchlein für Bauersleute« in Arbeit; er weiß nicht, wo ihm der Kopf steht:

Ich gestehe es, wenn dieses Projekt um die Bibel zustande ist, so bin ich bereit zu sterben. Nur für diese 3 Dinge leb ich – in einer

Das Fleischmannsche Haus am Dresdner Kohlmarkt, in dem Schiller und Huber im Oktober 1785 eine gemeinsame Wohnung bezogen; hier entstand bald darauf das Lied »An die Freude« (Photographie, 20. Jahrhundert). Das Haus in unmittelbarer Nähe des Japanischen Palais (links im Bild) wurde im Februar 1945 durch Bomben zerstört (rechts die Dreikönigskirche).

andern Welt wird dann auch für mich Freude genug sein. Und wenn dann das auch nicht wäre – welches ich jedoch mit fester Zuversicht hoffe –, so soll mir der Augenblick, worin ich sagen kann, es ist vollendet, ein Himmel sein. Rechnen Sie auf mich, wenns auf treue Freundschaft, innige Liebe, volle Achtung ankommt und ich bin!   Der Ihrige   Göschen

Von Göschen erhält einer der engsten Freunde, die Schiller in Leipzig gewonnen hat (er war bald auf Du mit ihm gekommen), der Steinguthändler Johann Friedrich Kunze, das neue Lied und ist begeistert. Schiller, der dem Ehepaar Kunze nach seiner Abreise aus Leipzig geschrieben hatte: »Unsre Seelen haben sich berührt, lassen Sie das eine Verwandtschaft unter uns stiften, die der alles verheerenden Zeit mutig Trotz bieten kann«, antwortet launig:

Ich bin jetzt ganz erschröcklich beschäftigt, wenn man das Beschäftigung nennt, daß ich viel tun sollte, der liebe Gott wird schon seinen Segen zum Vollbringen geben. Ich wußte, daß euch mein Lied an die Freude Vergnügen machen würde, denn wir sind, soviel ich weiß, über den Punkt so ziemlich auf einen Ton gestimmt, und überdies kömmt der Dichter immerhin ganz erträglich weg, wenn ihm das Herz seines Lesers das Urteil spricht. Guter Humor, Freundschaft und ein Glas alten Rheinweins werden schon noch zuweilen einen Funken der Begeisterung aus mir schlagen. Es sollte übrigens ein Gesetz gemacht werden, daß jeder Leser für den angenehmen Augenblick, den ihm ein Gedicht macht, befugt wäre, dem Dichter eine Bouteille zu dedizieren, wenn das Gedicht auf den Wein ist, und die Mädchen, ihn zu küssen, wenn das Gedicht von der Liebe handelt. Wo Henker soll man zuletzt sein Feuer herholen?

Unterdes hat Kunze den Text in Leipzig bekanntgemacht, die Wirkung ist durchschlagend. Er schreibt es dem Autor:

Ich habe einen dummen Streich gemacht und Dein Gedicht so vielen Menschen vorgelesen, als ich bis jetzt noch gesehen habe. Daher kömmts, daß es wenigstens schon zehnmal in Abschriften existiert und Müller es bereits komponiert hat. ... Der Kerl geriet ganz in Enthusiasmus, als er das Gedicht las, und wenn ichs ihm nicht gutwillig gegeben hätte, so hätte er Gewalt gebraucht. Seine naive Bitte, »mehrere dergleichen zu machen«, wird Dich divertieren.

DIE STIMME VOM HOHENASPERG

In der Wohnung neben dem Japanischen Palais ist der »Karlos« inzwischen gut vorangekommen. Auch die beiden andern für die *Thalia* vorgesehenen Gedichte, »Freigeisterei der Leidenschaft« und »Resignation«, gehen nach Leipzig ab; Schillers Sorge vor der Zensur ist bei diesen moralisch wie theologisch gewagten Texten so groß, daß er Göschen vorschlägt, das Heft außerhalb Sachsens drucken zu lassen: »Besser ist es auf allen Fall, wenn Sie gar nicht bei der Censur in Leipzig anfragen, sondern die Gedichte gleich in Dessau drucken lassen.« Es ist ein Vorteil der deutschen Staatszersplitterung, daß man, obwohl – oder weil – die »Bücherpolicey« aufgrund von Reichgesetzen des sechzehnten Jahrhunderts ausgeübt wird, oft schon im Nachbarland liberalere Verhältnisse antrifft. Aber die Verlagerung der Herstellung wäre für Göschen mühsam und kostspielig, und wie sich zeigt, läßt der Leipziger Druckgenehmigungsverantwortliche mit sich reden. Er verlangt keine Änderungen, sondern nur eine distanzierende Fußnote; Schiller liefert sie bereitwillig:

Ich habe Ihren und meines Herrn Censors Wunsch erfüllt, liebster Freund, und sende Ihnen die verlangte Note. Diese, hoffe ich, wird den intoleranten Teil des Publikums zum Stillschweigen bringen.

Haben Sie die Güte und versichern meinen Herrn Censor (dessen Namen ich mir in Ihrem nächsten Briefe ausbitte), daß ich mich glücklich schätze, meine Thalia in solcher Kennerhand zu wissen. Er hat den Gesichtspunkt, aus welchem meine 2 Gedichte betrachtet werden müssen, schnell und ganz verstanden, und wie wenige werden das!

Der Zensor heißt Wenck und ist Geschichtsprofessor an der Leipziger Universität; die editorische Fußnote, mit der er die beiden mit einem Y gezeichneten Gedichte passieren läßt, lautet:

Ich habe um so weniger Anstand genommen, die zwei folgenden Gedichte hier aufzunehmen, da ich von jedem Leser erwarten kann, er werde so billig sein, eine Aufwallung der Leidenschaft nicht für ein philosophisches System und die Verzweiflung eines erdichteten Liebhabers nicht für das Glaubensbekenntnis des Dichters anzusehen. Widrigenfalls möchte es übel um den dramatischen Dichter aussehen, dessen Intrige selten ohne einen Bösewicht fortgeführt werden kann, und Milton und Klopstock müßten um so schlechtere Menschen sein, je besser ihnen ihre Teufel glückten.

Vorsichtshalber fügt Schiller den Überschriften der Gedichte Untertitel hinzu. »Als Laura vermählt war im Jahr 1782« rückt »Freigeisterei der Leidenschaft« fern von der Gegenwart, »Resignation« aber wird »Eine Phantasie« unterschrieben.

Unterdes ist der Autor wieder einmal in Geldnöten: »Meine Finanzen sind ganz auf dem Sande, und die Weihnachtstage nähern sich, wo ich vielerlei ansehnliche Auslagen zu machen habe«, bekennt er seinem Verleger. Der sendet einen Vorschuß, und Schiller kann Weihnachtsgeschenke einkaufen; was mag er Körners, was Dora Stock auf den Gabentisch gelegt haben?

Auch das neue Jahr – 1786 – steht im Zeichen des »Karlos« und der *Thalia*. Schiller ist so fleißig, daß er glaubt, »alle zwei Monate« ein Heft in Druck geben zu können – Göschen hebt bestürzt die Hände. Sein erstes Leipziger *Thalia*-Heft nähert sich Bogen um Bogen der Vollendung, und der Herausgeber, der zugleich der Hauptautor ist, schmuggelt noch ein historisch-politisches Gedicht ein. Es korrespondiert mit dem »Karlos«, dem Schiller im dritten Akt ein Ereignis verknüpfen wird, das sich erst zwei Jahrzehnte *nach* dem Tod des Prinzen begibt: den Untergang der spanischen Flotte, die, 1588 mit hundertsechzig Schiffen ausgesandt, das protestantische England Elisabeths I. für die Hinrichtung der Maria Stuart zu bestrafen, am stürmischen Wetter und den Attacken des zahlenmäßig unterlegenen, aber sehr viel beweglicheren Gegners zugrunde geht.

Der Autor entschärft das lange Gedicht gegenüber dem Zensor, indem er es als einen Text aus dem sechzehnten Jahrhundert fingiert und als Fußnote einem Aufsatz über Philipp II. zuordnet, den er von einem zeitgenössischen Franzosen, Jean Louis Sébastien Mercier, entlehnt hat. »... und hätte nicht ein wohltätiger Sturm jene furchtbare Flotte zerstreut, die mit dem Namen der Unüberwindlichen prahlte, so war dieser glückliche Freistaat aus dem Globus vertilgt«, übersetzt Schiller aus dem Mercier und unterkellert den Satz mit einem Hymnus auf das Grundgesetz der britischen Bürgerfreiheit, die Magna Charta, »das *große Blatt*, das deine Könige zu Bürgern, / Zu Fürsten deine Bürger macht«. »Gott der Allmächtige« selbst sieht in der Schlußstrophe auf das von »feuerwerfenden Kolossen« bedrohte England herab:

> Soll, sprach er, soll mein Albion vergehen,
>   Erlöschen meiner Helden Stamm,
> Der Unterdrückung letzter Felsendamm
> Zusammenstürzen, die *Tirannenwehre*
> Vernichtet sein von dieser Hemisphäre?
>   Nie, rief er, soll der Freiheit Paradies,
> Der Menschenwürde starker Schirm verschwinden!
>   Gott der Allmächtge blies,
> Und die Armada flog nach allen Winden.

»Die zwei letzteren Verse«, kommentiert der Herausgeber, »sind eine Anspielung auf die Medaille, welche Elisabeth zum Andenken ihres Sieges schlagen ließ. Es wird auf derselben eine Flotte vorgestellt, welche im Sturm untergeht, mit der bescheidenen Inschrift: Afflavit Deus et dissipati sunt [Gott blies und sie wurden zerstreut].«

In Sachsen, wo dies in Druck geht, fehlt es durchaus an einem »großen Blatt«, das den Untertanen Bürgerrechte zuerkennt. Vier Jahre später, als zu dem von den Grundherrn ausgesogenen Landvolk aus Frankreich die Nachricht von einer geglückten Volkserhebung dringt, kommt es zu Bauernaufständen, deren die sächsische Armee nur mit großer Mühe Herr wird. Die Zensur ist keine bloße Schikane; sie erfüllt einen politischen Auftrag und zeigt sich in Leipzig in den Händen eines Mannes, der mit sich reden läßt.

Mitte Februar ist es dann soweit, das zweite *Thalia*-Heft kommt, elf Monate nach dem ersten, in Leipzig heraus, hundertsechsunddreißig schön und großzügig bedruckte Seiten. »Sie nimmt sich sehr gut aus«, lobt Schiller seinen Verleger. Außer der Mercier-Übersetzung, die brandaktuell ist (der Text ist Merciers Vorwort zu seinem 1785 erschienenen Theaterstück über Philipp II.), finden sich im Hauptteil nur zwei Texte, die nicht vom Herausgeber stammen. Der eine ist ein hochelegisches »Morgenlied« von Sophie Albrecht, die, wie in Leipzig, auch in Dresden wieder in Schillers Nähe ist. »Traurig sitz ich in der Fülle / Lauter Freude ringsumher, / Schwermutsvoller, ernst und stille / Bleibt mein Busen freudenleer«, versagt sich ihr lyrisches Ich dem eingangs berufenen Frühling: »Ach, die Purpurstrahlen wecken / Mir des Todes bleichen Schrecken.« Warum Sophie Albrecht so schrecklich traurig ist, verrät das Gedicht nicht; es gehört nicht zu ihren stärksten.

Der andere Beitrag stammt von Huber, der einen Aufsatz »Über moderne Größe« geschrieben hat und das Beiwort modern darin ganz modern verwendet, als Synonym für das Zeitgemäße, Zeitgenössische im Gegensatz zu der kanonischen Antike. Diese kommt unter dem Aspekt der Größe sehr viel besser weg als die Gegenwart. »Unsre heutige Welt«, befindet der Verfasser mit gewagtem Bilde, »ist ein kleiner, eingeschrumpfter Körper, an welchem jedes Glied von männlichem Ebenmaß *zu groß* scheint. Wo sollen wir aber den verzehrenden Grund dieser Atrophie suchen?« Seine Antwort konfrontiert die Lämpchen der Aufklärung mit dem Feuer des Prometheus:

Alles ist Wissenschaft geworden, und das Gedächtnis hat das Herz aus der Mode gebracht. Das ewige prometheische Feuer liegt nun unbenutzt; denn die Aufklärung hat jedem sein Lämpchen angesteckt, das ihm durch das bißchen Leben hilft. Jetzt auch noch keimen in manchen Menschen große Gedanken auf, aber bei der Ausführung stößt ihn jeder Schritt an die eisernen Pfosten der Konvenienz. ... Politik, Kriegskunst, Staatsregierung: was sind sie im modernen Sinn? Feine verwickelte Uhrwerke, wo tausend Räderchen ineinander spielen. Einen unter Tausenden kann Schicksal und Natur bestimmt haben, an der Spitze zu stehen und mit Adlerblick das Ganze zu fassen und zu halten. Aber tausend andre, welche durch ihre Kräfte zu gleichen Ansprüchen mit diesem berechtigt waren, sind in die tausend kleinen Räder der Maschine verteilt und müssen ihr Leben durch, jeder an dem seinigen, treiben, ohne jemals zur Perspektive des Ganzen zu gelangen.

Der Verlust der Totalität, zeigt sich, ist in vollem Gange. Wie »Moderne Größe« ist auch »Verbrechen aus Infamie« nur mit einer Chiffre signiert; Schiller war außerordentlich ungehalten, als er sein diesbezügliches Inkognito durch eine Anzeige des Verlegers gelüftet sah. Von seinen Gedichten offenbart nur »An die Freude« den Namen des Autors. An das Ende des Heftes hat er »Vermischte Kleinigkeiten« gesetzt, die außer einem Ausschnitt aus Jüngers »Wurmsamen«-Roman zwei Mitteilungen aus einem entfernten Gefängnis enthalten. Aus seiner Zelle auf dem Hohenasperg – war der Text auf dem Postweg an Schiller gelangt? – meldet sich Schubart mit der Anzeige einer Liedersammlung zu Wort, die er zum Besten seiner Familie bei der Buchdruckerei der Hohen Karlsschule in Druck gegeben hat; der herzogliche Kerkermeister wird zweitausend Gulden Profit davon haben. Es ist diese Aussicht, die ihn den Druck hat genehmigen lassen. Schubart reagiert mit dem Band auf eine in Zürich veranstaltete unautorisierte Sammlung seiner »in Musik gesetzten Lieder«:

Zwar ist der Gefangene nach Justinians Donnersprache bürgerlich tot; wenn aber der Fürst den Arm lüftet, womit man schreibt: so regt sich der Odem des Lebens wieder, zuckt in den Fingerspitzen und scheint dem unbefugten Kompilator zu sagen: »Laß nach – ich rege mich selber!!–« Ich werde also meine hier verfertigte musikalische Arbeiten mit Höchster Bewilligung meines erhabenen Für-

sten in Höchstdesselben akademischer Buchdruckerei unter dem Titel herausgeben: Schubarts musikalische Rhapsodien.

In der in Sachsen edierten Zeitschrift des Württemberg-Flüchtlings Schiller meldet sich Karl Eugens Privathäftling – Schubart war niemals der Prozeß gemacht worden – nach achtjähriger Haft literarisch wieder zu Wort; auch Frau und Kinder haben ihn erstmals besuchen dürfen. »Und hiemit gehabt euch wohl, Freunde und Lieblinge der Göttin des Sangs und Spiels!!« verabschiedet er sich am Ende dieser ersten Annonce, um gleich danach eine weitere »Nachricht ans Publikum« zu geben. Denn mit »großmütiger Erlaubnis« seines »gnädigsten Herrn« hat er auch an eine zweibändige Ausgabe seiner Gedichte gehen können und bittet um Subskription: »Man zahlt für die beeden Bände *zwei Gulden* und versichert die Liebhaber, daß Papier, Druck, Vignetten der akademischen Buchdruckerei Ehre machen sollen.« Er habe, versichert Schubart, eine solche Sammlung niemals vorgehabt, indes:

Soviel große und edle Seelen – mein Genius grüßt und segnet sie in dieser heiligen Stunde des Wiedersehens – nahmen Anteil an meinem Schicksal; jeder Erguß meines Herzens, jeder Pinselstrich von der Nachtgrotte meines ehemaligen Gefängnisses, jeder der Menschheit so natürliche Aufschrei nach Freiheit – die allein die Wolke des Lebens vergüldet und die Menschen gottähnlich macht – erweckte Aufmerksamkeit bei ihnen. Sie nahmen Kopien von einigen meiner Gedichte, und so fand ich sie auch da und dort im Drucke.

Der Gefangene würdigt die Sammler seiner Werke, aber es geht nicht zuletzt darum, den Nachdruck von Texten zu verhindern, die einer erhofften Entlassung im Weg stehen könnten. Auch Karl Eugen muß daran interessiert sein, ihren Umlauf zu unterbinden; bei Schubarts hinterlistiger Gefangennahme hatte er ihn der »freventlichen Antastung fast aller gekrönter Häupter auf dem Erdboden« bezichtigt. »Schrecklich ist's gefangen zu sein«, schließt der Häftling und zielt auf eine solche Sammlung einstiger »Gedankentrümmer«, »aber fast noch schrecklicher, von außen Buben johlen zu hören, die die Mauren unsers Kerkers mit Kot bewerfen. Ihnen verzeihe der Allbarmherzige! Schubart.«

Mit diesen Sätzen beschließt Schiller, der den Gefangenen einst auf dem Hohenasperg an die Brust gedrückt hatte, sein erstes Leipziger *Thalia*-Heft. Schubarts Schicksal hatte bei seiner Flucht aus Stuttgart den Ausschlag gegeben; der in Sachsen Zuflucht unter den Fittichen des avancierten Bürgertums fand, gibt ihm das letzte Wort der erneuerten Zeitschrift.

»ALSO LIEBE IST DIE LEITER«

Schiller ist einmal im Zuge und will das dritte *Thalia*-Heft mit einem großen »Karlos«-Brocken sogleich nachschieben. Doch der überanstrengte Verleger bittet um Nachsicht: »Eine gar zu schleunige Erscheinung hintereinander halt ich auch merkantilisch berechnet nicht für gut.« Im April treffen zwei Rezensionen ein und stellen der zeitgenössischen Kritik ein gutes Zeugnis aus. »Schon der Name des Herausgebers« erklärt die *Nürnbergische gelehrte Zeitung*,

kann Aufmerksamkeit erwecken, denn so wie man in seinen frühern Schriften eine wilde, regellose Einbildungskraft und eine kolossalische Charakterzeichnung auffallend und etwas widrig gefunden hat: so war darinnen der hohe poetische Geist nicht zu verkennen, und man konnte sicher hoffen, daß er mit der Zeit das Üppige ablegen und das Regellose nach und nach in Natur und Geschmack verwandeln werde. Und diese Hoffnung ist in dieser Schrift wirklich ihrer Erfüllung ziemlich nahegekommen.

Was folgt, ist kaum mehr als eine Inhaltsangabe; allzu vielgestalt ist der Inhalt des Bandes. Auch die *Hallischen Neuen Gelehrten Zeitungen* stellen ein Schillerbild auf, das von Kritik, Respekt und Erwartung geprägt ist; vermutlich kommt es Schillers Bild von sich selbst ziemlich nahe:

Wer Herrn Schillers für das Theater gearbeitete Stücke, seine Räuber, seinen Fiesko, seine Cabalen und Liebe, oder wer seine Gedichte, die vor einigen Jahren erschienen und weniger bekannt geworden sind, kennt, weiß, daß das Hauptziel seiner prosaischen und poetischen Dichtungen immer höchste Spannung der Einbildungskraft, Darstellung der gewaltsamsten Zustände der Seele und Häufung der kühnsten Bilder und Worte ist, daher denn der ruhige Denker schwerlich mit ihm sympathisieren und die wahre Empfindung der Natur selten in seinen Ton einstimmen kann. Bei dem allen aber wird man auch nicht ohne Ungerechtigkeit den Mann von Genie und großen Talenten in ihm verkennen, der, wenn man bei so manchen Auswüchsen seiner Phantasie unwillig wird, dann doch wieder durch treffliche Stellen, tiefe Blicke in das menschliche Herz und edle kraftvolle Diktion schadlos hält.

Als Anfang April die Nürnberger Besprechung erscheint, hat der Herausgeber schon das Manuskript des dritten Heftes abgeschlossen. Es besteht zu sechsundneunzig Seiten aus dem zweiten Teil des zweiten »Karlos«-Aktes – das Drama als Fortsetzungsroman. In einer Nachbemerkung versichert der Autor: »Es wird kaum mehr nötig sein zu bemerken, daß der Dom Karlos kein Theaterstück werden kann«, und fügt hinzu: Wenn »die höchste Wirkung« nicht innerhalb der Gattung zu erreichen sei, »so möchte die Gattung wahrscheinlich das kleinere Opfer sein«. Seit den dramatischen Produktionen des Sturm und Drang sind die Grenzen zwischen Drama und Roman von beiden Seiten durchlässig geworden; bereits 1779 hatte Friedrich Traugott Hase einen »dramatischen Roman«, »Gustav Aldermann«, veröffentlicht, der ausschließlich aus Dialogen bestand.

Es ist die Eboli-Geschichte, die sich dem Dresden-Bewohner so übermäßig ausgesponnen hat – die Verletztheit der entflammten Schönen durch die Nicht-Erwiderung ihrer Liebe zu dem Prinzen und ihr anschließender Doppelverrat an Elisabeth, ihrer Königin. Die Liebesintrige ist die Folie für tiefergehende Fragen – Domingo, der Kirchenmann, berührt sie, als er Alba, dem Militär, den Kronprinzen erklärt:

> Sein Herz entglüht für eine neue Tugend,
> Die, stolz und sicher und sich selbst genug,
> Von keinem Glauben betteln will – Das Laster
> Erhält der Kirche Millionen. Er
> Verachtet es und braucht sie nicht – er *denkt* –
> Sein Kopf entbrennt von einer seltsamen
> Chimäre – er verehrt den Menschen ... Herzog,
> Ob er zu unserm König taugt?

»In beider Brust«, befindet der Beichtvater des Königs und meint die Königin *und* den Prinzen, schleiche »das Gift der Neuerer«. »Ein Familiengemälde aus einem königlichen Hause« sei das

Ganze, versichert der Autor Publikum und Zensor in einer Fußnote – es handelt davon, wie man bei Hof einen Thronfolger ausschaltet, wenn man in ihm den Reformer erkennt.

Außer der »Karlos«-Fortsetzung enthält diese dritte *Thalia*, die Göschen erst Ende April, nach der Leipziger Ostermesse, vorlegt, auf fünfundzwanzig Seiten »Philosophische Briefe«, einen in Briefform gegossenen Traktat über das Wesen Gottes und der Welt, den Schiller seit fünf Jahren mit sich herumträgt. Der Text stammt aus dem Jahr seiner lyrischen »Anthologie auf das Jahr 1782«, die eins ihrer Gedichte, »Die Freundschaft«, mit dem Zusatz versehen hatte: »Aus den Briefen Julius an Raphael, einem noch ungedruckten Roman«. Was von diesem Projekt übriggeblieben ist, steht in redigierter Gestalt (die Urfassung ist verloren) in diesem dritten *Thalia*-Heft; der Text korrespondiert mit jenem Bauerbacher Frühlingsbrief, in dem Schiller Reinwald von Gott, Natur und dem Schöpfertum des Künstlers gesprochen hatte. Der Text ist riskant genug, um einer »Vorerinnerung« zu bedürfen, die ihn als den Versuch eines Rückblicks zweier inzwischen erwachsen gewordener Freunde auf »einige Revolutionen und Epochen des Denkens, einige Ausschweifungen der grübelnden Vernunft« hinstellt und treuherzig versichert:

Skeptizismus und Freidenkerei sind die Fieberparoxysmen des menschlichen Geistes und müssen durch eben die unnatürliche Erschütterung, die sie in gut organisierten Seelen verursachen, zuletzt die Gesundheit befestigen helfen. ... Die Wahrheit verliert nichts, wenn ein heftiger Jüngling sie verfehlt, ebensowenig als die Tugend und die Religion, wenn ein Lasterhafter sie verleugnet.

Das mag dem verehrten Zensor, Professor Wenck von der Universität Leipzig, fürs erste genügen. Im Zentrum dieses hingebungsvollen Diskurses steht eine Theosophie, also Gottesergründung, die Julius, der Jüngere der beiden, zu Papier bringt; die Panerotik, die das Lied »An die Freude« durchtönt, verbindet sich darin mit einem Pantheismus, der spinozistisch ist, ohne diesen skandalumwitterten Namen zu nennen. Julius macht zwischen Gott und der Natur fast keinen Unterschied mehr:

Alle Vollkommenheiten im Universum sind vereinigt in Gott. Gott und Natur sind zwei Größen, die sich vollkommen gleich sind. Die ganze Summe von harmonischer Tätigkeit, die in der göttlichen

Substanz beisammen *existiert, ist in der Natur, dem Abbilde dieser Substanz, zu unzähligen Graden und Maßen und Stufen vereinzelt. Die Natur ... ist ein unendlich geteilter Gott.*

Wie sich im prismatischen Glase ein weißer Lichtstreif in sieben dunklere Strahlen spaltet, hat sich das göttliche Ich in zahllose empfindende Substanzen gebrochen. Wie sieben dunklere Strahlen in einen hellen Lichtstreif wieder zusammenschmelzen, würde aus der Vereinigung aller dieser Substanzen ein göttliches Wesen hervorgehen. Die vorhandene Form des Naturgebäudes ist das optische Glas und alle Tätigkeiten der Geister nur ein unendliches Farbenspiel jenes einfachen göttlichen Strahles. Gefiel es der Allmacht dereinst, dieses Prisma zu zerschlagen, so stürzte der Damm zwischen ihr und der Welt ein, alle Geister würden in einem *unendlichen untergehen, alle Akkorde in* einer *Harmonie ineinander fließen, alle Bäche in* einem *Ozean aufhören.*

Dieser Gottsucher, Gottesergründer steht auf der Höhe der Naturwissenschaft. Wenn Goethe sich in späteren Jahren in dem Ringen wider Newtons Spektraltheorie verzehrt, so setzt Schiller diese und andere Erkenntnisse voraus:

Eine neue Erfahrung in diesem Reiche der Wahrheit, die Gravitation, der entdeckte Umlauf des Blutes, das Natursystem des Linnäus heißen mir ursprünglich eben das, was eine Antike, im Herkulanum hervorgegraben – beides nur Widerschein eines Geistes, neue Bekanntschaft mit einem mir ähnlichen Wesen. Ich bespreche mich mit dem Unendlichen durch das Instrument der Natur, durch die Weltgeschichte – ich lese die Seele des Künstlers in seinem Apollo.

Gott ist dieser Künstler, sein Kunstwerk die Natur, und wenn die von Newton entdeckte Schwerkraft die Körperwelt zusammenhält, so denkt sich der jugendliche Theosoph die Liebe als Bindekraft in der geistigen Welt:

Die Anziehung der Elemente brachte die körperliche Form der Natur zustande. Die Anziehung der Geister ins Unendliche vervielfältigt und fortgesetzt, müßte endlich zu Aufhebung jener Trennung führen oder (darf ich es aussprechen, Raphael?) Gott hervorbringen. Eine solche Anziehung ist die Liebe. Also Liebe, mein Raphael, ist die Leiter, worauf wir emporklimmen zur Gottähnlichkeit.

Julius drückt die ganze Welt, »jede Blume und jedes entlegene

Gestirne, jeden Wurm und jeden geahndeten höheren Geist«, an seinen Busen, erst recht Raphael, den Freund, dem er dies alles anvertraut. Unversehens bricht der Text in Verse aus dem Freundschaftsgedicht der Stuttgarter Anthologie aus:

> Glücklich! Glücklich! Dich hab ich gefunden,
> hab aus Millionen dich umwunden
> und aus Millionen *mein* bist du.
> Laß das wilde Chaos wiederkehren,
> durcheinander die Atomen stören,
> ewig fliehn sich unsre Herzen zu.
>
> Muß ich nicht aus deinen Flammenaugen
> meiner Wollust Widerstrahlen saugen?
> Nur in dir bestaun ich mich.
> Schöner malt sich mir die schöne Erde,
> heller spiegelt in des Freunds Gebärde
> reizender der Himmel sich.

Die Verse sind der flammende Widerschein jenes Freundschaftsbundes, den Schiller erst in den Akademiejahren, dann in seiner Stuttgarter Zeit um sich geschart hatte; Dannecker, der Bildhauer, hatte ebenso dazugehört wie Zumsteeg, der Musiker, Scharffenstein, der Militär, oder Petersen, der Bibliothekar. Was heute wie das dichterische Bekenntnis gelebter Homoerotik klingt, ist damals davon entfernt, obschon die Seelenschwärmerei, die diesen Kreis beflügelte, durchaus eine homophile Tönung hatte; der Freundschaftsenthusiasmus, den Schiller in seinen Jugendjahren verströmt (noch seine Beziehung zu Goethe lebt davon), hat im Ganzen dieses Timbre. Schillers von Fall zu Fall leidenschaftliches und entzündbares, aber nicht in die Tiefe seiner Existenz dringendes und darum lyrisch weitgehend unproduktives Verhältnis zur Frau stimmt gut zu dieser homophilen Schwebung und erklärt sich aus ihr. Nimmt man das tiefinnige Verhältnis zu Mutter und Schwester aus, so interessieren diesen Autor Männer noch mehr als Frauen; eines nicht fernen Tages wird er sich an einem Trauerspiel versuchen, das mit einer einzigen, schnell vorüberhuschenden Ausnahme ausschließlich unter Männern spielt, gerade als sei die Karlsschule der Schauplatz; es ist aber die Insel Malta. In aller Unschuld fungiert »die Männerliebe« darin als das »vollgültige Surrogat der Weiberliebe«; sie »ersetzt sie für den poetischen Zweck in allen Teilen, ja sie übersteigt noch die Wirkung«. »Liebe der griechischen Jünglinge zueinander«, notiert der Autor in seinem ersten Entwurf zu diesem nie geschriebenen, aber immer wieder auftauchenden Projekt, mit dem er seinen Losriß von der Militärakademie aufzuheben sucht, »Notwendigkeit eines solchen Gefühls zwischen jungen fühlenden Seelen, die das andere Geschlecht nicht kennen, denn eine edle Seele muß etwas leidenschaftlich lieben, und das Feurige sucht das Sanfte auf.«

In der Theosophie des Julius geht es nicht um geschlechtliche, sondern um gesellschaftliche Liebe, um ein Heilmittel wider die Selbstsucht, die alle Verhältnisse durchdringt und erkältet. »Egoismus ist die höchste Armut eines erschaffenen Wesens«, erklärt dieser Zweiundzwanzigjährige, dem der um vier Jahre älter gewordene *Thalia*-Herausgeber Raum gibt; gegen jene Irrlehrer, die »aus einem dürftigen Egoismus ihre trostlose Lehre gesponnen« haben (das geht gegen Hobbes, der den Kampf aller gegen alle als menschlichen Urzustand vorausgesetzt hatte), ruft er:

Ich bekenne es freimütig, ich glaube an die Wirklichkeit einer uneigennützigen Liebe. Ich bin verloren, wenn sie nicht ist, ich gebe die Gottheit auf, die Unsterblichkeit und die Tugend. Ich habe keinen Beweis für diese Hoffnungen mehr übrig, wenn ich aufhöre, an die Liebe zu glauben. Ein Geist, der sich allein liebt, ist ein schwimmendes Atom im unermeßlichen leeren *Raume.*

Das ist wie ein Prosakommentar zu dem Freuden-Hymnus, der am Anfang der zweiten *Thalia* stand. »Laßt uns helle denken, so werden wir feurig lieben«, mahnt dieser Julius am Ende seines Traktats, den der älter Gewordene dann zu einem Dokument seines Knabenalters erklärt. Raphael, der Rationalist, hat ihm die theosophische Weltempfindung verstört:

Wohin ich nur sehe, Raphael, wie beschränkt ist der Mensch! Wie groß der Abstand zwischen seinen Ansprüchen und ihrer Erfüllung! – O, beneide ihm doch den wohltätigen Schlaf. Wecke ihn nicht. Er war so glücklich, bis er anfing zu fragen, wohin er gehen müsse und woher er gekommen sei. Die Vernunft ist eine Fackel in einem Kerker. Der Gefangene wußte nichts von dem Lichte, aber ein Traum der Freiheit schien über ihm wie ein Blitz in der Nacht, der sie finstrer zurückläßt. Unsre Philosophie ist die unglückselige Neugier des Ödipus, der nicht nachließ, zu forschen, bis das entsetzliche Orakel sich auflöste. Möchtest du nimmer erfahren, wer du bist!

Wenn die hochfliegende Theosophie dem freigelassenen Akademiezögling zugehört, so sind diese Eingangsernüchterungen dem *Thalia*-Redakteur von 1786 zuzuschreiben.

Couleur de Ramonneur

Der sitzt, als auch dies in Druck gegeben ist, allein in Dresden und schreibt Briefe. Körners sind am Palmsonntag mit Dorchen und Huber nach Leipzig, ihre Heimatstadt, gefahren, und der geselligste aller Dichter hat sich entschlossen, über Ostern in Dresden Neustatt zu bleiben; für drei Aprilwochen dispensiert er sich von der familiären Umzingelung. Sucht er Abstand von einem Familienleben, das sich in dem Maß auf sich selbst konzentriert, als ein Zuwachs sich ankündigt? Minna Körner ist im sechsten Monat schwanger. Das ist eine Situation, die ihn das Provisorische seiner Existenz fühlen läßt; er ist in voller Tätigkeit, von Freunden gestützt, ohne drängende materielle Sorgen, aber weit entfernt von einer unabhängigen Stellung. Die Residenzstadt, in der der Dichter der »Räuber« als völliger Exot umhergeht, bietet keinerlei Handhabe dafür.

Doch in dem Brief, den er den Körners für Sophia Kunze, die Frau des Steinguthändlers, nach Leipzig mitgibt, ist nichts von Melancholie. Sie ist ohnedies nicht seine Sache: Schiller ist der Inbegriff des antimelancholischen Poeten. Wenn es ihm schlechtgeht, spricht er von einer Krisis, die sich in ihm vorbereite, von einer bevorstehenden Revolution seines Daseins; kopfhängerisch wird man ihn kaum jemals erleben. Unmut, Unwohlsein wandelt ihn an, aber niemals Verzagen und Weltabwendung; auch in verzweifelter Lage bleibt er aktiv.

Erleichtert ihm das Sternbild, unter dem er geboren ist, solche Welt- und Lebenszugewandtheit? Es ist das des Skorpions; die Astrologin Teri King kennzeichnet den »höheren männlichen

Typ« dieses Tierkreiszeichens (es gilt als das »des Gouverneurs und Inspektors«) durch »scharfes Urteilsvermögen«: »Seine Kritik ist unparteiisch und genau, er urteilt klar und entschlossen. ... Seine Machtliebe ist gut entwickelt, aber sein Ehrgeiz bezieht sich nicht nur auf sich selbst; auch für andere wünscht er Fortschritt. ... Seine Hauptstärke liegt in seiner Fähigkeit, seine Kraft auch unter den schwierigsten Umständen zu verwenden. Er strebt nach Selbstbeherrschung und Vervollkommnung, aber oft bringt ihn der Stachel seiner Persönlichkeit ... zu Fall.«

In dieser vorösterlichen Mußezeit betrifft die Vervollkommnung Schillers Äußeres. Daß er es ins Auge faßt, deutet auf einen Entschluß: er will in Gesellschaft gehen; dazu braucht er einen neuen Frack. Wie nötig er ihn hat, bezeugt eine späte Erinnerung Sophie Albrechts an seine damalige Erscheinung. Die Zweiundachtzigjährige, die alle Freunde ihrer Jugend überlebt hat, erzählt einem Frager:

Schillers gewöhnliche Kleidung bestand damals in einem dürftigen grauen Rocke, und der Zubehör entsprach in Stoff und Anordnung keineswegs auch nur den bescheidensten Anforderungen des Schönheitssinnes. Neben diesen Mängeln der Toilette machte seine reizlose Gestalt und der häufige Gebrauch des Spanioltabaks einen ungünstigen Eindruck, den das tiefgesenkte, immer sinnende Haupt noch vermehrte. Nur auf seiner schönen Stirn und in dem glänzenden Auge sprachen erhebende Zeichen von den großen Gedanken, die er meistens nächtlich eben damals dem Manuskript seines Don Carlos übergeben.

Ein Frack ist ein aufwendiges und teures Kleidungsstück – Sophia Kunze soll den Stoff dafür besorgen. Sie hat ihn wegen seiner Schreibfaulheit gescholten, Schiller läßt das nicht auf sich sitzen:

Verzeihung, liebste Freundin, daß ich Sie schon wieder mit einem Briefe belästige. »Das ist ein aufdringlicher Mensch, werden Sie freilich sagen, er läßt einem keine Ruhe mit Schreiben. Weiß ich denn nicht schon, daß er mir gut ist, recht herzlich gut ist, was braucht mirs denn der Narre noch erst lang schriftlich zu versichern? Aber das ist einmal seine Schwachheit. Er machts mit jedermann so.«

Meinen letzten Brief vom 25. März haben Sie hoffentlich erhalten. Ich schrieb Ihnen darin, daß unser lieber Kunze uns eine überraschende Freude durch seinen Besuch gemacht hat, daß er sich in

Dresden auch ganz gut befinde, bis auf die Kammerdiener und Schweizer in der katholischen Kirche. Er versicherte, daß sein Aufenthalt in der Residenz der angenehmste von der Welt sei, und daß er Gott danken würde, wenn er das Tor hinter dem Rücken habe. In meinem vorletzten Briefe vom 14. März Seite 5 habe ich Ihnen gemeldet, daß ich mich von Herzen darauf freue, Sie wiederzusehen, und daß ich mit Ungeduld den Sommer erwarte, der uns wieder zusammenbringen wird. Eine ähnliche Versicherung steht in meinem vorhergehenden Briefe vom 29. Februar, wo ich Ihnen unter andern schrieb, daß das Holz hier sehr teuer sei. Sehen Sie, liebste Freundin, von allen diesen Briefen habe ich Kopien, wenn sie auf der Post sollten verlorengegangen sein.

Nun, liebe Kinder, seid ihr alle beisammen bis auf mich, und ich dächte, ihr solltet mich wenigstens ein bißchen vermissen, wenigstens aus dem angenehmen Rausch eures Wiedersehens einen Blick auf meinen Jammerstand werfen.

»Mir graut vor dem Gedanken
auf dem Kohlenmarkt allein zu sein. Ich bin
allein.«   Karlos. II. Akt. 3ter Auftritt

Thomas Carlyle, Wegbereiter Goethes wie Schillers im England des neunzehnten Jahrhunderts, hat dem Autor der »Räuber« einen »eigentümlichen Mangel an Humor« attestiert, Schiller sei »der ernsteste aller Schriftsteller«; auch deutsche Kommentatoren, wie der subtil sondierende Freud-Schüler Hanns Sachs, haben ihn »bloß auf Pathos gestellt« gesehen. Offenbar hatte Carlyle von Schillers Briefen nur die an Goethe gelesen und kannte das »Pro memoria« aus dem Weinbergshäuschen (es war 1823 in einem vielgelesenen Taschenbuch erschienen) überhaupt nicht. Noch was man Schillers Pathos nennt, die Lust an der treffenden, schlagend-überraschenden Wendung, ist ohne einen Fond an Humor überhaupt nicht zu denken. Was für ein heiterer, überschäumend launiger Mann dieser Tragödiendichter ist, zeigt sich in seinen Briefen immer wieder; an diesem Aprilsonntag erfährt es Sophia Kunze. Der Vorwärtsverteidigung mit den nie geschriebenen Briefen folgt das Anliegen, das höchste Akribie erfordert:

Nun eine kleine Bitte, liebe Kunzin, die Sie einem Trauerspieldichter nicht abschlagen müssen. ... Ich möchte Tuch zu einem

Frack aus Leipzig haben, weil ich es hoffentlich da besser und wohlfeiler bekommen kann. Haben Sie die Güte und nehmen [legen] mirs aus. Die Couleur de Rammoneur [Schornsteinfegerfarbe] ist mir die liebste. Der Preis der Elle darf zwischen 3 und 4 Taler sein, teurer als 4 Taler mag ich es nicht. Ich brauche 3 Ellen ¼; englisches ist mir das liebste. Zum Futter habe ich schon einmal in Leipzig bei einem gewissen Kaufmann Ferol eine Art halbseiden oder florettseiden Zeug gekauft, den man Minorca nennt. Von diesem nehmen Sie auch 5 und ½ Elle, sie kostet einen halben Taler, aber weißen. Wenn man gestickte Gros de tourn[nure] Westen mit Gold um einen billigen Preis bekommen kann, so hätte ich Lust eine zu nehmen. Sie darf mich aber nicht höher als ein Carolin kommen, übrigens kann sie so simpel sein wie möglich. Ich liebe das überladene Wesen nicht. Das Ganze zusammen wird ohngefähr 23-24 Th. machen, und ich habe darum Göschen geschrieben, der an mich eine Auszahlung hat, daß er es in meinem Namen richtig machen soll. So brauch ichs nicht erst zu schicken.

Er denkt an alles, auch ans Bezahlen, und erbietet sich zu jedem Gegendienst:

Werden Sie mirs wohl verzeihen, daß ich Ihnen soviel Beschwerlichkeit zumute? Brauchen Sie Repressalien, schreiben Sie mir, wenn Sie hier Garn oder Baumwolle oder Butter und Schmalz einzukaufen haben. So will ich mir eine Ehre daraus machen es zu besorgen.

Noch einmal, liebste Freundin, vergessen Sie meiner nicht ganz, wenn der Zirkel beisammen ist. Ich habe ja ein Gedicht auf die Freude gemacht, ich bins also doch wert, daß man in der Freude meiner gedenkt.

Carlyle ist auf dem Holzweg; wenn es Schiller, dem Schriftsteller, immer und durchaus ernst ist, nach dem besonderen, spielerischen Ernst der Kunst, so ist er in der persönlichen Sphäre oft genug ein Mann der leichten Hand, ja des Übermuts. Im Falle eines Falles schafft er auch in seinen Stücken dafür Raum, so in dem Vorspiel zu jener zweiteiligen Tragödie, mit der er 1796, neun Jahre nach dem Abschluß des »Karlos«, zu seinem eigentlichen Metier, dem des Dramatikers, zurückkehrt, dem »Wallenstein«. »Wallensteins Lager« heißt dieser Introitus, der schon mit dem Vers, den er sich vorgibt, einen humoristischen Ton anschlägt: er steht in gereimten Knittelversen; die tiefe Erleichterung, nach langer Pause wieder für das Theater schreiben zu können, malt sich in diesem Ton. In der fünften Szene treten zwei Soldaten ins Marketenderzelt – »Sind Holkesche Jäger, die silbernen Tressen / Holten sie nicht auf der Leipziger Messen«, begrüßt sie ein Wachtmeister – und erkennen in der Wirtin eine alte Bekannte: »Was? der Blitz!« ruft der eine: »Das ist ja die Gustel aus Blasewitz.« Blasewitz ist ein Dorf auf der Körners Weinberg gegenüberliegenden Elbseite.

»Ernst ist das Leben, heiter ist die Kunst«, endet der Prolog, den der Autor diesem Vorspiel voransetzt, und das ist umfassend gemeint. Auch die Tragödie, indem sie im Spiel, in der Vorstellung die Konflikte des Lebens aufruft, trägt zu der höheren Heiterkeit bei, mit der der Künstler nicht nur *sein* Leben meistern hilft.

Zwischenspiel

Vor dem Kurländer Palais

FEURIGER KARNEVAL

Die Gustel gab es in Blasewitz tatsächlich; sie hieß Justine Segedin, war damals dreiundzwanzig Jahre alt und half in der Schankwirtschaft mit, die ihre Mutter am Elbufer betrieb. Hat Schiller das Lokal in seiner vorösterlichen Einsamkeit einmal besucht, um dann per Schiff die Rückreise nach Dresden Neustatt anzutreten? In die Altstadt hinüber – Pöppelmanns Elbbrücke mit dem großen Kruzifix lag ganz nahe – wird er in dieser Osterzeit mehr als einmal gegangen sein, vielleicht am Karfreitag zur Passionsmusik in die Frauenkirche, wo noch vor kurzem ein bedeutender Bach-Schüler, Gottfried August Homilius, das musikalische Zepter geführt hatte.

Ein Stück hinter dem Bau, dessen glockenförmig aufschwingende Steinkuppel dem Bombardement Friedrichs II. getrotzt hatte, bis dieser vor seinen Kanonieren in die geflügelten Worte ausgebrochen war: »Laßt den alten Dickkopf stehen!«, stieß der Spaziergänger auf eine Palastanlage, die er als »bei Gosels« beschreibt: das ist das Cosel-Palais mit seinen beiden Flügelbauten und einem nahe gelegenen kleinen Park.

Ich bin die ganze Zeit über nirgends als spazieren gewesen. Gestern mittag aß ich bei Becker. Er hatte einen Fremden von Gotha bei sich und bat mich mit Oeser, welches ich nicht wohl abschlagen konnte. Sonst bin ich nach dem Essen entweder bei Gosels oder im großen Garten gewesen.

So berichtet er am Ostersonntag an den nach Zerbst weitergereisten Körner. Becker ist ein Dresdner Kunstprofessor, Oeser der Akademie-Direktor, den er in Leipzig kennengelernt hatte.

Hinter dem Cosel-Palais, das nicht der berühmten Mätresse Augusts des Starken, sondern beider Sohn, dem General und Grafen, gehört hatte, konnte der Stadtwanderer einen Palast ins Auge fassen, dessen schmale, hohe Fensterachsen in ihrem Wechsel von geraden und rundbogigen Abschlüssen eine Noblesse ausstrahl-

*Das Kurländer Palais am Dresdner Zeughausplatz (Photographie, 1934).
Der nach dem Brand des Vorgängerbaus von J. C. Knöffel
1728/29 errichtete Bau kam 1740 in den Besitz des Chevaliers de Saxe und
1774 in den des Prinzen Carl von Kurland. Nach der Bombardierung
von 1764 durch F. A. Krubsacius wiederhergestellt; nach der Bombenzerstörung
von 1945 als Ruine gesichert, derzeit vor dem Wiederaufbau.*

ten, die auch in dieser Stadt, in der die besten Baumeister des Jahrhunderts miteinander gewetteifert hatten, aufmerken ließ; was sich hier zeigte, war das Glück der vollkommenen Proportion.

Der Spaziergänger fand sich nicht nur vor einem der schönsten, sondern auch vor einem der geschichtenreichsten Häuser einer Residenz, die bei dessen Erbauung das Zentrum einer europäischen Großmacht gewesen war. Graf Wackerbarth, als Generalintendant und Minister ein enger Vertrauter Augusts des Starken, hatte sich hier durch Christoph Knöffel, einen begabten jungen Sachsen, einen Amtssitz errichten lassen, in dem er im Januar 1728 zwei illustre Staatsgäste unterbrachte, Friedrich Wilhelm I., König in Preußen und Kurfürst von Brandenburg, und dessen ältesten Sohn, den sechzehnjährigen Kronprinzen, den der Vater gar nicht mit auf die Reise hatte nehmen wollen. Von seiten Wilhelmines, seiner Schwester, hatte es einer kleinen diplomatischen

Intrige bedurft, um den seinem reizbaren Vater wegen musikalisch-literarischer Neigungen verdächtigen Thronfolger aus Berlin nachkommen zu lassen.

Was der nach Anregung lechzende junge Mann dort erlebt hatte, war ein Schock und eine Offenbarung gewesen: das Erlebnis der Freiheit. Aus dem puritanisch-strengen Elternhaus fand sich der mitten in der Pubertät Stehende unvermittelt in eine Sphäre hemmungslosen und zugleich aufs höchste kultivierten Lebensgenusses versetzt, in einen Schönheitskult, in dessen Zentrum ein Regent von physischer Imposanz und bedeutenden geistigen Gaben stand. Mit seinem Übertritt zum Katholizismus hatte er die Fesseln abgestreift, die die protestantische Moralität auch den Fürsten auferlegte; sein preußischer Amtsbruder demonstrierte es unter dem Einfluß Hallenser Pietisten mit schier pathologischer Inbrunst. Monstren waren alle beide, obschon nicht von Natur; die Stellung des niemandem außer sich selbst verantwortlichen Staatshaupts hatte sie dazu gemacht. Absolutismus als die diktatorische Balance zwischen Feudaladel und bürgerlicher Klasse war das politische Gebot der Zeit, das zuerst in Frankreich Gestalt angenommen hatte; es trieb die, welchen diese Aufgabe zufiel, in das Extrem ihrer jeweiligen Veranlagung.

August der Starke war an einer politischen Verbindung mit dem preußischen Nachbarn interessiert gewesen, und Friedrich Wilhelm, von einem Günstling, dem Feldmarschall Grumbkow beraten, war ihm dabei entgegengekommen; zur Bekräftigung des Bündnisses gedachte der sächsische August sich mit einem um neununddreißig Jahre jüngeren Mädchen zu vermählen, der Schwester des preußischen Kronprinzen. Um einer aufgelockerten Atmosphäre sicher zu sein, hatte man den Staatsbesuch in die Karnevalszeit gelegt; offenbar war es auf die Verführung der Preußen abgesehen. Aber das Ganze stand unter keinem günstigen Stern; in Wackerbarths gerade erst fertiggewordenem Palais brach mitten in der Nacht Feuer aus, »mit solcher Heftigkeit und Schnelligkeit, daß man [den König] nur mit Mühe und Not retten konnte. Der ganze herrliche Palast fiel in Schutt.«

Das war der erste Dresdner Schock für die angereisten Hohenzollern, der zweite sah anders aus. Wilhelmine bekam es von Bruder Fritz nach der Rückkehr erzählt:

Der Hof zu Dresden war damals der glänzendste Deutschlands. Die Pracht war hier bis aufs äußerste getrieben, und man frönte allen Genüssen; mit Recht durfte er mit der Insel Cythere verglichen werden: die Damen waren sehr liebenswert, und die Herren sehr galant. Der König hielt eine Art von Serail, das aus den schönsten Frauen seines Landes bestand. Als er starb, schätzte man die Zahl der Kinder, welche er von seinen Mätressen hatte, auf 354. Der ganze Hof folgte seinem Beispiel, man dachte nur an das Wohlleben, und Bacchus und Venus waren die herrschenden Gottheiten. Der König von Preußen vergaß da gar bald seiner Frömmelei, die ausschweifenden Gelage und der Ungarwein versetzten ihn wieder in gute Laune. Er schloß enge Freundschaft mit dem König von Polen, dessen verbindliches Wesen ihn anzog. Grumbkow, der inmitten der Feste seiner Ziele nicht vergaß, wollte sich diese günstige Laune zunutze machen und den König verleiten, sich Mätressen zu halten; er teilte seinen Plan dem König von Polen mit, und dieser übernahm es, ihn auszuführen.

Das Ganze war gegenüber dem gekrönten Pietisten, der unter Anwandlungen religiösen Wahns litt, aber auch unter den Intrigen seiner mit dem König von England verschwisterten Gattin, wohl als eine Art Therapie gedacht. Aber allzu naiv war sie ins Werk gesetzt worden:

Eines Abends nach einem Trinkgelage führte der König von Polen den König wie von ungefähr in ein reich ausgestattetes Gemach von auserlesenem Geschmack. Mein Vater stand in Bewunderung vor all den Schätzen, als man plötzlich eine Tapetenwand hob und ein höchst unerwarteter Anblick sich darbot. Es war eine weibliche Gestalt im Kostüm der Eva, welche nachlässig auf einem Ruhebett ausgestreckt dalag. Das Geschöpf war schöner, als man Venus und die Grazien darstellt; ihr Körper wie aus Elfenbein war weiß wie Schnee und schöner gestaltet, als der der mediceischen Venus in Florenz. Das Kabinett, welches diesen Schatz in sich barg, war von so vielen Kerzen beleuchtet, daß ihr Schein das Auge blendete und die Schönheit dieser Göttin noch strahlender erschien. Die Veranstalter dieser Komödie zweifelten nicht, daß dieser Anblick das Herz des Königs entzünden würde; allein es kam ganz anders. Kaum hatte der König die Schöne gesehen, als er ihr empört den Rücken zudrehte, und meinen Bruder hinter sich gewahrend, schob er ihn sehr unsanft aus dem Zimmer hinaus; er selbst verließ es auch auf der Stelle und zeigte sich über den Streich sehr ungehalten. Er sprach sich noch am selben Abend sehr nachdrücklich mit Grumbkow darüber aus, nahm sich kein Blatt vor den Mund und erklärte ihm, daß, wenn derartige Szenen sich wiederholten, er unverzüglich abreisen würde.

Soweit der König. Anders der Kronprinz, über den der Vater, sonst stets zu Mißhandlungen geneigt, in Dresden keine Macht hatte. Wieder daheim, vertraute er auch dies seiner Schwester an (wie das Manuskript ihrer Erinnerungen lange nach ihrem Tod den Weg an die Öffentlichkeit fand, ist eine Geschichte für sich):

Trotz der Vorsorge des Königs hatte er vollauf Zeit gehabt, die Venus zu betrachten, welche ihm nicht den Abscheu einflößte, den sie bei seinem Vater hervorrief. Sie wurde ihm auf recht eigentümliche Weise durch den König von Polen zuteil. Mein Bruder hatte sich leidenschaftlich in die Gräfin Orzelska verliebt, die zugleich die natürliche Tochter und die Mätresse des Königs war. Ihre Mutter war eine französische Kaufmannsfrau in Warschau. Die Gräfin verdankte ihr Glück ihrem Bruder, dem Grafen Rudofski, dessen Geliebte sie war und durch den sie mit dem König von Polen bekannt wurde. Dieser, wie gesagt, hatte so viel Kinder, daß er sich nicht aller annehmen konnte. Die Reize der Orzelska aber rührten ihn so sehr, daß er sie sogleich als seine Tochter anerkannte; er war ihr leidenschaftlich zugetan. Die Aufmerksamkeiten, welche ihr mein Bruder erwies, erfüllten ihn mit grausamer Eifersucht. Um diesem Zustande ein Ende zu machen, ließ er ihm die schöne Formera antragen, unter der Bedingung, daß er der Orzelska entsagen würde. Mein Bruder versprach alles, um jene Schönheit besitzen zu dürfen, die seine erste Geliebte wurde.

Im Dresdner Karneval des Jahres 1728 hatte Friedrich sein erstes Liebeserlebnis gehabt, unter Umständen, die man sich exzentrischer nicht vorstellen konnte. Das Ganze war ein tiefer Einschnitt im Leben des Sechzehnjährigen, der daheim wieder unter der Fuchtel seines rigoristischen Vaters stand. Er fiel, wie Wilhelmine notiert, »in düsterste Melancholie«, aus der ihn die Gräfin Orzelska nur vorübergehend befreite, als sie ein Jahr später im Gefolge ihres den Staatsbesuch erwidernden Vaters in Berlin eintraf und sich heimlich mit dem Kronprinzen traf. Nach außen hin ging dieser gegenüber den Sachsen auf Distanz: er stellte sich krank, um an der Festtafel im Berliner Schloß nicht hinter dem sächsischen Kronprinzen zu rangieren. Der künftige Preußenkönig hatte die in Dresden wie in Berlin zur Schau gestellte sächsische Überlegenheit als eine Demütigung empfunden.

Die Isolation, die Friedrich in Berlin wieder auferlegt war, hat dazu beigetragen, sein Verhältnis zu Frauen dauerhaft zu verstören. Der Konflikt mit dem Vater, der ihn öffentlich mißhandelte, spitzte sich so zu, daß er einen Fluchtplan ins Werk setzte, der in eine Katastrophe ausging. Sicher ist, daß er dem exzessiven Dresdner Karneval einen Anteil an den Krisen und Demütigungen beigemessen hat, die ihn in den asketischen Despoten und waghalsig-genialen Militär verwandelten; im Siebenjährigen Krieg war er zum Besetzer und Zerstörer des augusteischen Sachsens geworden. Schiller, vor dem nach jenem Brand neuerbauten und auch von dem preußischen Bombardement wiederhergestellten Palais stehend, konnte sich an einem Knotenpunkt der Zeitgeschichte fühlen; in dem Sechzehnjährigen, den das Feuer aus diesen Mauern vertrieben hatte, hatte er ein Alternativmodell für den spanischen Kronprinzen vor Augen, dessen Schicksal er in einem immer länger werdenden Stück zu fassen suchte.

Preussens Zukunft

Unterdes war dieser Friedrich, der Sachsen und Österreich geschwächt und Preußen zur europäischen Großmacht erhoben hatte, ein längst zur Legende gewordener Vierundsiebzigjähriger, dessen Lebensbahn sich dem Ende zuneigte. Ein gnomhaft zusammengeschrumpfter, von seinen Windhunden etwas Bettwärme entlehnender, seine Angehörigen wie seine Minister terrorisierender Mann, der alle politischen Fäden mißtrauisch-wachsam in der Hand hielt, hauste er in seinem Haus Sorgenfrei – »Sans Souci.« stand etwas sonderbar über der mittleren Fassadenrundung – in prachtvoll verzierten, aber völlig verwahrlosten Zimmern, ein regierender Assi, den seine Verwandten das Ungeheuer und seine Untertanen den alten Fritz nannten.

Um so größer war die Aufmerksamkeit, mit der man auf seinen

Nachfolger blickte, den ältesten Sohn seines ältesten Bruders August Wilhelm, den der Vater, Friedrich Wilhelm I., ihm in Kinderjahren stets vorgezogen hatte. Nach einer mißlungenen militärischen Aktion im Siebenjährigen Krieg hatte Friedrich diesen Bruder auf brüske Weise kaltgestellt; ein Gehirnschlag hatte diesen ein Jahr später dahingerafft. Auch den Neffen, der als Vierzehnjähriger in Rang und Stellung eines Prinzen von Preußen eingerückt war, hatte der regierende Onkel schikanös genug behandelt; wie nahe Schiller in seinem »Karlos« der familiären und politischen Realität zeitgenössischer Fürstenhöfe gekommen war, hatte ihm die lebhafte Reaktion seiner Darmstädter Zuhörer gezeigt. Es war psychologisch plausibel, daß die »absolut«, losgelöst von jeder übergeordneten Instanz, regierenden Herrscher Thronerben, die nur durch ihren Tod an die Regierung kommen konnten, nicht als Mitwirkende, in den Geschäftsgang Einzuweihende behandelten, sondern als habituelle Widersacher, als geborene Feinde. Wenn nicht ein glückliches Naturell ihr entgegenwirkte, kam die ödipale Konstellation in diesem Klima zu pathologisch-enthemmter Entfaltung und verdarb jeden künftigen Regenten durch den vorangehenden.

Bei Friedrich Wilhelm, dem Neffen und Kronprinzen, kam erschwerend hinzu, daß er der genaue Gegentyp seines Onkels war: ein hochgewachsener, geradezu schöner Mann, neben dem sich der König, bei aller geistigen Überlegenheit, wie ein Pygmäe fühlen mußte. Ebenso unterlegen fühlte sich in jeder andern Beziehung der inzwischen Zweiundvierzigjährige, dessen Selbstbewußtsein der regierende König ständig herabzusetzen versuchte; als »plumpesten Teufel«, als »Ausschuß der Familie« bezeichnete er ihn in Briefen, die nicht geheim blieben. Er hatte den Thronfolger mit Spionen umstellt und hielt ihn so kurz, daß der Kronprinz sich bei ausländischen Botschaftern verschuldet hatte; selbst König geworden, war Friedrich II. wie in die Haut seines tyrannischen Vaters geschlüpft. Über die zweite Verheiratung Friedrich Wilhelms – die erste war nach wenigen Jahren geschieden worden – verfügte er so vollkommen über dessen Kopf hinweg, daß dieser die Kandidatinnen gar nicht zu Gesicht bekam. Daß die Erwählte, eine hessische Prinzessin, zahlreiche Kinder von dem Angetrauten bekam, beglaubigte die Wahl dann unübersehbar.

Die Harmonie war dennoch begrenzt, und der Kronprinz imitierte gleichsam das Jugendschicksal seines unleidlichen Onkels, als er Zuflucht bei einem blutjungen Mädchen suchte, deren aus Dessau stammender Vater Hornist in der königlichen Kapelle war. Friedrich II. hatte als Achtzehnjähriger eine platonische Liebschaft mit einer Potsdamer Rektorentochter angesponnen, die sein Vater, der König, nach der vereitelten Flucht, an der sie keinen Anteil hatte, an mehreren Stellen der Stadt öffentlich auspeitschen ließ. Dem Neffen ging es mit Wilhelmine Encke um vieles besser; die Vierzehnjährige – sie war katholisch wie ihre Eltern – wurde 1766 die Geliebte des um acht Jahre älteren Prinzen, der sie zur Ausbildung nach Paris schickte; nachdem seine erste Ehe geschieden war, avancierte die Achtzehnjährige durch königlichen Ratschluß – hier mochte Friedrich II. an seine eigene Jugend gedacht haben – zur offiziellen Mätresse mit eigener Villa in Charlottenburg. In den Jahren, da die Kronprinzessin sechs Kinder von Friedrich Wilhelm bekam (danach trat sie in einen Ehestreik), brachte Wilhelmine deren fünf zur Welt, von denen nur eine Tochter das Erwachsenenalter erreichte. Nicht nur in jungen Jahren erwies sich Wilhelmine als Friedrich Wilhelms »einzige Bezugs- und Vertrauensperson« (Wilhelm Bringmann); der überforderte Monarch nannte sie »seinen einzigen Trost auf dieser Welt«.

Dabei dauerte die unmittelbare Liebesbeziehung der beiden nur zwölf Jahre, was mit dem wachsenden Einfluß der Rosenkreuzer auf den Kronprinzen zusammenhing. 1778 hatte der vierunddreißigjährige Kronprinz ein religiöses Erweckungserlebnis gehabt, bei dem der preußische General und Ordensgroßmeister Herzog Friedrich August von Braunschweig-Oels Regie geführt hatte; während eines Feldlagers im Bayerischen Erbfolgekrieg war es Friedrich Wilhelm gewesen, als greife eine unsichtbare Hand an seine Schulter und spräche das Wort »Jesus«. Schon sein Großvater, der Soldatenkönig, war, von Depressionen heimgesucht, bis an die Grenze religiöser Wahnvorstellungen gelangt; die Veranlagung erneuerte sich in dem Enkel, dem auferlegt war, eines Tages das Erbe eines garstig-genialen Tyrannen antreten zu müssen, der alles tat, den sinnenfrohen Riesen kleinzuhalten. Nur in der Musikalität trafen sich beide; war der König ein vorzüglicher Flöten-, so der Kronprinz ein exzellenter Cellospieler. Mozart, der hoffte, bei ihm eine Anstellung zu gewinnen, hat ihm drei Streichquartette komponiert, wie vorher schon Joseph Haydn; Beethoven, der 1796 bei ihm vorsprach und -spielte, schrieb ihm drei Sonaten.

Daß Friedrich Wilhelm mit seiner Hinwendung zu einer mystisch beglaubigten Frömmigkeit in Opposition zu seinem militant atheistischen, menschen- und religionsverachtenden Onkel trat, war nicht nur individuell naheliegend; es war ein Zug der Zeit, die der rationalistischen Pädagogik müde geworden war. Der Prinz, der nicht dumm, aber geistig unselbständig war, bedurfte auf diesem Weg eines Beistands, den die Rosenkreuzer freigiebig gewährten, vor allem sein Adjutant, jener aus Sachsen stammende Major v. Bischoffwerder, der ein »Stern erster Größe« unter den Anhängern Johann Georg Schrepfers gewesen war. Das Erstaunliche war, daß es diesem Ordensmann, der selbst kein Betrüger, sondern ein Glaubender war, auf dem Weg der Bekehrung gelang, den Prinzen, einen Mann von lebhafter Sinnlichkeit, dazu zu bringen, sich gegenüber Wilhelmine Encke ein Keuschheitsgelübde nicht nur aufzuerlegen, sondern es auch zu halten. Die rosenkreuzerische Faktion sah in der unbefangen-gescheiten jungen Frau einen ernsthaften Gegeneinfluß, den sie jedoch nicht dauerhaft ausschalten konnte; nicht die Liebesbeziehung, aber die Lebensfreundschaft der beiden erwies sich auf die Dauer als unzerstörbar.

Drei Jahre nach der Erweckung im Feldlager war es so weit, daß Bischoffwerder, der unter den Rosenkreuzern *Farferus Phocus Vibron de Hudlohn* hieß, Friedrich Wilhelm dem Orden als Mitglied zuführen konnte. Zusammen mit seinem Freund Wöllner, einem orthodoxen protestantischen Theologen, der sich durch landwirtschaftliche Reformschriften einen Namen gemacht hatte (als *Chrysophiron* war er der führende Berliner Rosenkreuzer), und im Beisein des Oberhaupts, Herzog Friedrich August von Braunschweig-Oels, nahm er den Prinzen von Preußen unter dem Namen *Ormessus Magnus* unter die Rosenkreuzer auf. Voraussetzung dafür war die Mitgliedschaft im Freimaurerorden, dem sich der Kronprinz als Achtundzwanzigjähriger gleich doppelt, in Halle und in Berlin, angelobt hatte. Die mystisch-alchemystisch beflissenen Rosenkreuzer bestimmten sich als höhere, besonders eingeweihte Stufe des allgemeinen Ordens. Preußen als neues Gottesreich, mit »Wiederherstellung der ursprünglich wahren Religion Jesu«, war ihr Ziel, ihre Hoffnung.

Geisterhaus

So war, als Schiller nach Dresden kam, der künftige Lenker der preußischen Politik seit vier Jahren Mitglied einer militant-konservativen Freimaurer-Absplitterung, die in dem Verdacht stand, Auffangbecken, wohl gar Tarnorganisation der 1773 von Papst Clemens XIV. verbotenen Jesuiten zu sein. Kam dem österlichen Spaziergänger, der von seinem freimaurerischen Freund in diese Verhältnisse eingeweiht war (auch Huber hatte besondere Kontakte), alles dies in den Sinn, als er sich auf dem Weg von »Gosels« zum Großen Garten vor dem sagenumwobenen Palais fand? Er brauchte Erzählstoff für künftige *Thalia*-Hefte; hier aber, wie in Leipzig und eng damit verbunden, lag ein Stoff auf der Straße, der durch einen Hintergrund von verschwörerischer Rechtgläubigkeit nicht nur ungemein spannend war, sondern einer Neigung entgegenkam, deren sich der Dramatiker Schiller nur mit Mühe entschlagen hatte: der Neigung, gleich Shakespeare, seinem obersten Gewährsmann, einmal einen Geist erscheinen zu lassen.

Das Kurländer Palais aber war ein Geisterhaus par excellence, genauer gesagt: es war ein Geisterseherhaus. In Dresden kannte man die Geschichte, die sich vor dreizehn Jahren dort zugetragen hatte, unter der Ägide jenes Prinzen Carl, der, ehe ihn die Russen vertrieben, zwölf Jahre als Herzog von Kurland, dem heutigen Lettland, amtiert hatte; davon trug das Palais seinen Namen. Der Herzog, ein allem Mystischen gläubig zugetaner Mann, hatte es von seinem Onkel erworben, dem Chevalier de Saxe, Malteserritter und sächsischem Feldmarschall, einem der vielen Söhne Augusts des Starken; nach dessen Tod hatte er Georg Schrepfer, den Leipziger Theurgen (so nannte man jene Magier, die die Toten aus dem Jenseits herbeizitierten), dazu gebracht, den Geist des Chevaliers hier erscheinen lassen. Wie es dabei zugegangen war, wußten nicht nur die Eingeweihten, zu denen Körner zweifellos gehörte. Ein reisender Brite, der Dresden damals besuchte, Nathanael William Wraxall, hat es der Nachwelt überliefert:

Die Gesellschaft versammelte sich in der bestimmten Nacht, denn Schrepfer zog natürlich die Dunkelheit vor ... Die Gesellschaft bestand aus neunzehn Personen, von denen ich mehrere persönlich kenne, welche Leute von Consideration [Beobachtungsgabe], Charakter und Respektabilität sind. Als sie in der großen Galerie des Palais zusammengekommen waren, war das erste Geschäft aller Anwesenden, Fenster und Türen fest zuzumachen, um sowohl eine Eindrängung als eine Täuschung zu verhindern. Schrepfer eröffnete der Gesellschaft hierauf, daß die Handlung, die er zu unternehmen im Begriff stehe, alle ihre Festigkeit in Anspruch nehme, und riet ihnen, um ihre Nerven zu stärken, von einer Bowle Punsch, die auf der Tafel stand, zu nehmen. Mehrere aus der Gesellschaft ... fanden diese Anermahnung vernünftig und entsprachen ihr wirklich. Der Herr aber, von dem ich diese Umstände vernahm, weigerte sich, von dem Rate Gebrauch zu machen. Ein anderer Herr von der Gesellschaft, der seine Geistesgegenwart beibehalten hatte, stellte sich an den Haupteingang, um darüber zu wachen, daß niemand wage, ihn heimlich oder mit Gewalt zu öffnen. Als diese Maßregeln getroffen waren, begann das große Werk mit der größten Feierlichkeit.

Schrepfer fing es damit an, daß er sich in eine Ecke der Galerie zurückzog, hier auf seine Knie niederfiel und mit einer Menge geheimnisvoller Zeremonien die Geister anrief, zu erscheinen oder wenigstens ihm zu Hilfe zu kommen. Er pflegte bei den Beschwörungen beständig ein Kruzifix in den Händen zu halten, bediente sich geweihter Lichter, schlug Kreuze und sang. Es verging eine geraume Zeit, ehe die Geister gehorchten. Während dieser Zwischenzeit arbeitete er sichtlich unter großer Anstrengung von Körper und Geist; er war mit einem heftigen Schweiß bedeckt und lag meist in Konvulsionen wie die Pythia der alten Welt. Endlich ließ sich ein lautes Prasseln an der Außenseite aller Fenster hören, darauf folgte bald ein anderes Geräusch, und dieses glich mehr als irgend etwas anderem der Wirkung, welche nasse Finger, über den Rand von Gläsern hingezogen, hervorbringen. Dieser Ton, sagte Schrepfer, verkündige die Ankunft seiner guten oder Schutzgeister, er schien ihn anzufeuern, weiterzuarbeiten. Kurze Zeit nachher hörte man ein Geheul von fürchterlicher und ungewöhnlicher Art. Schrepfer erklärte, dies komme von den bösen Geistern, deren Gegenwart, wie es scheint, nötig und unerläßlich war zur Vollendung der Katastrophe.

Die Gesellschaft, wenigstens der größere Teil, war jetzt durch Erstaunen elektrisiert oder durch Schauder versteinert und also vollkommen auf das, was sich ihr darstellen konnte, vorbereitet. Schrepfer setzte seine Beschwörung fort, und auf einmal öffnete sich nun plötzlich die Türe mit Gewalt und etwas, das einem schwarzen Ball oder Kugel glich, rollte ins Zimmer. Es war mit Rauch oder einer Wolke umgeben, und in der Mitte stellte sich ein menschliches Gesicht dar, dessen Züge dem Chevalier de Saxe glichen, wahrscheinlich so, wie Corregio oder Hannibale Caracci den Jupiter darstellen, wie er der Semele erscheint. Von dieser Gestalt ging eine laute und zornige Stimme aus, welche rief: Carl, was willst du mit mir? Warum störst du mich?

War die Erscheinung eine Projektion, hatte sich ein Helfer Schrepfers verkleidet? Die Zuschauer waren vor Schrecken starr, vor allem Herzog Karl, der mit dem Chevalier eine Rechnung offen haben mochte:

Der Herzog, dessen gottlose Neugierde seines Oheims Geist heraufbeschworen hatte, war weit entfernt, Kaltblütigkeit zu zeigen oder eine Antwort zu geben; er verriet die stärksten Zeichen des Schreckens und der Zerknirschung. Er schleppte sich auf den Knien herum und rief Gott an, ihm zu verzeihen, während andere von der erschreckten Gesellschaft den Magier flehentlich baten, die einzige Probe seiner furchtbaren Kunst, die noch übrig bleibe, zu geben, indem er die Erscheinung entlasse. Schrepfer aber, obgleich anscheinend dazu willig, fand oder gab wenigstens vor zu finden, daß dieses über seine Macht gehe. So unglaublich, ungereimt oder lächerlich es auch scheinen mag, Augenzeugen der Szene haben mir versichert, daß nahe an eine Stunde verging, ehe, durch die Macht von Schrepfers Beschwörungen, das Gespenst genötigt werden konnte, zu verschwinden. Ja, als es endlich diesem gelungen war, es zu entlassen, in dem Augenblick, als die Gesellschaft sich wieder etwas zu erheitern begann, sprang die Tür, die verschlossen worden war, noch einmal auf, und dieselbe schreckliche Gestalt stellte sich noch einmal unter die Augen der Gesellschaft. Dem Entschlossensten und Gefaßtesten derselben entfiel der Mut bei dieser zweiten Erscheinung, und es folgte nun eine Szene allgemeiner Verzagtheit. Endlich entließ Schrepfer durch wiederholte Beschwörungen oder Verwünschungen die Erscheinung. Die erschütterten Zuschauer gingen bald auseinander, von Erstaunen übermannt und von Schrepfers übernatürlichen Kräften vollständig überzeugt.

Mehr als vierzig Jahre nach dieser dramatischen Séance macht der vierzehnjährige Sohn eines bekannten Dresdner Malers in einem Loschwitzer Weinbergshaus die Bekanntschaft zweier alter Damen, die sich als die verarmten Töchter eines einstmals berühmten Dresdner Goldschmieds herausstellen, des Herrn v. Poncet, der Geheimrat und Direktor des Grünen Gewölbes gewesen war und selbst zu den Anhängern des Theurgen gehört hatte. Er hatte bei der Suche nach dem Stein der Weisen fast sein ganzes Vermögen eingebüßt; die Weinbergsvilla war alles, was den Seinen geblieben war. Die Schwestern erzählen dem Nachbarssohn eine andere Geschichte von den magischen Fähigkeiten, die Schrepfer im Haus des Rosenkreuzer-Herzogs entfaltet hatte. Hundert Dukaten hatte Prinz Carl während einer Abendgesellschaft demjenigen versprochen, der ihm sagen könne, was eine im kurländischen Mitau weit entfernt wohnende Gräfin gerade mache:

Aber um so mehr war man erstaunt, als Herr Schrepfer sich erbot, die gewünschte Nachricht zu beschaffen. Er wolle augenblicklich, sagte er, einen Brief nach Mitau befördern, nur müsse der Herzog zurückdatieren, damit die Sache dort nicht auffiele, und mit der Antwort dreißig Minuten Geduld haben. Unmöglich! rief mein Vater; der beste Renner könne in dreißig Minuten keine drei Meilen machen, geschweige denn dreihundert, und die Antwort wolle auch geschrieben sein. Die dreißig Minuten, sagte Schrepfer, seien nur für die Antwort, sein Bote brauche gar keine Zeit. »Schreiben Euer Durchlaucht!« fügte er hinzu, »ich setze hundert Dukaten gegen die Ihrigen.« Da schickte der Herzog nach Papier und Feder, schrieb, siegelte, adressierte, und Schrepfer reichte den Brief mit unverständlichem Gemurmel zur Tür hinaus. Der Herzog aber sagte leise zu meinem Vater: »Behalte Er die Augen offen, daß der Kerl uns keinen Streich spielt.«

Nun wußte niemand, ob es Zufall war oder was sonst, aber indem der Brief verschwand, erhob sich draußen ein Orkan. Der Sturm schlug wie mit Fäusten gegen die Fenster, polterte im Kamin und riß Ziegel von den Dächern; es war ein schrecklicher Aufruhr in der Natur. »Ein schlimmes Wetterchen!« bemerkte Herr Schrepfer, *indem er sich die Hände rieb und die Unterhaltung in früherer Weise fortzuführen suchte. Den anderen Herren war die Sache unheimlich. Gespannt, was werden würde, zogen sie ihre Uhren aus den Taschen, und das Gespräch ward schleppend; bald schwieg man gänzlich. Das Unwetter draußen hatte sich gelegt, und auch im Zimmer war es so still geworden wie in einer Uhrmacherwerkstatt.*

»Nur noch drei Minuten!« sagte der Herzog endlich. *»Er wird sich dazuhalten müssen, Monsieur Schrepfer!« In demselben Augenblicke fuhren alle Köpfe auf, und aller Augen starrten nach dem hohen Fenster des Gemaches, an welchem man ein scharfes Pochen vernahm, wie von dem Schnabel eines großen Vogels. Schrepfer eilte hin, schob den Vorhang zurück, öffnete und langte einen Brief herein, den er dem Herzog überreichte.*

Der Herzog unterzog das Kuvert genauer Prüfung. Es mochte ihm auffallen, daß das Siegel schwarz und die Aufschrift von fremder Hand sei. Das Schreiben war von einem Bruder der Gräfin und enthielt nur einige Zeilen mit der Anzeige, daß letztere vor ein paar Stunden gestorben sei. Bei der dringenden Eile des Kuriers, der sogleich wieder abreisen wollte und auf Antwort bestehe, sei ein mehreres nicht möglich. Nach einigen Wochen bestätigte sich die Nachricht.

Auch diese Schrepfer-Geschichte lief in Dresden um, und während die einen sich fragten, ob im Leipziger Rosenthal der Teufel selbst dem Theurgen den Hals umgedreht habe, meinten andere, Schrepfer habe mit dem Herzog unter einer Decke gesteckt. Beide Versionen vernimmt der jugendliche Wilhelm v. Kügelgen von den betagten Töchtern des Geheimrats v. Poncet, aber auch das letztere ist unwahrscheinlich. Ein Übermaß an Glaubensbereitschaft, Glaubensbedürfnis hatte Schrepfers Spiel erleichtert, das auf die phantastische Vorwegnahme einer Erfindung hinauslief, zu der es noch gut zweihundert Jahre brauchte: dem Telefaksimilieren. Wo die Realmagie der Natur*wissenschaft* bereits in stürmischem Vordringen war, warf weiße Magie – so nannte man den frommen Betrug im Gegensatz zum diabolischen – eine spekulative Angel ins Wünschbar-Zukünftige voraus.

Die Schauergeschichten aus einem Palais, dessen Architektur der Inbegriff harmonischer Ordnung, lebendiger Schönheit war, waren nicht nur an sich spannend, sie hatten auch einen brisanten politischen Kern. Denn Johann Rudolph v. Bischoffwerder, der einflußreichste Mann an der Seite des künftigen preußischen Königs, war einst in Dresden der Stallmeister jenes Herzogs von Kurland gewesen, der, ein führender Rosenkreuzer, immer noch hier residierte. Bischoffwerder, so hieß es, habe den magischen Apparat geerbt, mit dessen Hilfe Schrepfer seine Geistererscheinungen fabrizierte; bei spiritistischen Séancen setze er ihn dazu ein, den Prinzen von Preußen von seiner Macht über die Geisterwelt zu überzeugen und diesen nur körperlich imposanten Mann in dem Glauben zu bestärken, der Himmel stehe sichtbar an seiner Seite. Was aus Preußen würde, der einzigen Vormacht, die dem deutschen Protestantismus nach der Konversion des sächsischen Fürstenhauses zur Papstkirche geblieben war, wenn dort nach Friedrichs Tod die rosenkreuzerische Reaktion die Macht ergriffe, konnten sich die Freunde des Fortschritts nur mit Schaudern vorstellen.

Siebentes Kapitel

Schwebende Verhältnisse

Eine Hochzeit, keine Hochzeit

Mag der österliche Flaneur, der auf seinem Weg von »Gosels« zum Großen Garten zu den Fenstern des Kurländer Palais aufblickt, dies alles in sich bewegen – er behält es fürs erste für sich; über Ostern schreibt er keine Erzählung, sondern Briefe. Die Heiterkeit, die den Frackbrief nach Leipzig beschwingt hatte, erhält sich ihm über die ganze Zeit des Alleinseins. Außer von den Spaziergängen des Daheimgebliebenen erfährt Körner von dessen Lektüre, einem Buch, das »Vom Verdienste« handelt, aber auch von Wert und Unwert politischer Ordnungen; von allen betrachteten wird dem republikanischen Freistaat die Krone zugestanden. Es stammt von Thomas Abbt, dem frühverstorbenen Philosophen und Mathematiker, und gibt seinem Leser Anlaß zu einer Selbstdiagnose:

Eine solche Mischung ohngefähr von Speculation *und* Feuer, *Phantasie und Ingenium, Kälte und Wärme meine ich zuweilen an mir zu beobachten. Übrigens auch diese Dunkelheit, diese Anarchie der Idee, welche, durch eine Zusammengerinnung der Ideen und des Gefühls, durch eine Überstürzung der Gedanken erzeugt wird, und die Du selbst schon bei mir gefunden hast, auch diese finde ich bei Abbt, nur daß er sich mehr dem scharfsinnigen Philosophen, ich hingegen mich dem Dichter, dem sinnlichen Schwärmer mehr nähere.*

Mit Körner zusammen will er »Untersuchungen über die Klassifikation der Menschen, Abwägung der Größen und Tugenden« anstellen: »Welcher schöne Stoff für uns beide!« Er ist immer auf Teamwork aus – und darauf, Bildungslücken zu füllen:

Ich fühle es schmerzlich, daß ich noch so erstaunlich viel lernen muß. ... Unsre Seelen sind nur Destillationsgefäße, aber Elemente müssen ihnen Stoff zutragen, um in vollen saftigen Blättern ihn auszuschwellen.

Täglich wird mir die Geschichte *teurer. Ich habe diese Woche eine Geschichte des Dreißigjährigen Krieges gelesen, und mein Kopf ist mir noch ganz warm davon. Daß doch die Epoche des höchsten Nationen-Elends auch zugleich die glänzendste Epoche menschlicher Kraft ist! Wie viele große Männer gingen aus dieser Nacht hervor! Ich wollte, daß ich zehen Jahre hintereinander nichts als Geschichte studiert hätte. Ich glaube, ich würde ein ganz anderer Kerl sein. Meinst Du, daß ich es noch werde nachholen können?*

Ein Studium scheint auf, das ihn lange in Anspruch nehmen und den Dichter, den Dramatiker für Jahre zurückdrängen wird. Zu den Früchten gehört, außer einer Professur in Jena, ein buchhändlerischer Bestseller, die »Geschichte des Dreißigjährigen Kriegs«.

Noch ein anderes Vorzeichen enthält der Brief. »Bek hat mir geschrieben«, vernimmt Körner, »durch ihn erfahre ich die Bestätigung von Charlottens beschloßner Abreise, er meint, daß sie uns überraschen würde.« Heinrich Beck, das ist der von langer Hand mit Schiller befreundete Mannheimer Schauspieler, und Charlotte ist Charlotte v. Kalb; die Hochschwangere ist entschlossen, sich von ihrem Offiziersgatten loszumachen; ein den Kalbs gehörendes Familiengut im Mansfeldischen ist das Ziel. Ende April meldet Beck die glückliche Entbindung an Schiller und fügt einen Brief bei, den ihm Charlotte geschrieben hat, als sie gerüchtweise von Schillers Verheiratung gehört hatte; zweifellos ging es um Gretchen Schwan. »Wenn Du wissen willst, wie sie in Deiner Abwesenheit von Dir denkt – wie sie für mich denkt – so lies diesen Brief!« Das Mädchen, das Charlotte am 19. April zur Welt bringt, lebt nur drei Wochen; dann tritt die Ehemüde die Reise an die Unstrut an.

Aber nicht Frau v. Kalb, sondern »Dom Karlos« ist der Hauptgegenstand von Becks langem Brief; der begeisterte Freund (»Von Akt zu Akt, von Szene zu Szene steigst Du über Dich selbst hinaus«) rät dem Autor zu einer baldigen Bühnenbearbeitung. Beredt schildert er ihm die Unerträglichkeit der Mannheimer Verhältnisse, aber es in Dresden zu versuchen bringt er nicht über sich:

Mein Herz zieht mich zu Dir hin; aber alles übrige entfernt mich vom Dresdner Theater. Unter einem Bondini stehen, den Capricen und Kabalen eines Reinike zu unterliegen, unstät herumwandern zu müssen – und dann an einem Orte, wo der Geschmack gar nicht zu Hause ist, wo der Hof bigott, der Adel steif, der Bürger arm und feig ist – alles dies sind Inkonvenienzen, die ich schwerlich werde ertragen lernen.

Woher weiß er das alles, etwa von Schiller selbst? Unterdes stagnieren dessen Frackangelegenheiten: »Couleur de Ramonneur« ist in der Messestadt nicht zu bekommen; Schiller gibt Order, das schwärzestmögliche Tuch zu nehmen. Er langweilt sich, bei schönem Wetter allein in Dresden, immer mehr, was in der Nachosterwoche einen besonders launigen Brief an die reisenden Körners zur Folge hat:

Und was habe ich armer Versifex von der ganzen Schönheit des Wetters? Just eben jetzt, da ich's allein genießen muß und also gar nicht genieße? Mich macht es verdrüßlich, denn es erinnert mich an etwas, das mir fehlt – bald hätte ich gesagt, daß ich euch vermisse! Alles lebt und webt hier und freut sich und fliegt aus und liebt und begattet sich, und ich – Mein Zustand ist trostlos,

> *Und ich armer muß allein*
> *trauren und verlaßen sein*
> *bliken nach den Sfären!*
> *Will mich keine Charitin*
> *Muse, Nimfe, Schäferin*
> *will mich keine hören?*

Mit Heinseschen Versen in einer Art Reformorthographie macht Schiller sich darüber lustig, daß er – eine Freundin braucht. Von seiner Brieflaune profitiert auch Reinwald, der künftige Schwager; er erhält gute Ratschläge betreffs der Drucklegung seiner Gedichte und wird um den Termin der Hochzeit befragt; »mit einem Carmine gratulatorio hymenaeo thalassio« will sich der Briefschreiber »darauf richten«. Das ist ein Hochzeitszuruf, wie ihn im alten Rom die Zuschauer an die heimgeführte Braut ergehen ließen; er bezog sich auf eine Anekdote von dem sagenhaften Raub der Sabinerinnen, nach der einer der Mädchenräuber seine Eroberung damit verteidigt hatte, daß die Entführte dem Thalassio, einem Gefährten des Romulus, zugedacht sei. Nicht gebildeter und nicht wohlgelaunter kann man sich in den Brautraub der eigenen Schwester finden. Schiller bekräftigt die neugewonnene Haltung, indem er Reinwald das Du anträgt:

Sie haben mir – oder Du hast mir (denn warum das entfernende Sie noch unter uns? Ich wundere mich, daß es keinem von uns noch eingefallen ist es abzuschaffen, sind wir nicht Brüder? Sapperment, und sind wir nicht oder werden wir nicht Schwäger? also) Du hast mir in Deinem letzten Briefe ...

Dem künftigen Schwager ist das angekündigte »Epithalamium« willkommen, aber als Hochzeitsgeschenk bittet er für sich und seine Frau um etwas anderes: ein Porträt Schillers, und kündigt an, einen ihm bekannten Maler zu ihm zu schicken; er wolle sich selbst dann mit einer Kopie begnügen. Auch bittet er um die neuen *Thalia*-Hefte; der Ankaufsetat der herzoglichen Bibliothek reiche nicht für die Anschaffung von Journalen. Um heiraten zu können, braucht der neunundvierzigjährige Bibliothekar eine Erlaubnis des Herzogs, seines Dienstherrn; sein Brief wirft ein Schlaglicht darauf, wie es in Deutschland um die materielle und gesellschaftliche Lage der Intellektuellen steht:

Ich habe schon lange einen Brief an unsern Herzog geschrieben (der mir jüngst auf Verlangen eine Besoldungsaddition dekretiert hatte, wie man sie einem Lakaien oder Kanzleikopisten macht, der in behöriger Demut seine dürftigen Umstände untertänigst-treugehorsamst zu Füßen gelegt hat), ich schrieb ihm, daß ich mehr brauche, ich hätte dem Fürstlichen Hause nun 24 Jahre gedient, mich verschiedenemal krank gearbeitet, arbeitete noch immer und zwar gut, wie man das nur untersuchen dürfte, ich brauchte nun etwas mehr, weil ich die Erdäpfel, das Sauerkraut und die halbgekochte Stücke Fleisch aus unsern elenden Wirtshäusern nicht mehr vertragen könnte und mir selbst kochen lassen müßte, weil ich keine Köchin haben wollte, die mich betröge, sondern die meine Freundin wäre und Schmerz und Freude mit mir teilen könnte u. s. w.

Am 22. Juni wird »die Trauung ohne Gepräng in Gerlingen vollzogen«, mit 300 fl. Aussteuer für die Braut und zwei Geschenken des Bräutigams: »Reinwald hat seiner Braut eine schöne goldne Uhr und der Mamma eine in Gold gefaßte Dose mitgebracht«, schreibt der Vater von der Solitüde. »Da zieht sie hin, seine Schwester, von unser aller Herzen losgerissen«, klagt er dem Sohn in einem langen Brief und hofft im Blick auf Reinwald für Christophine, »daß sie vielleicht seinen ganzen Humor umstimmen und ihn zu einem mehr geselligen Mann machen werde«. Kaspar Schiller verfehlt bei dieser Gelegenheit nicht, der Etablierung des Sohns nachzufragen:

Ach wenn wir nur auch den Trost hätten, daß Er, mein lieber Sohn, auch einmal versorgt wäre, eine bleibende Stätte hätte und etwa durch eine vorteilhafte Heirat unter Dach gebracht wäre! Würde Er das Studium Medicinae ganz wieder vornehmen und hätte Lust zu Mademoiselle Schwan: ich zweifle gar nicht, daß er sie bekommen würde, denn sie schrieb ohnlängst in einem Brief an Christophine *so warm von ihm, daß es gewiß auf ihrer Seite nicht fehlen sollte, und ich denke doch nicht, daß ihr Vater sie wider ihre Neigung zu jemand andern zwingen werde.*

Was wäre das für ein Trost für uns, wenn Er sich in Mannheim etablieren könnte! Schreib Er mir doch auch einmal etwas über diesen Punkt, und ob Er vielleicht in Dresden Aussicht hat.

Margarete Schwan hat gerade erst bei Schiller hereingeschaut, an der Hand ihres Vaters, der nach Dresden gekommen war, um Geschäftsverbindungen zu pflegen und sich von Anton Graff malen zu lassen. Gewiß auch, um nach Schiller zu sehen, der ihm, Gretchen betreffend, vor gut einem Jahr einen Heiratsantragsbrief geschrieben hatte, der sich im Sande verlaufen hatte. Auf Schwans Antwort, die auf das Medizinstudium gedrungen hatte, war Schiller in ein Schweigen verfallen, das Margarete in eine Schwebe zwischen Hoffen und Bangen gesetzt hatte; der zart-humoristische Brief, mit dem sie ihn im Juli '85 an sich hatte erinnern wollen, war nicht abgeschickt worden. »Lieber Schiller«, hatte sie geschrieben (und den Brief dann in andern Papieren vergraben):

Es hilft nichts, Sie mögen sich noch soviel sträuben, so müssen Sie, wenn Sie mir auch nicht schreiben wollen, doch wenigstens ein Briefgen von mir lesen; beinahe hätte ich aber Lust wieder aufzuhören, wenn ich bedenke, daß ich nicht an ein Mädgen, sondern an einen Gelehrten, und was noch ärger ist, gar an einen Dichter schreibe. Es ist sehr viel gewagt; daß ich hier manches Stündgen mit Ihnen verplauderte, ging noch an, da waren Sie die Gesellschaft der Dichterinnen *noch nicht so gewohnt, aber jetzt – Ich tröste mich einzig damit, daß dem, der haut gouts gewöhnt, eine einfache, ungekünstelte Speise manchmal, wo nicht angenehm, doch wenigstens leidlich ist.*

Die Gesellschaft der Dichterinnen – das zielt auf *eine* Dichterin, Sophie Albrecht; mit den scharfen Augen der Liebe mag die Buchhändlerstochter deren lyrische Huldigung an Schiller entdeckt und zugleich erfahren haben, daß beide in der gleichen Stadt wohnen. Schon im Vorjahr hatten Vater und Tochter die Reise nach Sachsen geplant; beide waren offenbar übereingekommen, erst einmal abzuwarten, wie Schillers Verhältnisse sich dort gestalten würden. Nun war dieser Reiseplan Wirklichkeit geworden, und mit welcher Unruhe Schiller der Begegnung entgegensieht, erfährt am 17. Mai der in Leipzig zurückgebliebene Huber:

Schwan ist hier, schon seit gestern nachmittag. Es ist jetzt 9 Uhr vormittags und ich habe noch nichts von ihm gesehen. Da ich weiß, wo er logiert, so hätte ich ihn aufsuchen können, besser überlegt aber, ist es just nicht das schicklichste. Ich werde also wenigstens mit diesem Notpfennig von Empressement [Bereitwilligkeit] wirtschaften bis auf den Abend. Zeigt er sich unterdessen noch nicht, so ist Plan dahinter, der meiner bisherigen Vernachlässigung gilt.

Wirst Du mir wohl glauben, daß ich mich eigentlich auf dieses Wiedersehen freue? ... Schwan ist der erste *Ausländer, der mir sagte, ich wäre etwas, der erste überhaupt, den meine Schriftstellerei angeworben und der keinen geringen Anteil an der Fortdauer meiner Autorschaft hat. Von meinen eigenen Landsleuten ignoriert, empfing ich von ihm die erste Opferung, und die erste ist so süß, so unvergeßlich. Nachher banden uns Zufälle und Gewohnheiten an mehreren Punkten, jedoch ohne sehr große Festigkeit. Losreißen kostete kein Blut, aber die Narbe wird sich niemals verlieren, wenn sie gleich nicht entzündet war. Ich glaube, er hegt für mich einen – nach seiner Art – hohen Grad von Anhänglichkeit, deren Wirkungen ich selbst unmittelbar wenig empfinde, aber historisch weiß und erklügeln kann.*

Das ist *vor* der Wiederbegegnung geschrieben – von Margarete kein Wort. Schwans Anhänglichkeit war durchaus ambivalent, hier aber ging es vor allem um Schillers Verhältnis zu Gretchen. Anders als gegenüber Huber bekundet, entschließt sich der Heiratsantrager dann doch, Vater und Tochter, die ihm ihr Kommen über einen Dritten angezeigt haben, im Hôtel de Pologne aufzusuchen. Er verfehlt sie dort, aber man findet sich schließlich – und nun hat Schiller beiden klarzumachen, daß er an Heirat, Me-

Anton Graff: Friedrich Schiller (Kohlezeichnung, 1786).

dizinstudium, Rückkehr nach Mannheim nicht denkt, sondern ganz in der Literatur aufgeht, die schon ihn nicht, geschweige denn eine Familie, ernährt. Margarete, die ihm in Liebe zugetan ist, findet sich in eine Lage, die sie vorhergesehen hat, und mit Körners, der Gastlichen, Hilfe verläuft der weitere Dresden-Aufenthalt der Schwans harmonisch; in einem Brief nach der Abreise bestätigt es Vater Schwan. Nicht Margarete, aber ihre damals elfjährige Schwester, die mit von der Partie war, hat Jahre später von dem Besuch berichtet:

Dort hatte mein Vater viele Bekannte, und Schiller führte uns zu Körners ... und zum Kapellmeister Naumann, wo wir zu einem Konzert eingeladen wurden, in welchem Körner mit seiner Minna sang. Zu einem berühmten Maler, Graff, gingen wir auch miteinander. Schillers Porträt stand auf der Staffelei noch unvollendet. Ich sehe das ganze Atelier noch vor mir; – an der Wand lehnte ein großes Bild in ganzer Lebensgröße von einem Grafen Stolberg. Ich machte ihm mein Kompliment und wurde sehr ausgelacht. Ein Porträt von der berühmten Sophie Albrecht, auch einer Liebschaft von Schiller, war sehr schön. Mein Vater hatte von Leipzig einen Brief an Graff; als dieser ihn gelesen, sagte er, es stehe darin, er solle ihn nicht aus Dresden hinauslassen, ohne ihn gemalt zu haben, und er solle nur jetzt gleich sitzen, damit er ihn skizzieren könne. ... Schillers Betragen war so herzlich und gerade wie eines Sohns und Bruders, nachdem das nähere Verhältnis zu meiner Schwester schon längst aufgehört hatte.

Das letztere bezog sich auf Schiller, nicht auf Margarete, die dieser Reise, obschon mit wenig Hoffnung, als einer Lebensentscheidung entgegengesehen hatte. Aber was ist mit Sophie Albrecht als Schillers Liebschaft? Just ihr Huldigungsgedicht schloß aus, daß die Beziehung das Stadium der Intimität erreichte; es schloß nicht aus, daß Schiller die bewunderte Schauspielerin, deren Ehe nicht glücklich war, umwarb. Vielleicht, um ihn von sich abzulenken, begünstigt sie später eine andere und sehr ernsthafte Liebschaft.

Sicher ist, daß Anton Graff Schiller in diesen Wochen porträtiert hat: mit dem Zeichenstift als Vorstufe eines Ölgemäldes. Noch Jahre später war das Bild nicht vollendet, das der Dargestellte für dreißig Taler gern selbst erworben hätte. Aber das war zu wenig; Körner erstand es im Jahre 1794. Mit dem überaus lebendigen Pastellporträt der Stuttgarterin Ludovike Simanowiz, einer Kindheitsfreundin Christophines, und der auf eine idealische Weise genauen Marmorbüste des einstigen Akademiekameraden Heinrich Dannecker (beide entstanden bei dem Besuch in der Heimat) ist Graffs Bildnis die bekannteste aller Schiller-Darstellungen; sie zeigt den Sechsundzwanzigjährigen mit nach hinten fallenden Haaren und offenem, rüschenbesetztem Hemd in einer sinnend-sanftmütigen und nicht eben charakteristischen Haltung: die Schläfe gegen die linke Hand geneigt, indes die rechte mit neurasthenisch langen Fingern auf einer Schnupftabaksdose liegt; über der markanten Kinnpartie erscheint die lange, feingebogene Nase in der Verkürzung des Halbprofils. Es ist ein nach Haltung und Ausdruck kunstvoll geschöntes Bild, dessen großformatige Vorzeichnung lebendiger als das fertige Ölgemälde geriet; was in diesem steckt, hat im Jahre 2004 der Titelgraphiker eines deutschen Magazins gezeigt, als er dem versonnen Blickenden statt des Haarschopfes einen Flammenkranz aufs Haupt setzte. Wie es bei der Entstehung der Vorzeichnung zuging, hat der Maler selbst berichtet:

Anton Graff: Friedrich Schiller (Ölbild, um 1790).

Die größte Not, zuletzt auch die größte Freude hat mir aber doch das Porträt Schillers gemacht; das war ein unruhiger Geist, der hatte, wie wir sagen, kein Sitzfleisch. Nun liebe ich es zwar sehr, wenn die Personen mir gegenüber nicht wie Ölgötzen regungslos dasitzen oder wohl gar interessante Gesichter schneiden, aber Freund Schiller trieb mir die Unruhe doch zu weit; ich war genötigt, den schon auf die Leinwand gezeichneten Umriß mehrmals wieder auszuwischen, da er mir nicht stillhielt. Endlich gelang es mir, ihn in einer Stellung festzubannen, in welcher er, wie er versicherte, sein Lebtag nicht gesessen, die aber von den Körnerschen Damen für sehr angemessen und ausdrucksvoll erklärt wurde.

Schwans Porträt, ein Kniestück, wird eher fertig als das Schiller-Bildnis; in zierlichem Lehnsessel zeigt es einen schmallippig-angespannten Mann, zu dessen Auflockerung Dresden ersichtlich nicht beigetragen hat. Was wäre geschehen, wenn der Hofbuchhändler dem Dichter, statt auf dem Brotberuf zu bestehen, in Mannheim tatkräftig unter die Arme gegriffen hätte? Schwan und Dalberg in unmittelbarer Nähe, Johann Kaspar nicht weit – Schiller hätte sich an den Ansprüchen der Überväter aufgerieben.

KRISIS

Schiller war, seit die so sehr vermißten Körners Ende April wieder zurück waren (er war ihnen nach Meißen entgegengefahren und hatte bei der Gelegenheit Stadt und Gegend erkundet), in einem Zustand der Unruhe gewesen, den auch ein aus Berlin übersandtes Huldigungsgedicht nicht beheben konnte. Er hat dort eine begeisterte Leserin, Anna Louisa Karsch, kurz »die Karschin« genannt; sie ist eine bekannte Poetin und schreibt ihm in einer ganz eigenen Orthographie:

> O Schiler, den im Schattenreiche
> Der Britte SchäcksBair Zugesteht
> Daß Carl Von Moor den MacBeth gleiche
> und Einem grad noch drüber geht. –
> Ich sahe siebenmahl die räuber
> und weintte siebenmahl gerührt
> ganz anders, als Viel Modeweiber
> Wenn Ihre Wang ein Trähnchen Ziert –
> Ich ward gewalttig hingerißen
> Von Carls BereuungsKlagethon
> und glaubt, und habe glauben müßen
> Daß Frannz, der höllenwehrte Sohn
> lebendig in den Thurm begraben
> Den Vater, daß Ihn Carl entdekt
> und alle Seine MörderKnaben
> Zum Staunen aus den schlaf gewekt

Das Gedicht der aus dem schlesischen Schwiebus stammenden Naturdichterin, die ihr Brot in der Jugend als Hirtin verdient hatte und nach zwei unglücklichen Ehen von einem adligen Gönner nach Berlin verpflanzt worden war, ist noch einmal so lang, dann folgt in Prosa:

Dieses geständnis war ich Ihnen schuldig, es ist Wahrheit, ist sprache des gefühls, ich glaub alles was vorkomt in den räubern, das unwahrscheinlichste hat Eine Göttergewalt über mich, sagen Sie mir wie Sie daß machtten; o natur natur, große mächtige, unttergeordnette Schöpferin, dich Empfindet mann hier.

Mit »Fiesko« hat die Briefschreiberin, deren Ausdrucksintensität an Ulrich Bräker, den Schweizer Shakespeare-Enthusiasten, gemahnt, ihre Schwierigkeiten und bittet um Aufklärung. Am Ende steht eine Einladung: »... aber kommen Sie doch einmahl selbst nach Berlin kommen Sie, ehe der altte Fährman abrudert mit Ihrer alten dreyundsechzig jährigen Beifallgeberin A. L. Karschin.« Vorerst sitzt Schiller noch »in Dresden Neustatt, auf dem Kohlenmarkt im Fleischmännischen Hausse« (so gibt er einmal seine Adresse an), und der Dresdner Frühling zerrt an seinen Nerven: keine Frau, keine Stellung und keine neue Arbeitsidee, statt dessen ein nicht enden wollendes, in jeder Hinsicht anstrengendes Stück. Huber, der in Leipzig zurückgeblieben ist (er ringt dort mit dem Professor Wenck um einige zensuriell beanstandete »Karlos«-Verse), wird der Adressat tiefen Unbehagens:

Ich bin jetzt fast untätig. Warum? wird mir schwer zu sagen. Ich bin mürrisch und sehr unzufrieden. Kein Pulsschlag der vorigen Begeisterung. Mein Herz ist zusammengezogen, und die Lichter meiner Phantasie sind ausgelöscht. Sonderbar, fast jedes Erwachen und jedes Niederlegen nähert mich einer Revolution, einem Entschlusse um einen Schritt mehr, den ich beinahe als ausgemacht vorhersehe. Ich bedarf einer Krisis – die Natur bereitet eine Zerstörung, um neu zu gebären. Kann wohl sein, daß Du mich nicht verstehst, aber ich verstehe mich schon. Ich könnte des Lebens müde sein, wenn es der Mühe verlohnte zu sterben.

So heißt es am 1. Mai, und die Mißstimmung hält an; zwei Wochen später beklagt er sein von gelegentlichen Soireen zerstreutes »Schlaraffenleben«: »Untätig bin ich beinahe ganz.« Seine geselligen Kontakte in Dresden sind spärlich und beschränken sich auf Bekanntschaften, die er im Hause Körner macht; der Schriftsteller Johann Gottlieb Neumann (er wird später kurfürstlichsächsischer Oberkriegs- und Proviantkommissar) gehört ebenso zu diesem Kreis wie der gerade als Oberkapellmeister in seine Heimatstadt zurückberufene Johann Gottlieb Naumann, der durch Opernerfolge in Italien, Schweden und Dänemark zu einer europäischen Berühmtheit geworden ist. Auch Wilhelm v. Archenholtz, der weitgereiste Herausgeber des von Göschen verlegten Journals für »Litteratur und Völkerkunde«, und Traugott Hase stellen sich manchmal ein.

Als Ausländer hätte der Württemberger Schiller auch dann keine Chance, eine Anstellung in Dresden zu erhalten, wenn er ein weniger sensationsumwitterter Autor wäre – wohin also mit ihm, wenn er nicht auf dauerhaft auf Körners Gastfreundschaft angewiesen sein wollte? Hatte er von Mannheim nicht eigentlich nach Weimar reisen wollen, dessen Herzog ihn nach der weihnachtlichen »Karlos«-Vorlesung spontan zum Rat ernannt hatte, und war Kursachsen nicht bloß als Zwischenaufenthalt auf einem Weg gedacht gewesen, den das Leipziger »Magazin der Philosophie und schönen Literatur« im Vorjahr mit der Meldung bezeichnet hatte: »Der berühmte Theaterdichter Hr. Schiller geht als herzoglich-sächsischer Hofrat nach Weimar«? Leider war Schiller nur Rat, nicht Hofrat geworden; erst der Herzog von Sachsen-Meiningen verleiht ihm Jahre später diesen gewichtigeren Titel.

Jedenfalls gilt es, sich in Weimar wieder in Erinnerung zu bringen; Schiller tut es in diesen Maitagen, da im Hause Körner – Minna ist im siebten Monat – alles auf den erwarteten Ankömmling blickt, auf zweierlei Weise. Er gibt Schwan, der über Weimar zurückreist, einen Brief an Wieland mit, die Gelegenheit benutzend, »mein Andenken bei Ihnen zu erneuern und Ihnen wenigstens noch ein kleines Zeichen meines Daseins zu geben«.

Aus Stuttgart hatte er Wieland nach der Uraufführung der »Räuber« ein Exemplar des Stücks übersandt, dazu einen Brief, auf den dieser »so sanft als möglich« geantwortet hatte. Der Weimarer Kunstpapst war entsetzt über das Stück und entzückt über den Brief gewesen: »Vor kurzem«, hatte er einem Freund geschrieben,

hat mir Herr Schiller, leider! der Verfasser der Räuber, einen so honetten, verbindlichen und bescheidenen Brief geschrieben, daß ich nicht weiß, was ich antworten soll. Aus dem Brief zu urteilen, ist der Mann unendlich mehr wert als sein Schauspiel. Aber auch aus diesem ungeheuren Produkt brechen hie und da Funken von Genie hervor, und ich verzweifle nicht, daß aus dem jungen Mann noch was werden könnte.

Fünf Jahre später gibt der beträchtlich gereifte Autor dem Zweiundsechzigjährigen eine Lagebeschreibung, in die auch die Margarete-Komplikation hineinspielt. Schiller kann vermuten, daß Wieland – sei es durch den Herzog, sei es durch Schwan – von seinen Heiratsplänen erfahren hat:

Ich habe meinen Aufenthalt verändert und bin nunmehr in Dresden. Ein Zirkel von Freunden, deren Anhänglichkeit und Liebe mein Dasein verschönert, hat meiner Wahl den Ausschlag gegeben. Da es bisher noch nicht in meiner Gewalt gestanden, über mein Schicksal unumschränkt zu gebieten, so bin ich auch jetzt noch nicht ganz für die Zukunft bestimmt. Ich mache an mir selbst die ziemlich gewöhnliche Erfahrung, daß es, wenn es der Zufall nicht getan hat, der Überlegung schwer wird, einen Entschluß für das Leben zu fassen.

Diese schwankende Lage meines Schicksals hat mich gezwungen, manche Idee abzuweisen, die meine Phantasie sich gebildet hatte. Unabhängigkeit, die ich sonst für das höchste Gut gehalten, wird mir nunmehr eben dadurch lästig, weil sie mir aufgedrungen wird. Vielleicht erfahren Sie von meinem Freunde mehrere Kleinigkeiten, die mich betreffen und Ihnen als Forscher der Menschen nicht ganz uninteressant sind.

Die Idee, die seine Phantasie sich gebildet hatte, war die Heirat mit Gretchen Schwan gewesen. Zugleich macht der Brief deutlich: Schiller will weg aus Dresden; das ebenso sorgenfreie wie perspektivlose Dasein als Appendix einer sich gerade vergrößernden Familie beginnt sich ihm zu erschöpfen – und wo anders als in Weimar gäbe es eine Zukunft? Berlin, wo der alte König nichts von deutscher Literatur hält und der künftige, der es anders hält, in die Bande der Reaktion gefallen ist, bleibt außer Betracht, vielleicht auch wegen des Übergewichts des Kreises um den präzeptorischen Nicolai. Neun Tage nach dem Brief an Wieland erbittet sich Schiller von Göschen – »Aber es *eilt*« – »ein gut konserviertes Exemplar des IIten Heftes der Thalia«, um es mit einem Brief (er ist verlorengegangen) an Karl August, seinen Weimarer Herzog, zu schicken; eine Antwort ist nicht überliefert.

Versucht der angehende Schwager unterdes, das *Carmen gratulatorium* für Reinwald und Christophine zu schreiben? Es ist kein solches *Epithalassium* von ihm überliefert, sein poetischer Beitrag zu dieser Eheschließung ist von anderer und sehr viel intrikaterer Art: ein Stück, das »Der versöhnte Menschenfeind« heißen soll. Darin geht es um einen Vater, der seine neunzehnjährige Tochter darauf verpflichtet, niemals einem Mann die Hand zu reichen: »Diese Blume, gewartet von meinem Kummer, mit meinen Tränen betaut, darf von der Freude Hand nicht gebrochen werden.« »Das ganze Geschlecht ist mein Mörder«, begründet er eine Menschenfeindschaft, zu der sein Verhalten als Grundherr in krassem Gegensatz steht: er ist der Befreier und der Wohltäter seiner Bauern, ein Feudalherr, der die Leibeigenschaft aufgehoben und – ein Bauer rühmt ihn darum – den Freigegebenen »gute Gesetze und gewissenhafte Richter«, ihren Kindern aber Schulunterricht gegeben hat. »Ihre Vorfahren haben uns dem Vieh auf unsern Feldern gleich gehalten. Sie haben uns zu Menschen gemacht«, redet ihn ein alter Dorfbewohner an.

»Wir wollen ein sanftes Wort und einen gütigen Blick«, sagen die zu ihm vordringenden Bauern, aber von Hutten wehrt den Dank der Beglückten mit Emphase ab: Der Mensch sei schlecht, und alles, was man ihm Gutes tue, sei moralisch fruchtlos. »Waschet erst die Verleumdung von euren Lippen, den Wucher von euren Fingern, die scheelsehende Mißgunst aus euren Augen«, herrscht er die Danksagenden an und bricht, allein gelassen, in eine Klage über den Menschen aus, die allen Humanismus in Frage stellt:

Mensch! Herrliche, hohe Erscheinung! Schönster von allen Gedanken des Schöpfers! Wie reich, wie vollendet gingst du aus seinen Händen! ... Alles um dich und über dir sucht und findet das schöne Maß der Vollendung – Du allein stehst unreif und mißgestaltet in dem untadeligen Plan. ... Dein Haß schärfte das friedliche Eisen zum Schwerte; mit Verbrechen und Flüchen belastet deine Habsucht das schuldlose Gold, an deiner unmäßigen Lippe wird das Leben des Weinstocks zum Gifte. ... wo der Mensch wandelt, verschwindet mir der Schöpfer.

Daß es im Verlauf des Stückes gelingen wird, diesen Misanthropen, in dessen Hintergrund der Shakespearesche Timon steht, zu bekehren, macht nicht nur der Titel, sondern auch die Exposition deutlich: im ersten Akt trifft sich die schöne Angelika heimlich mit einem Liebhaber, der entschlossen ist, ihren Vater zum Glauben an die Menschheit ebenso wie zu der Freigabe seiner Tochter zu bekehren.

Eine in der Gegenwart angesiedelte Prosa-Komödie, die mitten in einer nach gesellschaftlicher Reform, nach Behebung krasser sozialer Mißstände drängenden Zeit die Grundsatzfrage nach Gut und Böse in der Menschennatur stellt – Schiller wird lange an diesem Stück laborieren, das er Göschen, dem Verleger, und Friedrich Ludwig Schröder, dem inzwischen in Hamburg wirkenden Theaterdirektor, im Oktober als fast vollendet anzeigt. Aber nur der Expositionsakt wird fertig und ist es zu dieser Zeit schon; vier Jahre später, als er das Vorhaben definitiv hinter sich gelassen hat, rückt er den Text in die *Thalia* ein und vernichtet, wie sonst nur bei fertigen Werken, alle Vorarbeiten und Entwürfe. Der Versuch, sein Sich-Abfinden mit Christophines ehelicher Entrückung in einem Schauspiel zu überhöhen, das, indem es die Frage nach dem Wesen des Menschen über aufgetürmte Hindernisse hinweg zuletzt positiv beantwortet, nicht nur keine Tragödie ist, sondern der Tragödie schlechthin den Boden entzieht (denn wenn der Mensch wesentlich gut ist, so ist das Tragische nur ein Fehllauf und alles kommt darauf an, ihn in Verhältnisse einzusetzen, die ihm sein Gutsein erleichtern) – dieser Versuch bleibt stecken und muß steckenbleiben. Noch während der Autor sich darüber hinwegtäuscht, gewinnt auf verschlungenen epischen Wegen der tragische Akzent wieder Oberhand; viel zu tief ist Christophine in sein Inneres eingesenkt. Aber es geht nicht nur um die Schwester im Hintergrund seiner Mädchenfiguren, diese stehen immer auch für ein tieferliegendes, noch stärker verhangenes Tabu, und daß er mitten in einem Stück steckt, das es ein Stück weit lüftet, indem es, wie in Vertretung der Mutter, die Stiefmutter zur Geliebten macht, mag zu der Lähmung beitragen, mit der der Dresdner Frühling ihn schlägt.

Die brillantene Schlinge

Einen vorübergehenden Ausweg aus den »Karlos«-Komplikationen bietet eine Kriminalgeschichte, die – jedenfalls vorerst – ohne Frauen auskommt; ihre Initialzündung fällt in diesen Sommer. Sie spinnt mannigfache Fäden zu den Geschichten aus dem Kurländer Palais, doch tragen auch aktuelle Nachrichten zu ihr bei. Anfang Juni trifft aus Paris die Nachricht vom Ausgang des Halsbandprozesses ein, dem man nicht nur in Frankreich entgegenfiebert. Er hat zu Dresden einen ganz persönlichen Bezug: der Geschädigte, der Juwelier Böhmer, dessen Anzeige bei der Königin von Frankreich den Stein ins Rollen gebracht hatte, stammt aus Dresden und hat hier sein Handwerk gelernt; die Verarmung des sächsischen Hofes hatte den exzellenten Goldschmied nach dem Siebenjährigen Krieg in die Ferne getrieben. Sein Kompagnon Bassenge aber ist der Vetter von Körners Weinbergsnachbarn und Kreditgeber, dem Dresdner Bankier Bassenge.

Böhmer ist kein Geisterseher und auch nicht das Opfer eines solchen und ist doch irgendwie beides; er ist das Opfer einer Selbstsuggestion, die sich im August 1785 zu einem Staatsskandal ausgewachsen hatte: durch ein Diamantenhalsband von unvorstellbarem Wert, das Böhmer in der Spätzeit Ludwigs XV. für die Dubarry, die letzte, hemmungslos verschwenderische Mätresse des altgewordenen Wüstlings, angefertigt hatte und nach dem Tod des Monarchen im Jahre 1774 nicht mehr losgeworden war. Wer, war seither sein Sinnen und Trachten (denn das Halsband war vom Hof nicht bestellt worden) – wer würde ihn von der Last dieses durch einen Kredit finanzierten Kleinods befreien?

Das war im Februar 1785 einer verelendeten Verhältnissen entstammenden, aber höchst anziehenden, blitzgescheiten und völlig skrupellosen Nachfahrin eines alten französischen Königsgeschlechts gelungen, der achtundzwanzigjährigen Jeanne de Valois de Saint-Rémy, die sich, mit einem Herrn la Motte verheiratet, als Gräfin de la Motte bezeichnete. Sie hatte dem Prinzen Louis René Edouard von Rohan-Guémenée, Fürstbischof von Straßburg, Mitglied der Académie Française und einer der reichsten Würdenträger Frankreichs (er amtierte als Kardinal und Großalmosenier und war in Wien einige Jahre lang ein wenig diplomatischer Botschafter gewesen), vorzuspiegeln gewußt, die Königin, Marie Antoinette aus dem Hause Habsburg (sie war die Schwester Josephs II.), wünsche sich dieses Halsband, sei aber in Geldverlegenheit und bitte den Herzog, bei dem Juwelier für die Bezahlung zu bürgen, damit sie den kostbaren Schmuck bereits tragen könne.

Das war eine absurde Geschichte, aber der fünfzigjährige Rohan, bei der Königin seit langem in Ungnade und darum bei Hofe nicht zugelassen, war durch diese Mißachtung so fixiert auf einen Gnadenerweis, daß er der windigen Vermittlerin, die ihm die Königin bei einer flüchtigen abendlichen Parkbegegnung durch eine dieser ähnlich sehende Putzmacherin hatte darstellen lassen, auf den Leim ging. Vor allem aber ging Böhmer ihr auf den Leim, indem er dem Kardinal das Halsband zur Weitergabe an Marie Antoinette gegen einen Ratenzahlungsvertrag aushändigte, dessen Unterschrift – »Marie Antoinette de France« – dem Kenner sogleich als Fälschung hätte kenntlich werden müssen. Drei fixe Ideen, mit der Präzision eines Uhrwerks ineinanderspielend, hatten sich zur Auslösung eines Jahrhundertskandals vereinigt: die Vorstellung Jeanne la Mottes, das Schloß ihres Vaters zurückzugewinnen, die Vorstellung Rohans, auf Schleichwegen die Gnade der Königin zu erwirken, und Böhmers und Bassenges Vorstellung, einen Schmuck, der einer vergangenen Epoche angehörte, doch noch loszuwerden.

Keinerlei Anzahlung war mit der Übergabe des 1 600 000 Livres (nach heutigem Maß etwa 30 Millionen Euro) teuren Halsbands an die la Motte verbunden, das diese in Gegenwart des Kardinals – er sah der Szene aus einem Alkoven zu – einem Abgesandten der Königin überreichte, der natürlich ein falscher Abgesandter war. Dann brach die Nachfahrin Heinrichs II. die riesigen Steine aus der Fassung und ließ sie von ihren Mitverschworenen in Paris, Amsterdam und London verkaufen. Der Wille zum Selbstbetrug hatte den von dem augusteischen Dresden geprägten Goldschmied ebenso wie den Herzog in ein Unglück gestürzt, das sich potenzierte, als Böhmer, sechs Monate nach der Übergabe noch immer ohne Geld, sich statt an Rohan an die Hofmeisterin der Königin wandte und Marie Antoinette töricht genug war, das Ganze an die große Glocke zu hängen. Sie veranlaßte ihren königlichen Gatten dazu, den Kardinal, einen Repräsentanten des ältesten Hochadels, mit offenem Skandal – er war im Begriff, in der Hofkapelle von Versailles eine Messe zu lesen – verhaften zu lassen; das war der Anfang vom Ende ihrer eigenen Position und der des Königs. Jeanne la Motte hatte siebzehn Tage Zeit zu fliehen, die sie versäumte; dann wurde auch sie in die Bastille eingeliefert und auf ihre Anschuldigung hin auch der Graf Cagliostro, ein europaweit bekannter Wunderheiler und Geisterbeschwörer. Von Straßbur-

Avanturen des neuen Telemachs

oder Leben und Exsertionen Koerners
des decenten, consequenten, piquanten u. s. f.
von Hogarth
in schönen illuminierten Kupfern abgefaßt und
mit befriedigenden Erklärungen versehen
von Winkelmann

Rom, 1786

Schillers, des Zeichners, und Hubers, des Kommentators,
Gabe zu Gottfried Körners 30. Geburtstag am 2. Juli 1786.
Hubers Bildlegenden s. Seite 444-446

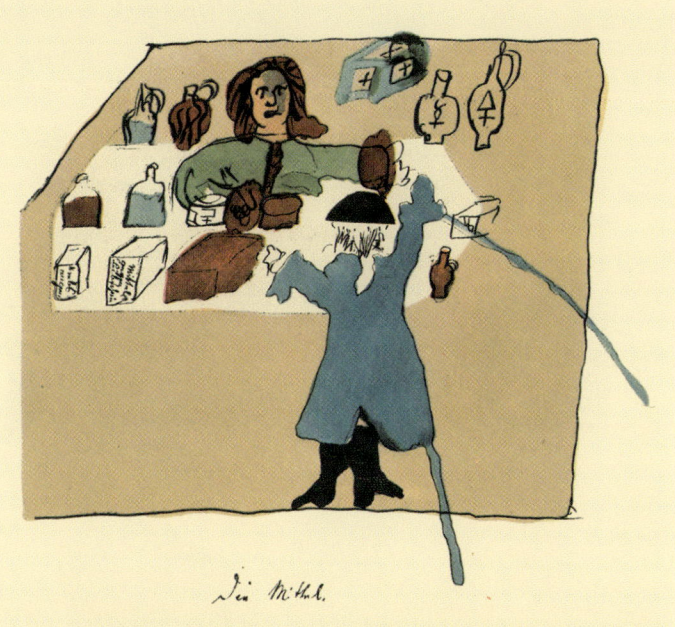

I

VII

VIII

der Anblick bei'm Hoftantisch

Löwen im Salz.

IX/X

XI

XIII

XIV

ger Tagen her war er ein enger Vertrauter Rohans und kurz vor der Übergabe des Halsbands in Paris eingetroffen.

Europa befand sich in einer Vorwendezeit (daß es eine solche war, konnte man ahnen, nicht wissen), und der Wille zum Selbstbetrug, zum geheimen Kontakt mit höheren Mächten, sei es eine Königin, seien es abgeschiedene Geister, durchdrang die Gesellschaft in einem Maß, daß es kein Wunder war, wenn sich an allen Ecken und Enden Wundertäter einstellten, Protagonisten des Täuschungsbedürfnisses, die ihre Spur durch den Kontinent zogen und, von einem Ort vertrieben, an dem nächsten auftauchten, um nicht nur den Adel, sondern alle Schichten des Volkes für sich einzunehmen. Der Graf von St. Germain gehörte zu ihnen und war in den siebziger Jahren des Jahrhunderts auch in Dresden aufgetaucht, unter den Wunderheilern aber hatten zwei Deutsche von sich reden gemacht, Franz Anton Mesmer, der erst in Wien, dann in Paris erfolgreiche Magnetiseur, und Johann Joseph Gaßner, ein Teufelsbanner, der in Regensburg Scharen von Gläubigen an sich gezogen hatte. Überall ergab sich ein endzeitlich-ratloses Bewußtsein dem Drang nach Erleuchtungen, die nicht von dieser Welt waren.

Der ausgreifendste aller dieser Wundermänner, von einem Nimbus umgeben, als verfüge er nicht nur über das Lebenselixier und den Stein der Weisen, sondern verstünde sich auch noch auf die Alchemie des Goldmachens, war jener Graf Cagliostro, der eigentlich Giuseppe Balsamo hieß. Gegenüber dem falschen Grafen war Schrepfer, der sächsische Theurg, ein kleiner Fisch im Gewässer der mystischen Bedürfnisse gewesen, die das Fin-de-siècle-Europa überschwemmten. Dieser aus Sizilien stammende Mann, der sich für einen ägyptischen Prinzen ausgab und seine Diener erklären ließ, er sei mehr als dreihundert Jahre alt, war an Sachsen vorübergegangen (ein kurzer Aufenthalt in Leipzig ist ungewiß) und hatte auch Berlin nicht berührt, das sich, solange der alte König regierte, als Wirkungsstätte reisender Magier nicht empfahl. In Kurland aber hatte der Großkophta altägyptischer Mysterienbruderschaften längere Zeit Station gemacht und neben zahlreichen andern Eroberungen Herz und Geist einer mystisch anfälligen und literarisch ambitionierten Dame des Hochadels, Elisa von der Recke, geborenen Reichsgräfin Medem, gewonnen.

Nicht gelungen war ihm das bei der aus dem Stettin Friedrichs II. stammenden Zarin Katharina, als er von Mitau nach Sankt Peterburg weitergereist war. Nachdem er seine Heilkunst an Volk und Adel ausgiebig betätigt hatte, hatte sie den magischen Grafen des Landes verwiesen und sein Wirken in drei Theater-Satiren glossiert, die bei Nicolai in Berlin bald auch auf deutsch erschienen waren. Sie hießen »Der Betrüger«, »Der Verblendete« und »Der sibirische Schamane« und enthielten ein Vorwort der kaiserlichen Autorin, das an Deutlichkeit nichts zu wünschen übrig ließ:

Obwohl unser Jahrhundert von allen Seiten das Kompliment erhält, das philosophische zu heißen, und obwohl wir demselben das große Wort Aufklärung schon zum voraus zur Grabschrift setzen, so werden dennoch überall eine Menge Köpfe von einem so anhaltenden Schwindel ergriffen, daß die Göttin der Weisheit sich genötigt sieht, die komische Muse um Arznei für diese Kranken zu bitten. Man möchte seinen eigenen Augen nicht trauen, sooft man liest, was für wunderbare Dinge um und neben uns vorgehen! Man zitiert Geister, man sieht durch dicke Wände, hält Clubs mit Verstorbenen, destilliert Universal-Tinkturen und sucht sich auf ewig gegen den Tod zu feien, man schmiedet Diamanten, kocht Gold, trägt den Stein der Weisen schon in der Tasche, zaubert ohne weitere Umstände den Mond herab und reißt die Welt aus ihrer Achse. Tierischer Magnetismus und Kabbala, Desorganisation und Mystik sind aus Worten zu Ideen geworden, die dem Scharfsinn als Wetzstein dienen. Und die Depositäre dieser Wundergaben versammeln nicht etwa die leichtgläubige Menge um eine Jahrmarktsbude – nein, Mesmer, Cagliostro und Kompagnie sehen sich in geschmückten, vollgedrängten Assembleen.

Elisa von der Recke hatte den suggestiven Mann, der, wohin er kam, die Kranken aller Stände unentgeltlich behandelte und mit Handauflegen und Spezialtinkturen unverkennbare Erfolge erzielte, in Mitau schließlich durchschaut. Er war ihr, die gehofft hatte, mit ihrem früh verstorbenen Bruder durch ihn in spiritistischen Kontakt zu treten, durch Zurüstungen verdächtig geworden, die mit biblischer Berufung (es handelte sich um einige prekäre Stellen im ersten Buch Mose) auf intime Orgien hinausliefen. In Berlin, wo die reiselustige Literatin (ihre riesige Kutsche war berühmt) den Winter 1785/86 verbrachte, tat der Kreis um Friedrich Nicolai, Moses Mendelssohn und die Herausgeber der *Berlinischen Monatsschrift* ein übriges, um ihr den Glauben an Geisterbeschwörungen zu nehmen, und als sie sich wenig später in einer Verteidigungsschrift, die der Bastille-Häftling Cagliostro hatte drucken lassen, als Kronzeugin von dessen Seriosität benannt fand, ging sie mit ihren Mitauer Erfahrungen an die Öffentlichkeit. Das Forum dafür bot jenes von Biester und Gedike herausgegebene Journal, die *Berlinische Monatsschrift*, dessen Hauptautor, Immanuel Kant, schon in jungen Jahren gegen einen ernsthaften Hellseher, den Schweden Swedenborg, Front gemacht hatte: »Träume eines Geistersehers« hatte er diese Grundsatzschrift überschrieben. Monatlich erscheinend und gewiß auch im Hause Körner zur Hand, führte die Zeitschrift an vorderster Stelle den Kampf gegen das Obskurantentum, dessen Segel der Wind des Zeitgeists blähte.

Im Mai 1786 erschien dort Elisa von der Reckes Schrift wider den rosenkreuzerischen Magus, der immer noch in der Bastille saß. Ob er in die Halsbandaffäre verwickelt sei, darüber zerbrach sich das lesende Europa ebenso den Kopf wie das Pariser Parlament, eine weithin ohnmächtige Institution, in deren gerichtliche Zuständigkeit die Anklage gegen den Großalmosenier jedoch gefallen war. Der sorgfältig eruierte Befund lautete: ein Zusammenwirken Cagliostros mit der la Motte war nicht nachzuweisen; erst zwei Tage vor der Übergabe des Halsbands war der Großkophta nach Paris gekommen, wo er dem Kardinal durch das Medium einer jungen Somnambulen allerdings eine Erscheinung vorgegaukelt hatte, die dieser hoffnungsvoll auf die Königin bezogen hatte. Sowohl Rohan wie Cagliostro wurden von einem Gericht, das auch die Königin von allem Verdacht der Mitwirkung entlastete, freigesprochen, ohne sich dessen jedoch erfreuen zu können. Ludwig XVI., der über das Gericht keine Macht gehabt hatte, ließ den Magus aus Frankreich ausweisen und verbannte den Kardinal, der geglaubt hatte, einen geheimen Kontakt zu der Königin herstellen zu können, in ein entlegenes Kloster; als gewählter Abgeordneter der Generalstände taucht er 1789 vorübergehend wieder in Paris auf. Die falsche Gräfin dagegen, eine Hochstaplerin von historischen Ausmaßen, wurde zu Brandmarkung und Stäupung sowie zu lebenslänglicher Haft in der berüchtigten Salpetrière verurteilt; wie ihr ein Jahr später von dort die Flucht und dann die Überfahrt nach England gelang, ist niemals aufgeklärt worden.

Im Mai 1786 liest Schiller in der *Berlinischen Monatsschrift* Elisas Absage an Cagliostro und ihre Warnungen vor der »Gefahr der überhandnehmenden Schwärmerei, des Geistersehens und aller geheimen Künste«, Anfang Juni kommt die Nachricht vom Ausgang des Pariser Prozesses. Im Juli aber wartet das Berliner Journal mit einer publizistischen Sensation auf: ein deutscher Prinz, der jüngste Neffe des Herzogs Karl Eugen von Württemberg, meldet sich mit einer Zuschrift zu Wort, die keine Verteidigung Cagliostros enthält, aber vor falschen Schlüssen aus seiner Entlarvung warnt und in gewählten Worten auf der Möglichkeit des Erscheinens göttlicher Geister in der irdischen Welt besteht. Wenn es, so der als »F. H. Eugen, Prinz von Württemberg« unterzeichnende Autor, in den Zeiten, da Jesus und seine Jünger auf Erden wandelten, solche Erscheinungen gegeben habe – was berechtigt uns auszuschließen, daß dergleichen auch heute möglich sei?

Ich unterstehe mich keineswegs, über diesen Punkt irgendein Urteil zu fällen; nur bin ich fest von den tiefen Einsichten und dem durchdringenden Geiste derselben [Elisa v. d. Reckes] überzeugt, daß sie ganz davon versichert ist: bei Gott sei kein Ding unmöglich, und nach seiner Weisheit werde er wissen, nach Befinden der Umstände zur Erreichung seiner hohen erhabenen Zwecke die notwendigen Gaben, die er schon einst Menschen erteilte, auch itzt noch, unter seinen auf verschiedenen Wegen vielleicht ihn verehrenden Anhängern, auszuteilen.

Auch allgemeinhin wird die erhabene Verfasserin es wohl nicht wollen verstanden haben, daß der Umgang mit höhern Geistern unmöglich sei, solange die unsterbliche Seele in ihrer sterblichen Hülle wohnt. Denn nur in dieser und keiner anderen [Hülle] sahen die heiligen Männer Alten und Neuen Testaments die ihnen zugesandten Boten Gottes.

Dr. Adalbert v. Hanstein, Privatdozent an der Königl. Technischen Hochschule zu Hannover, kam vor hundert Jahren zu dem einleuchtenden Schluß, daß diese Zuschrift aus dem Hause Württemberg Schiller den unmittelbaren Anstoß zu dem Briefroman gegeben habe, den er wenig später in Angriff nimmt, ohne ein Wort darüber nach außen dringen zu lassen; in mehr als einer Hinsicht war die Sache brisant. Sie war es im Hinblick auf Württemberg und diesen Prinzen, der dem Thron nicht so fern stand, wie man bei dem dritten Sohn des zweiten Bruders des regierenden Herzogs hätte annehmen sollen. Denn weder Karl Eugen, der nach langem, vergeblichem Warten auf den päpstlichen Dispens seine protestantische Franziska schließlich geheiratet hatte, noch sein ältester Bruder, der die Tochter eines geadelten Ratsherrn geheiratet hatte, hatten dynastisch erbberechtigte Nachkommen; so stand der Verfasser jener Zuschrift, Prinz Friedrich Heinrich Eugen, nach seinem Vater und seinen beiden älteren Brüdern an vierter Stelle der württembergischen Thronfolge. Da er, ebenso wie seine Brüder und anders als sein Vater und *dessen* Brüder, evangelisch erzogen worden war, ruhten auch auf ihm die Hoffnungen seines protestantischen Landes.

Auf dem Weg dahin war es kompliziert genug zugegangen. Denn Friedrich Eugen, der Vater dieses F. H. Eugen, war infolge der Konversion *seines* Vaters, des kaiserlichen Generalfeldmarschalls Karl Alexander von Württemberg, ebenso wie seine Brüder katholisch erzogen worden, nicht aber seine Kinder. Das hatte Friedrich II. bewirkt, in dessen Obhut die württembergische Regentschaft die drei minderjährigen Herzogssöhne gegeben hatte; auch Karl Eugen, der Älteste, hatte zwei Jahre am preußischen Hof verbracht, ehe er als Sechzehnjähriger für regierungsfähig erklärt wurde. Karl Alexander, der Vater der drei, hatte es in jungen Jahren zu hohen Ehren in der Armee des Prinzen Eugen gebracht; daß er, im Türkenkrieg zum Rang eines Feldmarschalls aufgestiegen, in Wien katholisch geworden war, konnte nicht verwundern, und es war familiärer Zufall gewesen, daß er später das Land Württemberg hatte regieren müssen; es war ihm schlecht genug gelungen. Der jüngste seiner Söhne, ebendieser Friedrich Eugen (es war die Bewunderung für seinen Feldherrn, die ihn verwirrenderweise alle Söhne nach diesem nennen ließ), hatte, herangewachsen, sein Militärtalent in der preußischen Armee unter Beweis gestellt; schon mit siebzehn Jahren war er Oberst geworden und hatte sich vier Jahre später mit einer Prinzessin von

Brandenburg-Schwedt verehelicht, unter der von dem König gestellten Bedingung, daß die aus dieser Ehe hervorgehenden Kinder evangelisch erzogen würden. Das war nun die Hoffnung der Württemberger, die absehen konnten, daß einer dieser Söhne einmal ihr Herzog werden würde – und dann hätten sie wieder einen Landesherrn, der der Landesreligion anhing.

Daß Schiller diese Hoffnung ebenso teilte wie sein pietistisch-frommer Vater, ist vorauszusetzen – und nun dieser offene Brief des jüngsten der vier evangelischen Thronprätendenten, der sich im Bann derselben wunder- und geistergläubigen Anschauungen zeigte, wie die Rosenkreuzer sie dem preußischen Thronerben eingepflanzt hatten! (Später stellte sich heraus: der in dem schlesischen Oels ansässige Prinz Friedrich Heinrich Eugen war tatsächlich Rosenkreuzer.) Wie tief das rosenkreuzerische Wesen, dem sogar der kluge, welterfahrene Georg Forster eine Zeitlang erlegen war, auch in die sächsische Politik eingedrungen war, zeigte sich an Körners oberstem Dienstherrn, dem kurfürstlichen Kabinettsminister Friedrich Ludwig v. Wurmb, einem tatkräftigen Reformpolitiker, den sein Realitätssinn nicht daran gehindert hatte, Hoffnungen auf Schrepfers Goldmacherkunst zu setzen, mehr noch auf den Jesuitenschatz, den dieser aus der Hinterlassenschaft des ein Jahr zuvor verbotenen Ordens hatte beibringen wollen. Wurmb hatte mit Bischoffwerder, der damals noch bei dem Herzog von Kurland in Dienst stand, zu dem Kreis derer gehört, die sich um den Leipziger Theurgen scharten; von dem verblichenen Geisterseher führten Wege ins Innerste der sächsischen Politik.

Versteht sich: in weiter Ferne mußte man eine Geschichte ansiedeln, die auf die Bedrohung verwies, die von konspirativen Mystikern für die protestantische Freiheit und das hieß zugleich: für die Zukunft der Aufklärung in Deutschland ausging; es galt, jede unmittelbare Ähnlichkeit zu vermeiden. Wo ließ eine solche Geschichte sich besser ansiedeln als in Venedig, der Stadt der Masken und der Spielsäle, der dunklen Gewässer und der allmächtigen Geheimpolizei, der Lagunenstadt, in deren kostbar ausgestatteten Palästen der Adel Europas das seinen Untertanen abgepreßte Geld vergeudete? Mit Paris war dies die Fin-de-siècle-Stadt schlechthin, der Ort, wo ein vergehendes Zeitalter seine Ressourcen in einem festlich-narkotischen Rausch aufgehen ließ; Guardis Bilder haben ihn für die Nachwelt festgehalten. Auch hier gab die *Berlinische Monatsschrift* stoffliche Anregungen; sie hatte in ihrem Maiheft eine Beschreibung der Stadt veröffentlicht.

Der noch im Mai von nagender Unlust befallene Dresden-Bewohner war gerettet. Er konnte sich von der mühsam und langwierig vorrückenden »Karlos«-Tragödie erholen – und war eine Erzählung, die einer mitten aus den Verhältnissen der Gegenwart genommenen Verschwörung nachspürte, nicht genau das, was er brauchte, um der auch unter Göschens Obhut kränkelnden *Thalia* Auftrieb zu geben? Hatte er sie gegründet, um den werdenden »Karlos« unters Publikum zu bringen, so konnte das nicht über den dritten Akt hinaus fortgesetzt werden, ohne Gefahr zu laufen, daß die Theater sich des Textes bemächtigten; es galt, die Leser mit einem neuen Fortsetzungsprojekt bei der Stange zu halten.

Farbiges Intermezzo

Während dieses Projekt Gestalt annimmt, gilt es, einem freudigen Ereignis standzuhalten: am 2. Juli feiert Körner seinen dreißigsten Geburtstag. Schiller feiert mit und tut es in anderer Lage als im Jahr zuvor, als er nach der Rückkehr aus Kahnsdorf in den seraphischen Hymnus ausgebrochen war; man lebt zusammen und ist vertraut miteinander geworden, so geht es aus einem anderen Ton. Der Hausgast, längst ein Familienmitglied, steuert zu dem Fest ein Opus bei, das von seiner wiederkehrenden Lebenslust zeugt; es zeigt ihn von einer gänzlich neuartigen Seite: als Karikaturisten. »Avanturen des neuen Telemachs oder Leben und Exsertionen Koerners, des decenten, consequenten, piquanten u. s. f., von Hogarth in schönen illuminierten Kupfern abgefaßt und mit befriedigenden Erklärungen versehen von Winkelmann, Rom, 1786« ist diese Geburtstagsgabe betitelt, bei der Schiller als Hogarth und Huber als Winckelmann fungiert: jener hat mit witzig-unbekümmertem Strich Episoden aus Körners Leben aufgespießt und Huber sich Kommentare dazu einfallen lassen. Das sind überwältigend komische Blätter, auf denen Schiller selbst zweimal vorkommt: auf dem ersten Blatt als rothaariger Marktschreier, der Körner allerlei Mittel offeriert, »um in Zukunft allen Wirtschafts- und andern Klagen seiner Familie und der ganzen Menschheit abzuhelfen«, und auf dem fünften als einer, der im roten Frack auf dem Kopf steht. »Fig. 2«, erläutert Huber, »ist der berühmte Dichter, Körners adoptiver Sohn, welcher hier abgezeichnet ist, wie ihn verschiedene vernünftige Leute gesehen haben.«

Auf demselben Blatt erscheint Huber, wie er die auf ein hohes Podest gestellte Dora umarmt (sie war sehr klein und er ziemlich groß); unten sieht man auf einem Sofa »Körner, welcher über den Kant einschläft«. Die hochschwangere Minna kommentiert die Huber-Dorchen-Umarmung mit dem Spruchband-Ausruf »Allzeit!«, und neben ihr hält eine Magd einen länglichen Gegenstand ins Bild; es ist »die Köchin, welche durch den rührenden Anblick einer Klistierspritze die scheltende Minna an ihre Sterblichkeit erinnert«. Diese Klistierspritze, die Minna offenbar häufig in Anspruch nahm, um zu befördern, was der Mediziner Schiller »Öffnung« nennt, hatte diesem schon einmal Anlaß zu Scherzen gegeben. Vor der Meißen-Abholung im April hatte er sich anheischig gemacht, »der Minna die Klystiermaschine nach Meißen entgegenzuschicken, weil ich sie nach der Zerbsterreise für ein notwendiges Meuble halte, aber ich besorge, daß man sie auf der Briefpost nicht annimmt«.

»Körners Familienleben« ist dieses phantastische Blatt überschrieben, ein anderes zeigt »Körners Schriftstellerei«: wie ein Briefträger Göschen, der vor Überraschung den Stuhl umstößt, einen sehnlich erwarteten *Thalia*-Beitrag von Körner überbringt, der sogleich in Satz geht und, ausgedruckt, in die Hände eines majestätischen Rezensenten fällt. Das Schlußbild – Fig. 5 – läßt erkennen, daß der Text noch gar nicht geschrieben ist; es handelte sich um einen der Philosophischen Briefe, den Körner zugesagt und nicht abgeliefert hatte. Besonders komisch ist ein Blatt, auf dem Körner mit dicker Börse und tiefer Verbeugung einen gebieterischen Postillon honoriert, der auf dem Weg von Leipzig nach Dresden einen Rekord im Langsamfahren aufgestellt hatte. Ein anderes malt eine »Reise nach Egipten« aus, die der Franzose, der sich dafür von Körner Geld geliehen hatte, niemals antrat. Hubers Beschreibung wird der Zeichnung gerecht:

Hier ist zu sehen Körners unvergleichliche Reise nach Egipten, an welcher der Pinsel unseres zweiten Rafaels sein Meisterstück geliefert hat. Körner sitzt auf einem Esel, welcher blutige Tränen über seinen Herrn weint, ihm voraus geht Duchanton, mit kotigen Stiefeln. Er schreitet unerschrocken gerade auf einen Krokodil zu, welcher mit offnem Rachen unter dem roten Meere und über dem Nil steht. An dem roten Meere, auf welchem Pharaos Krone schwimmt, steht Moses mit den Gesetztafeln und einer Rute in der Hand. An dem andern Ufer des Nils liegt die Königin Kleopatra, noch jetzt schön, auf dem Grase, mit der Schlange am Busen. Kenner des Nackten werden diese Figur nicht genug bewundern können, und Architekten müssen die Piramiden anstaunen. Auch die Landschaft ist vortrefflich.

Körner, der nicht von seinem Beamtengehalt lebt (er bekommt in beiden Ämtern zusammen nur 200 Taler im Jahr, fünfzig mehr als Göschens Setzer), sondern von dem väterlichen Erbe, ist in der Förderung anderer zuweilen etwas leichtsinnig. Dora Stock, die mit Minna den weitläufigen Haushalt führt, versucht die Defizite haushälterisch auszugleichen: durch Senkung der Kaffeeausgaben, was nicht zum häuslichen Frieden beiträgt. Schiller klagt es Friederike Schneider, die aus Leipzig zu Besuch gekommen war und ihm ein Trinkgefäß mitgebracht hatte:

Seitdem Sie weg sind, bin ich erstaunlich mäßig geworden. Dorchen hat mich gebeten, weil soviel Kaffee aufgehe, halb Kaffee und halb Möhren zu trinken, damit mehr erspart werde, welches ich nun auch tue. Mit dieser Jammerbrühe wird Ihre schöne Tasse verunreinigt.

Auch das hätte eine schöne Hogarth-Zeichnung abgeben können. »Verkehrte Welt« heißt ein Blatt, das Körner auf einem gelben Sesselchen vor seinem überlebensgroß hinter einem grünen Tisch thronenden Vater zeigt, der ihm mit betroffener Miene »Die Räuber« entgegenhält; die hocherhobene Rute des mit Kniehose und Haarschleife angetanen Sohnes deutet auf den Versuch, den Theologieprofessor autoritativ von den Vorzügen des Buches zu überzeugen. Körner der Sohn hatte es erlebt, daß sein Vater, den er durch ein Ölgemälde von dem Charme seiner Liebsten hatte überzeugen wollen (hatte der Superintendent eine Begegnung mit ihr abgelehnt?), diese Hals und Brust nur leicht verhüllende Darstellung wie einen Bogen Papier zusammengefaltet hatte, um das »Sündenkonterfei« verschwinden zu lassen; es stammte immerhin von Anton Graff.

Von besonderer graphischer Finesse ist ein Blatt, das Körner als Herkules am Scheidewege ganz klein zwischen seinen beiden Vorgesetzten, dem Konsistorialpräsidenten v. Berlepsch und dem Kommerzdeputationspräsidenten v. Wurmb, zeigt; er nimmt, beiden den Rücken zukehrend, einen Brief seiner Gattin entgegen, deren Porträt der Kommentator auf dem Ärmel des völlig abstrakten Boten zu erkennen glaubt. Die im Schwung des Übermuts ganze Epochen der Kunstentwicklung überspringende Kühnheit der Komposition kommt an der Verzweiflung des Jubilars auf die Höhe, als sich die Muse Thalia für eine Theateraufführung den schwarzen Rock seines Vaters ausborgen will.»Meines Vaters Rock, ruft dieser vortreffliche Sohn, an gedungene Histrionen!« rapportiert Winkelmann-Huber. Schwer zu deuten ist ein Blatt, das »Körner im Salze« darstellt, nämlich in einer große Meste (Schüssel) von Englischem Steingut, also wohl aus der Fabrikation von Freund Kunze in Leipzig. »Körner im Salze! wird man sagen, wie ist er dahinein gekommen? Oder welche Salzmeste war so groß, ihn ganz zu fassen?« Das fragt sich der kommentierende Winkelmann und kommt zu dem Schluß: »Diese Figur ist allegorisch und stellt eigentlich vor *das Salz der Erden*. Nun wird man allenfalls begreifen können, daß die Erde, unsrer aller Mutter, eine größere Salzmeste hat, als man sie gewöhnlich sieht, und daß sie zehn solche Körners noch einsalzen könnte.«

Das Grübeln der Nachwelt über diese Allegorie hat entfernten Anhalt an dem Brief gefunden, den Körner dem Dichter einst nach Mannheim geschrieben hatte, mit dem Schlußsatz: »Wenn ich, obwohl in einem andern Fache als das Ihrige ist, werde gezeigt haben, daß auch ich zum Salz der Erde gehöre, dann sollen Sie meinen Namen wissen.« Vermutlich sprach Körner zuweilen redensartlich vom »Salz der Erde« und wird dafür nun am Ohr gezogen. Noch ein anderes Blatt nimmt seinen Hang zu Redensarten aufs Korn: »Bassenge übergibt Körnern ein Faß Späße«, lautet die Überschrift. Der mit Kniehosen, Haarbeutel und grünem Frack ausstaffierte Herr Bassenge (erstaunlich genau trifft der Zeichner die zeitgenössische Mode) ist jener Dresdner Bankier, dessen Pariser Vetter mit seinem Kompagnon Böhmer der la Motte auf den Leim gegangen war.

»Wer sich nicht selbst zum Besten haben kann, / der ist gewiß nicht von den Besten«, dichtet Goethe in späteren Jahren: Körner beglaubigt sich als einer der Besten auch dadurch, daß seine beiden Hausfreunde ihn derart verulken können. Minna ist nachmals heikler: nach Körners Tod verkauft sie das Heft mit den dreizehn Zeichnungen einem schwäbischen Sammler unter der Bedingung, daß er es vor seinem Tod vernichte. Der Besitzer hat diese Bedingung offenbar erfüllt, zuvor aber – dies hatte ihm die besorgte Minna nicht untersagt – einen farbtreuen Reproduktionsdruck seines Bilderschatzes veranstaltet, dazu ermutigt durch das einhellige Entzücken so verschiedener Besucher wie Bettina v. Arnim, Karl Gutzkow und Ludwig Richter.

Eine Gattung wird geboren

Noch ein anderes freudiges Ereignis fällt in diesen Dresdner Juli: Minna bringt Ende des Monats ein Knäblein zur Welt, das auf den Namen Johann Eduard getauft wird. Schiller soll Gevatter stehen, und das ist keine Kleinigkeit; da Taufen mit großen Gastereien begangen zu werden pflegen, ist es üblich, daß die Paten nicht nur den Täufling, sondern auch die Wöchnerin und die Wehmutter, die Amme und den Kirchendiener beschenken. Er hat nichts Bares für alles dies, auch gilt es ein Kleid anzuschaffen, das er »zum Degen tragen kann«; so wird Freund Kunze um ein Expreßdarlehen von fünfzig Reichstalern gebeten: »Sei so gut und schicke mir das Geld womöglich mit rückgehender Post in einer Assignation, weil wir keinen Augenblick vor der Niederkunft sicher sind.« Sie findet noch am selben Tag statt.

Schiller steckt mitten in der Arbeit, darum schreibt er kaum Briefe; sitzt er in diesen Sommerwochen auch mal in dem Loschwitzer Weinbergshäuschen? Vermutlich ziehen Körners, also auch er, angesichts der herannahenden Niederkunft ihre Stadtwohnung vor. Die Erzählung, die zu Beginn des Sommers von ihm Besitz ergriffen hat, ist etwas Neues, noch nicht Dagewesenes: der erste Kriminalroman der deutschen Literatur. Der Text gibt sich dokumentarisch, als Bericht eines Ich-Erzählers, welcher – ein zarter Hinweis auf das Geisterhaus hinter der Frauenkirche – als kurländischer Graf eingeführt wird:

Es war auf meiner Zurückreise nach Kurland im Jahre 17** um die Karnevalszeit, als ich den Prinzen von *** in Venedig besuchte. Wir hatten uns in ***schen Kriegsdiensten kennen lernen und erneuerten hier eine Bekanntschaft, die der Friede unterbrochen hatte. Weil ich ohnedies wünschte, das Merkwürdige dieser Stadt zu sehen, und der Prinz nur noch Wechsel erwartete, um nach *** zurückzureisen, so beredete er mich leicht, ihm Gesellschaft zu leisten und meine Abreise so lange zu verschieben. Wir kamen überein, uns nicht voneinander zu trennen, solange unser Aufenthalt in Venedig dauern würde, und der Prinz war so gefällig, mir seine eigene Wohnung im Mohren anzubieten.

Er lebte hier unter dem strengsten Inkognito, weil seine geringe Apanage ihm nicht verstattete, die Hoheit seines Rangs zu behaupten. ... Als der dritte Prinz seines Hauses hatte er keine Aussicht zur Regierung. Sein Ehrgeiz war nie erwacht. Seine Leidenschaften hatten eine andere Richtung genommen. Er las viel, doch ohne Wahl. Eine nachlässige Erziehung und frühe Kriegsdienste hatten seinen Geist nicht zur Reife kommen lassen. Alle Kenntnisse, die er nachher schöpfte, vermehrten nur das verworrene Chaos seiner Begriffe, weil sie auf keinen festen Grund gebaut waren.

Er war Protestant, wie seine ganze Familie – durch Geburt, nicht nach Untersuchung, die er nie angestellt hatte, ob er gleich in einer Epoche seines Lebens Schwärmer darin gewesen war. Maçon ist er nie geworden.

Maçon, das bedeutet Freimaurer, womit die rosenkreuzerische Spur von vornherein verlegt ist: alle Rosenkreuzer waren zugleich Freimaurer. Schiller muß vorsichtig sein.

Sein Prinz aus ungenanntem deutschen Lande geht auf dem Markusplatz spazieren und sieht einen maskierten Armenier auf seiner Spur, der, als sie einander begegnen, den rätselhaften Satz fallenläßt: »Wünschen Sie sich Glück, Prinz. Um neun Uhr ist er gestorben.« Fünf Tage später trifft ein Brief aus der Heimat ein, und es stellt sich heraus: an jenem Abend ist ein Cousin des Prinzen verblichen, der Erbprinz jenes ungenannten Landes; nur ein Onkel steht jetzt noch zwischen ihm und dem Thronerben.

Der Armenier, kein Zweifel, hat telepathische Fähigkeiten, und ein gebildeter Mann ist er außerdem: »Graf«, sagt er mit Hamlets Worten zu dem Prinzen, »es gibt mehr Dinge im Himmel und auf Erden, als wir in unsern Philosophien träumen.« Der Hamlet-Satz war auch in der Zuschrift des württembergischen Prinzen an die *Berlinische Monatsschrift* vorgekommen – und die Telepathie des Armeniers erinnert an Schrepfers kurländische Schnellpost.

Dieser Armenier ist nicht nur ein Hellseher, er ist auch ein Mann der Geheimpolizei, und als der Prinz, von einem Venezianer provoziert, sich in dem Spielzimmer eines Kaffeehauses zur Wehr setzt und dadurch in Lebensgefahr gerät, ist er es, der Gegenmaßnahmen veranlaßt; sie geraten drastisch. Noch in derselben Nacht wird jener Einheimische, der Anstalten getroffen hat, den Prinzen umbringen zu lassen, in einem unterirdischen Gewölbe vor Gericht gestellt, von dem herbeizitierten Prinzen identifiziert und nach seinem Geständnis an Ort und Stelle enthauptet. »Was halten Sie *davon*?« sagt der Prinz nach einem langen Stillschweigen zu seinem Freund und Begleiter, dem Grafen von O.: »Ich habe hier einen verborgenen Aufseher in Venedig.«

Aber wo bleibt der Geisterseher? Die Erzählung heißt so, mit dem Untertitel »aus den Papieren des Grafen von O.«. Kein allwissend über den Dingen stehender Erzähler nimmt hier das Wort, sondern ein Augenzeuge gibt nach dem Maß seiner Wahrnehmungen Bericht; er tut es mit einer Prägnanz, einem Lakonismus, die den Leser sogleich in Bann ziehen. Der Geisterseher stellt sich während eines Schiffsausflugs des Prinzen auf der Brenta ein; die Gesellschaft, die sich dazu einfindet, ist wahrhaft europäisch:

Ein englischer Lord, den der Prinz schon in Nizza gesehen hatte, einige Kaufleute aus Livorno, ein deutscher Domherr, ein französischer Abbé mit einigen Damen und ein russischer Offizier gesellten sich zu uns. Die Physiognomie des letztern hatte etwas ganz Ungewöhnliches, das unsre Aufmerksamkeit an sich zog. Nie in meinem Leben sah ich so viele Züge und so wenig Charakter, so viel anlockendes Wohlwollen mit so viel zurückstoßendem Frost in einem Menschengesichte beisammen wohnen. Alle Leidenschaften schienen darin gewühlt und es wieder verlassen zu haben. . . . Dieser selt-

same Mensch folgte uns von weitem, schien aber an allem, was vorging, nur einen nachlässigen Anteil zu nehmen.

Es ist niemand anders als der Armenier, aber er tritt noch lange nicht in Aktion. Sondern »ein Aventurier aus Palermo, der Uniform trug und sich für einen Kapitän ausgab«, stößt zu der Gesellschaft, die in einem Lusthaus den Abend verbringt, und ist, als wie zufällig die Sprache darauf kommt, erbötig, Kontakt zu der Geisterwelt herzustellen; von weitem grüßt das Palais des Prinzen Karl. Dieser Geisterbeschwörer ist eine Mischung aus Schrepfer und Cagliostro; er ist Sizilianer wie der letztere und läßt sich von der Gesellschaft, die ihm für den Fall des Gelingens eine hohe Summe zusichert, dazu überreden, ihr »höheren Unterricht« zu erteilen. Der Prinz wünscht den Papst Ganganelli zu sehen, jenen Clemens XIV., der 1773 den Jesuitenorden aufgelöst hatte und möglicherweise ermordet worden war; will er die Erscheinung danach befragen? Aber der Sizilianer wehrt ab: »Ich darf keinen zitieren, der die Weihung empfangen hat.«

Nun wünscht der Prinz einen im Siebenjährigen Krieg gefallenen Kameraden, den Marquis von Lanoy, zu sehen; der Magier läßt sich darauf ein. Bei strikt verschlossenen Türen und Fenstern heben nächtliche Zurüstungen an, die den Marquis nach einer langen Beschwörung als »eine menschliche Figur in blutigem Hemde« erscheinen lassen. Sie beginnt zu reden – da geschieht das Unerhörte: unter heftigem Donner erscheint »eine andere körperliche Gestalt, blutig und blaß wie die erste, aber schrecklicher, an der Schwelle«, indes die erste verschwindet. Der Sizilianer schießt nach der zweiten – vergebens, der Lord greift sie mit dem Degen an, er entfällt ihm. Dann antwortet die Erscheinung auf die Fragen des Prinzen, der Lanoy in ihr erkannt hat; es geht um eine in einem fernen Kloster verborgene Tochter. Der Prinz erhält Auskunft, schließlich fragt er:

»*Kann ich dir auf dieser Welt noch einen Dienst erzeigen?*«
»*Keinen, als an dich selbst zu denken.*«
»*Wie muß ich das?*«
»*In Rom wirst du es erfahren.*«

Hier erfolgte ein neuer Donnerschlag – eine schwarze Rauchwolke erfüllte das Zimmer; als sie zerflossen war, fanden wir keine Gestalt mehr. Ich stieß einen Fensterladen auf. Es war Morgen.

Jetzt kam auch der Magier aus seiner Betäubung zurück. »*Wo sind wir?*« *rief er aus, als er Tageslicht erblickte. Der russische Offizier stand dicht hinter ihm und sah ihm über die Schulter.* »*Taschenspieler*«*, sagte er mit schrecklichem Blick zu ihm,* »*du wirst keinen Geist mehr rufen.*«

So weit führt der Autor seine neue Geschichte im vierten Heft der *Thalia,* dessen Manuskript er im Oktober nach Leipzig schickt; er endet auf dem Gipfelpunkt der Spannung. In Heft 5 bestätigt sich dann: der russische Offizier ist kein anderer als der geheimnisvolle Armenier, ein Offizier im besonderen Einsatz der Staatsinquisition; der Prinz bekommt es heraus, als der Sizilianer und dessen Helfer, darunter der Wirt, verhaftet werden. Ist die Geheimpolizei seine ganze Wahrheit? »Nimmermehr«, glaubt der Prinz: »Dieser Mensch ist alles, was er sein will, und alles, was der Augenblick will, daß er sein soll. Was er wirklich ist, hat keines Menschen Sohn erfahren.«

Dies und anderes erfahren die *Thalia*-Leser erst sehr viel später. Sie erleben, wie es dem Prinzen mitsamt dem Grafen von O. gelingt, zu dem gefangenen Sizilianer vorzudringen und ihn nach seiner Geisterbeschwörung und deren übermächtigem Störer zu befragen. Der Gefangene ist gesprächig und legt seine Erscheinungstechnik in allen Einzelheiten bloß, zu denen eine Laterna magica gehört, die durch einen »dicken Rauch von Olibanum« hindurch die Illusion hervorbringt; es ist die Schrepfersche Nebelprojektionstechnik. Und der Armenier beziehungsweise Russe? »Was ist das Wahre an dem, wofür er sich ausgibt?« »Bei uns«, erklärt der inhaftierte Geisterbeschwörer, »kennt man ihn nur unter dem Namen des *Unergründlichen.*« Er ist ein Übermensch, der selbst der Geisterwelt angehört, eine Art Fliegender Holländer:

Es gibt glaubwürdige Leute, die sich erinnern, ihn in verschiedenen Weltgegenden zu gleicher Zeit gesehen zu haben. Keines Degens Spitze kann ihn durchbohren, kein Gift ihm etwas anhaben, kein Feuer sengt ihn, kein Schiff geht unter, worauf er sich befindet. Die Zeit selbst scheint an ihm ihre Macht zu verlieren, die Jahre trocknen seine Säfte nicht aus und das Alter kann seine Haare nicht bleichen. Niemand ist, der ihn Speise nehmen sah, nie ist ein Weib von ihm berührt worden, kein Schlaf besucht seine Augen, von allen

Stunden des Tages weiß man nur eine einzige, über die er nicht Herr ist

Das ist die Mitternacht. »Sobald die Glocke den zwölften Streich tut, gehört er den Lebendigen nicht mehr. Niemand weiß, wo er dann hingeht, noch was er da verrichtet.« »Der allgemeine Glaube ist«, läßt der Sizilianer verlauten,

»daß er in dieser geheimnisvollen Stunde Unterredungen mit seinem Genius halte. Einige meinen gar, er sei ein Verstorbener, *dem es verstattet sei, dreiundzwanzig Stunden vom Tag unter den Lebenden zu wandeln; in der letzten aber müsse seine Seele zur Unterwelt heimkehren, um dort ihr Gericht auszuhalten. Viele halten ihn auch für den berühmten* Apollonius *von* Thyana *und andre gar für den Jünger* Johannes, *von dem es heißt, daß er bleiben würde bis zum letzten Gericht.«*

Apollonius von Thyana war im Griechenland des ersten Jahrhunderts christlicher Zeitrechnung ein neupythagoreischer Philosoph, Magier und Theurg von solcher Reputation gewesen, daß ihm Tempel und Bildsäulen, ja sogar kaiserliche Münzen gewidmet wurden. Er predigte einen höchsten Gott, der nicht mit Worten genannt und nicht durch Opfer geehrt, sondern nur mit dem Verstand begriffen werden sollte; Voltaire und Wieland hatten ihn in Erinnerung gebracht.

Schiller hat die Cagliostro-Gestalt gleichsam aufgeteilt, in den »Sizilianer« und den, der ihn spektakulär entlarvt, dessen Fähigkeiten allerdings weit über die des Großkophtas hinausgehen. Stekken beide womöglich unter einer Decke, so daß die Entlarvung des einen durch den andern samt dem Bericht, den der Gefangene von seinem Überwinder gibt, selbst nur ein ausgeklügelter Betrug wäre, um dem Armenier bei dem Prinzen einen unüberbietbaren Magier-Nimbus zu geben?

Der Prinz selbst stellt solche Betrachtungen an, zuvor aber hört er von dem Gefangenen eine Geschichte, die die Konstellation des von einem Stärkeren überwundenen Geisterbeschwörers in einem völlig andern Stoff wiederholt. Es ist Schillers ureigener Stoff, derselbe, aus dem später »Die Braut von Messina« geschmiedet wird: die feindlichen Brüder, die sich um ein ihnen seit Kindertagen vertrautes Mädchen – es ist die Schwesterfigur, und sie fällt hier an »die einzige Tochter eines benachbarten gräflichen Hauses« –

tödlich vereinigen. Der eine von ihnen, Jeronymo (wieder ist es der Ältere, also der Erbe), wird geliebt, der andere, Lorenzo, verliebt sich während einer vieljährigen Abwesenheit Jeronymos in dessen Braut und bringt den Zurückgekehrten kurz vor der Hochzeit hinterrücks um; die Eltern halten den Verschwundenen für von Piraten entführt und stellen vergeblich Nachforschungen nach ihm an.

Nach jahrelangem Warten entschließen sie sich, ihn für tot zu erklären; zuvor hat der Sizilianer eine Geisterbeschwörung veranstaltet, bei der der Verschwundene mit einer tödlichen Verwundung erschien. Antonie, Jeronymos Braut, wird schließlich dazu gebracht, Lorenzo die Hand zu reichen, das Hochzeitsfest wird gefeiert – da mischt sich ein unbekannter Franziskanermönch unter die Festgesellschaft. Als er den Vater des Bräutigams die Abwesenheit des verschwundenen Jeronymo beklagen hört, öffnet er den Mund und fragt: »Hast du ihn denn geladen, und er ist ausgeblieben?« Und nun kommt es zu einer schaudererregenden Szene:

Woher Ihr auch sein mögt, ehrwürdiger Herr, rief endlich der Marchese, Ihr habt einen teuern Namen genannt. Seid mir willkommen! – Kommt, meine Freunde (indem er sich gegen uns kehrte und die Gläser herumgehen ließ), laßt einen Fremdling uns nicht beschämen! – Dem Andenken meines Sohnes Jeronymo!

Nie, glaube ich, ward eine Gesundheit mit so schlimmem Mute getrunken.

Ein Glas steht noch voll da – warum weigert sich mein Sohn Lorenzo, auf diesen freundlichen Trunk Bescheid zu tun? Bebend empfing Lorenzo das Glas aus des Franziskaners Hand – bebend brachte er es an den Mund – Meinem vielgeliebten Bruder Jeronymo! stammelte er, und schaudernd setzte ers nieder.

Das ist meines Mörders Stimme, *rief eine fürchterliche Gestalt, die auf einmal in unsrer Mitte stand, mit bluttriefendem Kleid und entstellt von gräßlichen Wunden.*

Der Franziskaner ist niemand anders als der Armenier, der der russische Offizier ist; wer wollte, solches vernehmend, noch an dessen magischer Omnipotenz zweifeln?

Schon mit dem Anfang der Geschichte (nur siebenundzwanzig Druckseiten umfaßt der erste *Thalia*-Druck) bewährt der Erzähler die Eigenschaften nicht nur, die ihn zum Dramatiker machen, sondern steigert sie noch. Die Lust am Spannenden, an der abrupten Konfrontation, der stakkatohaften Zuspitzung führt ihm die Feder, und unversehens ist das neue Genre, der Kriminalroman, auf den Weg gebracht; wird es die *Thalia* über »Dom Karlos« hinaustragen? In der zweiten August-Hälfte – Schiller steckt mitten in der Geschichte – erreicht Deutschland die Nachricht vom Tod Friedrichs II., den viele schon bei Lebzeiten den Großen genannt hatten; vierundsiebzigjährig ist er in Sanssouci verstorben. Eine Epoche ist ans Ende gelangt; mit Friedrichs Neffen, der nun als Friedrich Wilhelm II. den Thron besteigt, beginnt eine neue Zeit – welches Gesicht wird sie zeigen? Hat man von dem Rosenkreuzer an der Hand des Majors v. Bischoffwerder (er wird nun schnell Oberstleutnant) tatsächlich eine katholisierend-rückschlägige Politik zu befürchten? Oder wird er die positiven Seiten hervorkehren, die er als Musiker und Theaterfreund hat, und sich, anders als sein Onkel, der halbe Franzose, der deutschen Kultur fördernd zuwenden?

Tatsächlich bleibt der gefürchtete Rückschlag fürs erste aus, der fromme Wöllner wird nicht Kultur- und Kultusminister (das geschieht erst zwei Jahre später), sondern der seit 1770 amtierende Freiherr v. Zedlitz, Schirmherr Kants, Biesters und Gedikes, bleibt im Amt; die rechtliche Emanzipation der Juden macht, wie ihre eigene aus der rabbinischen Orthodoxie, unter dem neuen König deutliche Fortschritte. Und was für Schiller das Wichtigste ist: Döbbelins Theatertruppe wird schon im Oktober in den Rang eines Nationaltheaters erhoben.

In Schillers Briefen findet die Thronbesteigung des neuen Mannes in Berlin einen Widerhall, der sonderbar genug ist. In einem Brief an die Herrin von Bauerbach, bei der er immer noch die alten Schulden hat, erbietet er sich, ihr einen Brief an den neuen Preußenkönig aufzusetzen, der diesen dazu bewegen soll, ihre beiden stellungslosen Söhne in seine Armee einzustellen. Ein Brief, mit dem sich die inzwischen achtzehnjährige Charlotte bei ihm in Erinnerung gebracht hat (sie lebt als Französischlehrerin bei einer adligen Familie in Hildburghausen), hat ihn auf das Unversorgtsein ihrer Brüder im Württemberg Karl Eugens aufmerksam gemacht, so will er Abhilfe in Preußen schaffen:

Ich habe einen Einfall gehabt, liebste Freundin, die Versorgung Karls und Augusts betreffend, den ich Ihnen doch vorlegen muß. Der König von Preußen ist jetzt noch in der glücklichsten Stimmung, etwas zu tun, das ihm vor der Welt Ehre macht, und Gnaden auszuteilen. Wie? Wenn ich einen Brief, in Ihrem Namen, versteht sich, aufsetzte, den Sie geradenwegs an ihn schickten, worin Sie ihm Ihre zwei Söhne ganz zu eigener Disposition übergeben. Macht er sie auch nicht gleich zu Offizieren, so wird der außerordentliche Weg, durch den er sie erhält, sie ihm gewiß im Gedächtnis erhalten, und über kurz oder lang plaziert er sie.

Zuletzt findet er das selbst etwas kurios und meint:

Was tuts, wenn es mißlingt? Dann bleiben uns noch alle Wege offen, und ich schreibe in Ihrem Namen auch an den Kaiser. Gehts da nicht – nu in Gottesnamen, so gehen wir aus der Christenheit heraus und wenden uns an den Türkischen Sultan.

Und damit Henriette nicht denkt, er wolle sich ums Bezahlen herummogeln, fügt er an: »Auf Ostern erhalten Sie zuverlässig Geld.« Bis Ostern ist es weit, und er hat auch dann das Geld nicht beisammen.

Die Versuchung

Der August – wir können es voraussetzen – gehört dem »Geisterseher«, aber nicht allein. Wo Veränderungen in der Luft liegen, gilt es, Anhalt bei der Geschichte zu suchen, nämlich wo? Bei Aufstand und Empörung. Zusammen mit Huber hat Schiller das Projekt einer mehrteiligen »Geschichte der merkwürdigsten Rebellionen und Verschwörungen« entworfen, und nicht der überlastete Göschen soll der Verleger sein, der gerade mit Goethes gesammelten Werken, einer auf acht Bände veranschlagten Ausgabe, die nur 623 Subskribenten findet (das Geschäft hat zuvor der Raubdrucker Himburg gemacht), in die finanzielle Bredouille geraten ist, sondern dessen einstiger Lehrherr, Siegfried Leberecht Crusius, eine feste Größe im Leipziger Verlagsbuchhandel; für Schiller wird daraus eine lebenslange, überaus produktive Beziehung. In Rebellionen und Verschwörungen ist er seit dem »Fiesko« zu Haus, auch »Dom Karlos« steht in ihrem Bann; die niederländische Erhebung ist der welthistorische Hintergrund, auf den er die Prinzengeschichte aufgetragen hat.

Die Darstellung dieses Aufstands soll Schillers eigener Beitrag zu der geplanten Sammlung werden; an Huber fällt »Revolution in Rom durch Nikolaus Rienzi, im Jahre 1347«, ein Stoff, aus dem fünf Jahre später in Paris ein jakobinisches Drama und Jahrzehnte später Bulwer-Lyttons Roman und Richard Wagners Oper wird. Als Übersetzung aus dem Französischen steuert Huber außerdem die nicht sonderlich erhebliche »Verschwörung des Marquis von Bedemar gegen die Republik Venedig im Jahr 1618« bei; Alonso de la Cueva y Benavides, Marqués von Bedmar, war der erfolglos gegen sein Gastland operierende Botschafter Spaniens in der Adelsrepublik gewesen. Schwager Reinwald springt in die Bresche, als Schillers Beitrag sich schon bei der Schilderung der Vorgeschichte der niederländischen Erhebung zu einem eigenen Buch von schließlich 450 Seiten auswächst, und erzählt »Die Verschwörung der Pazzi wider die Medici in Florenz im Jahre 1478«; das war der vom Papst unterstützte Versuch eines konkurrierenden Florentiner Adelsgeschlechts gewesen, den gemeinsam regierenden Medici-Brüdern Giuliano und Lorenzo die Herrschaft über die Republik zu entreißen. Er scheiterte, als dem Mordanschlag während eines Gottesdienstes im Florentiner Dom nur einer der beiden Brüder, Giuliano, erlag; Lorenzo floh und organisierte den Volkswiderstand.

Die Pazzi- und die Cueva-Verschwörung waren politisch unverfänglich, insofern es sich um scheiternde Unternehmungen wider die regierende Staatsgewalt handelte. Anders stand es im Falle Rienzis, der das Volk von Rom zu einer siegreichen Erhebung gegen eine parasitäre Adelsherrschaft geführt hatte; allerdings hatte er vorher den Segen des formellen Staatsoberhaupts – das war der nach Avignon verbannte Papst – für die Unternehmung eingeholt. Schiller hütet sich, seiner Sammlung etwa die von Cromwell geführte Erhebung gegen die englische Monarchie oder gar den Aufstand der nordamerikanischen Kolonisten einzubeziehen. Damit der Zensor nicht denke, es gehe um Politik, gibt er in der Verlagsanzeige die für den interessierten Leser leicht zu durchschauende Versicherung ab:

Bloß politische Revolutionen werden ausgeschlossen sein, Pri-

vatbegebenheiten hingegen, welche sich in dieser Gattung durch irgendeine interessante Merkwürdigkeit auszeichnen, darin aufgenommen werden. Jede Messe wird ein Band ... herauskommen.
Die Schutzbehauptung macht klar, wie gespannt die politische Lage unterderhand ist. Auf andere, in die Tiefe der Konflikte dringende Weise wird das in dem zweiten Teil des dritten »Karlos«-Aktes deutlich, der in diesen Monaten Gestalt gewinnt; er gipfelt in einem Dialog des Königs mit dem Helden von Malta, den Philipp an seine Seite ziehen will. Doch Posa widerstrebt: »Ich kann nicht Fürstendiener sein.« Es ist, als setzte sich der Autor in diesem Staatsgespräch seinem einstigen Fürsten, dem Beherrscher Württembergs und der Militärakademie, gegenüber, indem er ihn zugleich ins Weltgeschichtliche stilisiert; dabei prallt jene bürgerliche Staatsvorstellung, die sich an die modernen Franzosen heftete, auf die mechanistische Staatstheorie, wie Hobbes sie im siebzehnten Jahrhundert zur Rechtfertigung der absoluten Königsmacht entwickelt hatte; in England durch die Parlamentsherrschaft relativiert, war sie auf dem Kontinent zu voller Geltung gelangt.

»Ehmals / gabs einen Herrn, weil ihn Gesetze brauchten, / jetzt gibts Gesetze, weil der Herr sie braucht«, bezeichnet Posa den Umschwung, der innerhalb des Absolutismus eingetreten war, und nennt die Ruhe, die Philipp den aufsässigen Niederländern durch Albas Heere aufzwingen will, »die Ruhe eines Kirchhofs«. »Ich lebe / ein Bürger derer, welche kommen werden«, wirft er sich mit großem Wort in die Zukunft und bestürmt den König, als er merkt, daß er dessen Herz erreicht, mit dringlichster Rede:

> Geben Sie
> Die unnatürliche Vergöttrung auf,
> Die uns vernichtet. Werden Sie uns Muster
> Des Ewigen und Wahren ... Geben Sie
> Gedankenfreiheit –

Es ist das Wesen des Zitats, den Zusammenhang aufzulösen, in dem das Hervorgehobene steht; Zitat ist, wenn es redensartlich wird, immer schon Parodie. Posa bekräftigt sein Wort mit einem Kniefall vor dem Alleinherrscher, der, sichtlich ergriffen: »Sonderbarer Schwärmer!«, sagt und ihn aufstehen heißt. Darauf bricht Posa in einen Lobpreis der Freiheit aus, die er als Triebkraft und Movens der Natur beschreibt: »Auf Freiheit / ist sie gegründet – und wie reich ist sie / durch Freiheit!« Er geht aufs Ganze, wenn er den König bestürmt:

> Stellen Sie der Menschheit
> Verlornen Adel wieder her. Der Bürger
> Sei wiederum, was er zuvor gewesen,
> Der Krone Zweck – ihn binde keine Pflicht,
> Als seiner Brüder gleich ehrwürdge Rechte. . . .
> In seiner Werkstatt träume sich der Künstler
> Zum Bildner einer schönern Welt. Den Flug
> Des Denkers hemme ferner keine Schranke,
> Als die Bedingung endlicher Naturen.

Der Traum, den Posa hier mit stillschweigender Billigung des Monarchen träumt, ist der der Versöhnung von Fürstenherrschaft und Bürgerfreiheit. Was der Malteserritter vorbringt, ist, zu höchster Intensität des Wortes und des Gedankens gesteigert, alles das, was der befuchtelte Regimentsarzt seinem Landesherrn bei der Audienz in Hohenheim hätte sagen wollen, wenn er gedurft hätte.

Schiller schreibt es in der Obhut des sächsischen Bürgertums, aber er gibt es nicht in seine Zeitschrift; der Schwerpunkt des Stückes wird für die Buchausgabe aufgespart. Unterdes haben die beiden in Leipzig erschienenen *Thalia*-Hefte ein reges rezensorisches Echo gefunden. In Nürnberg empfindet man die »Karlos«-Szenen als eine »Zierde unsrer Dichtkunst«, durch »tiefe Blicke in das Triebwerk und den geheimen Gang der Leidenschaften, Energie der Gesinnungen und Kraft der Sprache, die aber doch zuweilen etwas gezwungen wird [recte: wirkt]«. In Gotha, das durch seinen illuminatischen Herzog eine Hochburg des Fortschritts ist, meint man, daß das Journal »gewiß schon alle unsre Leser mehr verschlungen als gelesen« haben werden; die »Karlos«-Szenen seien »ebensosehr das Werk der dichterischen Phantasie als des richtigsten Geschmacks«. Nur am Druckort regt sich Widerstand, auf vierunddreißig Seiten der einst von den Berlinern Nicolai und Mendelssohn gegründeten, nun von dem Verleger Dyck redigierten *Neuen Bibliothek der schönen Wissenschaften und der freyen Künste*. Vor allem »Dom Karlos« irritiert den wie immer ungenannten Rezensenten:

Die sämtlichen Personen des Stücks sprechen, als wenn sie eben erst aus dem Lande der Metaphern zurückgekommen wären: sie schwimmen ... auf Metaphern wie auf leichten Blasen: sie häufen Figur auf Figur, Bild auf Bild. ... Das Bild schmiegt sich nie nach dem Gedanken; der Gedanke muß sich immer nach dem Bilde bequemen.

Auf zahlreichen Seiten versucht der Autor das im einzelnen zu belegen – ein Schulmeister geht ins Detail und huldigt dem Gegenstand seines Tadels durch die Länge des ausgestreckten Zeigefingers; das rationalistische Leipzig erwehrt sich des barock inspirierten Süddeutschen. Göschen ist von diesem Einspruch aus dem Haus eines Konkurrenten so beunruhigt, daß er Schiller eine öffentliche Antwort ansinnt, aber da kommt er an den Falschen:

Die Rezension, die Sie mir geschickt haben, hat zu deutlich das Gepräge von bösem Willen und Galle, als daß es der Mühe wert sein sollte, das Schiefe und Seichte, was sie enthält, auseinanderzusetzen. Wenn mir einer bei der Beurteilung eines Trauerspiels nur die Floskeln im Stile zusammensucht und nicht einmal einen Charakter, eine dramatische Entwicklung berührt, so sehe ich dem Menschen an, daß der Himmel ihn nicht zu Beurteilungen eines Kunstwerks bestellt hat. Mir Satisfaktion genug, daß er zu plump und zu heftig gewesen war, um die Ursachen verstecken zu können, die ihn zum Schreibpult getrieben haben. ... Gott bewahre mich, auf eine solche stümperhafte Arbeit zu antworten.

Man kann sich den Bewohner des Kohlmarkts in diesen Sommerwochen, da sich im Hause Körner alles um den kleinen Eduard dreht, nicht anders als in angespanntester Tätigkeit denken. »Der Menschenfeind«, »Der Geisterseher«, die niederländische Rebellion: die Stoffe, die Genres – Komödie, Kriminalroman, Geschichtswerk – reichen sich die Hand, und auch »Dom Karlos« verlangt sein Recht. Es gilt nicht nur den dritten Akt und dann die Vollendung des ganzen Stücks für die von Göschen geplante Buchausgabe, sondern nach Becks Rat auch eine Bühnenfassung, die früher als das Buch bei den Theatern sein muß, sonst wird der schutzlose Urheber von den Plümicke und Himburg wieder nach Strich und

Faden geplündert. Schiller blickt um sich in deutschen Landen, wer für die Erstaufführung in Frage käme; dann folgt er einem Wink von Freund Beck. Friedrich Ludwig Schröder ist nach vier Jahren am Wiener Burgtheater nach Hamburg zurückgekehrt, dessen Nationaltheater er zuvor als Intendant und Schauspieler zu einer der führenden deutschen Bühnen gemacht hatte; ihm offeriert Schiller im Oktober das neue Stück in einem Brief, der dem um fünfzehn Jahre Älteren eine langfristige Bindung anträgt. Er erklärt sich eingangs zum »Mitläufer auf der dramatischen Bühne«, der sich »wenigstens eine kleine Stimme erworben« habe; dann geht er aufs Ganze:

Ich habe bis jetzt Forderungen an die Schaubühne gemacht, die noch keines von allen Theatern, die ich kenne, befriedigte. In Mannheim habe ich vollends, aus Ursachen, die hier zu weitläufig wären, beinahe allen Enthusiasmus für das Drama verloren. Jetzt fängt er wieder an, in mir aufzuleben, aber mir graut vor der schrecklichen Mißhandlung auf unsern Bühnen. Mit ungeduldiger Sehnsucht habe ich bisher nach derjenigen Bühne geschmachtet, wo ich meiner Phantasie einige Kühnheiten erlauben darf und den freien Flug meiner Empfindung nicht so erstaunlich gehemmt sehen muß. Ich kenne nunmehr die Grenzen recht gut, welche bretterne Wände und alle notwendigen Umstände des Theatergesetzes dem Dichter vorschreiben, aber es gibt engere Grenzen, die sich der kleine Geist und der dürftige Künstler setzt, das Genie des großen Schauspielers und Denkers aber überspringt. Von diesen Grenzen wünschte ich freigesprochen zu werden, und darum ist der Gedanke mir so willkommen, durch eine genauere Verbindung mit Ihnen ein Ideal zu realisieren, das ich ohne Sie ganz verloren geben muß. Wenn ich mir schmeicheln kann, daß Sie mir hiezu die Hände bieten wollen, so sollen alle meine Stücke für Ihre Bühne bestimmt sein, und ich werde sie unter dieser Aussicht mit um so größerer Begeisterung schreiben.

Schiller legt sein Schicksal als Dramatiker in Schröders Hände; zugleich wird deutlich: er ist des Daseins unter dem Schutzmantel der Körner-Familie müde. In vier Wochen wird er siebenundzwanzig, es ist Zeit, festen Boden unter den Füßen zu gewinnen – wird er ihn bei Schröder finden? Dieser stand »Kabale und Liebe« kritisch gegenüber, aber nun hat er in der *Thalia* die »Karlos«-Szenen gelesen und antwortet sofort; sein Brief ist kurz, aber von Tragweite:

Meine schnelle Antwort sei Ihnen ein Beweis, wie angenehm mir Ihr Brief war. Ich erstaunte über den Flug der Ideen in den Räubern, bewunderte den größern Teil des Fiesco; aber ich zweifelte, daß ein so kühnes Genie sich zu der Simplizität würde bequemen können, die einem Theatergemälde einzig allgemeinen und dauernden Beifall schaffen kann. Ihr Carlos überzeugt mich vom Gegenteile; und nun wünsche ich nichts so sehr, als mich mit Ihnen zu verbinden – mit Ihnen, der allein meine Ideen realisieren kann. Ich fühle mich zu schwach dazu; aber ein langer und vertrauter Umgang mit dem Handwerksmäßigen des Theaters kann Ihnen vielleicht von Nutzen sein. – Aber ein dramatischer Schriftsteller muß durchaus an dem Ort sein, wo sich die Bühne aufhält, für die er schreibt. Sind Sie frei? Können Sie Dresden gegen Hamburg vertauschen? Und unter welchen Bedingungen?

Was tun? Schiller hat ein Angebot gemacht, und es ist so umfassend wie denkbar angenommen worden – gilt es, die Koffer zu packen? *Wie* verlockend das Angebot ist, zeigt sich daran, daß er zwei Monate braucht, um es abzulehnen; wie Bileams Esel steht er zwischen Hamburg und Dresden, den beiden elbverbundenen Städten. Dann zuckt er zurück – wollen Körners ihn nicht von sich lassen? Oder sitzt der Mannheim-Schock, die Querelen mit Dalberg, mehr noch mit den Schauspielern, zu tief? Auch Lessings Hamburger Erfahrung zwanzig Jahre zuvor steht warnend im Hintergrund. Am 18. Dezember sagt Schiller das angetragene Engagement ab – seine Stücke soll Hamburg haben, aber nicht ihn selbst:

Ich habe die Antwort auf Ihren ersten Brief bis jetzt aufschieben müssen, weil ich mich über eine Reise nach Hamburg nicht entscheiden konnte, ohne mit gewissen Personen darüber zu konferieren, welche den nächsten Anteil an meinen Entschlüssen haben. Ich lebe hier im Schoße einer Familie, der ich notwendig geworden bin – einige andre Verhältnisse, denen ich jedes Opfer bringen muß, wollen mich lieber in Dresden als sonst irgendwo haben, außerdem müßte ich doch, der Form wegen, mit dem Herzog von Weimar darüber übereingekommen sein, weil mein Aufenthalt in Hamburg ein Engagement ist. Sonst, muß ich Ihnen offenherzig gestehen, wäre es mehr meine Ungeduld, Sie zu sehen, als jede andere Ursache, warum ich gerne nach Hamburg reiste. Bei guten Bühnen, dünkt es mich, hat man auf das Locale nicht soviel Rücksicht zu nehmen. Eine gewisse Fertigkeit oder Fühlbarkeit für das, was in Schauspielen wirkt, die ich in Mannheim und auch hier zu erlangen Gelegenheit hatte, wird bei mir diesen Mangel an Lokalkenntnis ziemlich ersetzen. Außerdem glaube ich überzeugt zu sein, daß ein Dichter, dem die Bühne, für die er schreibt, immer gegenwärtig ist, sehr leicht versucht werden kann, der augenblicklichen Wirkung den daurenden Gehalt aufzuopfern, Classizität dem Glanze – vollends wenn er in meinem Fall ist und noch über gewisse Manieren und Regeln sich nicht bestimmt hat. Und dann glauben Sie mir auch, gewinnt mein Enthusiasmus für die Schauspielkunst dadurch sehr, wenn ich mir die glückliche Illusion bewahren kann, welche wegfällt, sobald Kulissen und papierne Wände mich unter der Arbeit an meine Grenzen erinnern. Besser ist es immer, wenn der erste Wurf ganz frei und kühn geschehen kann und erst beim Ordnen und Revidieren die theatralische Beschränkung und Konvenienz in Anschlag gebracht wird.

Der Hinweis auf den Herzog von Weimar ist nur eine Ausrede, um eine Absage, um die er mit sich gerungen hat, plausibler zu machen, doch wird deutlich: die vage Aussicht auf Weimar ist ihm wichtiger als die sichere in Hamburg.

Acht Tage vor diesem Brief hat seine Bindung an die Körner-Familie sich durch eine Katastrophe vertieft, die er aus nächster Nähe miterlebt hat: der fünf Monate alte Eduard ist einer Infektionskrankheit erlegen, der die Ärzte, auch Schiller, hilflos gegenüberstanden. Vergebens hatte man durch »Umschläge von Wein« und »schweißtreibende und stärkende Mittel« versucht, des fiebrigen Ausschlags Herr zu werden, der den Kleinen befallen hatte. Friederika Schneider, der Leipziger Freundin, berichtet Schiller den tödlichen Verlauf der Krankheit und bittet sie um brieflichen Zuspruch für Minna:

Der Schmerz der Mutter machte uns stumpf für den Verlust des Kindes. Wir zitterten nur für sie – besonders da zu ihrer schrecklichen Seelenlage nun noch die Abtreibung der Milch kömmt. Schreiben Sie ihr, liebste Freundin, und suchen Sie ihren Schmerz wenigstens zu lindern.

Die familiäre Nähe, aus der er diesen Verlust erlebt, erleichtert ihm den Verzicht auf die Hamburger Aussichten. Hausdramatiker in einer weltoffenen Hafenstadt, unter der Obhut des bedeutendsten deutschen Theaterleiters – die Versuchung war groß gewesen, groß aber ist auch die Sorge um seine künstlerische Freiheit. Je stärker der Partner (der zweiundvierzigjährige Schröder ist von anderm Schlag als der Mannheimer Reichsfreiherr), um so größer die Gefahr der Ablenkung von einem Ziel, das er mit denkwürdigem Wort bezeichnet: Klassizität. »Dom Karlos« (erst die späten Buchfassungen werden das portugiesische »Dom« aufgeben), die Tragödie im Shakespeare-Vers, ist der erste Schritt dorthin; wird »Der Menschenfeind«, den er Schröder gleichfalls angetragen hat, der nächste sein? Schon setzt er die Vollendung auf »nicht viel früher als in der Mitte Aprils« an; es wird ihm damit wie mit den Bauerbacher Schulden ergehen.

Statt nach Hamburg zu fahren, erbittet der Autor sich einige Ratschläge für die Bühnenfassung:

Nun muß ich mir vor allen Dingen Nachricht von Ihnen ausbitten 1) ob ich den Carlos in Prosa für Ihre Bühne verwandeln muß, weil doch immer zu besorgen ist, daß die untergeordneten Schauspieler schief deklamieren, und unter 12-15 Personen können nicht alle Meister sein. Mir macht es eine Mühe mehr, aber eine angenehme Mühe, weil sie mir den Erfolg versichert.

2) Wünschte ich zu wissen, welche Größe ich dem Stück geben, ob es drei gute Stunden spielen darf? 3) ob ich mir im Punkte des Katholizismus, der Geistlichkeit und der Inquisition einige Freiheiten erlauben darf oder ob es notwendig ist, daß ich den Dominikaner weltlich mache und die verfänglichen Stellen streiche?

Der Dominikaner – Domingo, der Beichtvater des Königs – ist mit Alba zusammen die treibende Kraft von Terror, Inquisition, Intrige in dem Stück. Was im Buch-, im Zeitschriftendruck geht, das geht, Schiller weiß es und stellt sich darauf ein, in dem strenger observierten Theater noch lange nicht; es ist ein Unterschied, ob ein einzelner zu Hause ein Buch liest oder ob fünfhundert Leute zugleich etwas von der Bühne gesagt bekommen. Aber in Hamburg muß die Zensur ja nicht wie in Dresden beschaffen sein, wo die Bondinische Truppe »Fiesko« im Oktober zum zweiten Mal in einer Fassung aufgeführt hat, deren Schluß wahrscheinlich der Plümickesche ist. Da geht man doch lieber mit Friederica Schneider in den »Groben Inspektor«, ein nicht näher bestimmtes Lustspiel, und macht hinterher briefliche Scherze, die deren Gatten, »den bewußten teuren Teil Ihrer werten Person«, gleichsam auf die Bühne versetzen, als »den unvergeßlichen dritten Mann, der den Knoten des allerkünstlichsten Lustspiels so wunderbar und dezent auflöste«.

Schwierigkeiten mit Weihnachten

Als Schiller den Antwortbrief an Schröder schreibt, sind Körners und Dora über Weihnachten in die Leipziger Heimat gefahren; die Ortsveränderung soll den Schock mildern helfen. Für diese Zeit hat Schiller mit Huber das Körnersche Haus bezogen, dort trifft ihn der innere Rückschlag seiner Hamburg-Absage; er fühlt sich ohne die Körner-Familie vollkommen verloren und spürt um so mehr seine Abhängigkeit von ihr. Am 18. Dezember schreibt er den ersten, zwei Tage später den zweiten Brief nach Leipzig; auch die Arbeit hilft nicht gegen das erdrückende Gefühl vorweihnachtlicher Verlassenheit:

Bis jetzt ist unsre Existenz höchst prosaisch gewesen, ich besonders wußte kaum, wo ich mit der Zeit hinsollte, die mir von Arbeiten frei blieb. Die Abende sind mir erstaunlich zur Last, denken mag ich nicht, auch schäme ich mich zu schlafen. Gestern waren wir im goldnen Engel zu Mittag, vorgestern abend bei Albrechts, wo Whist gespielt wurde. Diesmal aber gewann ich. Bei Reinhardts war ich auch, um euer Kompliment an die Tante zu bestellen, und soll auch von der ganzen werten Familie – die Tante Milliquet nicht ausgenommen – schönstens grüßen. Meinen Herrn von Nostiz werde ich in den Feiertagen aufsuchen. Morgen gedenk ich zu Neumanns zu gehen.

Frage doch den Doktor um genaue Nachricht wegen der Minna; daß die Härten in der Brust bleiben und der Schmerz sich verloren hat, bringt mich fast auf den Gedanken, daß es langsam gehen möchte.

Albrechts, das sind Sophie und ihr romanschreibender Mann. Reinhard ist ein Wirklicher Hof- und Justizrat, Neumann der literarisch tätige Beamte, der zu besuchende Herr v. Nostitz ein Finanzrat, der seine dichterischen Werke unter dem Namen Arthur von Nordstern veröffentlicht – Schiller hat gesellige Kontakte in Dresden, aber sie sind viel oberflächlicher als in Leipzig. Zuletzt bittet der verlassene Dichter, dem »ordentlich bang auf die Feiertage« ist, um einen Stollen. Das heißt Eulen nach Athen tragen, Dresden ist die Heimat aller Christstollen – er will einfach ein Weihnachtsgeschenk haben.

Der Stollen kommt samt einem »magern Collegen«, das meint einen von Körner als eine »Geistes-Stolle« wie kalauernd beigefügten Band mit Schauspielen der Brüder Christian und Friedrich Graf zu Stolberg-Stolberg, darunter eines, das »Der Säugling« heißt und die Geburt Homers zum Gegenstand hat. »Minna«, fügt Körner hinzu, »die bekanntlich keine Freundin von Stolbergen ist, meint, er könnte was von dem Fette gebrauchen, das er vielleicht von dem Stollen partizipieren wird.« Die »erschreckliche Langeweile« wird von der gemischten Sendung nicht vertrieben:

Ich weiß nicht, warum ich den Feiertagen soviel nachfrage; aber ich möchte mich gern auf einige Tage vergessen, und hier ist niemand, der mir das erleichterte. Vor einigen Tagen besuchte ich die Mlle. Wagner, von welcher und ihrem Vater und Bruder ich Euch ganz erstaunlich viel Schönes schreiben soll. Neumanns haben wir beide auch besucht und werden wahrscheinlich dieser Tage ein Whist dort spielen. Gestern abend blieben wir zusammen zu Hause und machten Punsch. Heute früh ist Haase bei uns gewesen, der Euch sehr grüßen läßt.

Friedrich Traugott Hase ist der Verfasser von »Gustav Aldermann« und »Friedrich Mahler«, zwei dicken Dialogromanen über die Nichtvereinbarkeit (»Aldermann«) und die Vereinbarkeit (»Mahler«) von Karriere und Tugend. Es sind Bücher, die eine realistische Schilderung der bürgerlichen Welt unternehmen; darum liest sie außer Körner auch nur der gebildete Adel.

Auch die Meininger melden sich mit einem Weihnachtsbrief. Im Oktober hat Schiller »Wilhelm und Christophine Reinwald« kurz, aber mit einzigartiger Unterschrift: »Adieu liebe gute Kinder. Seid glücklich und denkt manchmal / an euren euch zärtlich liebenden / Bruder Friz«, auf zwei lange Briefe geantwortet, in denen sie ihm ihr gemeinsames Leben beschrieben hatten. Christophine, die Zeichenunterricht gibt und von der herzoglichen Kupferstichsammlung profitiert, hat gesellige Beziehungen angeknüpft und dabei die Beobachtung gemacht:

Überhaupt finde ich unter den hiesigen Vornehmen auch die bessern Menschen, welches in meinem Vaterlande seltner war. Personen von unserem Stande taugen schon weniger. Ihre Gesellschaft kann nie ohne großen Aufwand in Essen und Trinken sein, bei welcher Unterhaltung Geist und Herz sehr hungrig weggeht.

Offenbar ist der Adel in Thüringen sehr viel gebildeter als ein Bürgertum, das bloß Kleinbürgertum ist. Reinwald sieht ausschließlich düster auf die ihn umzingelnde Kleinwelt:

Man lebt in kleinen Städten wie in einem Gefängnis, wo einem Leibes- und Seelenkost vorgeschrieben ist, damit man auch nichts anderes ausdünste als dem Herkommen gemäß: und will man sich ausreden, so muß man seine Worte warm zum Tore hinaus schicken.

Nachdrücklich lobt er Schillers Arbeitswut:

Was Du von Deinem Fleiße schreibst, lieber Bruder, ist nicht nur in Absicht Deiner Finanzen Beifalls wert, sondern auch um deswillen, damit Deine Existenz sich mehr ins Ganze verwebe. Einmal wird doch in unserm lieben Teutschland stark gewebt: Würdest Du oder Deinesgleichen feiern, das wäre ihm nicht gut.

Der eine sitzt in Sachsen-Meiningen, der andere in Kursachsen, ein Dritter ist Theaterleiter in der Freien Reichsstadt Hamburg, deren Nachbarstadt Altona bereits dänisches Staatsgebiet ist, und ruft aus Dresden den Württemberger, dem schon das nahe Mannheim Ausland war, an sein Haus. Sie alle sind in die engen Verhältnisse eines in wechselnde Bündnisse und Feindschaften zerfallenen und dennoch ohnmächtig-beharrlich seine äußere Form wahrenden Reiches eingespannt und arbeiten für ein Ganzes, für eine Nation, die nur kulturell wirklich existiert. Sie alle sind »Bürger derer, welche kommen werden«.

Auch im November melden sich die Meininger bei ihrem Dresdner Anverwandten, der Reinwald als Autor und Übersetzer in alle Unternehmungen einbezieht. Brieflich berührt dieser einen Punkt, der für Schiller ein Schmerzenspunkt ist (darum enthält er sich jeder Antwort): die Graubünden-Affäre, die das Zerwürfnis mit seinem Landesherrn ausgelöst hatte. In dem zu Kempten im Allgäu erscheinenden *Schwäbischen Museum* hatte die Geschichte im Jahr zuvor als »Beitrag zu einem schwäbischen Martyrologium« gestanden; der Autor, offenbar ein Graubündner, hatte herausbekommen, daß Schiller in Stuttgart das Opfer einer Denunziation geworden war, und den Brief veröffentlicht, in dem der Garteninspektor Walter, Kaspar Schillers Ludwigsburger Kollege, triumphierend berichtet hatte, wie er den gegen die Graubünden-Sätze des Räubers Spiegelberg gerichteten Protest weitergeleitet habe:

Der Comedienschreiber ist ein Zögling unsrer Akademie. Ich hatte nicht sobald ihre Apologie vor Bündten gelesen, so machte ich sogleich Anstalt, daß es auch mein Souverän bekam. Dieser verabscheute das Betragen sehr, ließ solchen vor sich rufen, weschte solchen über die Maßen, bedeutete ihm bei der größten Ungnad, niemals mehr weder Comedien noch sonst was zu schreiben! sondern allein bei seiner Medizin zu bleiben.

Solches hatte Inspektor Walter am 2. September 1782 nach Chur geschrieben und fünf Wochen später:

Der Verfasser der Räuber hat sich einfallen lassen (vielleicht Originale woander zu seinen Comedien zu suchen), weil es ihme so hart mit Bündten ging, eine unbestimmte Reise zu unternehmen, kurz zu sagen, er ist desertiert. Ohngeachtet nicht das geringste Interesse die Triebfeder dieser Handlung *war, da ich mit Vergnügen gern jedermann, soviel meine Kräfte es zulassen, diene, so machte mir es doch ein großes Vergnügen, wenn mich eine Hochlöbliche Standesversammlung zu einem Bündner annehmen würde!*

Als Lohn dafür, daß er Schiller aus seiner Heimat vertreiben half, erwartete Inspektor Walter, zum Ehrenbürger von Graubünden ernannt zu werden. Aber das war denn doch nicht geschehen; die dortige Congreßualversammlung begnügte sich damit, ihm »in einem höflichen Schreiben« ihren Dank für seine Bemühungen auszusprechen.

Ein investigativer Journalismus hatte diese Briefe aus Graubündner Regalen zutage gefördert, abgeschrieben und publiziert; nun weiß das literarische Deutschland, wie es mit Schillers Flucht zugegangen ist. Für Reinwald wie für Christophine ist dieser Hintergrund der Stuttgarter Krise neu, schwerlich für Schiller, der sich die Dinge zusammenreimen konnte; Inspektor Walter war, wie er sich selbst berühmt, in Stuttgart mit dem Graubündner An-

griff hausieren gegangen. Reinwald kann seinem Schwager eine historische Genugtuung mitteilen, insofern
eine der unmenschlichsten Räuberbanden aus Graubünden nach Württemberg eingeliefert worden, deren Transport dem Herzog schon 1000 fl. kostet. Und weißt Du auch, daß vor ein paar Jahren in Schwaben ein Haufen Jungen Deine Räuber-Republik hat nachbilden wollen und was itzt wieder in Leipzig geschehen? Daß solche Revolutionen nur nicht in reifere Köpfe kommen, Du möchtest sonst von den Einfältigen ein autor peccati [Urheber der Sünde] gescholten werden.

Schiller weiß das schon, es hat alles in der Zeitung gestanden. Nach dem Erscheinen von »Werthers Leiden« erschießen sich unglücklich Liebende mit Berufung auf Goethe, und »Die Räuber« dienen jugendlichen Banden zu Anregung und Entschuldigung – es ist halt ein Kreuz mit den stürmischen Erstlingen. Und »wenn solche Revolutionen in reifere Köpfe« kämen? Als überreif scheint Reinwald die deutschen Verhältnisse zu empfinden; Schiller antwortet ihm auf dies alles nicht.

»Es ist mir doch sehr lieb, daß zehn Tage seit Eurer Abreise verstrichen sind«, klagt der Weihnachtsverlassene am zweiten Feiertag und beginnt vier Tage später seinen dritten Leipzig-Brief mit den Worten:

Nun sind vierzehn Tage seit eurer Abwesenheit verstrichen und hoffentlich wird jetzt bald die Rede von eurer Zurückkunft sein. ... Lieber Gott, wie wird das noch werden. Alle Einförmigkeiten unserer bisherigen Existenz fangen mir an notwendig zu werden, und ich fühle, daß ich vielleicht sehr ungerecht war, mich nach Zerstreuung zu sehnen. Eine Schuld freilich müßt ihr mir erlauben auf das erbärmliche Äquivalent zu schieben, das ihr mir in der Stadt Dresden gelassen habt. Ich hoffe, daß meine Wünsche – in Kalbsrieth – einige Zeit länger unentschieden bleiben werden.

Die »Einförmigkeiten unserer bisherigen Existenz«, das ist das Leben am Dresdner Kohlmarkt und Hamburg die abgewehrte Zerstreuung. Aber was ist »das erbärmliche Äquivalent in der Stadt Dresden«? Es kann nicht Huber meinen, obschon die Beziehung zu ihm sich gelockert hat; schon im April hatte sich der Freund in einem Brief voller Selbstzweifel gefragt, ob er Schiller nicht gleichgültig geworden sei. Offenbar gilt das Wort der Dresdner Gesellschaft, in deren Arme er sich in diesen Feiertagen flüchtet. Aus Weimar, in einem Brief an die Schwestern v. Lengefeld, zieht er anderthalb Jahre später über die Dresdner her:

Die Kursachsen sind nicht die liebenswürdigsten von unsern Landsleuten, aber die Dresdner sind vollends ein seichtes, zusammengeschrumpftes, unleidliches Volk, bei dem es einem nie wohl wird. Sie schleppen sich in eigennützigen Verhältnissen herum, und der freie edle Mensch geht unter dem hungrigen Staatsbürger ganz verloren, wenn er anders je dagewesen ist.

Karoline v. Wolzogen, seine Schwägerin, zog nachmals ein Resümee von Schillers Dresden-Aufenthalt, das sich zweifellos aus dessen eigenen Berichten nährte:

Was sich durch Geist und Kunst auszeichnete, erschien in diesem [dem Körnerschen] Kreise. Auch gab die äußere große Welt, der Körner als Staatsdiener nicht ganz entfliehen konnte, ... Schillern manche neue Ansicht. Unter dem gerechten und weisen Regenten lebte jeder sicher. Von Despotenlaunen, die die Existenz bedrohten, ... war nichts zu befürchten. Alles ging im gewohnten Gleise. Aber die alten Formen, das eisern Herkömmliche, das alles bindend und hemmend umgab, erschien strebenden Geistern auch als Tyrannei. Durch alle Grade hindurch hielt Regel und Gewohnheit jeden gefesselt, und Tadel und Mißdeutung drohte jedem von der gezogenen Linie abweichenden Schritt. So hielten Abgemessenheit und Steifheit auch das Gespräch und die Äußerungen des Geistes in unerfreulichen Schranken. Im engeren Freundeszirkel hielt man sich für diesen äußeren Zwang schadlos.

»Meine Wünsche – in Kalbsrieth«: die Wendung bezieht sich auf Charlotte v. Kalb, die sich auf das bei Artern gelegene Familiengut abgesetzt hat. Der beiläufige Satz wirft ein Schlaglicht auf die ununterbrochene Verbindung der beiden, von der sich – sicheres Zeichen ihrer Intensität – kein anderes Zeugnis erhalten hat. Charlotte ist vom Neckar an die Unstrut gezogen, um Schiller näher zu sein – will sie ihn zu der Weimarreise veranlassen, die ihm immer wieder vor Augen steht, zu »seinem« Herzog, den er Schröder als eine Art Dienstherrn vorgespiegelt hat? Als Reinwald ihn vor zwei Jahren von Bauerbach auf eine Weimarreise mitnehmen wollte, hatte er sich verweigert; er war damals – »Fiesko« war soeben erschienen, »Dom Karlos« in weiter Ferne –

für das literarische Weimar nichts anderes als der Verfasser der
»Räuber« gewesen. Mit den »Karlos«-Fragmenten und dem Eindruck, den diese auf Karl August gemacht hatten, ist das anders geworden; Charlotte und Weimar, das sind zwei Magneten in der Ferne, die bei der Absage an Schröder auch eine Rolle gespielt haben. Doch gerade das Fernsein der Körnerfamilie zeigt ihm, wie verwurzelt er zwischen Japanischem Palais und Goldenem Reiter inzwischen ist:

Zu meinem Weben und Wirken seid ihr mir unentbehrlich geworden. Ich bin sehr wenig oder nichts. Ich bin Hubern nichts und er mir wenig. Die Feiertage haben mich vollends verdorben. Es ist so etwas Hergebrachtes, daß an diesen Tagen alles Feierabend machen soll. Das Vergnügen ist an diesen Tagen eine Art von Arbeit und Bestimmung. Dieses dunkle Gefühl hat mich am Schreibtisch verfolgt und ich mußte ausgehen. Aber immer kam ich unbefriedigt und leer zurück. Würdet ihr wohl an unsrer Stelle euch ebenso nach uns zurücksehnen? Wird mein Bild nicht früher bei euch erlöschen als das eurige bei mir? Ich fürcht es beinahe, denn bis diese Stunde war unsre Teilung sehr ungleich. Ich habe euch ganz genießen können, euch ganz durchschauen und fassen können, aber meine Seele war für euch von trüben Stimmungen umwölkt. Ihr wart mir soviel und ich euch noch wenig – nicht einmal das, was ich fähig sein könnte, euch zu sein.

Das sind ganz ungewohnte Worte; das Ungenügen an seiner Lage verhüllt sich in das Ungenügen an sich selbst. Von dem »schwarzen Genius meiner Hypochondrie«, die »euch auch nach Leipzig verfolgen muß«, ist im folgenden – der Brief wird am Silvestertag fortgesetzt – wie entschuldigend die Rede und wiederum von Charlotte, von der immer noch keine Nachricht da ist: »Ich erwarte sie alle Tage, welches dann auch entscheiden wird, ob und wann ich sie besuche.«

»Karlos«-Fortgang und »Thalia«-Erscheinen

Ein Jahr geht zu Ende, und wie es mit »Dom Karlos« anfing (er arbeitete damals am zweiten Akt), so endet es mit diesem: er steckt »mitten in der letzten Szene des Marquis mit der Königin«. Aber es geht nicht voran, noch hat er »keinen Pulsschlag« der Empfindungen, von denen er »eigentlich durchdrungen sein sollte«: »Dein Herz wird kalt bleiben, wo Du die höchste Rührung erwartet hättest. Hie und da ein Funke unter der Asche und das ist alles.«

Schiller im Zustand der Lustlosigkeit, des Verzagens – das Bild ist gegen seine Natur, es zeugt von der ungewöhnlichen Anstrengung, dieses Stück zu Ende zu bringen. Was ihn Kälte dünkt, ist nur ein Mangel an Hitze, und der ist kein Nachteil, sondern die Voraussetzung des Gelingens: nur aus der Distanz kann er mit diesem Stoff fertig werden. Die Szene im vierten Akt, die er unter den Händen hat, bestätigt sein Ungenügen nicht, es ist eine zentrale Szene des ganzen Stückes: Posa macht Elisabeth deutlich, daß Karlos nach Flandern muß, fort von ihr, seiner verbotenen Liebe. Elisabeth selbst soll ihm die Aufgabe stellen, die dort seiner wartet: sich an die Spitze des Widerstands gegen Albas Armee zu stellen, die von Philipp den Marschbefehl erhalten hat; Posa hat alles genau vorbereitet. »Noch diese Nacht / muß er Madrid verlassen«, erklärt er der Königin bei der geheimen Zusammenkunft; sie soll Karlos auf die Reise schicken, indes er selbst, der zu hoch gespielt hat, sich opfert. Elisabeth übergibt er sein Vermächtnis an den Prinzen:

> Er mache –
> O, sagen Sie es ihm! – das Traumbild wahr,
> Das kühne Traumbild eines neuen Staates,
> Der Freundschaft göttliche Geburt. Er lege
> Die erste Hand an diesen rohen Marmor.
> Ob er vollende oder unterliege –
> Ihm einerlei! Er lege Hand an. Wenn
> Jahrhunderte dahingeflohen, wird
> Die Vorsicht einen Fürstensohn, wie er,
> Auf einem Thron, wie seiner, wiederholen,
> Aus den Ruinen seinen Torso graben
> Und ihren neuen Liebling mit derselben
> Begeisterung entzünden. Sagen Sie
> Ihm, daß er für die Träume seiner Jugend
> Soll Achtung tragen, wenn er Mann sein wird,

> Nicht öffnen soll dem tötenden Insekte
> Gerühmter besserer Vernunft das Herz
> Der zarten Götterblume – daß er nicht
> Soll irre werden, wenn des Staubes Weisheit
> Begeisterung, die Himmelstochter, lästert.

Das ist die bewegendste Szene des ganzen Stückes – und sie soll ihrem Autor mißlungen sein, ohne Wärme, Feuer, Intensität? Es mag die Nähe des Stoffs zu ihm selbst sein, was ihn niederschlägt, die Unausweichlichkeit einer Tragödie, die er von sich abwandte, indem er sie schrieb. Das Stück, in dem sein Alter ego, der Prinz, Flandern nicht erreicht, sondern an dem Inzest-Konflikt zugrunde geht, über den er, ein Opfer seiner Unreife, nicht hinauskommt – dieses Stück ist sein eigenes Flandern; er selbst hat sich aus der Umzingelung durch das Tabu mit jener Flucht befreit, die Karlos im fünften Akt durch seine Hingabe an Trauer und Zorn versäumt. Aber nicht in die Realität des politischen Kampfes hat sie ihn, den Dichter, geführt, sondern in das Reich der Imagination; im Blankvers des »Dom Karlos« gewinnt es Glanz *und* Klassizität.

Zur gleichen Zeit brauen sich in den seit zwei Jahrhunderten getrennten Niederlanden heftige Konflikte zusammen; der Zufall will es, daß sowohl in dem katholischen Teil, den österreichischen Niederlanden, wie in dem protestantischen Teil, den Vereinigten Niederlanden, Aufruhr und Abfall drohen. Der oranische Erbstatthalter, ein Schwager des neuen Preußenkönigs, wird in Holland von einer französisch gestützten Aristokratenpartei bedrängt, und in Flandern und Brabant erregen die zentralisierenden Reformen des in Wien residierenden Kaisers die Stände. Aber in Deutschland ist es stille, in der politischen Welt gibt es nur Oberflächenbewegungen. Mit Friedrichs II. Tod hat der Fürstenbund, den dieser der Expansionspolitik desselben Kaisers entgegengesetzt hatte (er umfaßte Preußen, Sachsen und Hannover), seine treibende Kraft verloren; die Bemühungen Karl Augusts, des weimarischen Herzogs, den Bund zu einem »wirksamen Corps« mit dem Koordinationszentrum Mainz auszubauen, scheitern an dem Widerstand der Dresdner Regierung, die erklärt, nur an der Erhaltung, nicht an der Verbesserung des bestehenden Zustands interessiert zu sein. Zur gleichen Zeit gelingt es den drei geistlichen Kurfürsten — sie residieren in Köln, Mainz und Trier — nur mit Mühe, sich der Anmaßungen des Papstes zu erwehren. Freiheit erscheint nicht als Ermächtigung zur Neugestaltung, wohl gar unter Mitwirkung des Untertans, sondern einzig als Verteidigung partikularer Interessen gegen ferne Zentralinstanzen. Nur in Österreich herrscht produktive Unruhe; derselbe Kaiser, der in Flandern und Ungarn die Stände herausfordert und in Deutschland mit seiner Machterweiterung gescheitert ist, erweist sich als furchtloser Reformpolitiker, der hart in die Privilegien von Kirche und Adel eingreift. Es ist die Oper, nicht das Drama, die davon profitiert.

Die *Vertagung* der politischen Freiheit ist die Essenz von Posas Vermächtnis. Schiller selbst nimmt darin von den Träumen seiner Jugend Abschied, ihm selbst gilt die Abschiedsmahnung des todgeweihten Freiheitskämpfers; auch dies wohnt im Innern seiner Silvestermelancholie. Indem er das »Karlos«-Stück, das, vier Jahre zuvor begonnen, all seine Jugendträume und Jugendnöte in sich schließt, zu Ende bringt und dessen Helden, der keiner ist, wie an seiner Statt dem übermächtigen Vater opfert, erkennt er sich an der Schwelle des Erwachsenwerdens. Ahnt er, daß er, sie überschreitend, sich auch von Körners wird losreißen müssen, der Ersatzfamilie, die ihm Geborgenheit und Schaffensfreiheit gegeben hat, den Raum des Reifens? Körner, das ist der Vater als Freund und Förderer auf eigener Bahn, ganz ohne Rivalität in weiblicher Sphäre.

Aber noch ist das Stück nicht fertig, die letzte Strecke liegt noch vor ihm. Schiller weiß es nicht: zur gleichen Zeit legt Goethe in Rom letzte Hand an *sein* erstes Vers-Drama seit mehr als einem Jahrzehnt. Von Karl Philipp Moritz beraten, versetzt er seine Prosa-»Iphigenie« in denselben Blankvers, für den Schiller sich in »Dom Karlos« entschieden hat; die Zeit der Klassizität ist überall angebrochen. Aber Goethe hat die Lebensphase schon hinter sich, die Schiller erst vor sich hat: die der inneren Befestigung in einer bürgerlich-außerliterarischen Existenz. Im gleichen Lebensalter, wird sich herausstellen, kehren beide von dort in die Kunst zurück.

In dem fünften Brief, den Körner aus Dresden erhält (das neue Jahr, 1787, ist inzwischen angebrochen), ist die Weihnachtskrise überwunden. Schiller hat nicht nur einen Katarrh, sondern auch einige erfreuliche Begegnungen gehabt; dabei hat er seinen Freuden-Hymnus in einer Vertonung des berühmten Naumann gehört, die ihm ausnehmend gefallen hat, was gegenüber Körner, dem Erstvertoner, ein wenig heruntergespielt werden muß. Er foppt den Freund, dem das Schreiben so schwerfällt (sein *Thalia*-Beitrag ist immer noch nicht fertig), mit der Mitteilung, daß sich in dessen Zimmer vortrefflich arbeiten lasse. Nur mit dem Bett hat er Probleme:

Aber der Minna sage doch, daß ich sie herzlich bedaure wegen ihrem Schlafen, denn wenn Du es in der Nacht machst wie Huber, so liegt Dein Kopf immer in ihrem Bette, und das ist ein verfluchtes Schlafen, wie ich von mir weiß. Überhaupt bin ich für das Bette zu groß oder es ist für mich zu klein, denn eins meiner Gliedmaßen kampiert immer die Nacht über in der Luft.

Die Munterkeit ist zurückgekehrt, dazu mag auch die neue *Thalia* beitragen, das vierte Heft, das Anfang Januar ausgedruckt ist, mit dem Anfang des »Geistersehers« und den »Karlos«-Szenen des halben dritten Aktes, darunter derjenigen, in der König Philipp, verzweifelt über die Intrigen, die ihm die Untreue der Königin einreden wollen, sich nach einem vertrauenswürdigen Menschen umsieht:

> Jetzt gib mir einen Menschen, gute Vorsicht. ...
> Ich brauche Wahrheit – ihre stille Quelle
> Im dunkeln Schutt des Irrtums aufzugraben
> Ist nicht das Los der Könige. Gib mir
> Den seltnen Mann mit reinem offnen Herzen,
> Mit hellem Geist und unbefangnen Augen,
> Der sie mir finden helfen kann. Ich schütte
> Die Lose auf. Laß unter Tausenden,
> Die um der Hoheit Sonnenscheibe flattern,
> Den einzigen mich finden.

Auf einer wohlverschlossenen Schreibtafel mit den Namen verdienter Männer stößt er auf den Grafen Egmont und verwirft ihn, dann liest er:

> Marquis von Posa... Posa?... Posa? Kann
> Ich dieses Namens mich doch nicht besinnen.
> Und zweifach angestrichen... ein Beweis,
> Daß ich zu großen Zwecken ihn bestimmte!
> Und, war es möglich, dieser Mensch entzog
> Sich meiner Gegenwart bis jetzt?

Er ist auf den engsten Freund seines Sohnes und glühenden Verfechter der niederländischen Freiheit gestoßen.

Mit der folgenden Szene, in der der milde gestimmte König den Befehlshaber der gegen den Sturm und die Engländer gescheiterten Armada in Gnaden empfängt, endet der achtundsechzig Druckseiten starke Dialog; die Leser, hofft der Autor, sind hinlänglich neugierig geworden auf ein Stück, in dessen Vorabdruck er nun innehält. Wird er die *Thalia* fortführen? Der Beginn des »Geistersehers« spricht dafür, auch, was diesem folgt. Denn »Hoangti, oder der unglückliche Prinz, eine Geschichte nicht ganz im Geschmack der Scheherazade« ist ebenfalls nur der Anfang einer Erzählung, ein Märchen, das in fernöstlichem Gewande Absolutismus-Kritik übt, auf eine ironisch-verspielte, sonderbar selbstgefällige Weise, die hinter dem Vorbild – Wielands Märchen-Geschichten – weit zurückbleibt. Von Huber, der wiederum anonym bleibt, stammt diese Geschichte und sie spricht nicht für seine erzählerische Begabung. Der Kontrast zu dem gleichfalls unbezeichneten »Geisterseher« könnte nicht größer sein: hier der tändelnd-epigonale, aus besten politischen Absichten gespeiste Gestus, dort der innovatorisch gespannte, die Absichten des Autors impetuös überbietende.

Den Anfang des Heftes macht ein Gedicht von Reinwald, das »Der Vorsatz« überschrieben ist, eine Selbstermunterung in sechs makellosen, zugleich völlig rhetorischen Strophen:

> Scheu nicht die Löwen um den Thron
>   Fortunens – Schwinge dich beherzt auf seine Stufe,
> Und harre nicht in stolzer Trägheit, Sohn,
>   Bis dich der Mund der Göttin rufe.

Hat sich der Meiningische Griesgram mit solchen Versen zu der Eroberung Christophines stimuliert? Ihnen folgt ein lyrischer

Text von jener Berliner Poetin, die Schiller einen so feurigen Huldigungsbrief geschrieben hatte. In einer »Epistel an das Leben« zieht die Siebenundsechzigjährige ein Resümee unermatteten Lebensmuts:

> Gabe! die mir ward gegeben,
> als mein Auge, halbgebaut,
> noch mit Dunkel war umgeben,
> Huldgeschenk! mir anvertraut,
> Schöpfergabe, süßes Leben!
> dich besitz ich lange schon
> und ward dich nicht überdrüssig,
> sprach dir keinen bittern Hohn,
> wenn das Unglück riesenfüßig
> mich verfolgte, wenn der Gram
> mir mein Herz zernagen wollte,
> und der Tag mich wecken kam,
> daß ich Kummer weinen sollte;
> niemals hab ich meinen Haß
> dir gezürnt, wenn mich getreten,
> wer von meinen Bissen aß

Zum Vorteil der Autorin hat der Herausgeber – oder der Setzer? – die Verse in die neue Orthographie des Professors Adelung versetzt, der, nachdem er jahrelang von einem schmalen Verlagsvorschuß gelebt hat, gerade in Dresden Hofrat und Oberbibliothekar geworden ist. Keine kurfürstliche Anordnung, kein Dekret des Oberkonsistoriums, sondern die sich vereinigende Einsicht der Autoren, Verleger, Korrektoren verhilft der in einem fünfbändigen Wörterbuch von ihm niedergelegten Rechtschreibung binnen kurzem zu allgemeiner Verbreitung; von der Literatur aus findet sie Eingang in Schulen und Ämter.

Lyrik enthält auch das Innere des Heftes, eine poetische Huldigung »An den Verfasser Hartknopfs«. »Andreas Hartknopf« heißt ein jüngst erschienenes Romanfragment von Karl Philipp Moritz, jenem Autor, der so polemisch über »Kabale und Liebe« hergefallen war; »von einem ungenannten Frauenzimmer eingeschickt«, bildet das Gedicht den Puffer zwischen Schillers und Hubers Erzählung. Der Herausgeber erweist einem Autor Ehre, der ihn mehr als hart angefaßt hatte; ein Jahr später in Weimar wird er sich fast mit ihm befreunden.

Sonderlich interessant ist der Ausgang des Heftes, die Produktion eines Verlages versammelnd, dessen Gründung erst zwei Jahre zurückliegt. Hier finden sich Hubers Übersetzungen, »Ethelwolf oder Der König kein König« von Beaumont und Fletcher und Beaumarchais' »Figaro oder Der tolle Tag«, dazu, vom Sohn gesammelt, Predigten von Körners Vater. »Wahrscheinlich manchem Leser um zwanzig Jahr zu spät publiziert (betrifft die geheimen Obern)«, deklariert sich eine »Enthüllung des Systems der Weltbürger-Republik in Briefen aus der Verlassenschaft eines Freymaurers«; Göschen hat sie von dem ungenannt bleibenden Autor, Ernst August v. Göchhausen, in Kommission genommen. Johann Christoph Bode, der Weimarer Schriftsteller, ein führender Illuminat, hat dem Jungverleger mit Fieldings »Tom Jones« ein übersetzerisches Meisterwerk geliefert und Herder die Dichtungen Johann Valentin Andreäs gesammelt, des Autors jener »Chymischen Hochzeit Christiani Rosencreutz« aus dem Jahre 1616, auf die sich die Rosenkreuzer berufen. Schon drei Jahre zuvor hatte Herder in einer Auseinandersetzung mit Nicolai Werk und Wirkung Andreäs ins Licht gesetzt und zwischen beiden genau unterschieden. Rosencreutz, den Namen von dessen Romanhelden, hatte er überzeugend aus der Familienpetschaft des Verfassers, einem Kreuz mit vier Rosen, und dieses von dem Lutherischen Familienwappen hergeleitet.

Von Friedrich Heinrich Jacobi kann man bei Göschen eine Verteidigung Spinozas »wider Mendelssohns Beschuldigungen« und von einem Ungenannten eine Schrift über Jacobi *und* Mendelssohn erwerben – Göschen versorgt alle Lager der deutschen Spätaufklärung und sogar die Gegenseite mit Lektüre. Der Weimaraner Bertuch, der Göschen bei seiner Verlagsgründung beraten hatte, gibt nicht nur ein »Magazin der spanischen und portugiesischen Literatur« sowie ein mehrteiliges Werk über das »Theater der Spanier und Portugiesen« heraus, sondern hat Göschen auch seine Antwort auf die Frage anvertraut: »Wie versorgt ein kleiner Staat am besten seine Armen und steuert der Betteley?« Sie ist nicht nur in Weimar dringlich.

Vier Zeitschriften hat Göschen in seinem Programm, die *Ephe-*

meriden der Menschheit oder Bibliothek der Sittenlehre, der Politik und Gesetzgebung des Schiller wohlbekannten Professors Becker von der Dresdner Ritterakademie, *Literatur und Völkerkunde*, herausgegeben von dem Hauptmann von Archenholtz, und das in Mainz redigierte *Magazin der Philosophie und schönen Wissenschaften*; in Kommission hat er Wielands berühmten *Deutschen Merkur* auf Lager. Auch ist der Verleger willens, »eine Englische periodische Schrift herauszugeben, die allen Deutschen, die nur mit der Englischen Sprache bekannt sind, willkommen seyn muß«; sie soll alles Interessante enthalten, »was die Englischen Zeitungen so anziehend macht«. Aus Weimar gibt sich das Projekt einer italienischen Zeitung kund, die »Gazzetta di Weimar« heißen soll – auf acht Anhangseiten öffnet sich der Blick in eine verlegerische Werkstatt von weltliterarischer Dimension, in der Schillers *Thalia* ein Erzeugnis unter vielen ist. Dieser vierunddreißigjährige Verleger sitzt am Webstuhl einer Zeit, die sich aus Gegenwart und Geschichte Muster und Anregungen verschreibt. Vor allem Englischen hat sie so viel Respekt, daß sie es groß schreibt.

Achtes Kapitel

Der Blitzschlag der Liebe

HENRIETTE

Schröder hat bald auf Schillers Absagebrief geantwortet – er läßt nicht locker. Sein Brief erneuert die Einladung nach Hamburg, auch will er keine Prosafassung des werdenden Stückes; weder Kosten noch Mißvergnügen sollen dem Reisenden entstehen:
Es ist mir sehr leid, daß ich der Hoffnung entsagen muß, enger mit Ihnen verbunden zu werden! aber darum bitte ich Sie inständig, mich den Sommer zu besuchen – ich stehe für die Kosten und das Mißvergnügen Ihres Aufenthalts.
Lassen Sie ja den Karlos in Jamben; ich stehe dafür, daß alle sie menschlich sprechen sollen; auch sind sie der Jamben nicht zu ungewöhnt. Die Länge von drei Stunden geht an. Die Zahl der Akte ist hier kein Anstoß. ... Der Catholicismus freilich muß hier ein wenig geschont werden, weil wir so viele catholische Geistliche haben – auch wäre es mir (wenn es dem Stücke nicht zu sehr schadet) äußerst angenehm, wenn der Dominicaner weltlich würde – oder auch nur Weltgeistlicher.

Als er das Stück dann ansetzt und selbst die Titelrolle spielt (am 29. August findet in Hamburg die Uraufführung statt), bleibt es doch beim Dominikaner. Doch er muß noch Monate warten, ehe er die jambische Bühnenfassung bekommt; vorher wird eine in Prosa übertragene fertig, die Bondini, der Dresden-Leipzig-Prager Impresario, im April bekommt, ehe noch Göschen das vollständige Manuskript der Buchfassung in Händen hält. »Dom Karlos« – Don Carlos hieß der historische Kronprinz, aber Schiller hat sein Stück nie so genannt – ist das variantenreichste Werk seines Autors, und wahrscheinlich führt dieser den letzten Akt für Bondini in Prosa aus, ehe er ihn Göschen in Versen für den Druck übergibt. Das Theater geht, gegen gutes Honorar, vor, damit niemand die Buchausgabe bestehlen kann.

Für die hat Göschen ihm fünfzig Louisdor gleich 250 Reichstaler zugesagt; Bondini, der das Stück am 14. September in Leipzig mit Sophie Albrecht als Eboli herausbringt, zahlt ihm hundert Reichstaler für die Spielfassung. Schiller braucht das Geld dringend; es gilt, in Leipzig einen jüdischen Geldverleiher zu befriedigen, der ihm im Gohliser Sommer auf Körners Bürgschaft 300 Taler vorgeschossen hat. Aber nicht nur dafür braucht er das Geld; Ende Januar oder Anfang Februar trifft ihn eine Begebenheit, die Herz und Sinne, aber auch seinen Geldbeutel strapaziert. Auf einmal sitzt er abends nicht mehr bei Körners, sondern in einem Haus in der Altstadt, und Minna und Dorchen am Kohlmarkt machen lange Gesichter – was ist passiert? Man ist im Fasching zusammen auf einen Maskenball gegangen, die Damen haben den Oberkonsistorialrat dazu überreden können, und dort ist Schiller einer maskierten Zigeunerin verfallen, die ihm erfreuliche Dinge geweissagt hat. Minna Körner hat es, mit anhaltender Indignation, Jahrzehnte später erzählt:

Im Winter 1787, als Schiller bei uns in Dresden wohnte, bat ich meinen Mann, mich auf die Faschingsredoute zu führen. Ich hatte so etwas noch nie mitgemacht und hatte doch soviel von den Dresdener Maskeraden gehört. Schiller und Huber unterstützten meine Bitte lebhaft, und meine Schwester brannte noch mehr darauf als ich. Mein Mann, als Konsistorialrat Hochwürden und Sohn eines Superintendenten, machte anfänglich einige Schwierigkeiten, willigte aber denn doch zuletzt ein. Unter dem tobenden Lärm und Geschwirr der hier aus allen Ländern und Völkern versammelten ausgelassenen Narrenwelt wurde mir ganz unheimlich zumute; ich ließ den Arm meines Mannes nicht los, Huber führte Dorchen, und so war Schiller auf sich und sein gutes Glück angewiesen. Nach einigen Stunden verließ ich mit Körner und meiner Schwester den Redoutensaal, und wir fuhren nach Haus. Schiller und Huber blieben noch da, und von letzterem erfuhr ich, daß Freund Schiller von der Maskenfreiheit sehr ungenierten Gebrauch und eine ihm sehr zusagende Bekanntschaft gemacht habe. – Auf diesem Maskenballe befand sich Frau von Arnim, Gardedame der Hofdamen, mit ihren drei Töchtern, von denen die zweite für ausgezeichnet schön und – kokett galt. Sie hatte die Maske einer Zigeunerin gewählt; dies gab ihr die Freiheit, einem jeden ihre Künste und Dienste als Wahrsagerin anzubieten. Sobald Frau von Arnim davon Kenntnis erhalten hatte, daß Schiller, der berühmte Dichter der »Räuber«, sich gegenwärtig be-

finde, veranlaßte sie ihre schöne Tochter Natalie [Henriette], ihm allerhand schmeichelhafte Prophezeiungen zu sagen. Schiller nahm dies sehr wohl auf und blieb die ganze Ballnacht hindurch ihr unzertrennlicher Gefährte. Von jetzt an fehlte Schiller jeden Abend an unserem Teetische; ich dachte mir es gleich, wo er seine Abende zubringe, und sagte es ihm auf den Kopf zu. Er machte kein Geheimnis daraus, gestand mir sogar zu, daß er sich in allem Ernste um die Hand der zweiten Tochter, der schönen Natalie, bewerbe. Da mir die Leichtfertigkeit der Mutter und ihrer Tochter nicht unbekannt war, ließ ich es an Warnungen nicht fehlen; es war vergeblich. Unser Freund war ganz toll und blind verliebt, und selbst nachdem ich ihm die Überzeugung verschafft hatte, daß er nicht der Alleinbegünstigte in jener Familie sei, ließ er sich nicht abwendig machen.

Minna Körner ist stark gegen die Damen Arnim eingenommen (das dreimal verwendete Epitheton »schön« klingt bei ihr wie ein Tadel) und intrigiert mit allen Mitteln gegen diese Verbindung. Anders Sophie Albrecht, bei der Schiller Henrietten (nur ganz weitläufig ist die Familie mit den Berliner Arnims verwandt) abermals begegnet, nach einer Aufführung von Bendas und Brandes' »Ariadne auf Naxos«. Mit der Albrecht in der Titelrolle wird das berühmte Melodram am 14. Februar in dem Komödienhaus im Italienischen Dörfchen gespielt, sehr viel qualifizierter als damals in Worms, vor der Reise nach Bauerbach. »Hier war es«, erzählt ein späterer Berichterstatter nach Sophies Erinnerung, »wo Schiller zuerst jene Familie sah und zu dem ältesten Fräulein, einer hohen, blauäugigen Blondine, ... brennende Zuneigung faßte ... Der intelligenten und in Aventüren der Neigung wohlbewanderten Sophie war das Entflammen dieser glühenden Leidenschaft nicht entgangen.«

Nicht zum ersten, aber offenbar zum zweiten Mal sieht Schiller das schöne, übrigens schwarzhaarige Fräulein bei dieser Gelegenheit, und Sophie wird zu seiner Vertrauten in dieser von Minna und Dora eifersüchtig bekämpften Herzensangelegenheit; diese sehen ihren Schiller nicht gern in fremden Händen. War ihm die wahrsagende Zigeunerin nach der Faschingsnacht unerkannt entwischt? In einer späten Fortsetzung des »Geistersehers« hat Schiller zum ersten Mal in seinem Werk das Aufflammen einer Liebesbeziehung geschildert; man geht kaum fehl, wenn man in der schönen Griechin, die der Prinz in einer venezianischen Kirche knien sieht, die er aus dem Auge verliert, inständig sucht und durch einen vermeintlichen Zufall bei einer Schiffspartie wiederfindet, den Nachklang einer Leidenschaft, eines Ergriffenseins durch Mädchenschönheit erkennt, das ihn in diesen Dresdner Wochen erfaßt wie niemals zuvor und danach. Was er beschreibt, ist der Blitzschlag der Liebe:

Es ist mir heute etwas vorgekommen, fing er an, davon der Eindruck aus meinem Gemüte nie mehr verlöschen wird. Ich ging von Ihnen, wie Sie wissen, in die ***Kirche, worauf mich Civitella neugierig gemacht... Wie ich in die Kapelle zur Rechten hineintrete – höre ich nah an mir ein zartes Wispern, wie wenn jemand leise spricht – ich wende mich nach dem Tone, und – zwei Schritte von mir fällt eine weibliche Gestalt in die Augen – Nein! Ich kann sie nicht nachschildern, diese Gestalt! – Schrecken war meine erste Empfindung, die aber bald dem süßesten Hinstaunen Platz machte. Es war eine Dame – nein! Ich hatte bis auf diesen Augenblick dies Geschlecht nie gesehen!... Mit unaussprechlicher Anmut – halb kniend, halb liegend – war sie vor einem Altar hingegossen – der gewagteste, lieblichste, gelungenste Umriß, einzig und unnachahmlich, die schönste Linie in der Natur. In schwarzen Mohr war sie gekleidet, der sich spannend um den reizendsten Leib, um die niedlichsten Arme schloß und in weiten Falten wie eine spanische Robe um sie breitete; ihr langes, lichtblondes Haar in zwei breite Flechten geschlungen, die durch ihre Schwere losgegangen und unter dem Schleier hervorgedrungen waren, floß in reizender Unordnung weit über den Rücken herab.

Aber wer sind diese Arnims, denen Minna und Dora soviel Skepsis entgegenbringen, aus Eifersucht oder aus besseren Gründen? Die 52jährige Mutter der anziehenden Henriette, Elisabeth v. Arnim geb. v. Roßler, war mit einem sächsischen Rittmeister verheiratet gewesen und seit fünfzehn Jahren verwitwet; als Kammerdame des kurfürstlichen Hofes hatte die zum Katholizismus konvertierte Mutter von zehn Kindern – drei Töchter und ein Sohn leben noch im Haus – zweifellos eine sehr bescheidene Versorgung. Ihr Kapital waren ihre Töchter, und Henriette muß eine wirkliche Schönheit gewesen sein, mit dunkel leuchtenden Augen unter schwarz herabwallender Lockenpracht; ein Profilbildnis aus späterer Zeit zeigt eine fast majestätisch selbstbewußte Schönheit.

Für ihre Mutter, die als Gardedame so etwas wie eine Gouvernante der Hofdamen war, deren Begleiterin ins Theater und auf andern Wegen, kam Schiller als Bräutigam nicht in Frage. Ein stellungsloser, zudem bürgerlicher Schriftsteller konnte nicht die Partie sein, auf die ihr Sinnen und Trachten ging, und falls sie bei Hof einmal vorgefühlt haben sollte, ob es nicht eine Möglichkeit gäbe, dem feurigen Bewerber eine Anstellung zu verschaffen (die Affäre wurde bald ruchbar in Dresden, Schiller war viel zu bekannt, um sie geheimhalten zu können), so wird der Bescheid ein emphatisches Nein gewesen sein, auf das sich die geistig nicht eben selbständige Mama ihren Reim machen konnte. Vielleicht ergingen aus Kreisen des Hofes sogar Winke an sie, diese Liebschaft tunlichst zu hintertreiben. Für den stockkonservativen Dresdner Hof, an dem die Existenz der Kammerdame v. Arnim ganz und gar hing, war der Verfasser zweier Rebellenstücke und einer Fürstenhofentlarvung eine skandalumwitterte Erscheinung und war es erst recht nach der Veröffentlichung einer Geisterbeschwörungsgeschichte, die man nur allzu leicht auf peinliche Geschichten aus höchsten Dresdner Kreisen beziehen konnte.

Wenn aber Schiller auch keine Partie war, so war sein Engagement für Henriette doch höchst schmeichelhaft, und es gab für die Mutter keinen Grund, den prominenten jungen Mann von sich und ihren Töchtern fernzuhalten. Schiller war die Zierde des kleinen Salons, den Frau v. Arnim in ihrer Wohnung in der Schloßgasse (sie führte vom Altmarkt am Schloß vorbei auf den Platz vor der Brücke) offenbar unterhielt; sein Erscheinen konnte die Reputation der vaterlosen Familie nur stärken. Zumal Henriette von Anfang an nicht nur von Ruf und Ruhm dieses neuen Verehrers, sondern auch von seiner Person beeindruckt war. Daß Schiller etwas für sein Erscheinungsbild getan hatte, war schon seinen Frackbriefen zu entnehmen gewesen; inzwischen war das aufwendige Kleidungsstück gewiß fertig. Auch war bei einer selbstbewußten Neunzehnjährigen vorauszusetzen, daß sich die Tochter in Opposition zu einer Mutter befand, deren höfischer Konformismus ihr vermutlich ebenso unangenehm war wie ihre zuverlässig überlieferte Putzsucht und der Drang zur »guten Partie«, also das Ausschauhalten nach einem betuchten Adligen. Für Schiller gewann die Familie an Anziehungskraft auch dadurch, daß sie, als Offiziersfamilie, wie ein Spiegelbild seiner elterlichen war, mit dem Unterschied, daß ihn hier keine Vaterinstanz beirrte.

Waren die Arnim-Damen wirklich eine etwas anrüchige, im Geruch der Leichtlebigkeit stehende Gesellschaft, wie ein Brief aus dem Jahre 1790 von Karoline v. Dacheröden erkennen läßt? Es seien »Mädchen von einer gewissen Klasse«, klärt die spätere Frau Wilhelm v. Humboldts Schillers Frau Charlotte auf, die sich für die Vergangenheit ihres Mannes interessiert: »Sie sind in Dresden auf einen gewissen Ton bekannt, und es hat mir noch kürzlich jemand dahergesagt, daß die Mama sie zu dieser löblichen Lebensart einweiht.« Karoline v. Dacheröden, die Erfurterin, wohnt nicht in Dresden; von wem hat sie ihr Wissen? Drastischer äußert sich ein Mann, der so wenig wie Karoline v. Dacheröden an Ort und Stelle ist, Graf v. Salmour, sächsischer Gesandter am Hof Ludwigs XVI. In einem Privatbrief an seinen Vorgesetzten, den sächsischen Außenminister, schreibt er am 22. Februar 1787, just zu der Zeit, da die Liebesgeschichte zwischen Fritz und Jettchen sich entzündet, an Herrn v. Stutterheim, der im Namen des Kurfürsten die sächsische Pendelpolitik zwischen Wien und Berlin austariert:

Le Carnaval vient de finir ici Sans qu'il y paroisse, le tourbillon étant toujours Le même: celui de Dresde laissera un vuide plus marqué, et par la Cessation des Casinos mettra fin à L'humiliation de La belle d'Arnimb, qui passant alternativement des bras des Prêtres dans ceux de L'Israelite, me paroit La belle Cunigonde, placée à Lisbonne entre Le Juif Don Issachar et Le Grand Inquisiteur. Le poupon fruit de ces amours devroit autant être circoncis que batisé, et je Suis trop heureux, que pour observer une exacte neutralité entre L'ancienne et La nouvelle Loi, on ne m'ait pas fait L'honeur de me l'atribuer.

(Der Karneval ist hier [in Paris] gerade zu Ende gegangen, ohne daß es recht spürbar würde; der Taumel bleibt der gleiche. In Dresden wird sich eine stärkere Leere bemerkbar machen und mit der Schließung der Casinos der Demütigung der Schönen von Arnimb ein Ende bereiten, die, von den Armen der Priester in die des Israeliten wechselnd, der schönen Kunigunde gleicht, die sich in Lissabon zwischen dem Juden Don Issachar und dem Großinquisitor fin-

det. Die pausbäckige Frucht dieser Amouren müßte sowohl beschnitten als auch getauft werden, und ich bin sehr froh, daß nicht mir diese Ehre zufällt, ich müßte sonst eine exakte Neutralität zwischen dem alten und dem neuen Testament bewahren.)

Das ist starker Tobak; man hat aus diesen Sätzen schließen wollen, daß es sich bei Henriette um eine stadtbekannte Kokotte gehandelt habe, die von ihrer Mutter lanciert wurde, wozu ihr Schiller nicht als Heiratskandidat, aber als Salon-Attraktion gerade recht gewesen sei. Aber der ferne Salmour reportiert nur eine Klatschgeschichte unbekannter Herkunft. Die blendende Schönheit, als die man sich Henriette v. Arnim vorzustellen hat, zieht in einer so klatschsüchtigen Stadt wie diesem Residenz-Dresden Neid, Mißgunst, Nachrede fast automatisch auf sich, und wenn die Familie, in der sie ohne männlichen Beschützer lebt, sich nicht scheut, Gäste zu empfangen und auf Redouten zu gehen, dann ist die gesellschaftliche Norm schon verletzt, ehe irgend etwas anderes passiert ist.

Hatte Frau v. Arnim nichts dabei gefunden, einen katholischen Priester, vielleicht einen Hofkaplan, in ihre Teegesellschaft aufzunehmen und einen jener jüdischen Geldhändler, an denen es, wie in Leipzig und Bauerbach, auch in Dresden nicht fehlte? Hatte der letztere wohl gar auf einer Redoute mit ihr getanzt? Die literarisch aufgezäumten Sottisen des Grafen v. Salmour atmen die Bosheit der Pariser Salons; zur Unterhaltung seines Chefs macht der fernweilende Graf aus einer Dresdner Klatschgeschichte eine mit der Anspielung auf ein Theaterstück operierende Verleumdung. Der Säugling, den taufen zu sollen er sich vorstellt, ist ein gedachter Säugling; daß er sich in dies Taufamt versetzt, deutet darauf, daß er selbst einmal bei den Arnims verkehrt hat; ist er bei Henriette abgeblitzt? Daß es um deren Ruf nicht zum Besten stand, bezeugt die sonderbare Vorsicht, die ihr späterer Schwiegervater, der ostpreußische Baron v. Kunheim, bei der ersten Begegnung mit ihr an den Tag legt. Er ist gegen die Hochzeit und will sich ein Urteil über die Erwählte seines Sohnes bilden, ohne von ihr gesehen zu werden; dazu läßt er sie ein Spiegelkabinett betreten, in dem er sie ungesehen betrachten kann. Er findet sie so schön, daß alle Bedenken hinwegschmelzen.

Mit dem jüdischen Umgang der Damen Arnim hatte es seine

Richtigkeit, er mag dazu beigetragen haben, dem Ruf der Familie zu schaden. Auch am Rand von Schillers Liebesgeschichte spielt ein jüdischer Bankier – vermutlich derselbe, auf den Salmour anspielt – eine Rolle. Schiller ist hingerissen und verwirrt von einer Eroberung, die wie ein Traumbild vor ihm herschwebt. Denn Henriette kann ihren Umgang mit andern Bewerbern ja nicht abbrechen, ohne daß es zwischen ihr und Schiller zu einer förmlichen Erklärung gekommen wäre. Nicht nur der Bankier, der Nathan Eibschütz heißt, auch ein böhmischer Graf aus der verzweigten Familie der Waldsteins gehört zu ihren Verehrern; mit Koketterie schützt sie sich vor einer Entscheidung. Schiller hat den Zustand, in den er auf diese Weise gerät, in jener »Geisterseher«-Fortsetzung präzis geschildert, als die Hingenommenheit des Prinzen an die endlich gefundene Griechin, die sich als »eine Deutsche, und von der edelsten Abkunft«, herausgestellt hat:

Er ist mit einer fürchterlichen Leidenschaft an sie gebunden, die mit jedem Tage wächst. In der ersten Zeit wurden die Besuche sparsam zugestanden; doch schon in der zweiten Woche verkürzte man die Trennungen, und jetzt vergeht kein Tag, wo der Prinz nicht dort wäre. Ganze Abende verschwinden, ohne daß wir ihn zu Gesicht bekommen; und ist er auch nicht in ihrer Gesellschaft, so ist sie es doch allein, was ihn beschäftigt. Sein ganzes Wesen scheint verwandelt. Er geht wie ein Träumender umher, und nichts von allem, was ihn sonst interessiert hatte, kann ihm jetzt nur eine flüchtige Aufmerksamkeit abgewinnen. Wohin wird das noch kommen, liebster Freund? Ich zittre für die Zukunft.

HERKULES AM SCHEIDEWEG

In Dresden zittern Schillers Freunde am Kohl- oder Kohlenmarkt, sie sehen den Feuerkopf völlig blockiert. Dabei gibt es viel Arbeit: Göschen wartet auf den vollständigen »Karlos«-Text und die Theaterdirektoren Schröder und Bondini auf die Bühnenfassung in Vers und in Prosa. Zur Ostermesse soll die Buchfassung in Leipzig erscheinen, aber Ende Februar sendet der Autor nur die ersten beiden Akte, die auf den *Thalia*-Drucken beruhen. »Endlich bin ich fertig«, versichert der Autor, *und innerhalb höchstens vierzehn Tagen wird das ganze Stück kopiert und druckfertig sein. Den dritten Akt erhalten Sie mit der nächsten fahrenden Post. Eilen Sie jetzt, Bester, den Druck zu beschleunigen. Wir haben keine Zeit zu verlieren. Von mir wird nicht die geringste Hinderung sein.*

Ich kann Ihnen nicht sagen, wie ich voll Erwartung bin. Ich bin mit dem Stücke zufrieden und die zweite Hälfte wird Sie vielleicht überraschen. Sie sollen keine Schande von mir haben.

Die Vignette oder das Titelkupfer lassen wir sein. Wozu die Auslage mehr für eine unnütze Verzierung? Sorgen Sie nur für schönen Druck und Papier, und für die gehörige Bekanntmachung. Doch – das verstehen Sie ja am besten. Aber fertig muß es sein auf den Mai.

Beide, Autor und Verleger, sorgen sich um die Ausstattung des Bandes; während Schiller Anforderungen an das Papier, das Druckbild und die Orthographie stellt und ein Titelkupfer für überflüssig hält, besteht Göschen auf einer solchen Beigabe, ohne die ein Buch der schönen Literatur nicht für voll genommen wird. Wer kann die Vorlage, wer den Stich liefern? Schiller nimmt es in die Hand:

Für einen Kopf will ich sorgen und habe mich auf morgen bei Seydelmann ansagen lassen. Es muß just nicht ein weiblicher sein. Wenn ich Seydelmann eine schöne Idee zu einem männlichen aus der Galerie angeben kann, so ists auch gut. Dann aber wünsche ich, daß er von Sinzenich gestochen würde. Geyser hat bei mir allen Kredit verloren.

Seydelmann, der ein Porträt der Königin Elisabeth zeichnen soll, ist ein namhafter Dresdner Maler, Sinzenich ein Schiller aus Mannheimer Tagen bekannter Kupferstecher, der entzückt ist, als dieser ihm wegen des Stiches schreibt. Seine Antwort ist weit entfernt von der neuen Adelungschen Orthographie:

ich bekenne Ihnen aufrichtig, daß ich noch nie eine Arbeid so sehnlich gewünscht habe alls diesse, ich werde meine Schwachge Kräften in meiner Arbeid, auf das eißerste anstrengen, um einen ghuten stich zu lieffern, die übrige Verdinsten hängen von dem Orginal ab,

nicht auf Stolzer absicht wünsche ich für dies werck, sondern auf Hochschatzung VerEhrung für Sie mein werther Herr Schiller ...

Ihre gefällige errinerung und lob das Sie mir beylehgen, Lieber in meiner geschelschaft, alls mit einem anderen, im Publico zu erscheinen, für mich ist das alles mit Ihnen erscheinen zu dörfen, wolte ich Ihre Verdienste lohben, daß bin ich nicht im stand, aber daß ich Ihre werke am liebsten lehse, und daß ich ein Idealischer VerEhrer von ihrem Menschenfreundlichgen guthen Herze bin, daß ich Ihren bideren Teutschen Geist über alle meine übrige landsleide Schätze, das ist Ihnen eine aufrichtige ware Beichte gestanden, auf was für arth ich Sie liebe, und warum ich so sehr nach dieser arbeid verlange, ich habe die Ehre mich mit der vohrziglichsten Hochachtung zu untterzeignen
    Ewr Hochwohlgebohren VerEhrer und Diener H. Sintzenich

Das schreibt ihm der Mannheimer Hofkupferstecher am 21. März, und fatalerweise läßt Schiller sich durch den Hofmaler Langenhoefel, der ihn in Dresden besucht, von Sinzenich abbringen und auf einen andern Mannheimer Stecher, Egid Verhelst, lenken, der um zwanzig Taler billiger ist; Göschen entscheidet sich für ihn. Auch dieser Wankelmut ist ein Zeichen für die Verwirrung, in die Schiller durch die schwarzlockige Dresdnerin geraten ist.

Bei alledem geht ihm der Kriminalroman durch den Kopf, Göschen erfährt:

Der Geisterseher wird fortgesetzt, doch weiß ich Ihnen nicht gewiß zu sagen, ob auch die Thalia? Lustig ist es doch, daß man endlich auf den Gedanken kommt, dieses Journal für etwas zu halten. Ich habe den Troß der jetzigen Monatsschriften durchgesehen und ausgespürt, was für Nebenbuhlerinnen die Thalia eigentlich hat. Ich kann es nicht leugnen, daß ich mich selbst gefühlt habe und nicht weiß, wofür ich das Publikum halten soll. Vor einigen Wochen schreibt mir ein Fürst Gallizin aus Paris um die Thalia, gibt sich zum Subskribenten an und schickt mir einen deutschen Aufsatz zum Einrücken. Der Prinz von Coburg bittet mich angelegentlich, ihm das Mscrpt. des Geistersehers noch vor dem Drucke zu schicken. Ich mußte lachen, denn ich habe an der Fortsetzung noch keine Zeile geschrieben.

Zeitschrift und Roman sind nicht voneinander zu trennen, und schon eine Woche später ist ihm klar: auch die *Thalia* muß fortgesetzt werden; sie wird an der Verschwörungsgeschichte fortan ihren roten Faden haben. Wenn auch noch keine Zeile geschrieben ist, der Entschluß zur Fortsetzung bedeutet: Schiller weiß, wie es weitergeht. Auch Crusius, der die »Geschichte der merkwürdigsten Rebellionen und Verschwörungen« bereits angekündigt hat, stellt Anforderungen; der Autor vertröstet ihn, indem er versichert, intensiv an seinem Beitrag zu arbeiten:

Die Rebellion der Vereinigten Niederländer, welche ich für unser Werk bearbeite, wächst mir unter den Händen und kann, wenn ich sie nicht übereilen will, unmöglich auf die Ostermesse beschlossen werden. Da ich es nun nicht leiden kann, einen solchen Aufsatz zu trennen, ... so war meine Meinung, die Erscheinung selbst bis nach der Messe zurückzuschieben, wo dann das Buch in zwei kleine Bände geteilt herauskommen würde. Zugleich gewänn ich den Vorteil dabei, den Aufsatz noch einige Monate im Pulte zu haben und ihn der Vollkommenheit desto näher zu bringen, welches bei einer historischen Schrift so wesentlich ist. ... Lassen Sie also den Setzer einige Zeit noch pausieren.

Dieser literarische Herkules, der zwischen Trauerspiel, Kriminalroman und Geschichtsbuch jongliert, aber eigentlich ganz anders in Anspruch genommen ist, von einer schönen Deianira, steht am Scheideweg. Er wird sich entscheiden müssen, in welche Richtung Arbeit und Dasein sich künftig bewegen: zum Theater hin, wo Hamburg immer noch lockt, in die Wissenschaft, mit der sich die Aussicht auf eine bürgerliche Stellung verbinden könnte, oder zu der fortgesetzten Arbeit eines Herausgebers, der mit einer soeben von ihm erfundenen Gattung, dem Kriminalroman mit politischem Hintergrund, eine Zeitschrift aufrechterhält.

Eine Frau nur kann die Führerin aus diesem Labyrinth der Möglichkeiten sein – ist Henriette die Ariadne, welche ihm den Faden zuwirft, der ins Freie führt? Oder ist sie die Irreführerin, womöglich eine wirkliche Deianira? Einem Theatermann, der in Bonn seinen »Fiesko« und in Frankfurt »Kabale und Liebe« uraufgeführt hat (von Mannheim aus hat Schiller ihn dort besucht), dem seit kurzem in Hannover tätigen Wilhelm Großmann, bekennt er seine Lage. Großmann ist einer der vier, fünf durchaus unsubventionierten Theaterleiter (allein Dalberg verfügt über einen Staatsetat), auf deren Wagemut und Interesse die Blüte des neuen deutschen Theaters beruht, und hat seinerseits nach »Dom Karlos« gefragt:

Dank für Ihr freundschaftliches Andenken, lieber Großmann. Sie wollen wissen, wie ich mit meinem Schicksal zufrieden bin, aber Sie lassen mich nur erraten, wie Sie es mit dem Ihrigen sind. Wir werden wunderbar auf diesem Globus herumgeworfen. Sie haben die Erfahrungen schon gemacht, mich erwarten sie noch. Wir sind zwei Taucher, die bald hier, bald dort aus dem großen Weltmeer den Kopf herausstrecken und wieder in die Tiefe sinken. Möchte es uns beiden bald so wohl werden, immer obenzubleiben.

Sie verlangen meinen Carlos. Sie sollen ihn haben. Was ein abgebrannter Mann von einem nie aufgebauten fodern kann, soll die Bedingung sein. Die Edition ist zweifach fürs Theater entworfen; eine in Jamben, die andre in Prosa. Welche verlangen Sie?

Schiller macht ihm einen Freundschaftstarif: vierunddreißig Reichstaler, das ist ein Drittel von dem, was Hamburg und Leipzig ihm bezahlen.

Bondini, der für Leipzig und Dresden zuständig ist, sieht auch in Prag einem neuen Stück entgegen, seine italienische Truppe soll es anläßlich einer sächsisch-österreichischen Prinzenhochzeit kreieren. Es heißt »Der bestrafte Wüstling oder Don Giovanni« und nähert sich seinerseits nur zögernd der Fertigstellung. Das Schauspiel zeigt eine freiheits- und reformbegierige Jugend, die am Machtwillen und Beharrungsvermögen der Alten, aber auch an ihrer eigenen Selbstsucht und Leichtfertigkeit scheitert; die Oper führt etwas anderes vor: den dämonisch überhöhten Untergang des glanzvollen aristokratischen Ausbeuters. Was die fast gleichaltrigen Autoren in so verschiedene Bahnen lenkt, ist der Rückhalt, den der eine, Mozart, an seinem Oberherrn, dem Reformkaiser, hat, während der andere, Schiller, nur über einen einzigen, politisch schwachen Rückhalt verfügt: das mitteldeutsche Bürgertum, das sich ihm in seinem Freund Körner verkörpert. Ihre Werke, die derselbe Prinzipal in zwei Städten fast gleichzeitig auf die Bühne bringt (der Leipziger »Karlos« geht am 14. September, der Prager »Giovanni« am 29. Oktober über die Bühne), sind nicht thematisch, aber durch Glanz und Höhe ihrer Mittel verbunden; Schillers Blankverse sind von einer gedanklichen Höhe, einer melodischen Intensität, die mit Mozarts Musiksprache inwendig korrespondiert. Klassizität, das bedeutet literarisch auch und vor allem Musikalität der Sprache; Lessings »Nathan« hatte auf dem Theater den Anfang damit gemacht.

Unterdes ist ein Dritter – er ist zehn Jahre älter als Schiller und sieben Jahre älter als Mozart und hat sich ein Jahrzehnt lang in Politik und Verwaltung eines kleinen Herzogtums abgemüht – nach Italien entwichen, und Göschen hat damit zu tun. Er hat mit ihm Vertrag über eine vielbändige Werkausgabe gemacht, zu der zwei Stücke gehören, die noch gar nicht fertig sind. Der Autor muß sie ins reine bringen, und das verträgt sich nicht mit den Amtsgeschäften; er muß wieder Dichter werden, und das kann er nicht zu Hause. Das eine Stück, »Egmont«, ist von seinem Sujet, der niederländischen Krise, her, Schillers »Karlos« wie verschwistert, das andere, »Iphigenie auf Tauris«, steht nach Konflikt und Fabel Mozarts »Entführung« nahe; in Rom bringt der Autor den seit langem in Prosa vorliegenden Text in Blankverse. Körner hat in Leipzig von dieser Reise erfahren und Schiller ins Bild gesetzt:

Goethe ist jetzt in Rom. Er hat Urlaub, um seine Schriften zu vollenden, und ist dazu nach Böhmen gegangen, wo er eine Zeitlang unter Bauern gelebt hat. Das sagt Göschen. Goethe soll überhaupt nur zur Kontrolle angestellt sein, um von allen Regierungsgeschäften Auskunft geben zu können. Er wird nicht vermißt, wenn er abwesend ist.

Das letztere betrifft ausschließlich die Regierungsgeschäfte, und mit dem Leben unter böhmischen Bauern irrt Göschen, vielleicht, weil Goethe, schon auf dem Weg in den Süden, in Karlsbad seinen Verlagsvertrag unterschrieben hat. Nur durch Mittelsmänner – Bertuch, Herder, seinen Adlatus Seidel – verkehrt er mit seinem Verleger und nur diese übermitteln die Manuskripte; es ist ganz anders als bei Schiller. Auch wird das Ganze ein Verlustgeschäft; den Gewinn hatte, ohne die neuen Stücke, längst Himburg, der ruchlose Berliner Nachdrucker, gemacht.

Die Leidenschaft im Exil

Weimar, so zeigt sich, hat seinen Präzeptor verloren, den Schiller in Karlsschuljahren nicht nur intensiv gelesen, sondern sogar erlebt und gesehen hat; Goethe und sein Herzog waren auf dem Weg in die Schweiz gewesen, als sie im Dezember 1779 die Militärakademie in Augenschein genommen hatten. Weimar ohne Goethe, das ist offenes Land, und Charlotte v. Kalb ist nicht weit davon; wann wird Schiller die Reise antreten? Henriette und »Dom Karlos« sind es, die ihn in Dresden festhalten. Die Beziehung zu ihr hat seine Bindung an die Körnerfamilie gelockert, schon weil Minna und Dora sie auf jede nur mögliche Weise zu hintertreiben suchen. Schönheit, die sich zu tragen weiß, ist immer verdächtig, und die Damen Arnim sind weit unter Konsistorialratsniveau.

Natürlich bemerken die Schwestern auch, wie Schiller diese Geschichte mitnimmt; Göschens »Karlos«-Druck gerät ernsthaft in Gefahr. Mit Körner finden sie einen Ausweg: Schiller muß fort aus Dresden. Aber nicht allzu weit; unter besonderen Sicherheitsvorkehrungen wird er in einen Kurort verfrachtet, der zwischen der Weißeritz und dem Schloitzbach inmitten einer berühmt schönen Hügellandschaft liegt: das Städtchen Tharandt. In den Bergrücken, der den langgestreckten Ort beherrscht, teilt sich eine Kirche mit den Resten einer mittelalterlichen Burg, die um 1500 der noble Witwensitz einer wettinischen Stammutter gewesen war; später hatte man den Bau als Steinbruch benutzt.

Tharandt hat es als Treffpunkt der eleganten Welt zu einiger Berühmtheit gebracht; dort mietet Körner den in Dresden hin und her gerissenen Dichter in einem Gasthaus ein, das »Zum Hirsch« heißt und der Wirt Irmer. Dieser ist zugleich kurfürstlicher Amtsfischer und Floßvorsteher, der Beherrscher der an Fischen reichen, aber auch Baumstämme nach Dresden befördernden beiden Gewässer. Noch heute gibt es Haus und Gastwirtschaft und noch immer fließt die Wilde Weißeritz durch das Städtchen, das von den Höhen des Erzgebirges der Elbe zueilende Flüßchen, das sich zumeist als unschuldiges Rinnsal gibt. Aber es kann auch anders; einmal in jedem Jahrhundert verwandelt es sich ganz ohne Vorankündigung in einen reißenden Wasserwolf, der ganze Landstriche frißt. Sind die Schäden dann behoben, denken alle, es sei das letzte Mal gewesen.

In Schiller ist die Flut der Gefühle hoch gestiegen. Minna Körner, die Henriette so abgeneigt ist, daß sie ihr in der Erinnerung einen andern Namen gibt, beschreibt aus ihrer Sicht die Situation:

Mittlerweile machte Frau von Arnim und ihre schöne Natalie uns noch vielerlei Sorge. Schiller war in einem Zustande leidenschaftlichster Aufregung, so daß er ganz offen gestand, daß ihn die Ungewißheit, ob er auf Erfüllung seiner Wünsche hoffen dürfe oder sie aufzugeben gezwungen sei, unfähig zu jeder Arbeit mache. Da bewährte mein guter Körner sich wieder als wahrhafter Freund. In Dresden durfte Schiller jetzt nicht bleiben, und da das Wetter noch zu rauh war, um in das Weinberghaus nach Loschwitz zu ziehen, schlug mein Mann dem Freunde vor, auf einen Monat nach Tharandt zu ziehen. Schiller erkannte, wenn auch mit schwerem Herzen, die Notwendigkeit an, aus den Umgarnungen, in welchen die verführerische Armide ihn gefangen hielt, sich dadurch zu befreien, daß er Dresden auf einige Zeit verlasse. Der Koffer wurde gepackt, und um sicher zu sein, daß er nicht etwa auf halbem Wege wieder umkehren möchte, brachten wir ihn selbst nach Tharandt und sorgten dort für ein leidliches Unterkommen.

Armide, das ist die Verführerin aus Tassos »Befreitem Jerusalem«, eine Circe, die den Ritter Rinaldo mit Zauberkraft auf ihrer Insel festhält. »Um sicher zu sein, daß er nicht wieder umkehren möchte« – fast mit Gewalt wird Rinaldo von ihr weggeschafft.

Anderthalb Meilen, etwa 12 km, liegt Tharandt von Dresden entfernt; nach Freiberg, der berühmten Bergstadt, ist es kaum weiter. Am 17. April trifft das Objekt der Körnerschen Fürsorge hier ein, Henriette im Herzen und den »Karlos« im Gepäck. Er ist, was er am wenigsten mag, allein, und kommt sich – er schreibt es Körner – vor, als wäre er »auf einer wüsten Insel ausgesetzt worden«. »So äußerst undichterisch und öde! Was wird da herauskommen?« Winterliches Wetter bricht über den Verbannten herein:

Eine reizende Landpartie, weiß Gott! Da sitz ich drei Tage und kann nicht vors Haus. Schnee und Hagel wirft mir beinahe Türen und Fenster ein. In diesem erbärmlichen Zustand soll ich mich – nicht nach Dresden zurücksehnen! Es ist eine Aufgabe, die schwer zu beantworten ist, ob ich es schlechter hätte treffen können.

*Der Gasthof zum Hirsch in Tharandt (Photographie, um 1920).
Schiller wohnte hier im April und Mai 1787.*

Doch will ich mir einbilden, daß ich für vergangene Sünden büße! Immer kanns nicht so bleiben und der Himmel wird wieder blau werden über Wittelspach.
　Gearbeitet habe ich doch. Wie? Darauf kömmts nicht an. Mit dem Klinker bin ich fertig und würde ihn gleich mitgeschickt haben, wenn mein Herr Wirt mir nicht angelegen hätte, ihn lesen zu dürfen. Vielleicht macht es ihn menschlich und er schreibt mir einen Taler weniger an. Schickt mir um Gottes willen Bücher. Ich habe des Tags ein halb Dutzend fürchterlich leere Stunden, wo ich melancholisch werden müßte, wenn ich sie nicht verlesen könnte. Ich stehe alle Morgen um halb sechs, auch fünf Uhr auf, weil ich nicht länger schlafen kann, aber arbeiten kann ich nichts vor neun Uhr.
　Wie gehts euch aber? Seid ihr zufrieden? Habt ihr gehörige Öffnung? (Daran fehlt mirs erschrecklich) Ist Huber fleißig? Ist die Minna gesund? Und Körner? – Arbeitet er noch gerne in dem Weinberge der Kommerziendeputation?

Der Floßvorsteher scheint ein harter Knochen zu sein, immerhin: er ist mit Literatur bestechlich. Der Klinker, den Irmer gern läse, ist eine Übersetzung von Smolletts »The Expedition of Humphrey Clinker«, einem humoristisch getönten Briefroman, der, in jeder Hinsicht modern, die verschiedensten Perspektiven aufbietet, um Person und Schicksale seines Helden ins Licht zu setzen. Der Himmel, der wieder blau werden soll über Wittelsbach, stammt aus einem Bayern-Stück jenes dramatischen Generationsgenossen, den die *Thalia* als Autor der Mannheimer »Oda« zartfühlend verschwiegen hatte, Joseph Marius v. Babo. Schiller zitiert gern aus den Werken der Mitlebenden; auch den »Werther« hat er, wenn es drauf ankommt, passagenweise im Kopf.

Daß er in seinem Exil an Verstopfung leidet, ist wirklich kein Wunder; es gilt, sich »gehörige Öffnung« zu verschaffen. Sie setzt »Motion«, körperliche Bewegung, voraus, und mit der hat es seine Schwierigkeiten, auch als das Wetter aufklart:

Heute war der erste erträgliche Tag unter sechsen, die ich hier zubringe. Ich bin auf den Bergen, Dresden zu, herumgeschweift, weil es da oben schon ganz trocken ist. Wirklich habe ich diese Bewegung höchst nötig gehabt, denn diese paar Tage, auf dem Zimmer zugebracht, haben mir, nebst dem Biertrinken, das ich aus wirklicher Desperation angefangen habe, dumme Geschichten im Unterleib zugezogen, die ich sonst nie verspürt habe.

Bei ebenso schlechtem Wetter hätte ich in der Stadt doch mehr Bewegung gehabt, auch Plätze gefunden, die man wandeln kann – hier aber ist alles Morast, und wenn ich, Motion halber, in meinem Zimmer springe, so zittert das Haus und der Wirt fragt erschrocken, was ich befehle.

Schiller kann kaum arbeiten, er hilft sich mit Romanen; was ihn weit mehr beschäftigt als das Schicksal des in seine Stiefmutter verliebten Prinzen ist sein eigenes Verhältnis zu Henriette v. Arnim, die mit ihrer Mutter auf Reisen ist und in Dresden zurückerwartet wird. Schiller hat ihr aus Tharandt geschrieben und nur eine Sorge: daß der Brief richtig bestellt wird; er macht Dora Stock dafür haftbar:

Meinem beleidigten Dorchen schicke ich diesen Einschluß zur schleunigsten, gewissenhaftesten und pünktlichst-gütigesten Besorgung. Sie möchte so gütig sein und anfragen lassen, wenn man die Antwort könnte abholen lassen, oder ob sie geschickt werden würde. Wenn Arnims noch nicht wieder in Dresden wären, so soll die Miene oder wer meinen Brief hinträgt, ihn wieder mitnehmen. Aber ich lasse Dorchen recht sehr bitten, die Botenfrau ja nicht weg-

gehen zu lassen, ohne mir von dorther Antwort mitzunehmen, wenn man in der Stadt ist.

Huber, dem er die Reise verheimlicht hat (der Hausgenosse war offenbar unterwegs), ist über das Verschwinden des Freundes entsetzt. Er weiß nicht, wie Körners ihn unter Druck gesetzt haben, und hält es für möglich, daß Schiller auf und davon sei:

An Dich Lump werd ich würklich keinen halben Bogen ordentliches Papier wenden. Dein hinterlistiges Entfliehen ist doch albern, ich habe die vorgestrige Nacht wenig geschlafen, denn es gab außer Tharandt doch noch andre Möglichkeiten. Übrigens machst Du mir nicht weis, daß Du heut abends wiederkömmst, wofür brauchtest Du alsdann Wäsche? Burmann sollte die Nachmittagspost abwarten, aber der interessanteste Brief ist schon heute früh gekommen, und zwar mit der fahrenden; die diesen Abend kömmt, ist eine reitende und bringt also keine andern Briefe von Mannheim. Auch an Körnern hat Charlotte geschrieben, doch das wirst Du wohl von ihr selbst hören. Behalte mir Burmann ja nicht draußen; ich muß doch einen Ersatz haben, und ich fürchtete mich zu Tode allein in der Nacht. Adieu Du verlorner Sohn.

Drei Briefe erreichen Schiller in diesen Tagen, und alle drei sind verloren oder vernichtet, wie auch seine Briefe an Henriette, die er Jettchen nennt (und sie ihn Fritz?). Von Dalberg kommt der eine: der Reichsfreiherr hat den »Karlos« für das Mannheimer Theater angenommen. Der andere kommt von Charlotte v. Kalb, die vermeldet (Schiller schreibt es an Körner), daß sie »einige Monate in Weimar zubringen« werde. Haben Körners sie über die Herzensanfechtung ins Bild gesetzt, der Schiller verfallen ist, und gedenkt sie, ihn aus Dresden herauszuholen? Charlotte in Weimar, der Stadt »seines« Herzogs, zu deren Adelsgesellschaft sie vielfältige Beziehungen hat: das ist ein stärkerer Gegenpol als das verregnete Tharandt mit dem Floßvorsteher Irmer, es ist die Alternative zu Dresden mit Körners *und* Henriette.

Von dieser kommt der dritte Brief, und Huber, der in der Gastwirtschaft Sala einen Abend lang Ale mit Körner getrunken hat (die Anglomanie der Dresdner Intellektuellen hat auf das Bier übergegriffen), hat mit diesem gewettet, in welcher Reihenfolge Schiller die drei Briefe lesen werde: »Schreib uns das doch, damit wir wissen, wer verloren hat; eine Bouteille Englisch Bier ist auch

Der in ein »Schillereck« verwandelte Gasthof zum Hirsch in Tharandt (Photographie, 2003).

dabei.« Er findet »eine große Analogie zwischen Dir und dem armen Ovid; wie ihn hat Dich die Liebe ins Exilium gejagt.«

Auch Körner berichtet von dem Bierabend bei Sala: »Wir sprachen anfangs viel von Illuminaten und geheimen Gesellschaften und endigten mit unserer eignen werten Person und mit der Deinigen.« Er hat Schiller einen Briefroman mit anspielungsreichem Titel in den »Hirschen« geschickt, Choderlos de Laclos' »Gefährliche Liebschaften«. Der Exulant liest das Buch auf der Stelle und ist entzückt:

Die Liaisons dangereuses sind allerliebst geschrieben. Ein fortreißendes Interesse – feiner und lebhafter Witz – eine musterhafte Leichtigkeit für die Briefgattung – dabei treffende wahre Bemerkungen über den Menschen und Sentimens. Ich gestehe, daß ich weniges mit so vielem Vergnügen gelesen habe. Es ist in der Tat schade, daß ein großer Teil der Schönheit des Buchs in dem liegt, was man mit gutem Gewissen nicht allgemein machen kann – denn das übrige ist selbst für die Bildung zu empfehlen.... Übrigens wünschte ich von diesem und ähnlichen Büchern die nachlässig-schöne und geistvolle Schreibart annehmen zu können, die in unsrer Sprache fast nicht erreicht wird.

Nichts, sollte man denken, müsse ihm fremder sein als Choderlos' frivol parlierender Romanton und, nach der andern Seite, Smolletts behäbig-verspielte Diktion. Aber weit gefehlt, er hat für beides Sinn, genießend, was er selbst niemals machen könnte.

Missglückter Besuch

Seine eigene Liebschaft, gefährlich oder nicht, ist im Begriff, in ihr entscheidendes Stadium einzutreten. Arnims sind wieder in Dresden, Henriette hat Schillers Brief vom 19. April erhalten und sich mit ihrer Mutter sofort auf den Weg nach Tharandt gemacht; am 24. April treffen beide im »Hirschen« ein. Das bringt Körner den kürzesten Brief ein, den er jemals von Schiller bekommen hat:

Dein Brief trifft mich in Gesellschaft. Arnims *sind hier. Dies ist auch schuld, daß ich Dir jetzt im Augenblick nichts antworten kann, als daß ich Dir morgen antworten werde, wo Du Mscrpt erhältst. Indes lebe wohl. Tausend Grüße an alles. Dein Schiller.*

Der Brief, der Mutter und Tochter dergestalt in Bewegung gesetzt hat, muß von höchster Dringlichkeit sein. Von Minna Körner war Schiller während der Arnimschen Abwesenheit mit dem Gift der Eifersucht infiziert worden, sie selbst hat es in einer späten Erinnerung angedeutet:

Als er einige Abende sich wieder an unserem Teetisch einfand und ganz verdrießlich mit dem Ausrufe: »Habe schon wieder niemand zu Haus gefunden!« *in das Zimmer trat, gab ich ihm den ihm sehr unerwünschten, ihn jedoch von seiner Leidenschaft keineswegs heilenden Aufschluß, daß Frau v. Arnim und ihre Fräulein für ihren Freund Schiller nicht zu Haus seien, weil entweder der splendide Graf Waldstein aus Dux oder der jüdische Bankier – ich glaube, Eppsteiner hieß er – die an diesem Abend Begünstigten waren.*

Henriette hatte mit ihrem Verehrer ein Lichtzeichen ausgemacht, ein Lämpchen in ihrem Fenster, das ihm signalisierte, störender Besuch sei zugegen. Über die von der Mutter begünstigten Mitbewerber, beide waren Außenseiter in der Dresdner Gesellschaft, hatte sie ihn schwerlich im unklaren gelassen; auch hatte er beide bei den Arnims kennengelernt. Es war plausibel, daß Henriette ihn vor dem Zusammentreffen mit denen bewahren wollte, die ihm im Weg standen, aber nicht zu vertreiben waren; gegenüber Besuchern, mit denen er sich vertragen hätte, wäre das Lichtzeichen müßig gewesen. Von Minna aufgestachelt und selbst in Unruhe, drängt der nach Tharandt Verbannte auf Klärung des Verhältnisses, mithin: auf eine Entscheidung; da er als bloßer Hausfreund kein Recht auf Ausschließlichkeit geltend machen konnte, kann der Brief an Henriette nichts anderes als einen Heiratsantrag enthalten haben. Genauer: einen Verlobungsantrag, denn für die Gründung eines eigenen Hausstands war Schiller nicht gerüstet; es konnte nur um ein Heirats*versprechen* gehen, um das Offiziellwerden der Verbindung als einziges Mittel zur Verbannung der Mitbewerber.

Der Brief ist so ernst, so dringlich, daß Mutter und Tochter sofort zu ihm fahren, aber das Gespräch wird gestört: Graf Waldstein, der Mitbewerber (man hat ihn als den mit Schiller gleichaltrigen Grafen Franz Adam Waldstein-Wartenberg aus der Linie Dux und Leitomischl identifiziert), taucht gleichfalls in Tharandt auf; die Mutter muß ihm von der Expedition erzählt haben. Sie muß Waldsteins Hinterherfahren nicht einmal verabredet haben; es genügte, dem eifersüchtigen Grafen von der Expedition zu erzählen.

Henriette bemerkt die Verstörung, die das Erscheinen des Nebenbuhlers bei Schiller hervorruft, und schreibt ihm vier Tage nach dem mißglückten Rendezvous einen Brief, der keinen Zweifel an dem Ernst ihrer Gefühle läßt. Sie erwidert die Liebe dieses Mannes, der ihr, der vermögenslosen Adligen, nichts bieten kann als seine Person und seinen Dichterruhm, und erklärt sich ihm rückhaltlos und souverän:

Wenn ich mich für den heutigen recht gut stimmen will, so muß ich gleich an frühen Morgen an Sie schreiben und Ihnen sagen, daß ich immer und unaufhörlich an Sie denke, mich nur mit Ihnen beschäftige. Der Gedanke an Sie ist jetzt der einzige, der mir wichtig ist. Alles andere (und wenn es des Reichs Wohlfahrt beträfe) kann ich nur als Nebensache betrachten; wenn ichs bedenke, wie sehr ich mich verändert finde seit den 3 Monaten, daß ich Sie kenne, Sie haben alle meine gefaßten Vorsätze vernichtet. Denn ich hatte mir erst fest vorgenommen, nie wieder zu lieben, nie wieder zu glauben, daß man mich liebe, ich wollte leichtsinnig wie die mehresten Mannspersonen werden und mich vor allem, was meine Empfindung erregen könnte, hüten und doch ein Heer von Verehrern um mich versammelt halten, wollte einen jeden anhören, aber keinem mehr etwas glauben; ich hatte mich aber geirrt. Denn ich beurteilte damals alle Männer nach dem einen, den ich zu gut beurteilt hatte, und dachte nicht daran, daß es noch Ausnahmen gäbe. Kaum als ich Sie zweimal gesprochen hatte, so fand ich gar bald, daß ich mich in meiner Rechnung (mein Herz vor aller Liebe zu bewahren) geirrt hatte. Es ist wahr, ich gestehe es, daß ich vorher auch schon geliebt habe, aber bei weiten nicht so als jetzt, denn der Grund bei meiner ersten Liebe wurde durch die Eitelkeit auf beiden Seiten gelegt, ich wurde überrascht und konnte nicht untersuchen, was eigentlich meine Empfindung war; diese ganze Geschichte sollen Sie ausführlicher aus meinem Munde hören, Sie sind der einzige Mensch, zu welchem ich einen so hohen Grad von Vertrauen habe, diese Geschichte umständlich zu erzählen, welche doch für mich von sehr großer Wichtigkeit ist und die außer mir und noch einer Person sonst kein Mensch weiß, ich werde nicht bei dieser Erzählung zu meinen Vorteil erscheinen, dieses sage ich Ihnen im voraus, ich halte Sie aber für billig genung, daß Sie aus was darinne vorkommt nicht auf meinen jetzigen Charakter schließen werden; überhaupt wünsche ich sehr, daß Sie mich möchten ganz kennen. Darum werde ich auch ganz offenherzig, ganz ohne Zurückhaltung sein, denn wenn Sie mich einmal genau kennen, so können Sie dann auch urteilen, wie sehr ich Sie liebe, und mein größter Wunsch ist, daß Ihnen hierüber kein Zweifel mehr übrigbleiben möchte.

Was Ihr Glaubensbekenntnis betrifft, so glaube ich doch noch nicht an alles so pünktlich wie an das Evangelium, es interessiert mich keine so wie die, so Sie mir als Freundin aufführen, da mag es doch wohl nicht ganz richtig sein, denn Sie tun ganz entsetzlich geheimnisvoll mit ihr, und darum wünschte ich doch, diese liebe Freundin naher kennenzulernen. Wollen oder können Sie das?

Sie verlangen, daß ich Ihnen Briefe zeigen soll, ich habe die wenigsten von denen, die ich je bekommen und mir wichtig waren, aufgehoben, die meisten sind dem Feuer geopfert worden, um mir aller Erinnerung zu ersparen; und die übrigen sind nicht der Mühe wert, daß man sie liest, denn Sie würden große Erbärmlichkeiten *darin finden und es auch manchen von den schönen Briefen gleich beim ersten Blick ansehen, daß er aus einem alten Roman geschrieben ist.*

Vorhin wurde ich gestört, es kam der dicke Graf Waldstein, ich habe den ehrlichen Mann nun auch balde satt, er hat uns schon um manchen schönen Augenblick gebracht, besonders letzt an Dienstag, daß er uns auch da störte, das vergebe ich ihm so balde nicht.

Adieu auf heute, morgen erwarte ich einen Brief von Ihnen, schon diese Erwartung erheitert mich vor den ganzen Tag, nochmals adieu, ewig unverändert Ihre   *Henriette*

Die Neunzehnjährige hat Erfahrungen mit der Liebe, sie hat eine böse Enttäuschung hinter sich und sich durch Koketterie an den Männern gerächt; Schiller hat ihre Abwehrhaltung durchbrochen. Mißtrauisch gemacht, hat er ihr die Briefe ihres früheren Liebhabers abgefordert, ohne sich selbst über frühere Verhältnisse zu erklären. »Was *Ihr* Glaubensbekenntnis betrifft«, das meint: sein Eingeständnis älterer Beziehungen. Henriette v. Arnim ist ein selbstbewußtes Mädchen; von dem Mann, der ihr die Vorgeschichte ihres Herzens abverlangt, würde sie gern entsprechende Bekenntnisse hören. Mit sicherem Instinkt ist sie auf Charlotte v. Kalb verfallen, von der ihr Schiller mit gespielter Beiläufigkeit erzählt haben mag; der Ernst ihrer Gefühle beglaubigt sich durch einen Anflug von Eifersucht.

Wie sie sich dem um sie werbenden und von allerlei Intrigen verwirrten Freund offenbart, souverän, fühlsam und ihm den Waldsteiner humoristisch preisgebend, stellt diesem sehr jungen Mädchen ein Reifezeugnis besonderer Art aus. Schiller muß es gefühlt haben, als er diesen Brief aufbewahrte, dem er, als er ihn bekam, nicht gewachsen war; nach mehr als einer Seite verstörte er seinen Patriarchalismus. Auch ist er inzwischen rasend eifersüchtig geworden; die Saat des Mißtrauens, von zarter Frauenhand ausgestreut, ist durch den fatalen Grafenbesuch aufgegangen. Henriettes sechzehnjähriger Bruder bringt ihren Brief zu Pferde nach Tharandt: »Der kleine Arnim, der gestern hier war«, schreibt Schiller Ende April in einem undatierten Brief an Körner. Unmittelbar danach gibt es furchtbaren Krach mit Minna, die in ihren Aktionen gegen Henriette ersichtlich zu weit gegangen ist. Hat sie Schiller den Bruch mit dem Hause Körner für den Fall angedroht, daß dieser sich mit Henriette verbinde, hat dieser darauf seinen Auszug angekündigt? Es muß so gewesen sein, und Dora legt sich ins Mittel, sie richtet einen Notruf nach Tharandt:

Kopf und Herz sind beide gleich stark beängstiget, und ich kann mit nichts als mit Tränen antworten. Ich bin außer mir! alle unsre Freuden sehe ich dahinsterben, und ich soll gelassen zusehn, soll sehen, wie sich Körner abhärmt – – Ich beschwöre Sie, teuerster Freund, fassen Sie keinen raschen Entschluß – Sie haben die Freuden von drei Freunden auf Ihrem Gewissen, Sie werden sie gänzlich zerstören, wenn Sie so weggehn. Minnas Kopf wird wieder hell werden, noch hat ihr Herz keinen Teil an den seltsamen Verirrungen, die er [der Kopf] sie begehen läßt, sie wird gewiß zurückkehren und Ihren Kummer vielfältig vergüten. Ihr Herz ist gut, sie schätzt Sie, sonst möchte ich nicht ein Wort verlieren, Sie zurückzuhalten, was nützte es mir, ein morsches Band noch eine Weile festknüpfen zu wollen; es würde ja doch bei der ersten Probe wieder und ganz reißen. Nein, noch ist es fest, fester als Sie es glauben. Es muß alles wieder gut werden, mein Herz weiß tausend Gründe, und mein armer Kopf kann jetzt keinen angeben. Liebster teuerster Freund, guter Herzens-Schiller, lassen Sie meine Bitten etwas über sich vermögen, trennen Sie sich nicht von uns, wir können uns nicht von Ihnen trennen. Körner leidet jetzt schon unaussprechlich, er wird ganz unglücklich, wenn Sie nicht mehr bei ihm sind, von mir spreche ich nicht, und doch leide ich um so desto mehr, wenn der Gedanke an Körners Kummer nichts vermag, dann sollen Sie nichts von meinen Tränen erfahren. Versprechen Sie mir nur, daß Sie gern zu einer Versöhnung die Hände bieten wollen, die uns alle glücklich machen wird, ich verlange nicht zuviel von Ihnen, ich weiß, was Sie *sich selbst schuldig sind. Teurer Freund, sagen Sie mir, wie ich es anfangen muß, um Ihr Herz zu rühren, ich bin so voll Kummer, daß ich nicht Worte finden kann. Minna wird ihr Unrecht gewiß einsehen – ich werde gestört – ach wenn doch Ihr Herz sich von meinem rühren ließ.*

Dieser Brief führt den Umschwung herbei. Aber auch Henriettes Bekenntnis, schon einmal geliebt zu haben, mag Anteil daran haben; es spricht einiges dafür, daß Schiller das Selbstbewußtsein des Gefühls, das aus dem Brief der Neunzehnjährigen spricht, ihren mit leichter Hand geltend gemachten Anspruch auf Gleichberechtigung, nicht verträgt, erst recht nicht den drohend aufziehenden Bruch mit seinen nächsten Freunden und zuverlässigsten Helfern. Minnas Umtriebe, so energisch er sich ihnen widersetzte, haben Wirkung getan; offenbar hatte Huber das Haus in der Schloßgasse für sie ausgekundschaftet. Schiller findet sich auf einmal wie in sein eigenes Drama versetzt; aus Elisabeth verwandelt sich Henriette ihm in eine Prinzessin Eboli – und Körner in einen Posa, der ihn aus deren Schlingen löst? Ein anderes und Entscheidendes, das er nur sich, nicht Henriette eingestehen kann, kommt hinzu: er kann als Mann ohne Anstellung und ohne Vermögen weder mit dem Grafen Waldstein noch mit einem andern Bewerber konkurrieren.

Inmitten dieser Krise meldet sich auch Huber zu Wort, aber er hat nichts zu sagen; am 2. Mai schreibt er kumpelhaft-remplig:

Wie heißt Dein großer Genius? Ich möchte ihn beim Namen rufen, daß er noch herspränge, weil's Zeit wäre und den Karlos vorm Fallen schützte. Schüttle Dich zusammen, zum Henker! Lulle Dich zurück in die Tage Deiner Kraft. Aber eigentlich sollte der Staat Pensionen für arme Verliebte aussetzen, daß sie nicht gezwungen würden sich zu exilieren, um Trauerspiele zu schreiben, wenn's ihnen im Grunde sehr lustig zumute wäre.

Schillers Antwort an Henriette stammt – Hubers Brief läßt es erschließen – vom 1. Mai; sie wird nach dem Erhalt des Dora-Briefs geschrieben und ist so wenig überliefert wie alle andern Briefe, die er an die Geliebte gerichtet hat. Die Prüderie eines Jahrhunderts, das voreheliche Beziehungen skandalisierte, gewiß auch die Furcht vor der schreibtischdurchstöbernden Eifersucht späterer Ehemänner hat Henriette v. Arnim diese Lebenszeugnisse – und wahrscheinlich auch einige ihr gewidmete Gedichte Schillers – vernichten lassen. Sicher ist: diese Antwort ist erkältend; die Empfängerin, in ihrer rückhaltlosen Zuwendung schwer gekränkt, durchmißt die Tiefe enttäuschter Liebe. »Schmeichelt es Ihnen Empfindungen erweckt zu haben die Sie nicht erwidern«, schreibt Sie in heller Aufregung zurück und unterstreicht den Satz, dem alle Satzzeichen fehlen. Schiller hat ihr vorgeworfen, daß er nach dem verpatzten Treffen vom 24. April tagelang auf einen Brief von ihr warten mußte:

Wenn Sie sich nur besinnen wollten, es sind auch schon zwei Tage vorbeigegangen, wo ich gar nichts von Ihnen gehört habe; Ihr Stolz heißt Ihnen, von mir mehr Aufmerksamkeit fordern, als Sie mir beweisen, folglich nennen Sie mein zweitägiges Stillschweigen ja kein Verbrechen wider die Liebe, nein, vielmehr eine Beleidigung Ihres Stolzes, denn jede Stelle Ihres Briefes beweist mir, daß bei Ihnen der Stolz noch sehr über die Liebe herrscht; denn soviel ich urteilen kann, so führt Liebe keine so bedächtlich ausgesuchte empfindliche Sprache

Obwohl gerade diese Sätze sie als ein scharfsichtiges Gegenüber erweisen, hat sie das Gefühl, ihm geistig nicht zu genügen und *darum* abgewiesen zu werden:

aus Gefälligkeit taten Sie vielleicht, als wenn Sie auch etwas empfänden, nun aber sind Sie es überdrüssig, Ihre Zeit an ein so armseliges Geschöpf (wie ich in Ihren Augen sein mag) zu verschwenden und wollen nun nach und nach an den Rückzug denken, sind aber doch noch so höflich (um meine Eitelkeit *zu schonen), mir* Ihre Gleichgültigkeit *schuld zu geben; freilich ich hätte mich verstellen sollen, hätte Ihnen meine Empfindung nicht zeigen sollen, hätte einen ganz eignen* Charakter *affektieren und meinesgleichen nicht haben sollen, so würden Sie mich vielleicht eher Ihrer würdig gehalten haben; wenn Sie mich vorher vielleicht anders beurteilten, mir mehr Geist zutrauten, als Sie nun gefunden haben, kurz wenn Sie vorher, ehe Sie mich genauer kennenlernten, eine größere Idee von mir hatten und mir darum nur Gegenliebe gewährten, so sagen Sie mirs mit der Aufrichtigkeit, die ich immer an Ihnen schätzte, ich kann alsdann mein Unglück nur mir allein, meinem Unvermögen, mich Ihrer würdig zu machen, zuschreiben.*

Muß ich denn aber just nur ein sublimes Geschöpf sein, um Ihre Liebe zu verdienen? Gilt bei Ihnen das vor kein Verdienst, was ich mir doch darzu rechne, nehmlich Sie über alles zu lieben. Doch das, denken Sie, ist keine Kunst, aber von Ihnen geliebt zu werden, das will freilich mehr sagen.

Schiller hat an der Aufrichtigkeit ihres Bekenntnisses gezweifelt, Henriette ist aus tiefem Herzen empört:

Nur das einzige sagen Sie mir, was vor eine Ursache könnte ich haben, Ihnen Liebe zu lügen. Glauben Sie vielleicht, um Sie an den Triumphwagen *zu spannen? Diese Vermutung haben Sie schon ge-*

äußert. Kurz, wann Sie alles das, was Sie mir geschrieben haben – wenn alles Ernst ist, so bin ich überzeugt, daß Sie mich nicht lieben können, sondern daß Sie mich verachten, und das habe ich doch bei Gott! nicht verdient! Sie haben sehr unrecht, wenn Sie das bloße Caprice nennen, wenn ich keinen Brief durch Körners bestellen will, ich weiß, wie Körners gegen unser Haus und besonders gegen mich gesinnt sind.

Da hat sie den Nagel auf den Kopf getroffen. Minna hat der Verbindung mit aller Macht entgegengearbeitet (die Triumphwagen-Unterstellung klingt nach ihr), und Schiller ist durch Doras Brief klargeworden, daß er sich von beiden trennen muß, von der Geliebten *und* von der Körnerschen Obhut. Niemand sagt Minna Körner, am wenigsten sie selbst, daß sie sich Schillers Freundin gegenüber in genau der Position findet, die Körners Vater einst ihr gegenüber eingenommen hatte.

Die aufgewühlte Henriette, deren Brief vom 5. Mai stammt, kündigt den Besuch ihrer Mutter an:

Meine Mutter hat sich vorgenommen, morgen nach Tharand zu kommen, wo sie Sie vermutlich besuchen wird, wenn Sie keine bessere Gesellschaft, nämlich keine geistvollen Freundinnen, erwarten, wo Ihnen dann freilich solche Alltagsmenschen wie wir entsetzlich abgeschmackt dargegen vorkommen müßten, – ich glaube auch nicht einmal, daß Sie nur einiges Verlangen haben, mich zu sehen – dann wenn Sie mit kaltem Blute noch acht Tage länger wegbleiben können, als es nötig ist, und nur um sich an mir zu rächen, wenn man liebt, rächnet [für: rächt] man sich so hart nicht, und da würde Ihnen wohl einfallen, daß Sie auch etwas bei dieser Rache gestraft wären.

Leben Sie wohl und ruhiger als ich und bedauren Sie zum wenigsten mich – nein, nein ums Himmels willen, bedauren Sie mich nicht.

Henriette

Wahrscheinlich ist Frau v. Arnim wirklich gekommen und hat Schiller *ihre* Bedenken gegen eine Verbindung geltend gemacht, dieselben, die Schillers frühere Heiratsanträge scheitern ließen: der völlige Mangel an Existenzsicherheit, verschärft dadurch, daß auch Henriette vermögenslos ist. Mit einem ihr zugeeigneten Gedicht, das, statt von Liebe, von Freundschaft spricht, aber alles offenhält, nimmt Schiller in Tharandt Abschied von einer Leidenschaft, die ihn tiefer ergriffen hat als je eine vorher und nachher. Er hat keine gute Figur bei der Verwicklung gemacht, die über dieses Verhältnis hereingebrochen war, und redet sich lyrisch heraus:

> Ein treffend Bild von diesem Leben,
> ein Maskenball hat Dich zur Freundin mir gegeben.
> Mein erster Anblick war – Betrug.
> Doch unsern Bund, geschlossen unter Scherzen
> bestätigte die Sympathie der Herzen
>
> Ein Blick war uns genug,
> und durch die Larve, die ich trug,
> las dieser Blick in meinem Herzen
> das warm in meinem Busen schlug!
>
> Der Anfang unsrer Freundschaft war nur – Schein!
> Die Fortsetzung soll Wahrheit sein.

Auch bei der schönen Griechin, die in den »Geisterseher« eintritt, als dort keine Geisterseher mehr vorkommen, ist der erste Anblick Schein. Man hat dem Prinzen die fromme Schöne dorthin gelegt, wo er sie erstmals erblickt: kniend vor einem Altar, als eine unwiderstehliche Lockspeise; sie tritt dann aus dieser Rolle heraus und bezahlt das mit ihrem Leben. Aber diesen Hintergrund führt das Buch nicht aus, es läßt ihn nur ahnen.

Es folgt eine Strophe, die Henriette *ihm* entgegenhalten könnte, und danach etwas wie eine Abbitte für die briefliche Kränkung. Bei der Erwähnung des Paradieses geht die Syntax, bei dem »einzigen Verdienst« der Reim aus dem Leim – das Herz des Autors ist dieses einzige Verdienst und man kann das als eine traurige Anspielung auf seine materielle Lage lesen:

> In dieses Lebens bunten Lottospiele
> sind es so oft nur Nieten, die wir ziehn.
> Der Freundschaft stolzes Siegel tragen viele,
> die in der Prüfungsstunde treulos fliehn.

Oft sehen wir das Bild, das unsre Träume malen,
aus Menschenaugen uns entgegenstrahlen,
der, rufen wir, der muß es sein!
Wir haschen es – und es ist Stein.

Den edlen Trieb, der weichgeschaffne Seelen
magnetisch aneinanderhängt –
der uns, bei fremden Leiden uns zu quälen,
bei fremden Glück zu jauchzen zwingt –
der uns des Lebens schwere Lasten tragen,
des Todes Schrecken selbst besiegen lehrt,
durch den wir uns der Gottheit näher wagen
und leichter selbst das Paradies entbehrt –
den edeln Trieb – du hast ihn ganz empfunden,
der Freundschaft seltnes schönes Los ist Dein.
Den höchsten Schatz, der Tausenden verschwunden,
hast du gesucht, hast du gefunden,
die Freundin eines Freunds zu sein.

Auch mir bewahre diesen stolzen Namen.
Ein Platz in deinem Herzen bleibe mein.
Spät führte das Verhängnis uns zusammen,
doch ewig soll das Bündnis sein.

Ich kann dir nichts als treue Freundschaft geben,
mein Herz allein ist mein Verdienst
dich zu verdienen will ich streben –
dein Herz bleibt mir – wenn du das meine kennst!

Das Ganze ist eine steife, ratlose, in immer neue Anläufe zerfallende Reimerei, die der Autor von seiner späten Gedichtsammlung fernhält. Daß es, wie der Erstdruck von 1808 verzeichnet (Henriette hatte Max v. Schenkendorf den Text für dessen Zeitschrift *Studien* zur Verfügung gestellt), am 2. Mai geschrieben wurde, ist unwahrscheinlich; ihr Brief vom 5. April war schwerlich die Antwort auf diese Verse. Sehr viel wahrscheinlicher ist, daß Schiller damit auf ihre Empörung vom 5. Mai geantwortet hat, dem das Tharandter Gespräch mit der Mutter gefolgt war.

Henriette von Arnim (Miniatur, wahrscheinlich um 1795).

»Dich zu verdienen will ich streben« – das läßt der Hoffnung einen Spalt offen. Von Weimar aus besucht Schiller im August Henriettes jüngste Schwester in Erfurt, wo diese im Ursulinerinnenkloster Aufnahme gefunden hat (die Vorsteherin ist ihre Tante); danach schreibt er an Huber:

Im Arnimschen Haus empfiehl mich. Sage Jettchen recht viel Schönes von mir. Ich muß gestehen, daß ich fast zu oft an sie denke. Treibe sie an, mir recht bald zu schreiben. Meinen Brief wird sie doch haben.

Henriette hat auch diesen Brief vernichtet. Erst der Umgang mit den Schwestern v. Lengefeld in Rudolstadt überblendet Schiller die Erinnerung an die schöne Dresdnerin.

Henriette hat den dicken Grafen Waldstein, den ihre Mutter begünstigte, nicht geheiratet und ist auch nicht in Dresden geblieben, der Stätte dieses Liebesdramas ohne Happy-End. Die Ehe mit einem ostpreußischen Gutsbesitzer, Ludwig v. Kunheim, entführt sie in weite Ferne. Sie hat einen Sohn von ihm, Alexander, aber schon 1798 verliert sie ihren Mann und zwölf Jahre später diesen Sohn. Danach heiratet sie einen Onkel des Verstorbenen, den Grafen Alexander v. Kunheim; der Herr auf Kloschenen ist fünfundzwanzig Jahre älter als sie und der Inhaber riesiger ostpreußischer Güter. Nach seinem Tod wird die nun Achtundvierzigjährige Universalerbin.

Dem Park des Herrensitzes gilt in Kloschenen ihre besondere Pflege, und als eines Tages zwei für Schiller schwärmende Studenten sie aufsuchen (ihre Liebesgeschichte ist durch die Gedichtveröffentlichung publik geworden), empfängt sie die beiden in einem Gartenhäuschen, in dem die Besucher »des Dichters Bild, von Epheu und Wintergrün umkränzt, an der Wand hangen« sehen (Heinrich Borkowski). Die beiden sehen sich einer Frau gegenüber, »deren prächtiges Haar ... noch ganz schwarz und voll« ist; unter ihren »schöngewölbten Augenbrauen glänzen die feurigen, geistreichen, dunklen Augen wie zwei blitzende Sterne«. »Wenn Sie nach Dresden kommen«, sagt sie den beiden Besuchern, »versäumen Sie es nicht, das Städtchen Tharandt zu besuchen. Es liegt in einer reizenden Gegend. Scheuen Sie nicht die Mühe, den Knieberg zu besteigen; die Ruinen des alten Schlosses Tharandt stehen darauf. O wie oft habe ich dort gestanden und meine Augen und meine Seele an allen den Herrlichkeiten geweidet, die ich von dort aus überblickte.«

Der eine der Gäste hakt an dieser Stelle ein und will das Gespräch auf Schiller bringen. Aber die Gastgeberin weicht aus: »Soviel ich weiß, ist er allerdings mehrmals auf dem Knieberg gewesen, namentlich im Frühling, wenn alles blühte, aber ich glaube, er hat andere Punkte bei Dresden mehr geliebt.« Dann läßt sie Wein kommen, trinkt den beiden zu und verabschiedet sich schnell. Um 1830 hat Henriette v. Kunheim Kloschenen verlassen und ist wieder nach Dresden gezogen; sie ist dort fast achtzig Jahre alt geworden.

Neuntes Kapitel

Loslösung

Was wird aus dem Geisterseher?

Wir wissen nicht genau, wie lange Schiller nach jenem lyrischen Abschied noch in Tharandt geblieben ist, und wissen auch nicht, welche andern Erfahrungen er an dem interessanten Ort und in der berühmt-schönen Gegend gemacht hat; schon um der Motion willen kann er nicht immer nur gelesen und geschrieben haben. Nach dem nahe gelegenen Freiberg, dem Zentrum des sächsischen Bergbaus, einer sonderlich schönen und reizvollen Stadt, wird er kaum gekommen sein, zu sehr drängte die Arbeit, aber Fühlung mit den Einheimischen muß er trotz der Dialekt-Barriere aufgenommen haben, Kontakt mit Handwerkern und Honoratioren, Bauern und Waldarbeitern. Eine gesellige Natur wie diese konnte nicht anders, als die Gelegenheit, Land und Leute kennenzulernen, beim Schopfe zu fassen.

Aber es ist nichts davon überliefert, wie wir auch nicht wissen, wie die Dresdner Kunstsammlungen und das Theater- und Musikleben der Stadt auf ihn gewirkt haben; alles dies mußte seine Stuttgarter und Mannheimer Erfahrungen weit übertreffen. Nur einen kleinen, bedingten Lebensausschnitt geben Briefe und Berichte, und auch nur die erhaltenen tun das; unsere Einblicke sind punktuell. Einige wenige Briefe, die Schiller aufgehoben hat und seine Erben nicht vernichtet haben, und zwei späte Gesprächsaufzeichnungen sind der einzige Anhaltspunkt für seine Beziehungen zu Henriette v. Arnim, aber sie reichen hin, zu erkennen, daß Tharandt für Schiller zu dem Ort einer Lebenswende wurde. Das Ende einer Zeit naht, von deren Anfang Karoline v. Wolzogen nachmals schrieb: »Wie auf einer fruchtbaren, freundlichen Insel dachte er hier zu ruhen und die Erscheinungen der vorübergleitenden Muse zu erwarten.« An neuen Erscheinungen hatte ihm die Muse außer den beiden Gedichten, »An die Freude« und »Die unüberwindliche Flotte«, und einem Wechselgesang für Leontes und Delia alias Gottfried und Minna vor allem den

»Geisterseher« zugeführt; vieles spricht dafür, daß er sich dem Roman in Tharandt von neuem zuwendet. »Diese Woche, liebster Freund«, schreibt er, nach Dresden zurückgekehrt, an den auf »Karlos«-Manuskript wartenden Göschen,

werden Sie den letzten Rest des Dom Karlos empfangen. Sobald ich diesen expediert habe, gehts an das 5te Heft der Thalia. Doch wünsch ich zu wissen, ob ich den Geisterseher nicht besonders herausgeben könnte? Lassen Sie mich Ihre Meinung wissen. Freilich die Erscheinung der Thalia würde dadurch verzögert. Sonsten könnte ich auch allenfalls noch einen Transport in diese einrücken und alsdann erst den Geisterseher zusammen herausgeben und schließen.

Das bedeutet: er weiß, wie es weitergeht; das Ganze steht ihm so deutlich vor Augen, daß er glaubt, es demnächst als Buch herausbringen zu können. Die Geschichte des Sizilianers wird, als Erzählung in der Erzählung, im nächsten *Thalia*-Heft stehen, das erst übers Jahr erscheint, mitsamt der messerscharfen Analyse, der der Prinz die Wundertaten des geheimnisvollen Armeniers danach im Gespräch mit dem Grafen von O*** unterzieht; die Geschichte ist hier Detektivroman im Wortsinn. Weiß er auch schon die weitere Fortsetzung? Von Geisterseherei ist in dem danach einsetzenden zweiten, ganz neu disponierten Teil der Geschichte nicht mehr die Rede; es ist, als zöge der Autor die Folgerung aus dem inzwischen deutlich gewordenen Umstand, daß die Berliner Rosenkreuzer keineswegs die Rekatholisierung der preußischen Dynastie betreiben. Bei allem Hang zu frommer Rückschlägigkeit waren die Brüder vom Gold- und Rosenkreuz keine verkappten Papisten; hier lag ein Irrtum, eine Fehlperspektive vor, die zu Lasten der tiefverwurzelten Jesuitenfurcht ging. Noch in Weimar hört Schiller den Illuminaten Bode »die drohende Gefahr des Catholizismus« beschwören.

Nicht um Annäherung an die Papstkirche, sondern um die Wiederherstellung eines gläubig-ursprünglichen Christentums ging es den rosenkreuzerischen Verschwörern mit ihren phantastischen Ordensnamen und der Vorspiegelung geheimer Oberer, die aus der Ferne alles überblicken. Auch Prinz Friedrich Heinrich Eugen von Württemberg hat niemals Miene gemacht, katholisch zu werden; er war Rosenkreuzer und preußischer General wie jener Herzog Friedrich August von Braunschweig-Oels, der als Rufus die oberste Instanz des Ordens war. Zwar zieht der auf den Thron gelangte Ormessus Magnus an der Hand Farferus-Bischoffwerders einige sächsische Ordensbrüder an sich; er stellt den Bischoffwerder und Wurmb seit Schrepferschen Tagen eng verbundenen Leipziger Kaufmann Du Bosc als Geheimen Kommerzienrat an die Spitze des Kommerzdepartements und beruft Karl Adolph Graf v. Brühl im Rang eines Generalleutnants zum Gouverneur, also Erzieher, des Kronprinzen; Brühl ist der zweitälteste Sohn jenes sächsischen Premierministers, der der Hauptwidersacher Friedrichs II. gewesen war. Zugleich ist der Rosenkreuz-Orden, der es im nördlichen Deutschland in Adel und höherer Beamtenschaft in 26 Zirkeln auf etwa zweihundert Mitglieder gebracht hatte, auf verschiedenen Wegen in eine Krise geraten, deren die Oberen nicht Herr werden; ein nach Rußland delegierter Ordensabgesandter stellt sich gegen Wöllner, und in Berlin verhindert das Ordensmitglied Klaproth, ein Chemiker von Rang, mit knapper Not ein alchimistisches Experiment, bei dem der Palast von Rufus unweigerlich in die Luft geflogen wäre. Im Januar 1787 ergeht ein sogenanntes Silanum, das auf die weitgehende Einstellung der offiziellen Ordensarbeit hinausläuft. Brauchen Rufus, Chrysophiron und Farferus den Orden nicht mehr, nachdem ihr Zögling auf dem Thron sitzt? Sie lassen immer noch Botschaften der hochgeheimen Oberen an ihn ergehen, von denen einer sich als Hannageron zu Wort meldet, aber fünf Jahre später erlischt auch dies; Staatsstruktur und realer Machtbesitz lassen die Fantasy-Konspiration verblassen, die dem Kronprinzen Halt gegeben hatte. Mit der Detektivarbeit, die er den Prinzen gegenüber dem Walten des übermenschlichen Armeniers leisten läßt, bekräftigt Schiller diese Entwicklung auf seine Weise; danach läßt er die Geisterbeschwörungsgeschichte hinter sich: die Realgeschichte ist seinem Roman vorausgeeilt.

Auch in Tharandt mag ihn dessen Widerhall erreicht haben. Rezensenten, die das Heft besprechen, bekunden, ganz wie der Prinz von Coburg, brennende Neugier auf den Fortgang; wird auch Körner danach befragt? In seinen »Nachrichten von Schillers Leben« hat er sich überaus vorsichtig ausgedrückt:

Cagliostro spielte damals eine Rolle in Frankreich, die viel Aufsehen erregte; unter dem, was von diesem sonderbaren Manne er-

zählt wurde, fand Schiller manches brauchbar für einen Roman, und es entstand die Idee zum Geisterseher. *Es lag durchaus keine wahre Geschichte dabei zum Grunde, sondern Schiller, der nie einer geheimen Gesellschaft angehörte, wollte bloß in dieser Gattung seine Kräfte versuchen. Das Werk wurde ihm verleidet und blieb unbeendigt, als aus den Anfragen, die er von mehrern Seiten erhielt, hervorzugehen schien, daß er bloß die Neugierde des Publikums auf die Begebenheit gereizt hätte. Sein Zweck war eine höhere Wirkung gewesen.*

Das heißt im Klartext: Schiller wurde mit Anfragen bestürmt, wer und was sich hinter dieser Geschichte verberge. Indem Körner ausschließlich Cagliostro und »keine wahre Geschichte«, auch keine Erfahrung mit geheimen Gesellschaften als Hintergrund gelten läßt (er selbst war es, der diese Erfahrung hatte und einbrachte), sucht er die Spuren, die die Geschichte mit der aktuellen politischen Situation verknüpften, zu verwischen. Es ist denkbar, daß sein oberster Dienstherr, der einst mit Schrepfer verbandelte, mit Bischoffwerder befreundete Minister v. Wurmb, sich bei Schillers Gastfreund in aller Beiläufigkeit erkundigt hat, worauf der Autor denn mit dieser Geschichte hinauswolle; nur zu genau kannte er die Projektion auf Olibanumdunst. Auch Graf Hans Moritz v. Brühl kann die Sprache darauf gebracht haben, der jüngere Bruder des an den preußischen Hof berufenen Prinzenerziehers. Hans Moritz, ein Spezialist für Meridianbestimmung, ist seinerseits nach Berlin gerufen worden; er wird dort Kammerherr und General-Chaussee-Intendant. Körner schreibt Schiller nach Tharandt von Brühls Berufung; man kommt überein, dem Grafen vor dessen Abreise einen Besuch abzustatten.

Daß solche Nachfragen ergingen, war um so naheliegender, als im März 1787, wenige Wochen nach dem Erscheinen der vierten *Thalia*, ein anonymer Autor den politischen Hintergrund, auf den der Roman aufgetragen war, allen Interessierten frei Haus geliefert hatte, in Gestalt von »Geheimen Briefe über die Thronbesteigung Friedrich Wilhelms des Zweyten«, die mit dem Druckort Utrecht in Berlin verbreitet wurden und es von dort nicht weit nach Dresden hatten; damit war eine Fortsetzung des ursprünglichen Konzepts ganz unmittelbar blockiert. Was Schiller mit seiner Erzählung im Sinn gehabt hatte: die Warnung vor Kräften, die unter pseudomystischem Deckmantel rückschlägige politische Interessen verfolgten, war hier ganz offen vorgetragen. In den »Geheimen Briefen« war Bischoffwerder, der Flügeladjutant, der »sich immer um die Person des Monarchen« befinde, unverblümt als »ein eifriger Rosenkreuzer und ein Busenfreund des berüchtigten Schröpfers, ehemaligen Kaffeeschenkers zu Leipzig« aufgewiesen; er war als einer der »sogenannten jesuitischen Freimaurer und Geisterseher« bezeichnet, die »nach einem weit aussehenden politischen Systeme« arbeiteten.

Auch Wöllner kam vor, der mit Bischoffwerder eng verbundene Theologe und Ökonom, der als Oberhaupt der Berliner Rosenkreuzer fungierte; er war als Betreiber einer »Werkstätte für die Geisterseher und jesuitischen Freymaurer« erwähnt, in der »erstaunende magische Operationen« vorgenommen würden. Hinter den Wänden eines viereckigen Zimmers seien »eine große Anzahl kleiner und niedriger Ofen angebracht, wodurch der magische Dunst und das die Augen einnehmende Räucherwerk nach Gefallen unterhalten werden«. Das war vorbei, wenn es jemals stattgefunden hatte.

Es dauerte noch anderthalb Jahre, bis Friedrich Wilhelm II. Wöllner, den er bald nach seinem Amtsantritt geadelt und zum Chef des Baudepartements ernannt hatte, an die Spitze des preußischen Schul- und Kirchenwesens stellte, das dieser durch ein von langer Hand vorbereitetes Religionsedikt dann sofort in die Spuren altgläubiger Frömmigkeit zurückzulenken versuchte. Aus der Perspektive des Königs tat er es nicht entschieden genug, so daß Chrysophiron schließlich in Ungnade fiel, auch, weil er dem König von dem verhängnisvollen Feldzug gegen die Französische Revolution abgeraten hatte; der Schüler hatte den Meister überbieten wollen und war damit gescheitert.

Der Autor jener investigativen Warnschrift hatte offenbar aus denselben Quellen geschöpft, die Schiller in Dresden zugänglich geworden waren, durch Körner oder durch Huber, der im folgenden Jahr für Nicolai in Berlin verschärfende Zusätze zu den »Geheimen Briefen« aus deren französischer Ausgabe übersetzt; er muß spezifisch informiert gewesen sein. Die Sorge des ungenannten Verfassers war ebendie, an der sich der begonnene Kriminalroman entzündet hatte, um so weniger konnte der *Thalia*-Herausgeber auf dem eingeschlagenen Weg fortfahren; jedes Detail wäre auf die Geisterseher im Umkreis des königlichen Rosenkreuzers bezogen worden. Auf dem Weg, den Schiller nun einschlägt, seine Ratlosigkeit hinter ellenlangen philosophischen Unterhaltungen versteckend, die er der späteren Buchausgabe wieder entzieht, kommt er in ein geistiges Fahrwasser, das nicht mit den Wöllnerschen Restriktionen, aber mit der aufkommenden Aufklärungsskepsis vereinbar ist. Aus dem philosophischen Zweifler, zu dem der Prinz im Verlauf dieser Erörterungen wird (die Anstrengung des Unglaubens, der er sich gegenüber dem Walten des Armeniers unterzog, wühlt gleichsam weiter), entwickelt sich erst der religiöse, dann der moralische Nihilist, der als solcher eine leichte Beute venezianischer Adliger wird; mit unbegrenztem Kredit verführen sie ihn zu einem immer ausschweifenderen Leben. Auf *diesem* Weg, nicht durch Geistererscheinungen, sondern durch Spielschulden, findet er zuletzt »nach Rom«, in den Schoß der katholischen Kirche.

Mit vielen Fäden ist Schillers venezianische Geschichte, der es nicht um eine höhere, sondern um unmittelbare Wirkung zu tun gewesen war, mit dem Weben einer Zeit verbunden, die mit Riesenschritten einer Wende zustrebt, die die Wunderheiler und Geisterbanner mit einem Schlag verblassen lassen wird. Als der Autor nach dem fünften Teilstück weitere Fortsetzungen einstellt, um die Geschichte zu einem provisorischen Ende zu bringen, ist die Französische Revolution drei Monate alt; eine aus dem Untergrund der Geschichte aufbrechende Stimme hat dem Fin de siècle unvermittelt Halt geboten. Es ist eine andere Stimme als die jenes Armeniers, der das falsche Gespenst vertreibt, um das vermeintlich wahre erscheinen zu lassen, eine andere auch als die des Komturs, der am Ende von da Pontes und Mozarts Oper den phantastischen Schürzenjäger zur Strecke bringt. Aber das Halt, das diese, überraschend und rätselhaft, auf je eigene Weise gebieten, ist auch ein Vorschein jenes anders untergründigen Halt-Rufs, der 1789 aus dem Boden der Realgeschichte aufsteigt. Schillers Roman überbot, was der Autor mit ihm gemeint hatte. Auch darum setzt er ihn ab, als er die Zeit erfüllt sieht.

Zuletzt: der Grossinquisitor

In den vier Briefen, die Körner dem Freund in die Tharandter Wälder schickt, ist mit keinem Wort von Henriette-Dingen die Rede. Er hält sich heraus und schreibt auch am 2. Mai, auf dem Höhepunkt der Krise und kurz nach dem Dora-Brief, nur Beiläufiges oder auf den »Karlos«-Druck Bezogenes; am Ende steht allen Ernstes: »Hier ist nichts vorgefallen. Die Weiblein sind wohl und grüßen Dich. Dorchen hat der Albrechtin sehr zärtlich geantwortet.« Hat die Albrechtin einen Vermittlungsversuch unternommen? In einer Nachschrift versucht der Freund, Schillers Aufmerksamkeit auf die Weltgeschichte zu lenken, die vor allem in Frankreich stattfindet: »Noch ein paar politische Neuigkeiten, da Du keine Zeitungen liest. Calonne ist nicht mehr Finanzminister. Necker ist 20 Meilen von Paris exiliert und darf nicht über Administration schreiben. ... Cagliostro ist aus London verschwunden und hat die Juwelen seiner Frau mitgenommen.«

Vom Februar bis zum April hatte in Paris die seit 1626 erstmals wieder einberufene Notabelnversammlung getagt (sie bestand aus 146 hocharistokratischen Mitgliedern, die in sieben Kanzleien aufgeteilt wurden), um sich mit den von einem gigantischen Defizit erdrückten Staatsfinanzen zu befassen. Calonne, der Finanzminister, hatte zur Sanierung des Staatshaushalts die Erhebung einer Grundsteuer vorgeschlagen und erlebt, daß der die Versammlung beherrschende und von Steuern gänzlich freigestellte Großgrundbesitz sie ablehnte; der König hatte ihn ebenso wie den reformorientierten Minister Necker daraufhin entlassen.

Staatsumwälzungen gehen von verlorenen Kriegen oder von zerrütteten Staatsfinanzen und manchmal von beidem aus, und nicht nur die riesige Schuldenwand ist es, die sich erdrückend auf das Ganze legt, sondern vor allem die Weigerung der privilegierten Klassen, zu ihrem Abbau beizutragen. Wenn die güterreichste Schicht sich den Lasten entzieht, die allen übrigen aufgebürdet sind, bildet sich im Innern der Gesellschaft ein moralisches Vakuum; Implosionen sind dann nur noch eine Frage der Zeit. Die späten »Geisterseher«-Fortsetzungen legen den Finger auf *diesen* Punkt; sie zeigen den glaubensenttäuschten Prinzen als hemmungslosen Schuldenmacher, der, als sein deutscher Hof ihm die Mittel entzieht, in die Hände nicht von Geisterbeschwörern, sondern von Kreditgebern fällt. Der Autor, durchaus realistisch, hat die Geschichte umgepolt.

Der »Geisterseher« wird Fragment bleiben (die spätere Buchgestalt verleugnet es nicht), aber »Dom Karlos« wird fertig. Mit dem ersten Akt in der Tasche war Schiller in Kursachsen eingezogen, nun rundet sich das Stück und tut es gleichzeitig in drei bis vier Fassungen. Ehe sich Schiller nach Tharandt hatte entführen lassen, hatte er die für Reinecke und Sophie Albrecht in Leipzig bestimmte Prosafassung des Stückes abgeschickt; im »Hirschen« galt es dann, den vierten und fünften Akt in der Versgestalt abzuschließen; auch der dritte liegt noch nicht druckfertig vor. Es ist eine Riesenarbeit, mehr als hundert Druckseiten Text umfassend; trotz aller Ablenkungen ist sie Ende Mai getan. Nachdem Posa im dritten Akt der Vertraute und erste Minister des Königs geworden war, galt es nun, Umschwung und Krise herbeizuführen, und der Autor hatte es nicht leicht damit gehabt; die Krise entsteht, als Posa versäumt, den völlig von seiner Liebesangelegenheit eingenommenen Prinzen in die gründlich veränderte Lage einzuweihen; er behandelt ihn wie ein Kind, und Karlos benimmt sich danach. Von einem freundschaftlich-besorgten Höfling über Posas neue Stellung unterrichtet, fühlt er sich preisgegeben und sucht Zuflucht bei der Prinzessin Eboli, die ihn und die Königin schon einmal verraten hat. Posa, dies gewahrend und weitere Enthüllungen befürchtend, kommt, um den Prinzen von der Eboli zu isolieren, auf den aberwitzigen Gedanken, ihn kraft der ihm verliehenen Vollmachten verhaften zu lassen. Zugleich bringt er sich selbst als Opfer für ihn dar: er gibt einen Brief auf die Staatspost, der an Wilhelm von Oranien, eines der Häupter des niederländischen Widerstands, gerichtet ist; Posa berühmt sich darin der Liebe der Königin zu *ihm*. Er rechnet damit, daß der Brief geöffnet und dem König vorgelegt wird; dann wird *er* fallengelassen und der Prinz in Freiheit gesetzt; Karlos soll dann per Schiff nach den Niederlanden gehen und dort an die Spitze des Widerstands treten. Posa hat alles sorgfältig vorbereitet und die Königin in jenem schmerzvoll-inständigen Abschiedsgespräch eingeweiht.

Doch ehe er dem über das Freundesopfer entsetzten Prinzen die Einzelheiten des Plans klarmachen kann, wird er auch schon aus dem Hinterhalt erschossen; mitten in Karlos' Totenklage platzt Alba mit der Nachricht von seiner Freilassung. Aber der Prinz ist außerstande, seinen Schmerz zu beherrschen und, sich verstellend, das Vermächtnis des Freundes zu erfüllen. Als Philipp, der sich bereitgefunden hat, dem Sohn an der Spitze seiner Granden selbst die Freilassung zu verkünden, bei ihm erscheint, bezichtigt er ihn des Mordes und enthüllt Posas Selbstbezichtigung als Finte:

> Mich zu erretten, schrieb
> Er an Oranien den Brief – O Gott!
> Es war die erste Lüge seines Lebens!
> Mich zu erretten, warf er sich dem Tod,
> Den er erlitten hat, entgegen. Sie
> Beschenkten ihn mit Ihrer Gunst – er starb
> Für mich! – Ihr Herz, Ihr königlich
> Vertrauen – Ihre Freundschaft drangen Sie ihm auf,
> Ihr Zepter war das Spielwerk seiner Hände,
> Er warf es hin und starb für mich!

»Was werden / Sie bieten, eine Seele zu erstatten, / wie diese war?« klagt er den Vater an und übergipfelt seine Klage: »Heiland / der Welt! Da liegt er tot zu meinen Füßen.« Von Schmerz überwältigt, verspielt er Posas Selbstopfer und geht so weit, den Degen gegen seinen Vater zu richten, ohne jedoch zuzustechen; es bleibt eine Geste. Er oder ich, ist die Alternative, und sie zu stellen, ohne sie auszufechten, bedeutet Kapitulation; indem Karlos dem König mit leidenschaftlicher Aufwallung Posas Selbstbezichtigung enthüllt, gibt er dessen Plan und sich selbst auf. Philipp stürzt über die Enthüllungen des Sohns in tiefe Verzweiflung; er weiß sich schuldig am Tod eines Mannes, den er für sich als unersetzlich befunden hatte. Inmitten seiner Granden fällt er in Ohnmacht und nicht nur Posas wegen; Karlos hat ihm ein Entweder-Oder aufgezwungen, das ihn umwirft.

Als er wieder zu Bewußtsein kommt, wird ihm klar, daß Posa um seines Sohnes willen ihn, sein Vertrauen, seine Macht ausgeschlagen hat; auch aus Eifersucht läßt er alle Rücksicht fahren:

>   Sein Sturz
> Erdrücke seinen Freund und sein Jahrhundert!
> Laß sehen, wie man mich entbehrt. Die Welt
> Ist noch auf einen Abend mein. Ich will
> Ihn nützen, diesen Abend, daß nach mir
> Kein Pflanzer mehr in zehen Menschenaltern
> Auf dieser Brandstatt ernten soll. Er brachte
> Der Menschheit, seinem Götzen, mich zum Opfer.
> Die Menschheit büße mir für ihn! – Und jetzt –
> Mit seiner Puppe fang ich an.

Posa war für Karlos wie ein gegen den Vater verbündeter älterer Bruder gewesen; darum hatte er den Kopf verloren, als er von dessen Verbindung mit dem König hörte. Für Philipp war Posa wie ein anderer, zugewandter Sohn gewesen – er sieht sich von beiden im Stich gelassen, dem wirklichen und dem angenommenen Sohn, und beschließt zu handeln; dazu bittet er den uralten Großinquisitor zu sich. Nach all den vorangegangenen Wirrnissen (der Autor muß einen von Posa beauftragten Kartäusermönch mit Aufstandsplänen für die Niederlande in der Tasche aufbieten, um den Hochverratsverdacht gegenüber Karlos zu untermauern) konzentriert sich das Stück in dieser Szene mit großem dramatischen Griff. Der blinde Kardinal – die Blindheit ist eine Chiffre seiner Allwissenheit – erklärt dem überraschten König, daß die Inquisition den Marquis von langer Hand als Ketzer im Auge gehabt habe: »Wo er sein mochte, war ich auch.« Philipp, der Posa vertraut hatte, bezichtigt er des versuchten Abfalls von der leitenden Hand der Kirche:

> Sie kannten ihn! Ein Blick entlarvte Ihnen
> Den Ketzer – Was vermochte Sie, dies Opfer
> Dem heilgen Amt zu unterschlagen? Spielt
> Man so mit uns? Wenn sich die Majestät
> Zur Hehlerin erniedrigt – Könige
> Zweizüngeln – hinter unserm Rücken
> Mit unsern schlimmsten Feinden sich verstehen,
> Was wird mit uns? Wenn *einer* Gnade finden
> Darf – warum wurden dreimalhunderttausend
> Geopfert?

Durch die Ermordung Posas habe der König die Inquisition um ein besonders wirkungsvolles Autodafé gebracht: »Ihn hätten wir – auf langer Seelenfolter / zur Mißgeburt verzerrt – dem schaudernden / Gelächter seiner Rotte vorgewiesen, / das war mein überlegter Plan.«

»Mich / gelüstete nach einem Menschen«, versucht Philipp sich zu entschuldigen, der Kardinal ist bestürzt:

> Wozu Menschen? Menschen sind
> Für Sie nur Zahlen, weiter nichts. Muß ich
> Die Elemente der Monarchenkunst
> Mit meinem grauen Schüler überhören?
> Der Erde Gott verlerne zu bedürfen,
> Was ihm verweigert werden kann.

»Ich bin ein kleiner Mensch, ich fühls«, entschuldigt sich der König: »Du forderst / von dem Geschöpf, was nur der Schöpfer leistet.« Der Kardinal läßt es nicht gelten, er begreift Philipps Bündnis mit Posa politisch:

> Nein, Sire, mich hintergeht man nicht. Sie sind
> Durchschaut – uns wollten Sie entfliehen.
> Des Ordens schwere Ketten drückten Sie;
> Sie wollten frei und einzig sein.

Aber das ist nun vorbei, und die beiden vereinigen sich über dem Entschluß, Karlos sterben zu lassen. Der Kardinal entkräftet Philipps Bedenken mit einem Sophismus: »Die ewige Gerechtigkeit zu sühnen, / starb an dem Holze Gottes Sohn.« Er vergleicht Philipp mit Gottvater, der seinen Sohn opfert, um mit der Menschheit versöhnt zu werden – es ist gotteslästerlich durchaus und es hat historischen Anhalt; Schiller hatte diese kirchliche Beruhigung des sohnesmordenden Königs in einem Geschichtswerk gefunden.

Unterdes hat sich der Prinz, als Gespenst Karls V. verkleidet (nur so, in der Mönchsgestalt seines Großvaters, war er durch die Wachen gekommen), ins Kabinett der Königin begeben, um nach Posas Plan und Willen Abschied zu nehmen. Die Ereignisse des Tages haben ihn zum Mann reifen lassen, er entsagt seiner Liebe, um den Auftrag des Freundes zu erfüllen; wenn er über Philipp siege, versichert er Elisabeth, werde er nur dessen Witwe in ihr sehen. Er hat sich freigemacht aus der inzestuös timbrierten Verstrickung – zu spät. Philipp hat Meldung von dem sonderbaren Geist erhalten, der die Wachen durchschritt, und errät, wer es ist; mit seinen Granden und dem Großinquisitor schleicht er sich hinterrücks bei der Königin ein und belauscht Karlos' Abschied; dann tritt er hervor. Elisabeth fällt in Ohnmacht, Karlos fängt sie auf, und der König sagt »kalt und stille«:

> Kardinal! Ich habe
> Das Meinige getan. Tun Sie das Ihre.

Das ist das Schlußwort. Mit der Großinquisitor-Szene gewinnt das Stück an seinem Ende weltgeschichtliche Höhe. Natürlich: der Despot, der seiner Rolle als Exekutor einer mörderischen Ideologie zu entkommen sucht und sich um so unentrinnbarer in deren Banden gefangen sieht, ist dramatische Fiktion; nur als Selbstgespräch hätte Philipp II. ebenso wie die Gottkönige des zwanzigsten Jahrhunderts einen solchen Disput führen können. In der Übermacht, die hinter dem König auf einmal etwas Stärkeres, einen Über-Vater im Wortsinn, auftauchen läßt, zeigt sich jene Staffel der Vatermächte, die »Fiesko« auf andere Weise grundiert hatte, als der Widerschein von Schillers Kindheitserfahrung, daß hinter der Vaterinstanz eine noch stärkere Autorität, die des Herzogs, existierte, mächtig genug, ihn von den Seinigen loszureißen und der Internatsdisziplin auszuliefern. Tiefliegende Antriebe, ursprüngliche Erfahrungen führen auf eine dramatische Erfindung, in der Subjekt und Objekt eine Art Kernfusion vollziehen; der psychische Untergrund nährt die politisch-historische Konstruktion mit spezifischer Energie. »So strömen des Gesanges Wellen / hervor aus nie entdeckten Quellen.«

Aber nicht »König Philipp« und nicht »Marquis von Posa« heißt das Stück, in dem diese beiden zeitweise das völlige Übergewicht haben. Seine Haupt- und Titelfigur ist ein junger Mann, der fünf Akte hindurch immer neue Proben schreiender Unreife gegeben hat, bis er diese, zu spät, aber kenntlich, hinter sich läßt:

die inzestuöse Selbstblockade ist überwunden, der Blick auf die Aufgabe, die ihm der Freund hinterlassen hat, macht ihn frei zu sich selbst und der Welt. An seinem Autor erfüllt dieses Stück einer objektiv tödlichen, subjektiv überwundenen Jugendkrise eine therapeutische Funktion; über der vier Jahre und vier Stationen, von Bauerbach bis Dresden Neustatt, umspannenden Arbeit an »Dom Karlos« ist er erwachsen geworden. Damit hat die Ersatzfamilie, in deren Obhut das Werk fertig wurde, ihre Funktion erfüllt. In Mannheim hatte Schiller sich noch unter dem Bann von Vätern und Übervätern gefunden, unter dem Schutzmantel der Körnerfamilie ist er von ihm losgekommen, indem er dessen Tiefenstruktur dramatisch offenlegte – er ist frei dazu, weiterzureisen.

Hinderungen der Praxis

Wohin wird die Fahrt gehen? Zu Charlotte nach Weimar, soviel steht fest, aber mehr als *ein* Ziel lockt in der Ferne; auch Schröder streckt immer noch die Arme nach ihm aus. Zu den Theaterdirektoren, die auf eine Bühnenfassung warten, gehört auch der Rigaer Prinzipal Gotthelf Eckardt, den alle Koch nennen; von Berlin aus, wo er am Nationaltheater gastierte, hatte er Schiller in Dresden besucht. Am 1. Juni bekommt Koch die Prosa-Fassung für sein Theater, dazu eine aufrichtige Entschuldigung:

Als wir uns hier voneinander trennten, ist mir von einem Mädchen, das Sie gesehen haben, der Kopf so warm geworden, daß ich Ihre Adresse in Berlin darüber vergessen habe. Wir sind ja allzumal Sünder und Sie werden ja wohl auch noch an die Zeiten zurückdenken können, wo Sie von ein paar Augen aus dem Konzept gebracht wurden. Also verzeihen Sie mir.

Diese Rigaer Fassung, die Kochs Truppe im November mit erhöhten Eintrittspreisen aufführt, macht dem Theater im Schlußakt gravierende Zugeständnisse. Der Großinquisitor, von dessen Dialog man eine Störung des konfessionellen Friedens befürchtet (er ist das hochgehaltene Ergebnis eines dreißigjährigen Vernichtungskrieges), ist hier gestrichen, die Schlußszene entsprechend verändert. Karlos, dem Todesurteil entgegensehend, erklärt: »Ich verdiene den Tod, aber eure Königin ist unschuldig, Spanier!«

Dann durchstößt er sich mit einem Dolch, worauf der König entsetzt ruft: »Mein Sohn! O mein Sohn!«

Das ist Kolportage, nämlich abbiegende. Die Sohnespreisgabe durch den Vater entfällt ebenso wie die blutige Rolle der Kirche, Plümickes »Fiesko«-Finale steht Pate. Nur dem Theater der Stadtrepublik Hamburg mutet der Autor den originalen Schluß zu; Schröder, der einen jambischen »Karlos« haben wollte, bekommt ihn nun mit viermonatiger Verspätung:

Endlich erhalten Sie im Junius, was Ihnen auf den Januar zugedacht war. Diese erste Probe meines Worthaltens, liebster Schröder, wird Sie für alle folgenden Fälle witzigen – aber tun Sie mir nicht zuviel. Die Umstände, welche diesmal den Carlos verzögerten, kommen zum Glück nicht so gar oft wieder, und wenn sie kommen, so kommen sie doch nicht zugleich. Eine Abhaltung und die stärkste könnt ich Ihnen nennen, weil sie sehr – menschlich ist, aber ich brauche mein Papier jetzt zu notwendigern Dingen.

Von der Souveränität, mit der dieser Autor sich auf die Hinderungen der Praxis einläßt, gibt dieser Brief eindrucksvoll Zeugnis. An dem einzelnen, wie wichtig es auch ist, soll das Ganze nicht scheitern, die Zensur wird umgangen, indem man mit ihr rechnet:

Über das Stück selbst will ich Ihr Urteil nicht prevenieren. Sie werden selbst sehen und mich entbehren. Aber über eine Hauptsache muß ich mich mit Ihnen berichtigen. Ich weiß nicht zu bestimmen, wie weit in Hamburg die Toleranz geht. Ob z. B. ein Auftritt des Königs mit dem Großinquisitor stattfinden kann. Wenn Sie ihn gelesen haben, werden Sie finden, wieviel mit ihm für das Stück verloren sein würde. Weil ich es aber nicht aufs ungewisse wagen wollte, so habe ich diesen Auftritt so angebracht, daß er, ohne dem Zusammenhang Schaden zu tun, wegbleiben kann. Was also zwischen * eingeschlossen ist, kann auf den schlimmsten Fall weggelassen werden. Wenn nur Kleidung *und* Name *Schwierigkeiten machten, so verändern Sie beides nach Gutbefinden. Gerne geb ich der* Schwachheit *diese Nebensachen preis, wenn mir meine Contrebande dadurch erleichtert wird. Über den Auftritt Philipps mit dem* Marquis *habe ich in der Republikanischen Stadt hoffentlich nicht unruhig zu werden.*

Vor allem in Mannheim, aber auch in Leipzig und Dresden hat Schiller das praktische Theater von Grund auf studiert. Er weiß, was wo geht an Herausforderungen der zugelassenen Meinung (die Theaterleiter sind Privatunternehmer mit staatlicher Lizenz), und er weiß, was die Aufmerksamkeit des Zuschauers ermüdet: undeutliche Kausalzusammenhänge, unscharfe Nebenfiguren.

Bei denjenigen Rollen, worin Erzählung dem Verständnis des Stückes notwendige Erzählung ist, von deren Einsicht die Wirkung vieler nachfolgender Szenen abhängen kann, bei solchen Rollen bitte ich Sie mehr auf ein deutliches Organ als auf Genie und Geschicklichkeit zu achten. Die Vernachlässigung dieser Maxime hat nach meinen eignen Erfahrungen wichtige Stücke scheitern gemacht. ... Bei denjenigen Szenen, wo ein volles Theater sein muß, wo der König im Gefolg seiner Granden ist, bitte ich Sie, sich aus den Wolken ihrer Begeisterung zur Pedanterei des Regisseurs herabzulassen und diesen dastehenden Figuren Leben einzublasen und Teilnahme *an dem, was um sie vorgeht, zu empfehlen.*

Das alles weiß Schröder natürlich auch – oder vielleicht nicht? Der Autor entschuldigt sich aufs eleganteste:

Doch ich vergesse, daß ich Ihnen hier Dinge schreibe, die ich besser von Ihnen hören könnte. Verzeihen Sie der väterlichen Zärtlichkeit diese Indiskretion. Schließlich und ernstlich [recte: erstlich] bitte ich Sie, bester Schröder, hauchen Sie Ihren eignen Genius unter Ihre Gesellschaft – seien Sie durch Ihre Fürsorge und Ihre Winke allgegenwärtig und flößen Sie Ihnen und mir zuliebe einen Esprit de corps unter Ihre Menschen, den Carlos ganz darzustellen. Brüten Sie darüber (wie Fiesko meint) mit Monarchenkraft!

Von Deutschlands berühmtestem Theaterleiter fordert der »Karlos«-Dichter das Neuartige: Regietheater. Er will es selbst in Augenschein nehmen:

Ich werde Sie sehen und mein beinahe erstorbenes Kunstgefühl für Theater wird neu in mir aufwachen. Von Ihnen hoffe ich diese Aussöhnung meiner Muse mit der Bühne, welche die meisten Theater, die ich jetzo noch gesehen, mehr entfernt als erleichtert haben. Wahrscheinlich haben Sie mich gegen Ende des Sommers in Hamburg. Ich werde in zwei oder drei Wochen eine Reise antreten, welche mit Hamburg beschließen soll. Ein neues Stück bringe ich Ihnen mit.

Der einen solchen viele Seiten langen Brief schreibt, ist dem Theater mit Haut und Haar verfallen; ist es vorstellbar, daß er

Hamburg ausläßt und zehn Jahre lang kein neues Stück schreibt? Ist diese Askese, die Hinwendung zum Objektiven: Geschichte und Wissenschaft, ein Teil seines Erwachsen-geworden-Seins, wie es bei Goethe im gleichen Alter das Eintauchen in den Weimarischen Hof- und Verwaltungsdienst war? Goethe hatte auf dem Weg nach Weimar das »Faust«-Fragment im Gepäck gehabt, bei Schiller spielt »Der Menschenfeind« diese Rolle. Er will ihn Schröder, dem er schon den Mund wäßrig gemacht hat, nach Hamburg mitbringen, aber das Projekt verläuft sich, wie andere auch. Klassizität, der mit dem »Karlos« angemeldete Anspruch, fordert ihren Tribut; sie verunmöglicht das Gegenwartsstück.

Nicht in den Verwaltungs-, in den Geschichtsdienst tritt Schiller in Weimar, wo seine Reise steckenbleibt; Hamburg erreicht er nie. An der Ilm büßt Schiller die im »Karlos« praktizierte Freiheit der Imagination ab, indem er der Realität der niederländischen Revolution nachspürt, den Einzelheiten ihrer Entwicklung, dem Ineinanderspielen der Aktionen. Aber Fragment bleibt auch dies; die »Geschichte des Abfalls der vereinigten Niederlande«, auf deren Text Crusius in Leipzig schon wartet, kommt gar nicht bis zum Abfall, sie endet kurz vor ihm. Dieser erste Band, der gleichzeitig mit den von Huber und Reinwald bearbeiteten Rebellionen erscheint, trägt ihm in Jena die Doktorwürde und eine unbesoldete Professur ein; er hat damit seine äußere Aufgabe erfüllt. Und die innere? Diese Vorgeschichte einer welthistorischen Freiheitsbewegung wird in phantastischer Synchronisation mit der realen Geschichte geschrieben: Neun Monate nach ihrem Erscheinen bricht in Paris die Revolution aus.

Am 13. Juni geht der Brief an Schröder hinaus, dem die Bühnenfassung beiliegt; indessen schreitet bei Göschen der Druck der Buchfassung voran. Der Autor hat versäumt, sich eine Probeseite setzen zu lassen, und Korrektur hat man ihn auch nicht lesen lassen; was er nun vorfindet, irritiert ihn nach vielen Seiten. Die Schrift ist zu groß, so daß die Verse häufig gebrochen werden mußten, und der Setzer hat mal *seyn* und mal *sein* gesetzt, dazu alle Anreden groß, wie in Briefen; statt *Sire* liest man überall *Sir*. Aus Tharandt hat Körner Schillers heftigen Unmut über alles dies abbekommen, gegenüber dem Verleger äußert er sich sanfter und setzt hinzu:

Aber Sie schreiben mir schon lange nichts von sich selbst. Hat der überhäufte Kaufmann den Freund in Winkel geworfen? Pfui das soll er nie! Machen Sies wieder gut, recht bald. Schreiben Sie mir von Ihrem Glück, Ihren kaufmännischen und häuslichen Hoffnungen. Ich bin ungeduldig nach Nachrichten von Ihnen.

»Schiller, der viel mehr Lebensklugheit und Lebensart hatte«, wird Goethe später schreiben. Daß Höflichkeit eine Gestalt der Humanität ist, machen seine Briefe immer wieder deutlich.

Ende Juni, vier Wochen nach der letzten Manuskriptlieferung, ist »Dom Karlos« dann ausgedruckt, die Postkutsche bringt das erste Exemplar nach Dresden Neustatt. Und wieder dämpft der Autor seine Bestürzung, er zeichnet Göschen nur »die auffallendsten Druckfehler« auf, will die Leser aber auf einem Einlegeblatt »zur baldigen Korrektur der angezeigten Druckfehler« aufgefordert wissen. »Dom Karlos, Infant von Spanien« ist der 505 Oktavseiten umfassende Text überschrieben; Dialogroman oder Drama – der Titel läßt es offen. Erst als der Autor den erheblich gestrafften Text Jahre später in eine Sammlung seiner Theaterstücke aufnimmt, setzt er »Ein dramatisches Gedicht« unter den immer noch mit K geschriebenen Titel.

Heiterer Abschied

»Seien Sie meine begeisternde Muse«, hatte Schiller einst aus Mannheim an das Quartett seiner Leipziger Verehrer geschrieben, »lassen Sie mich in Ihrem Schoße von diesem Lieblingskinde meines Geists entbunden werden.« Die Entbindung ist geschehen, während aber die Prinzen-Tragödie sich Druckbogen um Druckbogen der Vollendung nähert, ist der Autor schon bei einem Satyrspiel angelangt, das das Haupt seiner Ersatzfamilie in realistischere Beleuchtung als zwei Jahre zuvor taucht. »Fühlt die Menschheit, wen ich ihr geboren? / Kennt die Erde meinen Liebling schon? / Oder schallen leiser in der Menschen Ohren / seine Taten als vor Gottes Thron?« hatte Schiller zu Körners 29. Geburtstag den Seraph fragen lassen; nun geht es, wie schon mit den Zeichnungen des Vorjahrs, aus einem frischeren Ton. Was entsteht, ist ein Beitrag zu Körners 31. Geburtstag, und kein Titel, nur eine Szenenangabe steht der häuslichen Komödie zu Häupten: »Körners Studierzimmer. Ein Schreibtisch. Einige Sessel. Bücher. Alte Kleider. Wäsche.« »Ich habe mich rasieren lassen«, setzte Carl Künzel, der erste Herausgeber, über den Text, als er ihn 1862 mit Beihilfe von David Friedrich Strauß und mit dem Einverständnis der beiderseitigen Erben veröffentlichte. Minna Körner, die ihm auch dieses Skript verkaufte, hatte ihn schwer vereidigt:

Auf ausdrückliches Verlangen der Frau Staatsrätin versprach ich heute feierlich, in gehöriger Zeit, d. h. ehe der Tod mahnt, dieses ganze Heft oder wenigstens diejenigen Stellen zu vernichten, die irgendeine Nuance von Schatten auf Körners oder Schillers Charakter werfen. Dies schwöre ich zu tun, so mir Gott beistehe. Amen. Berlin, den 2. Januar 1837.

Die Angst der fünfundsiebzigjährigen Witwe vor einem Schattenwurf auf dem Bild der beiden Freunde war grundlos; der satirische Übermut dieser Szenen, die später als »Körners Vormittag« oder »Dramatischer Geburtstagsscherz für Körner« tituliert wurden, gab einem nach Intensität und Beständigkeit exemplarischen Freundschaftsbund die Farbe des Lebens. Womit Schiller, die Abreise vor Augen, sich der Spannung des »Karlos«-Abschlusses wie der Henriette-Komplikationen entledigte, war eine Persiflage der Alltagskomplikationen, mit denen der Haushaltsvorstand am Kohlmarkt täglich rang, unter tätiger Anteilnahme einer Gattin, die die Neigung hatte, ständig aus der Haut zu fahren. Vielleicht wollte Minna Körner vor allem sich selbst vor dem Publik-Werden der Satire bewahren; glücklicherweise war ihr Respekt vor dem Autor zu groß, um das Skript selbst der Vernichtung zu überliefern.

Schiller konnte das Muster für solche Alltagsdialoge vielerorts finden, in Theater-Einlagen, wie sie sogar in der Oper vorkamen, aber auch bei seinem Dresdner Kollegen Hase, in dessen »Gustav Aldermann« die Figuren – der eine ein Leibnizianer, der andere ein Voltaireaner – Sätze wie diese tauschen:

WALDER Nichts Neues in deiner besten Welt?
ALDERMANN Nein, gibt es etwas in deiner schlimmsten?
WALDER Ach, da gibts immer genug.

Er wendet den Konversationston entschlossen ins Amüsante: das Empirische als die Dimension des Mißlingens wird zu der Sphäre habitueller Komik. Auch über den »Karlos«-Druck hätte Schiller einen Sketch schreiben können: Er verlangt von Göschen eine zierliche Schrifttype, damit die Verse Platz haben, und einen sorgfältigen Korrektor, um die Rechtschreibung zu vereinheitlichen, und er bekommt gebrochene Verse in großen Lettern voll von Fehlern. Aber hier ist Körner der Held und er selbst die Nebenfigur; bei der Aufführung am 2. Juli sieht sich der Autor in fünf Rollen und beschreibt genau die Kostüme:

Schiller
1. als Schiller. Sommermanchester. Gelbe Pantoffel. Tobak.
2. als Seifenbekannter. Schuh und Strümpfe. Noten. Hut.
3. als Wolfin. Weiberrock. Saloppe. Haube.
4. Schuhmacher. Mantel. Stiefel. Schuhe.
5. Kandidat. Schwarze Weste. Dissertation. Schuhe und Strümpfe. Schwarzer Rock.

Den Anfang macht das schon in den Hogarth-Zeichnungen des Vorjahrs aufgespießte Ausbleiben von Körners Beitrag zu den Julius-und-Raphael-Gesprächen der *Thalia*, einem Text, mit dem Schiller den Freund sich in sein eigenes Werk einschreiben lassen wollte, nicht bedenkend, wie schwer diese Aufgabe für den Oberkonsistorialrat war; erst zwei Jahre später wird sein Beitrag fertig. In dem Geburtstagsfestspiel hat Körner bereits einen Satz geschrieben, aber der stammt von Schiller selbst, aus einem der in der dritten *Thalia* bereits veröffentlichten Raphael-Briefe; er gibt zu erkennen (»Los« lautet das ausgelassene Wort), daß die Zeit des Zusammenlebens sich dem Ende nähert:

KÖRNER *(im Schlafrock und Pantoffel, stehend vor einem Tische schreibend, dann aufstehend)* Endlich doch ein Vormittag, der mein ist. Ich will ihn auch benutzen. *(Ruft.)* Gottlieb!
GOTTLIEB *(tritt auf)* Herr Doktor!
KÖRNER *(fortschreibend)* Rasieren!
Gottlieb setzt einen Stuhl, zieht Messer ab, macht Seife an usf.
SCHILLER *(tritt auf)* Guten Morgen, Körner.
KÖRNER Guten Morgen – nun?
SCHILLER Schreibst du an Göschen heute?

KÖRNER Natur! Du schickst Manuskript fort?
SCHILLER Ich komme eben, deinen Raphael abzuholen.
KÖRNER Ja, ja. Wir wollen sehen.
SCHILLER Du hast ihn doch fertig, Körner?
KÖRNER Auf meinem Schreibtisch liegt, was ich gemacht habe.
SCHILLER *(sucht, liest)* »Ein Glück wie das unsrige, Julius, ohne Unterbrechung wäre zuviel für ein menschliches – – –« Wo gehts denn fort?
KÖRNER Das ist alles.
SCHILLER Ach du lieber Gott! – Da bin ich wieder angeführt.
KÖRNER Laß nur gut sein. Ich habe noch Zeit bis zum Konsistorium.
SCHILLER Den Augenblick schlägts neun Uhr.
KÖRNER Mach Er, Gottlieb! Mach Er! –
MINNA *(tritt auf)* Da steht Er wieder und hält meinen Mann nur auf. Sieht Er denn nicht, daß er ins Konsistorium muß? – Hanswurst!
SCHILLER Nu! nu! Ich sage nur –
MINNA *(steht lange in einer arbeitenden Stellung, endlich mit schröcklichem Durchbruch)* Allzeit! –
KÖRNER Bis ruhig, Miezchen. Ich habe noch Zeit genug.
GOTTLIEB Es klopft jemand.
KÖRNER Gottlieb, seh Er nach. *(Gottlieb hinaus.)*
GOTTLIEB *(kommt gleich wieder)* Der Seifenbekannte, Herr Doktor!
Minna und Schiller ab.

Wer dieser Seifenbekannte sein sollte, den Schiller, sich hinter der Szene blitzartig umziehend, ebenfalls spielt, hat die Forschung in zweihundert Jahren nicht herausbekommen; anderes hat sie als subtile literarische Anspielung entziffert. »Natur!«, der Schlachtruf des Sturm und Drang, den Goethe manchmal mehrmals hintereinander ausgestoßen hatte (noch im Brief der Karschin ist er präsent), wird in dem Dresdner Freundeskreis als Synonym für »natürlich« verwendet, Minnas »schröcklicher Durchbruch« aber nimmt auf eine Zentralkategorie pietistischer Selbst- und Gotteserfahrung Bezug, den Durchbruch des Subjekts zum Bewußtsein der Gottesnähe. Schiller hatte diesen pietistischen Durchbruch in »Kabale und Liebe« verweltlicht, als er im vierten Akt Lady Milford zum jäh erwachenden Bewußtsein der Rolle durchbrechen ließ, die sie in der Ausplünderungswirtschaft ihres fürstlichen Liebhabers spielt. Nun ist es Minna, die mit schrecklichem Durchbruch das Bewußtsein der Störung artikuliert, die Schillers Manuskriptnachfrage für den gehetzten Körner bedeutet.

Auch Huber, der seinen Beitrag zu dem Band mit den merkwürdigsten Verschwörungen präsentieren will, kommt im unpassendsten Moment:

Schneider Miller, Schuster treten auf.
BEIDE Schönen guten Morgen, Herr Oberkonsistorialrat.
KÖRNER Schönen Dank!
SCHUSTER Ich möchte gern das Maß nehmen zu den Stiefeln.
SCHNEIDER Und ich die Weste anprobieren.
KÖRNER Ja! Gleich!
MINNA *(tritt auf)* Mach! Mach, Körner, daß du in die Session kommst. Eben hats zehn Uhr geschlagen.
KÖRNER Ich bin auch gleich fertig. Gib mir einen Kuß, kleine Maus.
MINNA Willst du noch eine Tasse, Körner?
KÖRNER Gib mir noch eine Tasse, Miezchen.
HUBER *(tritt auf)* Ich bringe dir den Rienzi, Körner. Hast du Zeit, so will ich ihn vorlesen.
KÖRNER Schicke!
Schuster kniet und mißt Stiefel an, Gottlieb rasiert, Minna bringt eine Tasse, Huber geht auf und ab, liest.
HUBER »Rom ist zweimal der Sitz einer Universal – –«
SCHUHMACHER Hohe oder niedre Absätze, Herr Oberkonsistorialrat?
KÖRNER Mittel –
HUBER »– einer Universalmonarchie gewesen.«
MINNA Ist der Kaffee auch süß genug, Körner?
KÖRNER Ja, kleine Maus.
HUBER »Rom ist zweimal der Sitz einer Universalmonarchie gewesen.«
MINNA *(gibt ihm eine Ohrfeige, ab)* Pack Er ein mit seinem Wisch – Esel!

HAASE *(tritt auf)* Guten Morgen, Körnerscher!
KÖRNER Gott grüße, Haase. Wie gehts?
HAASE Schleicht.
KÖRNER Was Neues in der Welt?
HAASE Nichts. Daß die La Motte echappiert ist, weißt du?
KÖRNER Ja. Das freut mich.

Die Anstifterin der Halsbandaffäre war am 5. Juni 1787 aus der Salpetrière entflohen und hatte sich nach London in Sicherheit gebracht – Schillers Szenen sind auf der Höhe der Aktualität. Schneider Miller ist auch sein Schneider und hat ihm den Frack aus dem Leipziger Stoff gebaut; noch ein Jahr später bittet ihn der Träger des guten Stücks um Stundung des Entgelts. Herr Bassenge, der nun bei Körner einspricht, ist der Weinbergsnachbar, Bankier und Kreditgeber, dazu ein Vetter des Teilhabers jenes Pariser Juweliers, den die La Motte so schrecklich geprellt hat; hat er etwa Einlagen in dem Geschäft? Ob der Ausruf »Schicke!« sich als eine sächsische Variante von *schick* auf die Eleganz der Stiefel beziehe, ist von der Forschung ernsthaft erwogen worden, es hat sich dann aber die Ansicht durchgesetzt, daß »Schicke!« soviel wie »Beeil dich!« bedeutet. Daß die Höhe der Absätze zu dieser Zeit so etwas wie eine weltanschauliche Frage war, insofern die hohen Absätze eine abflauende französische Mode vorstellten, kann gleichfalls für gesichert gelten; der Oberkonsistorialrat entzieht sich einer klaren Positionierung.

Er möchte es gern allen recht machen, und wenn er Minna nicht hätte, würde er unter der Fülle der Ansprüche erliegen. Aber auch ihm platzt manchmal der Kragen – Schiller benutzt es, um seine Miniaturkomödie zum Kulminationspunkt zu führen. Als nach Huber und Hase, Frau Wolfin, der Lieferantin, und Graf Schönburg, der ein Pferd verkaufen will, ein Kandidat der Theologie hereinplatzt, um dem Hausherrn seine Dissertation zu überreichen, verliert dieser die Beherrschung und brüllt wie Götz von Berlichingen: »Er kann mich in Arsch lecken!« Dem stumm Davongehenden sendet er seinen Diener hinterdrein, um ihn reumütig zum Essen einzuladen; dann endlich kann er seine Hosen anziehen. Aber nun kommt Post und wird, unter reger Anteilnahme von Schiller und Huber, Minna und Dorchen, durchgesehen, das Fazit:

*Dora Stock: Friedrich Schiller
(Silberstiftzeichnung, 1787).*

GOTTLIEB Es schlägt ein Uhr, Herr Doktor!
KÖRNER Da ists zu spät ins Konsistorium! Lauf Er hinein, Gottlieb! Ich lasse mich für heute entschuldigen!
DORCHEN, SCHILLER, MINNA, HUBER Aber lieber Gott! Wie hast du den ganzen Vormittag hingebracht?
KÖRNER *(in wichtiger Stellung)*: Ich habe mich rasieren lassen!

Wenn Schiller fünf Rollen spielte, so ging es Huber und Dorchen wahrscheinlich ähnlich. Minna spielte sich selbst, wer aber spielte Körner? Um ihn mit der Aufführung überraschen zu können, hätte er Zuschauer sein müssen, aber die Überraschung bestand wohl in der Überreichung des Manuskripts; auch Körner wird sich selbst gespielt haben. Leider hat keiner der Beteiligten etwas über die Aufführung verlauten lassen, auch Minna nicht – Carl Künzel hat versäumt, sie danach zu fragen.

»Körners Vormittag« ist für viele Jahre Schillers letzter theatralischer Text; als er wieder für die Bühne zu schreiben anfängt, ist er selbst Hausvater und Familienvorstand geworden. Das Stücklein ist der heiterste Abschied von Dresden, der sich denken läßt: als Humorist sagt der Tragödiendichter einem Refugium Valet, das ihn zwei Jahre lang gestützt und getragen hat. Und nicht nur von Dresden nimmt er mit diesem launigen Impromptu Abschied; das realistische Satyrspiel setzt den vignettengleichen Schlußpunkt unter eine krisendurchzitterte Jugend und vier aus ihr hervorbrechende Trauerspiele.

Weiß er, daß er nicht zurückkehren wird? Dresden bleibt als ein notfalls verfügbares Asyl im Rücken, als er nun auszieht, um auf eigenen Füßen zu stehen. Es ist nicht unaufrichtig, wenn er den Zurückbleibenden versichert, wiederkommen zu wollen; er weiß ja nicht, was ihn erwartet. »Warum müssen wir getrennt voneinander leben«, fragt sich Schiller anderthalb Jahre später aus Weimar und gibt die Antwort: »Hätte ich nicht die Degradation meines Geistes so tief gefühlt, ehe ich von euch ging, ich hätte euch nie verlassen oder hätte mich bald wieder zu euch gefunden. Aber es ist traurig, daß die Glückseligkeit, die unser ruhiges Zusammenleben mir verschaffte, mit der einzigen Angelegenheit, die ich der Freundschaft selbst nicht zum Opfer bringen kann, mit dem inneren Leben meines Geists, unverträglich war.« Das heißt wohl: es ging mir zu gut, als daß mir noch etwas eingefallen wäre. Schon in Mannheim aber, am Anfang der »Karlos«-Arbeit, hatte er sich gefragt, ob ihm danach für das Theater noch etwas einfallen werde; der magmatische Glutkern, aus dem sich die Jugend-Tetralogie gespeist, hatte ihm schon damals als erschöpflich vor Augen gestanden. Denn Schiller ist kein Stückefabrikant wie Iffland oder Kotzebue und will es keinesfalls werden; der Anhauch des Existentiellen muß ihm die Stoffe beleben, eine *innere* Notwendigkeit die Feder führen.

Dora Stock mag am traurigsten über sein Weggehen sein und das am sorgfältigsten verbergen. Sie ist die Künstlerin der Familie, und nur mit Rücksicht auf Huber hat sie in den ersten Dresdner Wochen Schillers Annäherung zurückgewiesen. Um das Bild des Freundes nicht zu verlieren, zeichnet sie ihn mit dem Silberstift, und es wird ein sonderlich getreues und lebendiges Bild: freimütig, keck, selbstbewußt-fordernd blickt der Siebenundzwanzigjährige mit dem gefältelten Batisthemd und der sich über den Ohren papillotisch kräuselnden Haarfülle in die Welt.

Ob Schiller, um Dresden und Henriette zu umgehen, gleich nach den Tharandter Tagen in das Loschwitzer Landhaus übersiedelt, ist ungewiß; mit Sicherheit verbringt er die Wochen nach Körners Geburtstag in diesem Elb-Arkadien. Von Göschen hat er sich die ersten drei Bände der neuen Goethe-Ausgabe kommen lassen und findet »Iphigenie« darin; er will doch sehen, wie sein »Dom Karlos« sich neben den Blankversen des Italien-Flüchtlings ausnimmt. Zugleich kommt der »Abfall der Niederlande« in Sicht; er wird von nun an die Hauptarbeit sein. Mit dem Ehepaar Kunze ist auch Friederica Schneider zu Besuch gekommen; mit ihr zusammen besteigt er am 20. Juli die Postkutsche nach Leipzig. Am Reisemorgen gilt es noch einen Brief an Großmann zu schreiben, der sich außerstande zeigt, die vierunddreißig Taler zu zahlen, auf die Schiller ihm das »Karlos«-Honorar ermäßigt hat; Hannover scheint ein trauriger Theaterplatz zu sein. Auch von Döbbelin aus Berlin, der das Stück schon so gut wie angenommen hatte, kommt eine Absage, und natürlich: in Preußens Hauptstadt ist alles in Fluß; zwei Jahre später wird Döbbelin es auf Wunsch des Königs dann doch spielen. Auf den Loschwitzer Höhen macht die Freundesschar am Vorabend der Reise einen ausgedehnten Spaziergang; gibt es abends einen großen Umtrunk? Zwei Tage später ist Schiller in Weimar, wo Charlotte seiner wartet:

Sonderbar war es, daß ich mich schon in der ersten Stunde unsers Beisammenseins nicht anders fühlte, als hätt ich sie erst gestern verlassen. So einheimisch war mir alles an ihr, so schnell knüpfte sich jeder zerrissene Faden unsers Umgangs wieder an.

An Körner ergeht dieser Bericht, dem in den folgenden Wochen viele weitere folgen; am Ende heißt es:

Jetzt adieu, meine Lieben. Ich muß diesen Brief abbrechen, weil er gleich auf die Post muß. Meine ganze Seele ist bei euch – denn sollte Freundschaft ein so armseliges Feuer sein, daß es durch Teilung verlöre? Kein Geschöpf in der Welt kann euch die Liebe, kann euch nur den kleinsten Teil der Liebe entziehen, womit ich auf ewig an euch gebunden bin. Adieu.

Anhang

Editorische Nachbemerkung

Die zitierten Texte sind, von wenigen bezeichneten Ausnahmen abgesehen, unter Wahrung des Lautstands in die bis 2005 auch im amtlichen Bereich gültige deutsche Orthographie übertragen, wie sie besonders übersichtlich im Großen Duden, 6. Auflage, Leipzig 1990, niedergelegt ist. Die Differenz der einheitlichen Rechtschreibung des Deutschen, wie sie sich um 1790 durch die gemeinsamen Anstrengungen von Autoren, Verlegern und Korrektoren auf der Grundlage der Adelungschen Wörterbücher herausbildete und von Schiller und den meisten seiner Briefpartner vollkommen beherrscht wurde, zur gegenwärtigen Orthographie ist relativ geringfügig, sie sollte aber nicht, wie es immer häufiger geschieht, dadurch in den Vordergrund gerückt werden, daß man *seyn* mit Ypsilon, *Thorheit* mit Th, *Verzeichniß* mit ß und *eben so sehr* auseinander schreibt. Die authentische Schreibweise hat ihren Sinn in vielbändigen historisch-kritischen Editionen, nach denen zu greifen dieses Buch, das auf ihnen fußt, eine Anregung sein sollte. Außerhalb wissenschaftlicher Ausgaben ist sie dazu angetan, das durch willkürliche staatliche Eingriffe ohnedies beeinträchtigte orthographische Bewußtsein zusätzlich zu verunsichern und die Texte vom Leser wegzurücken, statt sie ihm nahezubringen.

Eigennamen sind innerhalb der Zitate getreu dem Originaltext geschrieben, sonst in der lexikalisch üblichen Form. Auslassungen sind durch freistehende Punkte bezeichnet.

Der Autor dankt Raimund Waligora (Staatsbibliothek zu Berlin) und Hans-Jürgen Sarfert (Sächsische Landesbibliothek) für bibliothekarischen Rat, Frau Dr. Eva D. Becker für korrektoralen Beistand und der Stiftung Kulturfonds (Künstlerhaus Schloß Wiepersdorf) für freundliche Herberge.

F. D.

Literaturverzeichnis

Schillers Sämtliche Werke. Horenausgabe, hg. v. Conrad Höfer, Band 1 bis 22, München u. Leipzig bzw. Berlin 1910-1926.
Schillers Werke. Nationalausgabe, begründet von Julius Petersen, fortgeführt von Lieselotte Blumenthal u. Benno von Wiese, hg. v. Norbert Oellers u. Siegfried Seidel, Band 1-43, Weimar 1943-2001.
Schiller, *Sämtliche Werke*, hg. v. Hans-Günther Thalheim u. a., Band 1-5, Berlin 1980-1990.
Friedrich Schiller, *Werke und Briefe*, hg. v. Otto Dann, Axel Gellhaus, Klaus Harro Hitzinger, Heinz Gerd Ingenkamp, Rolf-Peter Janz, Gerhard Kluge, Herbert Kraft, Georg Kurscheidt, Norbert Oellers u. Stefan Ormanns, Band 1-12, Frankfurt am Main 1992-2004.
»Thalia«, Erstes bis viertes Heft, Leipzig 1785-1787, Nachdruck Bern 1969.
Schillers Briefwechsel mit Körner, hg. v. Karl Goedeke, Band 1/2, Leipzig 1874.
Schillers Werke, hg. v. Ludwig Bellermann, Band 6, Leipzig u. Wien o. J.
Friedrich Schiller, *Der Verbrecher aus verlorener Ehre*, hg. v. Horst Brandstätter, Berlin 1984.
Der lachende Tragiker. Humoristische Bilder von Friedrich Schiller, Stuttgart 1955.

Manfred Agethen, *Geheimbund und Utopie. Illuminaten, Freimaurer und deutsche Spätaufklärung*, München 1987.
Sophie Albrecht, *Gedichte und Schauspiele*, Teil 1-3 (in zwei Bänden), Erfurt 1785 u. Dresden 1791.
Peter-André Alt: *Schiller. Leben – Werk – Zeit*, Band 1/2, München 2000.
Eva D. Becker, *Der deutsche Roman um 1780*, Stuttgart 1964.
»Berlinische Monatsschrift 1783-1796« (Auswahl), hg. v. Peter Weber, Leipzig 1985.
Ernst Bloch, *Literarische Aufsätze*, Frankfurt am Main 1965.
Heinrich Borkowski, *Schiller und Henriette von Arnim*, in: »Westermanns Monatshefte«, Braunschweig 1900.
Julius W. Braun, *Schiller und Goethe im Urtheile ihrer Zeitgenossen. Erste Abteilung: Schiller*, Erster Band 1781-1793, Leipzig 1882.
Wilhelm Bringmann, *Preußen unter Friedrich Wilhelm II.*, Frankfurt am Main u. a. 2001.
Gustav Buchholz, *Henriette von Arnim. Ein Beitrag zu ihrer Charakteristik*, in: »Archiv für deutsche Literaturgeschichte«, hg. v. Franz Schnorr v. Carolsfeld, Leipzig 1882.
Reinhard Buchwald: *Schiller*, Band 1/2, Wiesbaden 1953/1954.
Eduard Castle, *Des Herrn Hofrats Reinwald Werbung um Christophine Schiller*, in: »Chronik des Wiener Goethe-Vereins«, hg. v. Eduard Castle, Wien 1951.
Dietmar Debes, *Johann Georg Göschen*, Leipzig 1965.
Eduard Devrient, *Geschichte der deutschen Schauspielkunst*, Band I u. II, hg. v. Rolf Kabel u. Christoph Trilse, Berlin (DDR) 1967.
Theodor Fontane, *Wanderungen durch die Mark Brandenburg*, Zweiter Band, hg. v. Helmuth Nürnberger, München u. Wien 1991.

Stephan Füssel, *Georg Joachim Göschen. Ein Verleger der Spätaufklärung und der deutschen Klassik*, Berlin 1998.
Axel Gellhaus und Norbert Oellers (Hg.), *Schiller. Bilder und Texte zu seinem Leben*, Köln 1999.
Reiner Groß, *Geschichte Sachsens*, Leipzig 2002.
Otto Güntter, *Friedrich Schiller. Sein Leben und seine Dichtungen*, mit 701 Abbildungen nach zeitgenössischen Bildern und Illustrationen, Leipzig 1925.
Erich Haenel u. Eugen Kalkschmidt, *Das alte Dresden*, München 1925.
Adalbert v. Hanstein, *Wie entstand Schillers Geisterseher?* Berlin 1903, in: »Forschungen zur neueren Litteraturgeschichte«, hg. v. Franz Muncker, XXII. Folge.
Julius Hartmann, *Schillers Jugendfreunde*, Stuttgart u. Berlin 1901.
Johann Hübners reales Staats-, Zeitungs- und Conversations-Lexicon, Leipzig 1789.
Günter Jäckel (Hg.), *Dresden zur Goethezeit. Die Elbestadt von 1760 bis 1815*, Berlin 1990.
Fritz Jonas, *Christian Gottfried Körner. Biographische Nachrichten über ihn und sein Haus*, Berlin 1882.
Adolph Freiherr Knigge, *Der Traum des Herrn Brick*, mit einem Vorwort von Hedwig Voegt, Berlin 1979.
Adolph Freiherr Knigge, *Über den Umgang mit Menschen*, mit einem Vorwort von Wolf Lepenies, Zürich 1999.
Helmut Koopmann (Hg.), *Schiller-Handbuch*, Stuttgart 1998.
Gottfried Körner, *Nachrichten von Schillers Leben*, in: *Friedrichs von Schiller sämmtliche Werke*, Erstes Bändchen, Stuttgart u. Tübingen 1822.
Wilhelm v. Kügelgen, *Jugenderinnerungen eines alten Mannes*, hg. v. Otto Freiherr v. Taube, Leipzig 1924.
Thomas Mann, *Versuch über Schiller*, Berlin 1955.
Markgräfin Wilhelmine von Bayreuth, *Memoiren*, Erster Band, Leipzig 1910.
Reinhard Markner, *Imakoromazypziloniakus. Mirabeau und der Niedergang der Berliner Rosenkreuzerei*, in: *Sozietäten, Netzwerke, Kommunikation*, hg. v. Holger Zaunstöck u. Markus Meumann, Tübingen 2003.
August Gottlieb Meißner, *Ausgewählte Kriminalgeschichten*, hg. v. Alexander Košenina, St. Ingbert 2003.
Jakob Minor, *Schiller*, Band 1/2, Berlin 1890.
Ursula Naumann, *Charlotte von Kalb. Eine Lebensgeschichte*, Stuttgart 1985.
Julius Petersen (Hg.), *Schillers Gespräche*, Leipzig 1911.
Theo Piana, *Friedrich Schiller. Bild-Urkunden zu seinem Leben und Schaffen*, Weimar 1957.
Otto Rank, *Das Inzest-Motiv in Dichtung und Sage. Grundzüge einer Psychologie des dichterischen Schaffens*, Leipzig u. Wien 1912.
Volker Rodekamp (Hg.), *Das Schillerhaus in Leipzig-Gohlis*, Leipzig 1998.
Hanns Sachs, *Schillers Geisterseher*, in: »Imago«, hg. v. Sigmund Freud, IV. Jahrgang, Heft 2, Leipzig u. Wien 1915.
O. Salten, *Schiller und Katharina Baumann*, in: »Westermanns Monatshefte«, Braunschweig 1900.
Johannes Scherr, *Schiller und seine Zeit*, Leipzig 1859.
Christian Friedrich Daniel Schubart, *Briefe*, hg. v. Ursula Wertheim u. Hans Böhm, Leipzig 1984.
Johannes Schultze, *Die Rosenkreuzer und Friedrich Wilhelm II.*, in: ders., *Forschungen zur brandenburgischen und preußischen Geschichte*, Berlin 1964.

Georg Schuster, *Die geheimen Gesellschaften und Orden* (1905), Reprint Wiesbaden o. J.
Eugen Sierke, *Schwärmer und Schwindler zu Ende des achtzehnten Jahrhunderts*, Leipzig 1874.
Herbert Stubenrauch, *Schiller und die Schwanin*, in: *Goethe. Neue Folge des Jahrbuchs der Goethe-Gesellschaft*, hg. v. Andreas B. Wachsmuth, Weimar 1955.
A. C. Wedekind, *Denkwürdigkeiten der neuesten Geschichte in chronologischer Übersicht*, Lüneburg 1808.
Jürgen Wilke, *Literarische Zeitschriften des 18. Jahrhunderts (1688-1789)*, Stuttgart 1978.
Gero v. Wilpert, *Schiller-Chronik*, Berlin 1959.
Caroline v. Wolzogen, *Schillers Leben. Verfaßt aus Erinnerungen der Familie, seinen eigenen Briefen und den Nachrichten seines Freundes Körner*, Stuttgart u. Tübingen 1851.

Abbildungsverzeichnis

Seite 8 Der Theaterzettel zur Uraufführung der »Räuber« (Schiller-Nationalmuseum Marbach).

Seite 14 N. Heideloff und J. C. Stadler nach V. Heideloff: Karl Eugen, Herzog von Württemberg, in Hohenheim (kolorierter Kupferstich; Schiller-Nationalmuseum Marbach).

Seite 18 Schillers Faust (Rötelzeichnung von ihm selbst, um 1778; Schiller-Nationalmuseum Marbach).

Seite 20 Victor Wilhelm Heideloff: Schiller trägt im Bopserwald bei Stuttgart seinen Freunden aus den »Räubern« vor (Federzeichnung nach der Natur, Mai 1778; Schiller-Nationalmuseum Marbach).

Seite 23 Philipp Friedrich Hetsch: Schiller als Regimentsmedikus (Ölgemälde, 1781; Schiller-Nationalmuseum Marbach).

Seite 24 Titelblatt des Erstdrucks der »Räuber« (Schiller-Nationalmuseum Marbach).

Seite 25 Titelblätter der zweiten Auflage der »Räuber« (Schiller-Nationalmuseum Marbach). Das Löwenkupfer, das sich beim Druck abgenutzt hatte oder zerbrochen war, wurde durch eine spiegelbildliche Kopie mit einigen Abwandlungen ersetzt, die die Inschrift unter der Darstellung plazierte.

Seite 27 Johann Friedrich Knisel: Karl und Franziska (Radierung nach eigener Zeichnung, 1787; Württembergisches Landesmuseum Stuttgart). Knisel war ebenso wie V. W. Heideloff Karlsschüler.

Seite 28 Innocentius Wilhelm Clemens Heideloff nach Viktor Wilhelm Heideloff: Festakt in der Militärakademie am 11. Februar 1782 (Radierung, 1782; Schiller-Nationalmuseum Marbach). Unter dem Thronhimmel Karl Eugen als Rektor der zur Universität erhobenen Akademie, links am Fenster die Reichsgräfin Franziska v. Hohenheim.

Seite 32 Titelblatt der »Anthologie auf das Jahr 1782« (Schiller-Nationalmuseum Marbach). Den Druck des anonymen Bandes (zwei Drittel der darin enthaltenen Gedichte stammten von Schiller) besorgte der Stuttgarter Verleger Johann Benedikt Metzler.

Seite 39 Elisabeth Dorothea Schiller geb. Kodweiß (Ölbild eines unbekannten Malers, um 1770; Schiller-Nationalmuseum Marbach).

Seite 40 Johann Kaspar Schiller als Leutnant (Ölbild eines unbekannten Malers, um 1760; Schiller-Nationalmuseum Marbach).

Seite 41 Ludovike Simanowiz: Elisabeth Christophine Friederike Reinwald geb. Schiller (Ölbild, um 1789; Schiller-Nationalmuseum Marbach).

Seite 49 Der Gasthof zum Goldenen Ochsen in Stuttgart (Photographie von August Kirchhoff, Stuttgart, um 1920; Schiller-Nationalmuseum Marbach).

Seite 50 Louise Dorothea Vischer (gemalter Schattenriß, 1781; Schiller-Nationalmuseum Marbach).

Seite 57 Das Gasthaus zum Viehhof in Oggersheim vor dem Umbau von 1906 (Photographie von Eugen Keller; Schiller-Nationalmuseum Marbach).

Seite 66 Das Wolzogensche Gutshaus in Bauerbach (Photographie, um 1950; Schiller-Nationalmuseuem Marbach).

Seite 72 Nicolas Guibal: Franziska Theresia Reichsgräfin von Hohenheim (Ölbild, 1773; Kurpfälzisches Museum Heidelberg).

Seite 76 Henriette von Wolzogen (Lithographie nach einer anonymen Pastellzeichnung; Schiller-Nationalmuseum Marbach).
Seite 78 Wilhelm Friedrich Hermann Reinwald (anonyme Miniatur; Schiller-Nationalmuseum Marbach).
Seite 95 Gebrüder Klauber nach J. F. v. Schlichten: Das »Teutsche Comödienhaus« in Mannheim, erbaut 1775-1778 von Lorenzo Quaglio; seit 1779 Spielstätte der National-Bühne des Intendanten Heribert v. Dalberg (Kupferstich, Augsburg 1782; Schiller-Nationalmuseum Marbach).
Seite 107 Carl Kuntz: Katharina Baumann (Miniatur; Schiller-Nationalmuseum Marbach).
Seite 124 Gottlieb Friedrich Riedel nach Friedrich R. Kirschner: Friedrich Schiller (Kupferstich, Mannheim 1784; Stiftung Weimarer Klassik). Dieses erste für den Verkauf hergestellte Bildnis, das im Sockel eine Szene aus dem zweiten Akt der »Räuber« zeigt, gefiel dem Dargestellten nicht. Der Stich sei »finster wie die Ewigkeit«, schrieb er im Februar 1785 an Körner, dem er das Blatt immerhin schickte, »und der Kupferstecher hat mir 15 Jahre mehr auf die Rechnung gesetzt, als ich mich erinnre, gelebt zu haben«.
Seite 135 Johanna Dorothea (Dora) Stock: Christian Gottfried Körner (Silberstiftzeichnung, 1784; Schiller-Nationalmuseum Marbach). Dieses und die drei folgenden Porträts lagen dem Brief bei, den Körner Schiller namens der vier Leipziger Verehrer im Juni 1784 nach Mannheim sandte.
Seite 136 Dora Stock: Anna Maria (Minna) Stock (Silberstiftzeichnung, 1784; Schiller-Nationalmuseum Marbach).
Seite 137 Dora Stock: Ludwig Ferdinand Huber (Silberstiftzeichnung, 1784; Schiller-Nationalmuseum Marbach).
Seite 138 Dora Stock: Selbstbildnis (Silberstiftzeichnung, 1784; Schiller-Nationalmuseum Marbach).
Seite 177 Johann Heinrich Schmidt: Charlotte von Kalb (Ölbild, 1785; Stiftung Weimarer Klassik).
Seite 191 Mathias Artaria: Das Nationaltheater zu Mannheim (Ölbild, 1853; Reiss-Engelhorn-Museum Mannheim). Das 1853 und 1934 umgebaute Theater wurde 1943 ein Opfer des Bombenkriegs.
Seite 211 Anton Graff: Minna Körner (Ölbild, um 1790; Städtische Galerie Dresden, Foto Franz Zadnicek).
Seite 212 Anton Graff: Gottfried Körner (Ölbild, 1794; Städtische Galerie Dresden, Foto Franz Zadnicek).
Seite 213 Dora Stock: Selbstbildnis (Ölbild, 1795; Städtische Galerie Dresden, Foto Franz Zadnicek).
Seite 218 Johann Jakob Wagner: »Richters Caffée Haus in Leipzig« (Kupferstich, um 1790; Schiller-Nationalmuseum Marbach).
Seite 221 Ludwig Peschek: Schillers Wohnung in Gohlis (Radierung, 1842; Stadtgeschichtliches Museum Leipzig). Die beiden Häuser des Gohliser Bauern Schneider wurden 1856 durch einen Spendenaufruf des Schillervereins vor dem Verfall gerettet und nach dem Ankauf zu einem Museum umgestaltet.
Seite 232 J. G. Bach nach Samuel Graenicher: Georg Joachim Göschen (Lithographie; Stadtgeschichtliches Museum Leipzig).
Seite 235 Theaterzettel der von Schiller am 24. Juli 1785 besuchten Aufführung von »Kabale und Liebe« in Leipzig (Stadtgeschichtliches Museum Leipzig).

Seite 264-267 Vier Kupferstiche von J. G. A. Frenzel (Dresden) aus dem »Taschenbuch zum geselligen Vergnügen« auf das Jahr 1823, herausgegeben von Friedrich Kind, Leipzig bei Georg Joachim Göschen (Archiv des Autors).
a »Körners Weinberg in Loschwitz bei Dresden.« Rechts am Ende der Mauer sieht man das Körnersche Sommerhaus.
b »Pavillon auf Körners Weinberg, wo Schiller wohnte.« Das Gartenhaus wurde von ihm als Arbeitszimmer genutzt und war bis zur Privatisierung des Grundstücks in den 1990er Jahren ein allgemein zugängliches Museum.
c »Aussicht von Körners Weinbergs-Pavillon nach Dresden.«
d »Aussicht von Körners Weinberge nach Blasewitz, Naumanns Geburts- und Sommer-Wohnungs-Orte.« Johann Gottlieb Naumann war ein berühmter Komponist. Auch die Gastwirtschaft der Familie Segedin befand sich am Blasewitzer Ufer.
Seite 287 Das Fleischmannsche Haus am Dresdner Kohlmarkt, in dem Schiller und Huber im Oktober 1785 eine gemeinsame Wohnung bezogen; hier entstand bald darauf das Lied »An die Freude« (Photographie, 20. Jahrhundert; Schiller-Nationalmuseum Marbach). Das Haus in unmittelbarer Nähe des Japanischen Palais (links im Bild, rechts die Dreikönigskirche) wurde im Februar 1945 durch Bomben zerstört.
Seite 306 Das Kurländer Palais am Dresdner Zeughausplatz (Photographie, 1934; Sächsische Landesbibliothek/Deutsche Fotothek, Dresden). Der nach dem Brand des Vorgängerbaus von J. C. Knöffel 1728/29 errichtete Bau kam 1740 in den Besitz des Chevaliers de Saxe und 1774 in den des Prinzen Carl von Kurland. Nach der Bombardierung von 1764 durch F. A. Krubsacius wiederhergestellt; nach der Bombenzerstörung von 1945 als Ruine gesichert, derzeit vor dem Wiederaufbau.
Seite 326 Anton Graff: Friedrich Schiller (Kohlezeichnung, 1786; Stiftung Weimarer Klassik).
Seite 328 Anton Graff: Friedrich Schiller (Ölbild, um 1790; Städtische Galerie Dresden, Foto Franz Zadnicek).

Farbtafeln nach Seite 336 »Avanturen des neuen Telemachs oder Leben und Exsertionen Koerners des decenten, consequenten, piquanten u. s. f. von Hogarth in schönen illuminierten Kupfern abgefaßt und mit befriedigenden Erklärungen versehen von Winkelmann/Rom, 1786«. Schillers, des Zeichners, und Hubers, des Kommentators, Gabe zu Gottfried Körners 30. Geburtstag am 2. Juli 1786. Hubers Texte s. S. 444 ff.
I »Die Mittel«
II »Körners Schriftstellerei«
III »Bassenge übergibt Körnern ein Faß Spässe«
IV »Der Stuhlspaß«
V »Körners Familienleben«
VI »Körners Schuldner«
VII »Körner und der Postillon«
VIII »Reise nach Egipten«
IX/X »Der Anblick beim Koffeetisch« und »Körner im Salze«
XI »Das fatale Krebsgericht«
XII »Die verkehrte Welt«
XIII »Herkules-Körner«
XIV »Thalias vergebliches Flehen«

Seite 394 Der Gasthof zum Hirsch in Tharandt (Photographie, um 1920; Schiller-Nationalmuseum Marbach). Schiller wohnte hier im April und Mai 1787.
Seite 397 Der in ein »Schillereck« verwandelte Gasthof zum Hirsch in Tharandt (Photographie F. Dieckmann, 2003).
Seite 408 Henriette von Arnim (anonyme Miniatur, wahrscheinlich um 1795; Archiv).
Seite 432 Dora Stock: Friedrich Schiller (Silberstiftzeichnung, 1787; Schiller-Nationalmuseum Marbach).

Zum Farbteil nach Seite 336:

AVANTUREN DES NEUEN TELEMACHS
Zeichnungen von Schiller
Texte von Ludwig Ferdinand Huber

I Die Mittel
Hier erblicken wir Körnern vor der Bude eines Marktschreiers, von welchem er Mittel kauft, um in Zukunft allen Wirtschafts- und andern Klagen seiner Familie und der ganzen Menschheit abzuhelfen.
Wir haben uns alle Mühe gegeben, den Sinn des länglichen schmalen Körpers zu entdecken, welcher aus dem Rocke unsers Helden gleichsam zu fließen scheint. Ist es ein Stock, ein Degen? oder was ist es? Enthält es eine geheime Anspielung, einen mystischen Sinn? Wir wissen es nicht, aber Gott bewahre uns zu glauben, was ein schlimmer Spaßvogel behaupten wollte, die Farbe wäre hier geflossen!

II Körners Schriftstellerei
Fig. 1 stellt für den Briefträger, welcher Göschen Körners Antwort zum Drucken in die Thalia bringt. Ersterer springt freudig dem Boten entgegen, mit den Worten: »Endlich einmal!« und wirft in der Hast den Stuhl um.
Fig. 2 ist der Setzer über dem Drucken begriffen, und ein Junge trägt den nassen Korrekturbogen weg.
Fig. 3 wird der Brief rezensiert. Man sieht dem Kritikus seinen Enthusiasmus an, selbst sein Hund scheint über diese ungewöhnliche Erscheinung erschrocken. Er verspricht dieser Schrift in seiner Rezension die Unsterblichkeit, die sie auch, trotz dem kleinen Unfalle auf
Fig. 4 würklich erhält. – – –
Fig. 5 zeigt Körnern, wie er an dieser Antwort schreibt. Man muß nicht glauben, als ob durch Irrtum diese Figur die letzte sei; vielmehr scheint ein mystischer Sinn in diesem Anachronismus zu sein. Die nachdenkende himmelanblickende Gestalt des Sitzenden ist vortrefflich.

III Bassenge übergibt Körnern ein Faß Spässe
Die Überschrift erklärt den Inhalt dieses Kupfers schon deutlich. Die Späße, welche in dem Fasse enthalten sind, heißen: hübscher Mann! eine hübsche Art von Krebsen! Natur! Qu' appellez vous? etc. etc. etc., und Körner erhält zugleich mit dem Fasse das Recht, sie so gut als der Eigentümer gebrauchen zu dürfen.

IV Der Stuhlspaß
Der Stuhlspaß! O wer fähig wäre, diesen gehörig zu beschreiben, seine Saiten hoch genug zu spannen, um den vortrefflichen Einfall unsers Helden würdig zu besingen. Er hob mit kräftiger Hand einen Stuhl von dem Boden, und stellte, ja stellte ihn auf einen Tisch. Aber die Muse verzweifelt, und flieht beschämt davon.

V Körners Familienleben
Hier wird gesehen Körner in der Mitte, oder vielmehr zu den Füßen seiner Familie.
Fig. 1 ist Körner, welcher über den Kant einschläft.
Fig. 2 ist der berühmte Dichter, Körners adoptiver Sohn, welcher hier abgezeichnet ist, wie ihn verschiedne vernünftige Leute gesehen haben.
Fig. 3 stellet für eine zärtliche Umarmung zwischen Huber und Dorchen, welcher
Fig. 4 – Minna zusieht, und mit sträflichem Gesicht: Allezeit! dazu sagt.
Fig. 5 ist die Köchin, welche durch den rührenden Anblick einer Klistierspritze die scheltende Minna an ihre Sterblichkeit erinnert.

VI Körners Schuldner
Auf diesem Blatt ist zu bewundern eine erhabne Zusammenstellung verschiedner Örter und Zeiten.
Fig. 1 ist die Stadt Paris, vor welcher Duchanton sich einen Tisch hat hinsetzen lassen, um den Wechsel zu schreiben, den man da sieht.
2 ist Körner, den seine Stiefeln als einen Reisenden kenntlich machen. Er sagt mit Bewunderung würdiger Gelassenheit: Ich zahle für Euch alle.
3 ist kein Jude, sondern Herr Fischer, dessen langer Aufenthalt im Schuldturm Ursache an der gräßlichen Länge seines Barts ist.
4 sieht man eine unsichtbare Hand, welche einen Wechsel aus Stockholm bringt. Neben dieser Hand ist der personifizierte Norden; er riecht nach Bier.

VII Körner und der Postillon
Fig. 1 stellt vor Madam und Herrn Körner und Madam Stock, wie sie von Leipzig nach Dresden mit 2 Hippopotamen fahren. Der Künstler fand hier, daß man oft an die Grenzen des Mechanismus anstößt und nicht alle Ideen des Genies mit Farben ausführen kann, denn es war ihm unmöglich auszudrücken, daß langsam gefahren wird.
Fig. 2 stellt vor, wie Körner den Postillon für dieses langsame Fahren abschmält und bestraft.

VIII Reise nach Egipten
Hier ist zu sehen Körners unvergleichliche Reise nach Egipten, an welcher der Pinsel unsers zweiten Rafaels sein Meisterstück geliefert hat. Körner sitzt auf einem Esel, welcher blutige Tränen über seinen Herrn weint, ihm voraus geht Duchanton, mit kotigen Stiefeln. Er schreitet unerschrocken gerade auf einen Krokodil zu, welcher mit offnem Rachen unter dem roten Meere und über dem Nil steht. An dem roten Meere, auf welchem Pharaohs Krone schwimmt, steht Moses mit den Gesetztafeln und einer Rute in der Hand. An dem andern Ufer des Nils liegt die Königin Kleopatra, noch jetzt schön, auf dem Grase, mit der Schlange am Busen. Kenner des Nackten werden diese Figur nicht genug bewundern können, und Architekten müssen die Piramiden anstaunen. Auch die Landschaft ist vortrefflich.

IX Der Anblick beim Koffeetisch
Körner stellt einer Gesellschaft von Damen, die er bei sich zum Koffee hat, seinen besten Freund vor.

X Körner im Salze
Es ist uns schwer geworden, den Sinn dieses Bildes herauszugrübeln, endlich aber ist es uns durch Nachdenken und unermüdetes Forschen gelungen, den Liebhabern der Kunst eine befriedigende Erklärung davon geben zu können.
Körner im Salze! wird man sagen, wie ist er dahinein gekommen? Oder welche Salzmeste war so groß, ihn ganz zu fassen? etc. etc. Man halte sich aber nicht an den wörtlichen Sinn, diese Figur ist allegorisch und stellt eigentlich vor *das Salz der Erden*. Nun wird man allenfalls begreifen können, daß die Erde, unsrer aller Mutter, eine größere Salzmeste hat, als man sie gewöhnlich sieht, und daß sie zehn solche Körners noch einsalzen könnte.
NB. Die Salzmeste ist von *Englischem Steingut*.

XI Das fatale Krebsgericht
Man sieht auf diesem Blatt Körnern, wie er mit großem Appetite Krebse ißt. Aber eine warnende Stimme ruft ihm aus dem Fenster des Himmels zu: iß nicht von diesen Krebsen, und die Hand des Schicksals bereitet die Rezepte und Arzneien, welche die traurigen Folgen dieser Magen-Exertion sein werden.

XII Die verkehrte Welt
Hier sieht man Körnern an der Bildung seines Vaters arbeiten. Er liest ihm, die Rute in der Hand, ein ästhetisch-moralisches Kollegium über die Räuber vor. Ein vortrefflicher Zug des Künstlers ist, daß der Superintendent die Räuber verkehrt in der Hand hält, wahrscheinlich weil er dabei eingeschlafen ist, und dieser profane Schlaf rechtfertigt die Rute in der Hand des Sohnes vollkommen.

XIII Herkules-Körner
Hier ist fürgestellet Körner, wie er zwischen den 2 Präsidenten, Wurmb und Berlepsch, steht. Beide machen ihm die größten Versprechungen und suchen ihn an sich zu reißen. Aber er entscheidet sich für keine von beiden Seiten und geht grade auf einen Brief seiner Minna zu, den die Hand eines Postillons ihm aus einem Fenster reicht.
NB. Es war ein vortrefflicher Einfall unsers Künstlers, das Porträt der Schreiberin auf dem Ärmel des Briefträgers anzubringen.
NB. Beide Präsidenten sind Porträts, vorzüglich sind ihre Röcke nach der Natur.

XIV Thalias vergebliches Flehen
Thalia oder die Muse der Komödie fleht um einen schwarzsamtnen Rock, den man in einem Schranke hängen sieht, aber Körner – doch nein, dieser Name ist noch hier nicht zureichend, pius Aeneas selbst in eigner Person schlägt unwillig die Hände über den Kopf zusammen bei dieser frechen Bitte, und bereitet sich zu einem entrechat, eine sehr natürliche Äußerung der Wut, welche, glaub' ich, unserm Künstler ganz eigentümlich ist. Meines Vaters Rock, ruft dieser vortreffliche Sohn, an gedungene Histrionen!

Inhalt

I Ein Autor geht über die Grenze

Uraufführung 7
Der Pädagogarch 13
Räuberhöhle 21
Vorladungen 29
Die Flucht 38
Mitbringsel 43
Frauengestalten 46
Widerhall 53

II Der Asylant auf dem Lande

Winterreise 60
Gegenwartsstück 67
Die freundlichen Brüder 74
Sanherib, Marocco und ein Hymnus aus Schwaben .. 78
Maienlust 82
Die liegengebliebene Brieftasche 87
Plötzlicher Abschied 90

III Der Dramatiker am Theater

Kaltes Fieber 94
Freimaurerei 98
Frauenzimmer 104
Staatenlos 113
Theaterarbeit 122
Überraschungen von fern und nah 134
Frischere Wallungen 143
Böse Streiche 147
Komplikationen, wohin man blickt 153

IV Neue Bühne

Ein Journal wird geboren 164
Briefschulden und ein Charakter 173
Ernsthafte Mahnung, tiefe Verstimmung 181
»Herr Boek mißfiel mir in der Rolle des Edgar« 188
Die Frauen treffen auch nicht immer das Richtige 192
Losriß 195
Kaspar Schiller gefällt »Dom Karlos« 202
Selbsterkenntnis und letzte Zurüstungen 205

V Aufgenommen

Entree 210
Stadt und Land 216
Noch ein Heiratsantrag 222
Aber was ist mit Körner? 227
Ein Haus mit schiefen Wänden 230
»Der Seraph sprachs« 237
Geheiratet wird 241
Kriminalgeschichte 244
Ein Stoff liegt auf der Straße 249

VI Angekommen

Glasharmonika 259
Entlastung und Bedrängnis 268
»Diesen Kuß der ganzen Welt!« 275
Die Stimme vom Hohenasperg 288
»Also Liebe ist die Leiter« 294
Couleur de Ramonneur 300

Zwischenspiel:
VOR DEM KURLÄNDER PALAIS

Feuriger Karneval 305
Preußens Zukunft 310
Geisterhaus 314

VII SCHWEBENDE VERHÄLTNISSE

Eine Hochzeit, keine Hochzeit 320
Krisis 329
Die brillantene Schlinge 334
Farbiges Intermezzo 343
Eine Gattung wird geboren 347
Die Versuchung 355
Schwierigkeiten mit Weihnachten 364
»Karlos«-Fortgang und *Thalia*-Erscheinen 370

VIII DER BLITZSCHLAG DER LIEBE

Henriette 379
Herkules am Scheideweg 386
Die Leidenschaft im Exil 392
Mißglückter Besuch 398

IX LOSLÖSUNG

Was wird aus dem Geisterseher? 410
Zuletzt: der Großinquisitor 416
Hinderungen der Praxis 422
Heiterer Abschied 426

ANHANG

Editorische Nachbemerkung 437
Literaturverzeichnis 438
Abbildungsverzeichnis 441